Klaus Kamps (Hrsg.)

Elektronische Demokratie?

Klaus Kamps (Hrsg.)

Elektronische Demokratie?

Perspektiven politischer Partizipation

Westdeutscher Verlag

Die Deutsche Bibliothek – CIP-Einheitsaufnahme

Elektronische Demokratie? : Perspektiven politischer Partizipation /
Klaus Kamps. – Opladen ; Wiesbaden : Westdt. Verl., 1999
ISBN 3-531-13281-4

Alle Rechte vorbehalten
© Westdeutscher Verlag GmbH, Opladen/Wiesbaden, 1999

Der Westdeutsche Verlag ist ein Unternehmen der Bertelsmann Fachinformation GmbH.

Das Werk einschließlich aller seiner Teile ist urheberrechtlich geschützt. Jede Verwertung außerhalb der engen Grenzen des Urheberrechtsgesetzes ist ohne Zustimmung des Verlags unzulässig und strafbar. Das gilt insbesondere für Vervielfältigungen, Übersetzungen, Mikroverfilmungen und die Einspeicherung und Verarbeitung in elektronischen Systemen.

www.westdeutschervlg.de

Höchste inhaltliche und technische Qualität unserer Produkte ist unser Ziel. Bei der Produktion und Verbreitung unserer Bücher wollen wir die Umwelt schonen: Dieses Buch ist auf säurefreiem und chlorfrei gebleichtem Papier gedruckt. Die Einschweißfolie besteht aus Polyäthylen und damit aus organischen Grundstoffen, die weder bei der Herstellung noch bei der Verbrennung Schadstoffe freisetzen.

Umschlaggestaltung: Horst Dieter Bürkle, Darmstadt
Druck und buchbinderische Verarbeitung: Druckerei Hubert & Co., Göttingen
Printed in Germany

ISBN 3-531-13281-4

Inhalt

Klaus Kamps
Perspektiven elektronischer Demokratie
Einleitende Anmerkungen zur Diskussion 7

Grundlagen

Ulrich von Alemann / Christoph Strünck
Die Weite des politischen Vor-Raumes
Partizipation in der Parteiendemokratie 21

Hans J. Kleinsteuber
Politik und Medienevolution
Politikrelevante Aspekte der Kommunikationstechnik 39

Martin Hagen
Amerikanische Konzepte elektronischer Demokratie
Medientechniken, politische Kultur, politische Beteiligung 63

Öffentlichkeit

Patrick Donges / Otfried Jarren
Politische Öffentlichkeit durch Netzkommunikation? 85

Stefan Marschall
Alte und neue Öffentlichkeiten
Strukturmerkmale politischer Öffentlichkeit im Internet 109

Rudolf Maresch
Die Militarisierung der Öffentlichkeit 127

Angebot und Rezeption

Detlev Clemens
Netz-Kampagnen
Parteien und politische Informationslotsen in den
Internet-Wahlkämpfen 1998 in Deutschland und den USA 153

Robert Kaiser
Online-Informationsangebote der Politik
Parteien und Verbände im World Wide Web 175

Fritz von Korff
Kommunale Demokratie und das Internet 191

Lutz M. Hagen / Klaus Kamps
Netz-Nutzer und Netz-Nutzung
Zur Rezeption politischer Informationen in Online-Medien 209

Perspektiven

Miriam Meckel
Cyberpolitics und Cyberpolity
Zur Virtualisierung politischer Kommunikation 229

Klaus Kamps / Thomas Kron
Telekommunikation als Integrationsmodus politischer Partizipation
Eine handlungstheoretische Perspektive 245

Martin Löffelholz
Perspektiven politischer Öffentlichkeiten
Zur Modellierung einer system- und evolutionstheoretischen
Analyse 263

Verzeichnis der Autorin und Autoren 281

Klaus Kamps

Perspektiven elektronischer Demokratie

Einleitende Anmerkungen zur Diskussion[1]

Internet, Cyberspace, Datenautobahn, Multimedia, Informationsgesellschaft, Digitalisierung, virtuelle Realitäten, Online-Medien allerorts: Selbst wer sich nicht sonderlich für Innovationen bei Informations- und Kommunikationsmedien (IuK-Medien)[2] interessiert, wird sich diesen Schlagwörtern eines digitalen „Immermehrismus" heute nur schwer entziehen können. Immer größer wird der Einfluß digitaler Medien auf die Gestaltung unseres Alltags und unserer Lebenswelt, immer mehr Personen werden eingebunden in ein elektronisches Netz, in einen *„elektronisch mediatisierten Kommunikationsraum"* (Krotz 1995: 447; Herv. i. O.) und nutzen die Digitaltechnik zur privaten oder beruflichen Prosperität – oder hören davon in Werbebotschaften. Zugleich kommt keine gesellschaftspolitische („Zukunfts"-)Debatte, kein Positionspapier offenbar noch aus ohne einen Verweis auf das Potential und die Expansionsdynamik der IuK-Medien.

Dieser über die Mikroelektronik initiierte Vorgang läßt sich nicht mehr in gewohnten Kategorien der Industriegesellschaft fassen: „Wären die Entwicklungsfortschritte beim Auto ebenso schnell wie beim Speicherchip gewesen, dann würde ein Auto heute 50 Gramm wiegen, 5 000 Kilometer pro Sekunde fahren, würde mit einer Tankfüllung 500 000 Kilometer weit fahren und nur DM 5,00 kosten" (von Pierer 1997: 28). Mit dem Übergang von analoger zu digitaler Technologie Mitte der 90er Jahre ist nun eine neue Stufe technologischer Expertise erreicht. Sie findet ihren besonderen Ausdruck in der steigenden Akzeptanz des Internet als (globales) Medium für alles (und jeden?). Nachdem in den 80er Jahren der Medienwandel – Kabel- und Satellitentechnik – bereits zu nachhaltigen mediensoziologischen Umorientierungen führte, heben die

---

1   Mehr als nur eine Fußnote: Für die Unterstützung, die Hilfsbereitschaft, die ich bei dieser Herausgeberschaft erfahren durfte, danke ich (in alphabetischer Reihenfolge): Margarete Dresen, Thomas Kron, Stefanie Kuhne, Inge Meyer, Heike Scholten, Ingo Seligmüller.
2   Unter IuK-Medien werden hier und im Folgenden verstanden: Computer, Online-Computernetze (Internet, Intranet) und Multimedia-Technologien (die auch andere elektronische Medien – bspw. das Fernsehen – integrieren können).

Online-Medien das Kommunikationspotential moderner Industriegesellschaften auf ein noch vor kurzem ungeahntes Niveau – weshalb man auch von einem Wandel der Produktions- zu Informationsgesellschaften spricht. Computergestützte Datendienste, basierend auf Glasfaser und Digitalisierung als Infrastruktur, sind nur ein Beispiel für die zunehmende lebensweltliche Institutionalisierung eines neuen Medientypus; sein Schlüsselmerkmal ist die Verschmelzung von Daten*verarbeitung* und Daten*verbreitung*. Dieser keinesfalls abgeschlossenen, ausgenommen facettenreichen Entwicklung wird sich weder die Gesellschaft, noch die Wirtschaft oder die Politik verschließen können.

In der Tat weisen etwa die Online-Medien Qualitäten auf (u. a.: Multimedia, Interaktivität, Dezentralisierung der Kommunikation), die wirtschaftliche, soziale oder politische Konsequenzen recht wahrscheinlich erscheinen lassen. Auch daher befassen sich mittlerweile – meist eingerahmt in die Globalisierungs-Metaphorik – nicht nur technisch interessierte oder fachwissenschaftliche Kreise mit Formen und Qualitäten der Netzkommunikation. Welchen Wandel erfährt die Gesellschaft (oder: der Nationalstaat, das internationale Staatensystem) und etwa ihr Solidaritätspotential durch die IuK-Medien? Haben wir es gleichsam mit einer „*Privatisierung der Öffentlichkeit*" zu tun (Gellner 1998: 11; Herv. i. O.) – ein durch die Technik ermöglichter Rückzug in das nun gänzlich autonome Private? Entwickeln sich neuartige Rationalisierungsnischen oder -drücke in der Wirtschaft und welche Auswirkungen könnte das auf Arbeitsstrukturen, auf Berufsfelder haben? Wie steht es mit dem Datenschutz, der agnostischen Vision des „gläsernen Bürgers"? Erlebt auch das Beobachtungssystem Journalismus eine Transformation, die über einen bloßen Strukturwandel der Arbeitsatmosphäre hinausgeht?

Nachdem zunächst solche technologischen, ökonomischen, soziologischen, juristischen oder publizistischen Aspekte die Debatte dominierten, wendet man sich nun auch in der Bundesrepublik verstärkt politikwissenschaftlichen Fragen zu (vgl. Eisel/Scholl 1998; Gellner/Korff 1998; Leggewie/Maar 1998). Diese vor allem demokratietheoretisch orientierte Beschäftigung mit den IuK-Medien und ihren Kommunikationsmodi konzentriert sich auf deren Konsequenzen für politisches Handeln allgemein und politische Partizipation im speziellen. Form, Umfang und Stil der politischen Auseinandersetzung wurden ja stets durch Kommunikationstechnologien beeinflußt. Neu ist auch keinesfalls, daß mit dem Aufkommen je „neuer" Technologien zugleich über deren gesellschaftliche oder politische Relevanz debattiert wird – Georg Orwell läßt grüßen. „Schnipp, schnapp, Kabel ab" trompeteten Skeptiker bei der Einführung des Kabelfernsehens. Welche Rolle übernehmen nun die IuK-Medien bei der politischen Willensbildung? Gelingt es ihnen, eine faktische oder vermeintliche Distanz zwischen Politik und Bevölkerung zu überwinden, indem sie neue Formen der Partizipation ermöglichen und konstituieren? Befinden wir uns auf dem Weg zu einer elektronischen Demokratie, gar einer „Cyberdemocracy", in der ein unmittelbarer, direkter Kontakt zwischen Bürgerschaft und Politik in hohem Maße intensiviert und letztlich institutionalisiert wird? Für Microsoft ist die Sache entschieden – man wird seine Gründe haben: „This is the new democracy. And Microsoft Office is at the heart of it. It is a tool of massive social change. That's because it's empowering people to do all sorts of things they never dreamed were possible... This is the ultimate democracy."[3]

1 Ausgangspunkt: Demokratie in der Mediengesellschaft

In modernen Flächenstaaten kann demokratische Teilhabe nicht mehr als Präsenzprojekt („Agora") organisiert werden – zumindest was die Bevölkerung als Gesamtheit angeht. Diese prinzipielle Distanz überwinden, daran haben sich wohl viele gewöhnt, die Massenmedien, allen voran das Fernsehen. Politik wird zum *Vermittlungs*gegenstand (Sarcinelli 1987, 1998a), zur Sekundärerfahrung, die Massenmedien zum institutionellen Faktor der politischen Meinungsbildung: Ihr Informations- und Thematisierungspotential ist unbestritten für die Performanz moderner Demokratien von zentraler Relevanz; und dieser „Tatbestand, daß Medien in den Vermittlungsprozessen moderner Gesellschaften inzwischen eine Schlüsselrolle einnehmen, rechtfertigt es, von einer ‚Mediengesellschaft' zu sprechen" (Sarcinelli 1998b: 11).

Politik in Demokratien ist vor allem abhängig von Zustimmung, Unterstützung und solidarischer Mobilisierung und daher begründungsbedürftig. Das Handeln politischer Akteure legitimiert sich öffentlich, die Legitimation politischer Implementierungsbemühungen und staatlichen Handelns vollzieht sich als Kommunikationsvorgang, der Transparenz schafft und Alternativen aufzeigt: Politische Legitimation beschränkt sich nicht auf den Wahlakt, sondern konstituiert sich als permanenter Kommunikationsprozeß (vgl. Kamps 1998). In repräsentativen Demokratien wird von den politischen Akteuren daher erwartet, responsiv zu agieren, also Interessen und Präferenzen der Repräsentierten aufzunehmen und in ihr Handeln zu integrieren; das kann in großen Gesellschaften

---

[3] Aus einer Microsoft-Werbung; zitiert nach Rilling 1998b: 1 f.

nur über wechselseitige Kommunikationsprozesse geschehen, die mindestens zwei Dimensionen umfassen: (1) die Darstellung und Offenlegung des politischen Handelns und Wollens der politischen Akteure, (2) die Wahrnehmung und darüber Einbindung der Interessen und Wünsche der Bevölkerung in die politische Entscheidungsfindung.

Conditio sine qua non hierfür ist eben jene Transparenz, die Sichtbarkeit der Ideen, Vorstellungen, Pläne und Gegensätze. Strukturell wie inhaltlich sollte „Öffentlichkeit" so organisiert werden, daß politische Interessen wie Durchsetzungschancen publizistisch ersichtlich sind (oder es gegebenenfalls sein könnten) – nur so werden Kritik und Kontrolle politischer Herrschaft gewährleistet. Diese Transparenzfunktion übernimmt in ausdifferenzierten Gesellschaften das Mediensystem. In diesem Sinne repräsentieren die elektronischen Medien auch demokratietheoretisch einen „eigenen (neuen) Institutionentypus", sie tragen als „Teil des intermediären Systems [...] zu einer Pluralisierung des bestehenden institutionellen Gefüges bei und ermöglichen [...] neue Formen der Institutionalisierung" (Jarren 1994: 25).

Diese Situation bietet gesellschaftspolitischen Akteuren indes Instrumentalisierungschancen der besonderen Art, u. a. weil die Medien sich in ihrer alltäglichen Praxis durchaus z. B. den Thematisierungsinteressen von Parteien öffnen. Jürgen Habermas (1990) hat daher einmal eine Vermachtungsthese formuliert: Politische Öffentlichkeit sei nicht mehr repräsentativ organisiert, vielmehr instrumentalisieren politische Eliten die Massenmedien zu ihrem eigenen Zweck. Die politische Kommunikationsforschung hat mittlerweile etliches zur Verfeinerung dieser Manipulationsthese beigetragen (vgl. stellvertretend für viele Meyer 1998). Etwa schränken die mit der Dualisierung einhergehende Fragmentierung der Publika sowie eine zunehmende Autonomie des publizistischen Systems (Marcinkowski 1993) die Erfolgsaussichten politischer Instrumentalisierungen zugleich ein.

Nun ist die informierte, wohlräsonierende und so entscheidungsfähige wie entscheidungswillige Bürgerschaft Dreh- und Angelpunkt der Volkssouveränität. Wie die Menschen politische Informationen angeboten bekommen, wie sie Informationen aufnehmen, verarbeiten und in ihre je individuelle Entscheidungsfindung oder Interaktion einfließen lassen – kurz: wie sie politisch kommunizieren –, ist eine Kernfrage der Demokratietheorie. Strukturelle Veränderungen innerhalb der Mediengesellschaft, ausgelöst etwa über die Innovationsdynamik der IuK-Medien, implizieren damit zugleich einen Wandel nicht nur der gesellschaftlichen Kommunikationsbedingungen, sondern auch der demokratischen Beziehungsgrößen.⁴ Es erscheint also wenig verwunderlich, wenn angesichts der Komplexität moderner Politik und der wachsenden Notwendigkeit zum Informationsmanagement dem Informationspotential der IuK-Medien mit mancherlei Heilserwartungen begegnet wird.

Offenbar geht der skizzierte Bedeutungszuwachs der Medien – freilich ohne daß hier ein kausaler Zusammenhang unterstellt wird – mit einem abnehmenden Vertrauen der Bevölkerung westlicher Industriestaaten in die Effizienz der Politik und der politischen Entscheidungsträger einher (vgl. Saxer 1998: 59 ff.). Die Politik leidet gegenwärtig unter erheblichen Reputationsproblemen, Defizite demokratischer Willensbildung sind kaum zu übersehen. Mit der „Informationsgesellschaft" stellt sich nun mehr oder weniger zwangsläufig die Frage, ob nicht nur die Märkte für Güter und Dienstleistungen, sondern auch der politische Markt, die Frage der politischen Willensbildung zunehmend von kommunikativen Aspekten mitbestimmt wird. Kann es dann den IuK-Medien tatsächlich gelingen, Effizienz- und Reputationsdefizite der Politik zu überwinden – indem sie Bürgerbeteiligung fördern?

2 Elektronische Demokratie?

Kritische Theoretiker wie Brecht, Benjamin, Enzensberger und McLuhan haben Informationstechnologien meist mit Blick auf ihr demokratisches Potential beurteilt. Skepsis und emotionale Ablehnung auf der einen Seite, Zuversicht auf der anderen Seite: Angesichts einer Multimedia-Welt, einer Welt vernetzter Kommunikationssysteme beherrschen gegenwärtig Faszination und Zweifel die dichotome Diskussionswelt der Netz-Debatte.

Die Innovationspotentiale der modernen Kommunikationstechnologien, so eine Position, erlaubt die Bewältigung einer langen Liste gesellschaftlicher, wirtschaftlicher und politischer Probleme. Es scheint vielen, als ob diese Medien zudem die Demokratie zukunftsfähiger gestalteten, indem sie die Meinungen und Interessen der Bürger stärker gewichteten. Insbesondere im individuellen Charakter der Internet-Kommunikation sehen viele den Schlüssel zur Enthierarchisierung und Verbesserung der Qualität der politischen Kommunikation. Man verspricht sich von den IuK-Technologien die Entwicklung eines neuen öffentlichen Raumes, in dem sich Demokratie auf direktere Weise zu konstituieren

---

4   Vgl. als eine frühe Arbeit über diesen Zusammenhang zwischen Computertechnologie und dem (möglichen) Wandel demokratischer Strukturen Krauch: 1972.

vermag. „Jeder einzelne könne [...] sich in dieser Cyberdemokratie direkt in den politischen Prozeß einschalten, Repräsentativfossilien wie Parteien und Verbände würden [...] zunehmend überflüssig." (Gellner 1998: 17 f.) Bei den Befürwortern gibt es indes zum Teil weit divergierende Vorstellungen von den Möglichkeiten und Grenzen einer elektronischen Demokratie[5]; zumindest steht noch eine Antwort auf die Frage aus, was genau denn nun die „Neuen Medien" im Kontext bestehender Strukturen und Institutionen westlicher Demokratien zu leisten vermögen (vgl. Buchstein 1996)[6]. Schließlich waren bisherige Versuche, neue Technologien für eine Förderung der Demokratie zu nutzen, nicht sonderlich erfolgreich.

Dagegen ließe sich natürlich einwenden, Medium sei nicht gleich Medium. Und in diesem Argument ist wohl auch der Grund zu suchen für den überaus techno-*logischen* Charakter der Netz-Debatte[7]: Zentrales Merkmal der IuK-Technologie ist die Zusammenführung dezentral organisierter Leistungskapazitäten durch Glasfaser- und Satellitentechnik. Die Übertragung von Informationen in Paketen ermöglicht dann die Mehrdimensionalität der Kommunikationsformen: E-Mail, News- und Chat-Groups sowie Audio- und Video-Angebote im World Wide Web.

Aus einer kritischen Perspektive werden die dezentralen Strukturen z. B. des Internet eher als Ausdruck einer fortschreitenden Unterminierung traditioneller gesellschaftlicher und politischer Strukturen aufgefaßt. Andere pessimistische Naturen verweisen auf die prinzipielle Neutralität der Technologie: Zwar könnten technische Innovationen durchaus Defizite der Moderne auffangen oder eindämmen, dieses Potential sei ihnen aber nicht inhärent, vielmehr müßte die Kommunikationskultur einer Gesellschaft reformiert werden – und zwar derart, daß die Technologien demokratieverträglich in den Alltag eingebunden würden.

Fraglich bleibt zudem, inwieweit politische Öffentlichkeit via Online-Medien einem responsiven, offenen Kommunikationsraum entspricht oder entsprechen kann.[8] Denn: Begreifbarkeit gesellschaftlicher Problemlagen als „qualifizierte Responsivität" (Marschall 1997: 305) setzt ja nicht nur Information, sondern auch Verstehen voraus. Daß Technologien wie das Internet das Informationspotential erhöhen, mag positiv beurteilt werden, macht zugleich aber auch ein vermehrtes, im Kontext je spezifisches „Wissensmanagement"

---

5   Vgl. hierzu den Beitrag von Martin Hagen in diesem Band.
6   Vgl. hierzu den Beitrag von Rudolf Maresch in diesem Band.
7   Vgl. hierzu den Beitrag von Hans J. Kleinsteuber in diesem Band.
8   Vgl. hierzu den Beitrag von Patrick Donges und Otfried Jarren in diesem Band.

(Mandl/Reinmann-Rothmeier 1998) notwendig: eine immer wichtiger werdende Frage der persönlichen Kompetenz zur Medien- und Informationsselektion. Während also einerseits auf Veränderungen im Rahmen bestehender Strukturen gesetzt wird, postuliert man andererseits, die direkte Demokratie in Form von elektronischer Demokratie (bspw. Bürgerversammlungen im Netz, Wahlen per Knopfdruck) löse die repräsentative Demokratie schlichtweg ab. Nun wurde auch in repräsentativen Demokratien politische Öffentlichkeit meist von aktiven Minderheiten geprägt und dominiert und erhielt erst über soziale Bewegungen oder Initiativen gesamtgesellschaftliche, manchmal dauernde Relevanz. Das verweist auf einen allgemeineren Kontext politischer Partizipation.

Politischer Partizipation liegt ein erweitertes Politikverständnis zugrunde, ein Verständnis, daß sich nicht allein an politischen Entscheidungsträgern oder etwa den Strukturen des politischen Systems orientiert, sondern die Integration der Bürgerschaft in den politischen Prozeß sucht – über Beteiligungsverfahren, die sich natürlich nicht auf elektronische Kommunikation beschränken, gleichwohl von ihr ergänzt werden können.[9] Die Entwicklung der IuK-Medien erfaßt auch die Formen politischer Interaktion und erweitert sie maßgeblich. Als Maßstab für die demokratietheoretische Qualität dieser Medien mag daher noch herangezogen werden, ob und inwieweit es ihnen gelingt, auch solche Personen an der politischen Kommunikation zu beteiligen – oder sie zumindest mit Politik zu konfrontieren –, die sich ansonsten weniger für Politik interessieren (vgl. Scherer 1998). Vieles spricht indes eher dafür, daß auch diese Medien hauptsächlich von Bevölkerungssegmenten genutzt werden, die sich überdurchschnittlich für Politik interessieren (Hagen 1998). So ist z. B. das Internet vielleicht ein technisch globales Medium (mit dennoch verdichteten, meist urbanen Vernetzungszentren), die Nutzer sind aber sozialstrukturell eng ein- und abgrenzbar[10]: Bei Lichte betrachtet ist zumindest nicht kurzfristig damit zu rechnen, daß sich soziodemographische Differenzen in politischer Kompetenz und politischem Interesse aufgrund der IuK-Technologie ausgleichen werden. „Die ‚härteste' demokratietheoretische Frage für eine politische Soziologie des Internet ist, ob dieses im Kontext der repräsentativen Demokratie politische Gleichheit fördert und substantiell zur Konstitution einer allgemeinen Öffentlichkeit und eines allgemeinen Willens beitragen kann." (Rilling 1998: 366)

---

9 Vgl. hierzu den Beitrag von Ulrich von Alemann und Christoph Strünck in diesem Band.
10 Vgl. hierzu den Beitrag von Lutz M. Hagen und Klaus Kamps in diesem Band.

3 Internet: Aussichten auf Digitalien

Vor allem das Internet steht unter allgemeinem Öffentlichkeitsverdacht[11]: Bis zum Jahr 2000 werden weltweit wahrscheinlich 100 Millionen Computer an das Netz angeschlossen sein; in Nordamerika werden dann etwa 60 Prozent der Haushalte online sein, in Europa etwa 25 Prozent, in Asien etwa 15 Prozent (Eisel 1998: 9). Das Internet ist das am schnellsten wachsende Medium aller Zeiten. Konsequenzen zeitigt diese Entwicklung nicht nur quantitativ – sprunghafter Anstieg der Nutzer und Anbieter –, sondern eben auch in neuen Nutzungsformen und Anwendungsmöglichkeiten (vgl. Hagen 1998): Informationstechnologien können zum einen nach dem Maß ihrer Informationsverbreitungskapazitäten beurteilt werden, zum anderen auch nach der Qualität der Kommunikationskultur, die sie zu schaffen vermögen. Mit anderen Worten geht es prinzipiell darum, ob die Informationsgesellschaft auch zur Kommunikationsgesellschaft wird.

Wohl kein anderes Medium steht heute so häufig als Synonym für Globalisierung oder als Marker des Bedeutungszuwaches des Faktors „Information" wie das Internet. Zweifelsohne hat sich das Netz mittlerweile als Faktor auch der politischen Kommunikationskultur etabliert. Nicht nur wirtschaftliche Konsumenten und Anbieter haben das Netz „entdeckt"[12]; auch politische Institutionen – etwa die Kommunen[13], Parteien und Verbände, Lobbyisten –, aber auch parteiferne Diskussionszirkel[14] nutzen es zur Informationsdarbietung und zum Austausch politikrelevanter Meinungen und Positionen. Angebot und Nachfrage politischer Informationen im Internet steigen. Allerdings ist das politische Informationsangebot dort insgesamt noch als recht gering einzuschätzen: Sein relativer Anteil liegt in den USA bei etwa 2 Prozent, in der Bundesrepublik bei etwa 0,5 Prozent (Scherer 1998: 180). Zugleich ist gegenwärtig weitgehend unbekannt, wer warum und mit welchen Folgen z. B. Websites politischer Akteure aufsucht. Zugleich muß man wohl auch konstatieren, daß dort noch immer Informations*angebote* der politischen Akteure dominieren – ganz im Sinne der klassischen Verteilmedien –, nicht etwa Informations*austausch*. Man sollte also eruieren, inwiefern das Internet tatsächlich neuartige Informationen zur Verfü-

---

11 Vgl. hierzu den Beitrag von Stefan Marschall in diesem Band.
12 Vgl. hierzu den Beitrag von Robert Kaiser in diesem Band.
13 Vgl. hierzu den Beitrag von Fritz von Korff in diesem Band.
14 Vgl. hierzu den Beitrag von Detlev Clemens in diesem Band.

gung stellt, oder ob es u. U. nicht vielmehr um die Aufarbeitung bereits vorhandener Informationen geht.[15]

Wirkungsvermutungen zur Internet-Kommunikation lassen sich zwei Polen zuordnen: Aus einer der technischen Seite zugeneigten Perspektive scheinen die Merkmale der IuK-Medien sowohl individuelle als auch gesellschaftliche Wirkungen nicht nur nahezulegen, sondern nachgerade auch zu determinieren. Eine andere Sicht stützt sich auf die Interaktivität dieser Medien und betont dementsprechend auch die aktive Rolle der Nutzer. Wissenschaftstheoretisch scheint es angebracht, beide Perspektiven zu verknüpfen (Rössler 1998a: 8; 1998b).

Sicher: dem Internet scheint eine genuine Meinungsfreiheit inhärent, die gleichsam als „Schutzimpfung gegen jegliche Formen der Autokratie begriffen werden" kann (Weichert 1998: 3). Keineswegs aber läßt sich das Netz gegenwärtig als Ort politischer Entscheidungen verstehen: Erst wenn politische Entscheidungen, Alternativen etc. jenseits des Kommunikationsraumes, aber durch den Kommunikationsraum initiiert, durchgesetzt werden, läßt sich von politischen Wirkungen der *Technologie* sprechen. Die Frage ist also, ob im Zuge eines „Spill-over-Effektes" (Weiß 1998: 32) Online-Gemeinschaften in der Offline-Realität soziale – und in unserem Zusammenhang: politische – Konstitution erfahren. Politische Kommunikation kann erst dann in konkretem Entscheidungshandeln münden, wenn sie bis zu einem gewissen Grade verallgemeinerungsfähig ist, wenn also über die eigentlichen Kommunikatoren hinaus eine Generalisierung erwartet werden kann. Damit ist das Problem ungleicher kommunikativer Einflußchancen auf politische Entscheidungen angesprochen. „Die bisher hohe sozialstrukturelle Selektivität dieser neuen, elektronischen Formen der direkten Kommunikation kann auch nicht ohne Folgen für die Ausgewogenheit und Qualität des politischen Diskurses zwischen Herrschaftsträgern und Bürgern bleiben, der in der indirekten Demokratie liberaler Prägung zumindest in Form von vielfältigen öffentlichen Abwägungen vor wichtigen Entscheidungen institutionalisiert ist." (Kaase 1998: 37 f.)

Aus dieser Skizze läßt sich wohl insgesamt folgern, daß eine euphorische Einschätzung des Internet als Fundamentalreformer moderner, demokratischer Partizipationsform mindestens als voreilig angesehen werden muß. Sicherlich mag aber z. B. das Internet hergebrachte Strukturen *ergänzen*, etwa nach dem Vorbild der amerikanischen „Electronic Town Hall Meetings", und wahrscheinlich können die IuK-Medien Responsivität anregen und intensivieren:

---

15 Vgl. hierzu den Beitrag von Miriam Meckel in diesem Band.

Letztlich reduziert sich damit die allgemeinere Suche nach dem demokratischen, partizipatorischen Potential des Internet auf die konkreteren Fragen nach der Informationsverbreitung, -aneignung und (vor allem) -beziehungen, die neue politische Kommunikationsprozesse bedingen und darüber Partizipationsbedingungen erleichtern, unterstützen oder hervorbringen.

Wahrscheinlich gilt es Abschied zu nehmen von einer eher romantischen Vorstellung von den IuK-Medien als Heilsbringer politischer Effizienz und bürgernaher Demokratie. Mit Helmut Scherer (1998: 184) läßt sich indes vermuten, daß sich die Politik den Entwicklungen im Mediensystem nicht verschließen kann und wird; inwiefern davon demokratische Strukturen betroffen sind, ob es gar zu einem „Mehr" an Demokratie kommt, bleibt eine offene Frage, zu deren nüchterner Beantwortung der vorliegende Band ein Stück beitragen möchte. Indem er sich dem Partizipationspotential der IuK-Medien zuwendet, beleuchtet er indes nur einen kleinen Ausschnitt der gesellschaftspolitisch relevanten Fragen im Zusammenhang; und selbst im Rahmen dieser Konzeption werden sicher nicht alle denkbaren Gesichtspunkte berücksichtigt. Zudem mag vieles, der Natur des Gegenstandes entsprechend, noch spekulativ, ja ausgesprochen prognozistisch erscheinen: Es bleibt eben noch eine Weile abzuwarten, in welche Richtung sich aus demokratie- und partizipationstheoretischer Perspektive[16] die IuK-Medien bewegen. Vielleicht sind sie bald nicht mehr Nachrichten aus dem Nirgendwo.

Literatur

Brosius, Hans-Bernd (1997): Multimedia und digitales Fernsehen: Ist eine Neuausrichtung kommunikationswissenschaftlicher Forschung notwendig? In: *Publizistik* 42, S. 37-45.
Buchstein, Hubertus (1996): Bittere Bytes: Cyberbürger und Demokratietheorie. In: *Deutsche Zeitschrift für Philosophie* 44, S. 583-607.
Eisel, Stephan (1998): Internet und Politik. Fakten und Hinweise. In: ders./Mechthild Scholl (Hg.): *Internet und Politik.* Sankt Augustin, S. 9-16.
Eisel, Stephan/Mechthild Scholl (Hg.) (1998): *Internet und Politik.* Sankt Augustin.
Gellner, Winand (1998): Das Ende der Öffentlichkeit? In: Gellner, Winand/Fritz von Korff (Hg.): *Demokratie und Internet.* Baden-Baden, S. 11-24.
Gellner Winand/Fritz von Korff (Hg.) (1998): *Demokratie und Internet.* Baden-Baden.
Glotz, Peter (1998): Zoten für alle Welt. http://www.politil-digital.de/dossier/monica/39/.

---

16 Vgl. hierzu den Beitrag von Martin Löffelholz sowie den Beitrag von Klaus Kamps und Thomas Kron in diesem Band.

Habermas, Jürgen (1990 [1968]): *Strukturwandel der Öffentlichkeit. Untersuchungen zu einer Kategorie der bürgerlichen Gesellschaft.* Frankfurt/M. [erstmals Neuwied].
Hagen, Lutz M. (Hg.) (1998): Online-Medien als Quellen politischer Information. *Empirische Untersuchungen zur Nutzung von Internet und Online-Diensten.* Opladen.
Jarren, Otfried (1994): Medien-Gewinne und Institutionen-Verluste? Zum Wandel des intermediären Systems in der Mediengesellschaft. In: ders. (Hg.): *Politische Kommunikation in Hörfunk und Fernsehen. Elektronische Medien in der Bundesrepublik Deutschland.* Opladen, S. 23-34.
Kamps, Klaus (1998): *Die offene Gesellschaft und ihre Medien. Modernisierungs- und Transformationsprozesse.* Düsseldorfer Medienwissenschaftliche Vorträge, Heft 17, Bonn.
Kaase, Max (1998): Demokratisches System und die Mediatisierung der Politik. In: Sarcinelli, Ulrich (Hg.): *Politikvermittlung und Demokratie in der Mediengesellschaft. Beiträge zur politischen Kommunikationskultur.* Bonn, S. 24-51.
Kleinsteuber, Hans J./Barbara Thomaß (1998): Politikvermittlung im Zeitalter von Globalisierung und medientechnischer Revolution. Perspektiven und Probleme. In: Sarcinelli, Ulrich (Hg.): *Politikvermittlung und Demokratie in der Mediengesellschaft. Beiträge zur politischen Kommunikationskultur.* Bonn, S. 209-229.
Krauch, Helmut (1972): *Computer-Demokratie.* Düsseldorf.
Krotz, Friedrich (1995): Elektronisch mediatisierte Kommunikation. Überlegungen einiger zukünftiger Forschungsfelder der Kommunikationswissenschaft. In: *Rundfunk und Fernsehen* 43, S. 445-462.
Leggewie, Claus/Christa Maar (Hg.) (1998): *Internet und Politik. Von der Zuschauer- zur Beteiligungsdemokratie?* Köln.
Mandel, Heinz/Gabi Reinmann-Rothmeier (1998): Wissensmanagement. Ein innovatives Ziel der Wissensgesellschaft. In: Leggewie, Claus/Christa Maar (Hg.): *Internet & Politik. Von der Zuschauer- zur Beteiligungsdemokratie.* Köln, S. 389-400.
Marcinkowski, Frank (1993): *Publizistik als autopoietisches System.* Opladen.
Marschall, Stefan (1997): Politik „online" – Demokratische Öffentlichkeit dank Internet? In: *Publizistik* 42, S. 304-324.
Marschall, Stefan (1998): Demokratie und Netzöffentlichkeit. In: *Gegenwartskunde* 47, S. 181-192.
Meyer, Thomas (1998): *Politik als Theater. Die neue Macht der Darstellungskunst.* Berlin.
Pierer, Heinrich von (1997): Chancen durch Mikroelektronik. In: Hamm, Ingrid (Hg.): *Kommunikationsgesellschaft der Zukunft.* Medienforum mit dem Bundespräsidenten. Gütersloh, S. 27-30.
Rilling, Rainer (1998a): Marktvermittelt oder selbstorganisiert? Zu den Strukturen von Ungleichheit im Netz. In: Leggewie, Claus/Christa Maar (Hg.): *Internet & Politik. Von der Zuschauer- zur Beteiligungsdemokratie.* Köln, S. 366-377.
Rilling, Rainer (1998b): Auf dem Weg zur Cyberdemokratie? http://staff-www.uni-marburg.de /~rillingr/bdweb/texte/cyberdemokratie-texte.html.
Rössler, Patrick (1998a): Kommunikation online. Beiträge zu Nutzung und Wirkung – Einführung und Überblick. In: ders. (Hg.): *Online-Kommunikation. Beiträge zu Nutzung und Wirkung.* Opladen, Wiesbaden, S. 7-13.
Rössler, Patrick (1998b): Wirkungsmodelle: die digitale Herausforderung. Überlegungen zu einer Inventur bestehender Erklärungsansätze der Medienwirkungsforschung. In: ders. (Hg.): *Online-Kommunikation. Beiträge zu Nutzung und Wirkung.* Opladen, Wiesbaden, S. 17-46.
Sarcinelli, Ulrich (Hg.) (1987): *Politikvermittlung. Beiträge zur politischen Kommunikationskultur.* Bonn.
Sarcinelli, Ulrich (Hg.) (1998a): *Politikvermittlung und Demokratie in der Mediengesellschaft. Beiträge zur politischen Kommunikationskultur.* Bonn.

Sarcinelli, Ulrich (1998b): Politikvermittlung und Demokratie: Zum Wandel der politischen Kommunikationskultur. In: ders. (Hg.): *Politikvermittlung und Demokratie in der Mediengesellschaft. Beiträge zur politischen Kommunikationskultur.* Bonn, S. 11-23.

Saxer, Ulrich (1998): System, Systemwandel und politische Kommunikation. In: Jarren, Otfried/Ulrich Sarcinelli/Ulrich Saxer (Hg.): *Politische Kommunikation in der demokratischen Gesellschaft.* Opladen, Wiesbaden, S. 21-64.

Scherer, Klaus (1998): Partizipation für alle? Die Veränderungen des Politikprozesses durch das Internet. In: Rössler, Patrick (Hg.): *Online-Kommunikation. Beiträge zu Nutzung und Wirkung.* Opladen, Wiesbaden, S. 171-188.

Weichert, Stephan A. (1998): *In memoriam: Die politische Dimension des Internet.* http://www.politik-digital.de/e-demokratie/polkom.

Zipfel, Theodor (1998): Online-Medien und politische Kommunikation im demokratischen System. In: Hagen, Lutz M. (Hg.): *Online-Medien als Quellen politischer Information. Empirische Untersuchungen zur Nutzung von Internet und Online-Diensten.* Opladen, S. 20-53.

Grundlagen

Ulrich von Alemann / Christoph Strünck

Die Weite des politischen Vor-Raumes

Partizipation in der Parteiendemokratie

1   Mehr (direkte) Demokratie wagen?

Das Wahlrecht formt in parlamentarischen Demokratien weiterhin das Fundament jeder politischen Partizipation. Gerade die Debatte um eine Reform des Staatsbürger-Rechts ruft dies wieder ins Bewußtsein der Öffentlichkeit zurück. Auch der für die Geschichte der Bundesrepublik bemerkenswerte Ausgang der Bundestagswahlen hat diese Erkenntnis gestärkt: Erstmals wurde eine amtierende Regierung abgewählt und nicht durch Mißtrauensvoten oder parlamentarische Wechselspiele neu zusammengesetzt. Doch die meisten Partizipationsforderungen betreffen in erster Linie zusätzliche Beteiligungsformen neben und zwischen Wahlen. Ihre Verfechter melden meist Bedenken gegen die Dominanz repräsentativer, parlamentarischer Mechanismen an: Sie sorgen sich um grassierende Elitenherrschaft, begrüßen vor- und außerparlamentarische Bewegungen, fordern mehr direkte Demokratie über Volksentscheide und Bürgerbegehren.

In der deutschen Nachkriegs-Geschichte setzten Bürger-Initiativen und Neue Soziale Bewegungen als typische außerparlamentarische Beteiligungsformen zwar keineswegs erst mit der 68er-Bewegung ein (vgl. Kraushaar 1996); doch die 60er und 70er Jahre schufen die wichtigsten Arenen für Partizipationsforderungen. Dies waren vor allem die Universitäten und die Betriebe, die in der Folge neue Selbstverwaltungskonzepte und Mitbestimmungsgesetze erhielten (vgl. Ellwein 1989). Neue soziale und ökologische Fragen suchten sich neue soziale Bewegungen und umgekehrt (vgl. Rucht 1997). Die eigentliche Ziellinie liegt mittlerweile jedoch in den Arenen der parlamentarischen Demokratie. In den 70er und 80er Jahren wurde unter dem Topos der „Demokratisierung" überlegt, wie möglichst jede gesellschaftliche Organisation den Bedingungen der Selbstregierung und Selbstbestimmung angepaßt werden könnte. In den 90er Jahren sind die Diskutanten dazu übergegangen, nicht die Organisationen, sondern die Institutionen der parlamentarischen Demokratie durch neue Formen direktdemokratischer Verfahren zu ergänzen.

Trotz des angeblich verblassenden Rechts-Links-Schemas sind auf diesem Terrain noch weiterhin alte Schlachtordnungen erkennbar. Linke wie liksliberale Partizipationsforderungen nähren sich von der Vorstellung, die Emanzipation und politische Selbstbestimmung der Bürger sei nur dann vollständig, wenn ihnen über Wahlen hinaus weitere Foren geöffnet würden. Die eher konservativ orientierten Ansätze haben hingegen Parteien und Verbände im Verdacht, den Volkswillen zu verfälschen und Gemeinwohlorientierungen zu erschweren. Während konservative Partizipationsförderer den Staat weiterhin als einzigen Garanten des Gemeinwohls gelten lassen und den Bürger lieber ohne viele Zwischeninstanzen mit ihm verbunden sehen wollen, liegt den libertär gesonnenen Anhängern direkter Beteiligungsformen eher die Sicherung von Bürgerrechten gegen den Zugriff des Staates am Herzen.

Diese Polarisierung hilft allerdings kaum noch weiter. Denn Forderungen nach neuen Partizipationsformen werden inzwischen allerorten erhoben, um die Demokratie lebendig zu halten. Im Vergleich zu den markanten Partizipationsformen der 70er und 80er Jahre – den Bürgerinitiativen und Neuen Sozialen Bewegungen – haben sich mittlerweile zwei unterschiedliche Partizipationskulturen entwickelt, denen ein Merkmal gemeinsam ist: Sie versammeln alle politischen Richtungen und Anschauungen. In der Kultur der direkten Demokratie gelten Volksentscheide als das geeignete Instrument, um wichtige Themen auf die politische Agenda zu heben und bei maximalem Erfolg auch Gesetzgebungsprozesse anzuregen. In der anderen Kultur der innerorganisatorischen Demokratie – die sich stärker auf die gewachsenen Strukturen der Interessenvermittlung stützt – sollen Öffnung und Demokratisierung von Parteien wie Verbänden den Partizipationsradius erweitern. Beide Kulturen teilen im übrigen noch ein weiteres Merkmal. Genau wie den Bürgerinitiativen gilt ihnen die Fixierung auf ein Thema als die geeignete Form, um auch politikferne Bürger wieder stärker in die Nähe politischer Diskussionen und Entscheidungen zu bringen. Diese „Themen-Zentrierung" scheint auch Konsequenz des sozialen Wandels zu sein. So trifft man in der Debatte um freiwilliges Engagement und neue Ehrenamtlichkeit ebenfalls auf die Anregung, über konkrete Projekte und Themen diejenigen zu mobilisieren, die sich nicht mehr über soziale und politische Milieus in Organisationen einbinden lassen (vgl. Heinze/Strünck 1999).

Während die Verfechter der direkten Demokratie zunächst einmal Öffentlichkeit im Raum zwischen Parlament und Parteien herstellen wollen, setzen die Anhänger der innerorganisatorischen Demokratie vor allem darauf, daß die stärkere Einbeziehung von Nicht-Mitgliedern das Themenspektrum von Parteien und Verbänden erweitert und neue Positionen integriert. Dadurch würden in die parlamentarische Öffentlichkeit weitere inputs eingespeist. Jedenfalls wäre die Verengung auf die Formen direkter Demokratie eine Verengung der Möglichkeiten von Partizipation. Sie würde zudem bewußt oder unbewußt einer überzogenen Parteienkritik Nahrung geben, die oftmals das Kind mit dem Bade ausschüttet (vgl. von Alemann 1994b). Auch zahlreiche konstruktive Ansatzpunkte für Parlamentsreformen würden vorschnell verschüttet (vgl. Marschall 1996). Dieser Beitrag widmet daher den Institutionen der Interessenvermittlung die gleiche Aufmerksamkeit wie den Formen der direkten Demokratie. Der Begriff der Partizipation ist schließlich nicht für die direkte Demokratie reserviert.

2 Theoretische Konzepte und verfaßte Wirklichkeit

2.1 Formen und Funktionen der politischen Partizipation

Die Debatte um die Formen der politischen Mitwirkungsmöglichkeiten der Bürger „ist so alt wie die Entwicklung der Demokratie selbst" (Strübel 1987: 17): Die klassische Kernfrage der Demokratietheorie ist die Dichotomie zwischen den Prinzipien der repräsentativen und der plebiszitären Demokratie. Alle deutschen demokratischen Verfassungen dieses Jahrhunderts entschieden sich mehr (wie das Grundgesetz) oder weniger (wie die Weimarer Reichsverfassung) eindeutig für das Repräsentativsystem. Zwangsläufig, wie es scheint, wurden dadurch immer wieder Stimmen inspiriert, die direktere, unmittelbarere politische Beteiligungsformen einforderten (vgl. Roth/Wollmann 1994).

Das Gegensatzpaar „repräsentative" versus „plebiszitäre" Beteiligung ist aber nicht das einzige, das die Diskussion bestimmt. Tatsächlich gibt es eine ganze Reihe weiterer dichotomer Dimensionen. Alle Begriffspaare sprechen ähnliche Inhalte an, nuancieren jedoch die Bedeutungen.

repräsentativ	vs.	plebiszitär
indirekt	vs.	direkt/unmittelbar
parlamentarisch	vs.	außerparlamentarisch
verfaßt/formell	vs.	nicht-verfaßt/informell
konventionell	vs.	unkonventionell

Abbildung 1: Dichotomien der Partizipation

Packt man die gesamte Palette politischer Partizipationsformen in ein Raster, so lassen sie sich in ein Vierfelderschema einsortieren (vgl. von Alemann 1975):

	Direkt	Indirekt
Verfaßt	Volksbegehren Volksentscheid Referendum	Wahlen Parteimitgliedschaft Anhörungen Beiräte Beauftragte
Nicht-verfaßt	Proteste Bürgerinitiativen Planungszellen	Verbände Bürgerforen

Abbildung 2: Partizipationsformen

Die verschiedenen Ebenen des politischen Systems bieten dabei unterschiedliche Anknüpfungspunkte. Während die direkten und verfaßten Beteiligungsformen in der Bundesrepublik noch am ehesten auf der kommunalen und auf Länderebene angesiedelt sind, streuen die anderen Formen im Prinzip über alle Ebenen. Die kommunale Ebene kennt im übrigen das breiteste Repertoire an Beteiligungsmöglichkeiten, von Beiräten über Anhörungen und Bürgerversammlungen bis hin zu Beauftragten des Rates. Besonders strittig sind bei den Instrumenten wie Volksbegehren und Volksentscheid die „Quoren". Sie geben an, wieviel Prozent an Stimmberechtigten ausreichen sollen, um das Verfahren zuzulassen. Zu geringe Quoren werfen Fragen nach der Legitimation auf, zu hohe Quoren errichten unüberwindbare Hürden (vgl. Stiftung Mitarbeit 1991).

Die gängige Partizipations-Diskussion konzentriert sich im wesentlichen auf vorparlamentarische Beteiligungsformen, wenngleich unser Beitrag auch die klassischen Institutionen der Interessenvermittlung und deren unausgeschöpfte Potentiale hinzunimmt (siehe Kap. 3). Vorparlamentarische Beteiligungsformen erheben, ganz im Gegensatz zur früheren Außerparlamentarischen Opposition, nicht den Anspruch, unabhängig oder gar gegen parlamentarische Institutionen zu arbeiten oder wirken zu wollen. Vorparlamentarische Beteiligungsformen streben in der Regel an, die Arbeit des politisch-administrativen Systems zu unterstützen und anzuregen – wenn auch häufig interessegeleitet.

Vorparlamentarische Beteiligungen sind also zwischen zwei Polen angesiedelt. Zum einen den parlamentarischen Partizipationsformen – in erster Linie das allgemeine Wahlrecht (Legitimierung des Parlamentes) sowie die Kandidatennominierung für die Wahlen und der Fraktionsbildung für die politische Arbeit im Parlament (parteiendemokratische Voraussetzung); als Gegenpol steht dem zum anderen die informelle Beteiligung wie Demonstrationen, Bürgerinitiativen, Verbändeeinfluß, Druck der öffentlichen Meinung, individuelles Engagement in Briefen, Eingaben, Anrufen usw. gegenüber. Vorparlamentarische Beteiligung ist in der Mitte dieser beiden Beteiligungskategorien anzusiedeln. Sie ist also nicht außerparlamentarisch und in der Regel auch nicht informell: Zwar ist sie in rechtlich verbindlicher Form niedergelegt und institutionell anerkannt, aber nicht in Verfassungen oder selten in Gemeindeordnungen verankert. Obwohl wir diese Beteiligung vorparlamentarisch nennen, kann sie – und ist es häufig – sowohl auf das Parlament, als auch auf die Exekutive, die Verwaltung, bezogen sein.

Was sind die Funktionen vorparlamentarischer Beteiligungsformen? Unterscheidet man die drei Aktionsformen im Repertoire politischer Willensbildung in parlamentarisch, vorparlamentarisch und informell, so kann man auch Funktionen, die für die beiden Rahmenaktivitäten entwickelt wurden, auf die mittlere, die vorparlamentarische, anwenden. Die sieben Funktionen, die ursprünglich für die Mitwirkung der Parteien und Verbände entwickelt wurden (vgl. von Alemann 1994a: 303 f.) lauten: (1) Partizipation, (2) Transmission, (3) Selektion, (4) Integration, (5) Sozialisation, (6) Selbstregulierung, (7) Legitimation.

Die vorparlamentarischen Beteiligungsformen lassen sich mit diesen sieben Funktionen folgendermaßen verknüpfen:

1) *Partizipation*: Vorparlamentarische Beteiligungsformen ermöglichen einen zusätzlichen Partizipationskanal für die politische Willensbildung. Das ist insbesondere in Zeiten wichtig, in denen pauschale Partizipationsangebote (Wahlbeteiligung, Parteimitgliedschaft) nur noch abgeschwächt wahrgenommen werden. Die Palette der Partizipationskanäle und -felder wird so vergrößert, konkretisiert und kontinuierlicher angeboten, als dies für den Wahlakt gilt.

2) *Transmission*: Transmission bedeutet die Umformung von gesellschaftlichen Interessen in politisches Handeln. In vorparlamentarischen Beteiligungsformen werden in ähnlicher, wenn auch basaler Weise, gesellschaftliche Interessen aggregiert – durch Bündelung von sozialen, kulturellen, ökonomischen und ökologischen Zielen – zu Handlungsalternativen, die politischen Entscheidungen zugeführt werden. Vorparlamentarische Beteiligung sitzt sozusagen auf beiden Stühlen: Auf der Seite der Artikulation von Bedürfnissen und Interessen, von gesellschaftlichen Gruppen, aber auch als verbindliches Gremium, als Beirat oder Beauftragte, und an der Entscheidungsbildung beteiligt, anders als die außerparlamentarischen Interessenverbände.

3) *Selektion*: Diese Funktion bezieht sich insbesondere auf die Parteien und ihre zentrale Rolle bei der Hervorbringung und Auswahl des politischen Perso-

nals. Auch vorparlamentarische Beteiligungsformen können diese Funktion wahrnehmen, indem z. B. die Position von Frauenbeauftragten ein wichtiges „training on the job" für zukünftige Frauenpolitikerinnen sein kann. Das gilt sicher auch für Ausländerbeiräte, weniger für Seniorenvertretungen, die häufig schon politische Erfahrungen in diese Position einbringen.

4) *Integration*: Politische Beteiligung bewirkt eine Integration in Strukturen und Prozesse der Politik, die für den Gruppenzusammenhalt, für Gemeinschaftsbildung und für die Anerkennung des Systems unverzichtbar sind. Dabei ist die Integration immer eine Gratwanderung. Denn ein Übermaß führt zu Verschließungsprozessen der politischen Eliten und Klassen, die Gegenwehr provozieren. Auch bei vorparlamentarischen Beteiligungen in der Gemeinde kann durch Ämterkumulation in zahlreichen Vereinen, Beiräten, Initiativen und Gruppen eine Überintegration in den politischen Prozeß entstehen, die zu einer Abgrenzung nach außen führt. Dem kann man entgegenwirken – etwa durch Inkompatibilitätsregeln, Verbot von Ämterkumulation, Rotation und genereller Stärkung innerorganisatorischer Demokratie.

5) *Sozialisation:* Die beste politische Bildung ist praktische Politik, so lautet das pädagogische Motto des „learning by doing" auf die Politik übersetzt. Man muß hinzufügen, daß dies nur gilt bei einer verantwortungsbewußten Politik, die nicht der Karikatur von den verräucherten Hinterzimmern entspricht, in denen Filzokraten politische „deals" ausklüngeln. Schon das Vereinswesen in der Gemeinde bietet mit dem scheinbar unpolitischen Fußballklub, Männerchor oder der Frauenhilfe eine Vorschule der Demokratie. Erst recht gilt das für die Mitwirkung an vorparlamentarischen Beteiligungsformen. Allerdings muß man nach empirischen Forschungen auch hier einschränken, daß sich in Parteien, Verbänden, Kirchen, Bürgerinitiativen und auch Seniorengruppen tendenziell dieselben Schichten treffen und das „Von-unten-hereinsozialisieren" partizipationsferner Schichten selten zu beobachten ist.

6) *Selbstregulierung:* Selbstregulierung meint die Chance, gesellschaftliche Probleme in Eigenregie zu lösen – ganz analog dem Subsidiaritätsprinzip, nachdem die jeweils kleinere Einheit die höhere Kompetenzvermutung hat. Damit ist eine wichtige Entlastungsfunktion für das politische System verbunden, wenn mehr Aufgaben dezentral und eigenverantwortlich gelöst werden können. Vorparlamentarische Beteiligungsformen haben allerdings selten soviel Handlungsfreiheit, daß sie selbstverantwortliche Lösungen anbieten können, wie bspw. die Tarifparteien für die Tarifautonomie verantwortlich sind, die Kammern als Selbstverwaltungsorgane der Wirtschaft und freien Berufe wirken, die Wohlfahrtsverbände Sozialpolitik betreiben oder die technischen Verbände Normie-

rungsaufgaben wahrnehmen. Privatisierung und Deregulierung sozialer Angebote dürfen nicht soweit gehen, daß die soziale Gerechtigkeit, gerade für benachteiligte Gruppen, beeinträchtigt wird.

7) *Legitimation*: Diese letzte Funktion hat einen zusammenfassenden Charakter: durch alle Funktionen gemeinsam wird die Legitimation des politischen und gesellschaftlichen Systems erhöht. Vorparlamentarische Beteiligung trägt insofern zur Akzeptanz und flexiblen Stabilität des Systems bei. Durch bürgernahe Entscheidungsforen entsteht mehr Transparenz und Offenheit, mehr Einsicht in Handlungsmöglichkeiten und Grenzen, mehr Kontrolle von Macht, auch außerhalb der turnusmäßigen Wahlen. Verkrustungen von politischer Macht in etablierten Gruppen, Parteien, Verbänden, Bürokratien und Verwaltungen kann damit entgegengewirkt werden. Allerdings ist auch die Gefahr der Scheinlegitimation gegeben, der Spielwiese für Geltungssüchtige. Durch symbolische Politik kann davon abgelenkt werden, daß sich im Grunde nichts ändert – nach dem Motto: Wenn der Politiker nicht mehr weiter weiß, setzt er einen Ausschuß oder Beirat ein. Es liegt an den Aktiven in allen vorparlamentarischen Gremien, daß sie solche Tendenzen durchschauen und darauf reagieren.

Die realen Wirkungen vorparlamentarischer Beteiligungsformen sind insbesondere am Beispiel direktdemokratischer Verfahren in der Schweiz erforscht worden (vgl. Luthardt 1994). Die Ergebnisse dieser empirischen Demokratieforschung sind zweischneidig. Zum einen wirken die in der Schweiz praktizierten Formen des Referendums (nachparlamentarische Kontrolle) und der Verfassungsinitiative (vorparlamentarische Willensbildung) sozial und politisch befriedend. Zum anderen zeigt eine Zusammenschau aller Entscheidungen deutlich die strukturkonservierende Wirkung solcher Verfahren, die die Einführung politischer Reformalternativen eher erschweren als erleichtern (vgl. Neidhardt 1992). Die Vorstellung, mit direktdemokratischen Verfahren ein nicht nur technisch, sondern auch inhaltlich grundsätzlich progressives Instrument an der Hand zu haben, wird von der politischen Wirklichkeit so nicht bestätigt.

Die Wirkungsanalyse muß jedoch den institutionellen Kontext des politischen Systems berücksichtigen, um direktdemokratische Verfahren einzuschätzen. So sind auf Bundesebene angesiedelte direktdemokratische Verfahren dann besonders anfällig für die Instrumentalisierung von Sonderinteressen, wenn das Parteiensystem kompetitiv ausgeprägt ist (vgl. Stelzenmüller 1994). Daß direktdemokratische Verfahren in föderalen Systemen auch einen anti-zentralistischen Zug tragen, ist in der Bundesrepublik vor allem am Verhalten der bayerischen Staatsregierung abzulesen, die mehrfach solche Instrumente – die der CSU eher suspekt sind – gegen Entscheidungen der Bundesebene eingesetzt hat.

2.2 Partizipatorische Demokratietheorie

In der modernen Demokratietheorie wird zwei Faktoren besondere Aufmerksamkeit geschenkt: dem *input* als den Dimensionen der Willensbildung und Beteiligung sowie dem *output* als den Steuerungs- und Koordinationsleistungen demokratischer Entscheidungen (vgl. Scharpf 1970; Schmidt 1995). Die partizipationsbetonten Ansätze der Demokratietheorie richten ihr Hauptaugenmerk auf den *input* des politischen Systems. Zugrunde liegt der partizipationsorientierten Demokratietheorie die Annahme, daß der Bürgerwille nicht a priori festgelegt sei, sondern erst die Organisation des politischen Willensbildungsprozesses ihn größtenteils hervorbringe und forme.

Als überholt kann man allerdings die Partizipations-Theorien der „Totalpolitisierung" betrachten (vgl. Vilmar 1973). Sie haben theoretisch wie praktisch die Differenzierung der Gesellschaft und die unterschiedlichen Bürger-Rollen mißachtet. Ihr expansives Politikverständnis endete schließlich in einer konsequenten Politik-Skepsis, deren Absolutheit die früheren überzogenen Ansprüche spiegelt und entsprechend fragwürdig ist.

Die weniger absoluten, gleichwohl normativ orientierten Ansätze der partizipatorischen Demokratietheorie kritisieren den Kern des liberalen Demokratie-Konzepts: der Wettbewerb um Wählerstimmen und Ausgleich von Interessen über pluralistische Formen der Interessenvertretung. Stattdessen steht die ethische Vollendung des politischen Bürgers, des citoyen, als Zweck an sich im Vordergrund (vgl. Barber 1994). Diese sei nur möglich, wenn eine möglichst maximale und authentische Berücksichtigung von Interessen und Willensäußerungen gewährleistet sei. Hinzu kommt das Argument, daß damit nicht nur der Selbstbestimmung der Bürger Rechnung getragen, sondern nur so gemeinwohlorientiertes Handeln garantiert werde (vgl. Warren 1992).

Die Weiterentwicklung solcher Ansätze zur „deliberativen Demokratie" erkennt die vielfältigen institutionellen und organisatorischen Voraussetzungen weitergehender Partizipation an. Insbesondere Assoziationen, Verbände, Parteien, der Verfassungsstaat sowie die Institutionalisierung von Bürgerrechten werden hierbei als Fundament der Partizipation betrachtet (vgl. Habermas 1992a, b). Den eigentlichen Kern der deliberativen Demokratie als institutionell anspruchsvollster Variante der partizipatorischen Demokratietheorie bildet jedoch die Kombination von autonomer Öffentlichkeit, formalisierten parlamentarischen Abstimmungsverfahren und außerparlamentarischen Einflußmöglichkeiten. Die Theorie der sich über starke Partizipationsmechanismen selbst regierenden Gemeinschaft hat in den letzten Jahren wieder an Gewicht gewonnen, weil sie zur Konjunktur kommunitaristischer und zivilgesellschaftlicher Konzepte eigene Wachstumsimpulse beisteuert (vgl. Dubiel 1996; Luthardt/Waschkuhn 1997; Reese-Schäfer 1996).

Die Antwort der Partizipationstheoretiker auf die Einlassungen der ökonomischen Theorie der Politik – die auf die begrenzten Informationsressourcen und zahlreichen außerpolitischen Interessen der Bürger hinweist (vgl. Lehner 1981) – ist allerdings nicht überzeugend. Insbesondere können die theoretischen Ansätze bislang nicht die Schwäche ausgleichen, daß stärker noch als in repräsentativen Demokratie-Modellen ihr Konzept einen starken Mittelschicht-Bias hat. Und gerade dieses Problem wollten komplexere Modelle der Demokratietheorie schon in den 70er Jahren durch bessere politische Planung und staatlich organisierte Interessenmobilisierung eindämmen (vgl. Mayntz/Scharpf 1973; Naschold 1971; Scharpf 1970).

Daneben existiert noch eine Reihe weiterer Einwände gegen die normativ argumentierende Partizipationstheorie, von der Gefahr einer Überbeanspruchung und entsprechenden Destabilisierung der Demokratie, über die Mißachtung von Effizienzproblemen bis hin zum unrealistischen Menschenbild. Entscheidend ist vor allem, aus welchem Blickwinkel die Funktionen von Partizipation betrachtet werden. Aus dem Blickwinkel des Bürgers scheint die Behauptung, politische Partizipation neben Wahlen sei zur Vervollkommnung seiner Rolle unerläßlich, zumindest in ihrer Allgemeinheit überzogen. Aus dem Blickwinkel der demokratischen Institutionen zu argumentieren, zusätzliche Partizipation nutze brachliegende Ressourcen der Bürger stärker und verbreitere die „Wertberücksichtigung", ist ein überzeugenderes Argument.

Der Theorie steht auch eine umfangreiche empirische Partizipationsforschung zur Seite. Ihren Ergebnissen nach hat die „stille Revolution" (Inglehart 1977) – das Wachstum post-materialistischer Wertorientierungen – keineswegs zu einer Abkehr von der Politik geführt. Vielmehr signalisieren gerade die jüngeren, besser ausgebildeten sozialen Gruppen einen Bedarf an Beteiligungsformen, der von den verfaßten Angeboten bislang nicht gedeckt werden kann (vgl. Kaase 1992a, b).

2.3 Das Partizipations-Profil der Bundesrepublik

Im Vergleich zur Weimarer Reichsverfassung ist das Grundgesetz der Bundesrepublik hinsichtlich plebiszitärer Elemente sehr zurückhaltend. In Artikel 20 (Abs. 2 Satz 1 GG) bestimmt das Grundgesetz: „Alle Staatsgewalt geht vom Volke aus". Allerdings fügt die Verfassung zugleich einschränkend hinzu, daß diese Gewalt in Wahlen und Abstimmungen und durch besondere Organe – gedacht ist an Exekutive, Legislative und Judikative – ausgeübt wird. Das Volk läßt sich vertreten, es herrscht mittelbar über die Parlamente. Nur Art. 29 GG sieht eine Mitwirkung des Volkes durch Volksbegehren oder Volksentscheid im Falle von Gebietsänderungen vor. Umgekehrt spricht sich das Grundgesetz aber auch nicht ausdrücklich gegen weitere Beteiligungsformen aus.

Art. 21 GG überträgt den Parteien das Recht, „an der politischen Willensbildung mitzuwirken". Ob dies eine einseitige Privilegierung der Parteien meint und damit eine Monopolisierung der politischen Willensbildung durch die Parteien rechtfertigt, oder ob dadurch gerade die weitere Mitwirkung von anderen – vorparlamentarischen – Kräften wie Verbänden oder anderen Vertretungen, garantiert werden soll, ist in der Wissenschaft umstritten.

Allerdings muß der Bevölkerung der Bundesrepublik bis etwa Mitte der 60er Jahre eine deutliche Zurückhaltung bei dem Ruf nach stärkerer politischer Beteiligung und Partizipation attestiert werden, obwohl es immerhin schon in den 50er Jahren Phasen der stärkeren Politisierung – bei der Diskussion um gewerkschaftliche Mitbestimmung oder um die Wiederbewaffnung – gegeben hatte. Mit der Studentenbewegung und der Außerparlamentarischen Opposition (APO) seit der Großen Koalition 1966 bis 1969 wurde der Ruf nach der Demokratisierung aller Lebensbereiche laut, so laut, daß die beharrenden Kräfte in allen Parteien und gesellschaftlichen Gruppen sich dem zunächst einmal verschlossen. So begannen die APO und danach die entstehenden Bürgerinitiativen der 70er Jahre als antiparlamentarische Bewegungen. Je bürgerlicher die Bürgerinitiativen wurden mit ihren Forderungen nach besserer Umwelt, Bildung, Frieden, Entwicklung für die Dritte Welt und Gleichberechtigung der Frauen, desto mehr wandelte sich der Antiparlamentarismus in vorparlamentarische politische Beteiligungsformen, die immer breitere Akzeptanz als Ergänzung der Partizipation für besondere Gruppen und Anliegen fanden, für die man Defizite im parlamentarischen Prozeß spürte (vgl. von Alemann 1975a).

Bürgerbeteiligungen stehen trotz dieser bunten Vergangenheit nicht sehr hoch im Kurs unserer verfaßten Demokratie – im Grundgesetz am wenigsten, in den Länderverfassungen etwas stärker und in den Gemeindeordnungen zwar deutlicher, aber oft nur aufgrund des Drucks einiger aktiver Teile der Öffentlichkeit. Denn steht ein Bürgerbegehren oder ein Bürgerentscheid wirklich ins Haus, dann wird von den jeweiligen Exekutiven und Genehmigungsinstanzen nur allzu oft versucht, dieses zu behindern oder gar zu verhindern.

Der geringe Stellenwert neuer Beteiligungsformen bei Politikern genauso wie bei den Bürgern mag viele Gründe haben. Es könnte zum einen an der geringen Bereitschaft der überwiegenden Mehrheit der Bevölkerung liegen, sich überhaupt politisch zu engagieren; zum anderen könnte eine mangelnde Bereitschaft der politischen Repräsentanten, über die eingefahrenen Wege der parteibezogenen Partizipation hinweg Bürgerbeteiligungen zu unterstützen, jede Eigeninitiative zwecklos erscheinen lassen. Denkbar wäre auch, daß eine allgemeine Zufriedenheit mit dem politisch-administrativen System dem Bürger das Gefühl vermitteln würde, besonderer Einsatz, zumal persönlicher, sei weiter nicht vonnöten. Glaubt man an die Existenz einer Politikverdrossenheit – immerhin „Wort des Jahres 1992" –, einer weite Teile der Bevölkerung betreffenden Abkehr von der Politik und deren administrativen Organe, so scheidet diese Möglichkeit allerdings aus.

Seit geraumer Zeit wird nun debattiert, ob nicht eine stärkere, auch formal institutionalisierte Einbindung der Bevölkerung in die Politik über wie auch immer konkretisierte Beteiligungsformen das sich abzeichnende Akzeptanzproblem bewältigen, es zumindest eindämmen könnte (vgl. Gessenharter 1996; Hesse 1986). Die alten Grenzen zwischen repräsentativer und plebiszitärer, direkter und indirekter, verfaßter und nicht verfaßter Demokratie verschwimmen. Nicht zuletzt durch den friedlichen Umbruch in der ehemaligen DDR im Herbst 1989 gewann die Frage nach unmittelbar demokratischen Elementen erneut an Aktualität. Wie Untersuchungen belegen, wächst die Bereitschaft der Bürger beständig an, selbst politisch aktiv zu werden, um politische Ziele durchzusetzen (vgl. Gabriel 1989: 138). Zudem verläßt man sich immer weniger auf das parteipolitische Handlungsrepertoire und zieht auch eher unkonventionelle, weniger traditionelle Aktivitäten als Mittel politischer Partizipation in Betracht.

Volksbegehren und Volksentscheide als prominenteste Partizipationsformen standen in den Wochen der Verfassungsdebatte nach dem Zusammenbruch der DDR ganz oben auf der Agenda. Ihren Befürwortern gelang es jedoch nicht, sie als anerkannte Beteiligungsform auf Landes- und Bundesebene zu verankern. Die Verfassungsreform von 1994 wurde daher verabschiedet, ohne auf Bundesebene eine plebiszitäre Komponente einzuführen. Dies zu erreichen ist weiterhin das Anliegen des Aktionsbündnis „Mehr Demokratie", dessen Anhänger im Frühjahr 1999 einen Gesetzesentwurf für einen bundesweiten Volksentscheid vorstellen wollen. Die neue rot-grüne Bundesregierung hat im übrigen in ihrem Koalitionspapier einen Passus versteckt, demnach auf Bundesebene Volksinitiative, Volksbegehren und Volksentscheid eingeführt werden sollen. Der bayerische Ministerpräsident Stoiber unterstützt die Bundesregierung hierbei: Sobald die Möglichkeit Realität wird, will er einen Volksentscheid gegen die doppelte Staatsbürgerschaft und damit gegen die Bundesregierung organisieren.[1] Diese Pointe offenbart im übrigen, daß vorparlamentarische und direktdemokratische Beteiligungsformen keineswegs gefeit sind gegen Vereinnahmungen und taktische Finessen. Sie können die strategischen Spielräume von Parteien und Regierungen sogar erweitern anstatt sie einzuengen.

3 Wandel und Chancen vermittelter Partizipation

3.1 Inner- und außerparteiliche Beteiligungsformen

Die Fixierung auf Formen direkter Demokratie und vorparlamentarischer Beteiligung lenkt häufig davon ab, daß sich auch die indirekten Formen der Partizipation wandeln, vor allem die Parteien. Die partizipatorische Revolution in den 70er und 80er Jahren hat keineswegs das Schicksal der Parteien besiegelt, auch wenn sich Mitgliederbasis, -motivation und -struktur grundlegend geändert haben (vgl. Kaase 1982). Parteien sind auch deshalb wichtig, weil sie – wie die Geschichte der Volksbegehren und Volksentscheide zeigt – häufig Mitinitiatoren und -organisatoren solcher Beteiligungsformen sind. In der Parteiendemokratie ist es daher müßig, beide Bereiche strikt voneinander abgrenzen zu wollen. Allerdings weisen warnende Stimmen darauf hin, daß direktdemokratische Verfahren von Parteien instrumentalisiert und zur Machtabsicherung mißbraucht werden können (vgl. Fischer 1993).

Partizipation in Parteien spielt sich in zwei Dimensionen ab: bei der innerparteilichen Beteiligung der Mitglieder wie bei der Einbindung von Nicht-Mitgliedern (vgl. Niedermayer 1989). Beide Aspekte haben in der letzten Zeit von sich Reden gemacht. Noch gut in Erinnerung ist die konsultative Mitgliederbefragung im Juni 1993 in der SPD, die eine für die Führung der Partei konfliktreiche Entscheidung zwischen den drei Kandidaten Schröder, Scharping und Wieczorek-Zeul für den Parteivorsitz abpuffern sollte. Von den einen als basisdemokratische Revolution gefeiert, erblickten andere, solchen Beteiligungsformen keineswegs abgeneigte Beobachter, darin vor allem „Demokratie als Ausrede" (Joachim Raschke). Als strategische Akteure bewegen sich Parteien in der Tat im permanenten Spannungsfeld von notwendigen Richtungsvorgaben und breitem Mitgliederwillen. Und neue Formen der Mitgliederbeteiligung über das innerparteiliche Repräsentativsystem der Delegierten hinaus – Urwahl, Mitgliederbefragung und Mitgliederentscheidung – haben stets auch strategische Hin-

---

1   Dies läßt sich dem Mitteilungsblatt des Bündnisses „Mehr Demokratie" entnehmen; vgl. Zeitschrift für Direkte Demokratie, Nr. 41/1998: 11.

tergründe.[2] Dennoch werden sie häufig als Heilmittel gegen die chronische Mobilisierungsschwäche der Parteien angesehen (vgl. Reichart-Dreyer 1997). Doch diese Instrumente lösen nicht unbedingt das Problem, wie neue Mitglieder zu gewinnen sind. Hier spielen moderne Formen der Parteiarbeit eine Rolle, die im übrigen auch für politisch interessierte Nicht-Mitglieder interessant sind. Denn die Pluralisierung von Lebensformen, die Auflösung klassischer sozialer Milieus sowie die Konkurrenz durch neue, themen- und projektorientierte Organisationsformen stellen die tradierten Mitgliederparteien vor große Herausforderungen (vgl. Wiesendahl 1998). Viele Bürger lassen sich nur schwer für eine Mitgliedschaft gewinnen, weil ihnen ein begrenztes und thematisch eingegrenztes Engagement attraktiver erscheint. Vor dem gleichen Problem stehen alle Organisationen und Verbände, die sich auf ehrenamtliches Engagement stützen (vgl. Heinze/Strünck 1999). Die Einbindung von Nicht-Mitgliedern in zeitlich limitierte Projekte erscheint daher als ein probates Mittel, um die organisatorische Substanz der Parteien aufzubessern und ihre Fähigkeiten der Interessenaggregierung und Willensbildung zu stärken (vgl. von Alemann 1995).

Zu solchen zeitlich limitierten Projekten gehören Arbeitsgruppen zu einzelnen Politikfeldern, aber auch Unterschriftenaktionen als plebiszitäre Mobilisierungsform, wie sie die CDU/CSU Anfang 1999 zum Thema des doppelten Staatsbürgerschaftsrechtes initiierte und inszenierte. Der Einsatz dieses Mittels durch christlich-konservative Parteien ist schon deshalb ungewöhnlich, weil diese gegenüber direkt-demokratischer Beteiligung eher skeptisch eingestellt sind. Die neue Oppositionsrolle sowie die dadurch gestiegene Bedeutung der Ministerpräsidenten hat das strategische Repertoire der Partei offenkundig erweitert. Der Ausspruch der hessischen CDU-Führung, man wolle die Landtagswahl 1999 mit Hilfe der Unterschriftenaktion zu einem „Plebiszit über das doppelte Staatsbürgerschaftsrecht" machen, illustriert die taktisch erfolgreiche Aneignung von „plebiszitärer" Varianten durch politische Parteien.

Die Crux erweiterter Beteiligungsformen von Nicht-Mitgliedern wie etwa den Projektgruppen besteht jedoch darin, daß sie ihre Attraktivität eigentlich nur bewahren können, wenn Nicht-Mitglieder mittelfristig nicht nur mitdiskutieren, sondern auch mitentscheiden können. Dann allerdings fällt die Grenze zur Mitgliedschaft, die dieses Privileg kraft Status besitzt. Und damit entfiele auch ein wesentlicher Anreiz, Mitglied einer Partei zu werden. Aus diesem Dilemma können sich Mitglieder-Parteien nicht befreien.

---

2 So hat bspw. die erneuerte Führung der britischen Labour Party neue Beteiligungsformen der Mitgliedschaft bewußt dafür eingesetzt, das neue Profil vor Kritik der Parteiflügel abzuschirmen und breit zu legitimieren; vgl. Becker 1999.

3.2 Wahlsystem

In der Debatte über die vorgebliche Allmacht der Parteien wird auch immer wieder die Forderung nach *Vorwahlen* (primaries) nach US-amerikanischem Vorbild erhoben. Vorwahlen wurden in Amerika seit der Jahrhundertwende eingeführt, um die verkrusteten und teilweise korrupten „Parteimaschinen" aufzubrechen und zu demokratisieren. Tatsächlich haben die Vorwahlen dazu beigetragen, die Parteien in den USA völlig zu verändern und sie in gewisser Weise als Organisation zu atomisieren. Die öffentlichen politischen Schlammschlachten, die bei Vorwahlen zwischen Kandidaten derselben Parteiorientierung ausgefochten werden, müßten eigentlich jeden abschrecken, der Ähnliches für Europa fordert.

In Deutschland hat sich jedoch ein ganz anderer Parteientypus entwickelt. Auch bringt das Listenwahlrecht hier ganz andere Formen der politischen Kandidatennominierung hervor. Die Erstellung der Kandidatenlisten durch die Delegiertenkonferenzen der Parteien ist allerdings nicht gerade von den Leitwerten Partizipation, Transparenz und Effizienz bestimmt. Generelle Vorwahlen einzuführen, würde aber den Teufel mit dem Beelzebub austreiben. Man muß nicht soweit gehen, ein radikal anderes Listenverfahren zu propagieren, das dem Wähler ein Kumulieren und Panaschieren erlaubt, wie teilweise in der Schweiz oder bei süddeutschen Kommunalwahlen (vgl. Jung 1995). Beim Kumulieren wird dem Wähler das Recht eingeräumt, auf ein und denselben Kandidaten mehrere Stimmen zu häufen. Beim Panaschieren kann der Wähler mehrere Stimmen vergeben, Kandidaten einer Liste streichen, seine Stimmen über mehrere Listen splitten und andere Kandidaten dazuschreiben. Eine Variante des Panaschierens ist im baden-württembergischen Kommunalwahlrecht verankert. Besonders liberal gibt sich das bayerische Wahlrecht, in dem sogar offene Listen möglich sind.

Diese Verfahren lassen den notwendigen Kandidatennominierungsprozeß der Parteien, ihre wichtige Funktion der politischen Selektion und Rekrutierung, zu einem unberechenbaren Vabanque-Spiel werden. Trotzdem ist der Kritik an der undurchsichtigen Nominierungspraxis der jetzigen Listen Rechnung zu tragen. Dies könnte durch die Einführung der *Vorzugsstimme* geschehen, die zum System der Präferenzstimmgebung gehört (vgl. von Alemann 1994a). Der Wähler kann dabei einem Kandidaten der Liste eine Vorzugsstimme geben, die eine moderate Korrektur der Listenreihenfolge ermöglicht, ohne daß die Reihenfolge damit völlig auf den Kopf gestellt wird. Dem Wähler würde damit nicht nur mehr Partizipation eingeräumt, die Kandidaten und Parteien würden auch zu mehr Transparenz des Nominierungsprozesses gezwungen. Auch würde der Wähler angeregt, sich die Kandidaten tatsächlich genauer anzusehen, statt eine geschlossene Liste anzukreuzen.

Der Aufwertung des Wahlaktes als der Basis demokratischer Beteiligung dient auch die Überprüfung des aktiven Wahlalters. Im Kaiserreich begann das aktive Wahlrecht mit 25 Jahren, in der Weimarer Republik mit 20 Jahren. Der Parlamentarische Rat setzte das aktive Wahlrecht ohne größere Debatte auf 21 Jahre fest und damit auf den Beginn der Volljährigkeit. Erst Ende der 60er Jahre entstand eine breite Diskussion, die zu einer Senkung des aktiven Wahlalters auf 18 Jahre zur Bundestagswahl 1972 führte. Die Gegner führten besonders ins Feld, daß damit Wahlalter und Volljährigkeit entkoppelt würden. Konsequent ist später auch die Volljährigkeit abgesenkt worden. Die Befürworter machten geltend, daß die politische Beteiligung und das politische Interesse längst vor der Volljährigkeit erwache und deshalb gefördert werden müsse, um Entfremdung, Apathie oder auch umgekehrt Protest zu verhindern.

Man kann dieselbe Argumentation heute wiederfinden. Die politische Informiertheit der jüngeren Generation ist deutlich angestiegen, nicht zuletzt durch die neuen Medien. Die politische Aktivität ist nicht im gleichen Maße gegeben wie in der Nachachtundsechziger-Zeit. Eine Senkung des aktiven Wahlalters würde keineswegs allen diesen Problemen abhelfen und plötzlich das Interesse der Jugendlichen an aktiver Politikgestaltung in Parteien, Parlamenten und in der Öffentlichkeit vervielfältigen. Wenn man das Wahlrecht allerdings als das politische Basisrecht in der Demokratie begreift, so dürfen sowenig Gruppen wie irgend möglich davon ausgeschlossen sein. An den urdemokratischen Satz aus der amerikanischen Unabhängigkeitsbewegung gegen das englische Mutterland sollte man immer wieder erinnern: *no taxation without representation* (keine Besteuerung ohne Vertretung).

Mittlerweile ist zumindest der Zustand überwunden, daß sogar die EU-Mitbürger, die in einem anderen Mitgliedsland wohnen und arbeiten, dort nicht wählen dürfen. Das Bundesverfassungsgericht hat weitergehenden Initiativen der Länder bisher eine Absage erteilt. Das kann nicht bedeuten, daß damit das Problem für alle Zukunft gelöst ist. Verfassungsgerichtsentscheidungen sind keine Zukunftsprogramme. Klar ist, daß eine erleichterte Einbürgerung über die wachsende Beteiligung neuer Wählergruppen und deren starkem Interesse politische Wahlakte im Allgemeinen wieder aufwertet.

4 Partizipation in der Informationsgesellschaft

Demokratisierung mit Hilfe von Computern scheint in den 70er Jahren durchaus den Charakter einer Utopie gehabt zu haben (vgl. Krauch 1972). Das liegt weniger an den damals noch ungeschlachten und nicht gerade erschwinglichen Technologien, sondern mehr am umfassenden politischen Anspruch. Sowohl ökonomische als auch soziale und politische Bedürfnisse sollten unverfälscht ermittelt und in angemessene Politik gegossen werden.

Die umfassende elektronische Bedürfnis-Verarbeitung steht jedoch nicht mehr im Zentrum, wenn heutzutage Computer als partizipationsfördernde Technologien genutzt werden sollen. Vielmehr haben es die Anhänger der elektronischen Demokratie darauf abgesehen, vorparlamentarische Beteiligungen, projektförmige Arbeit in Parteien oder spontane Protestaktionen über neue Medien wie das Internet effizienter und umfassender zu organisieren.

Am Beschleunigungseffekt solcher Technologien kann kein Zweifel bestehen. Anders sieht es da mit dem Anspruch aus, weitaus mehr Leute in kurzer Zeit zu erreichen und damit das „Wertberücksichtigungspotential" zu erhöhen. Da Medien wie das Internet eine stark gruppenspezifische Nachfrage auslösen und bislang noch hoch selektiv wirken, bestehen Zweifel, ob der lange beklagte Mittelschicht-Bias nicht mit neuen Verzerrungen reproduziert wird. Dieses Risiko läßt sich allerdings auch in Chancen umdeuten. Direkte Konfrontationen in Veranstaltungen, der Druck, in öffentlichen Räumen Meinungen und Ansichten zu vertreten, schrecken in der Tat weiterhin viele ab, die keineswegs sprachlos sind. Die relative Anonymität – als struktureller Vorteil in der gesamten Kommunikationswelt des Internet und anderer neuer Medien gepriesen – kann auch hier Blockaden lockern und Bürger aktivieren. Um Visionen voranzutreiben, müssen jedoch Fragen gestellt werden, unter anderem die folgenden:

- Sind öffentliche Diskussionsräume mit elektronischen Medien koppelbar oder steht in bestimmten Situationen „Demokratie von zuhause aus" an?
- Welchen Unterschied macht es, wenn face-to-face-Argumentationen gegen solche eingetauscht werden, die mit Zeitverzögerungen arbeiten? Erhöht sich die Qualität politischer Beteiligung und Diskussion?
- Wie sehen Konzepte aus, die Jugendliche mit ihren Kommunikationsgewohnheiten politisch mobilisieren?
- Fehlt bei Wahlen auf Knopfdruck eine wichtige Schleife der Überlegung und Verantwortung oder kann dadurch die Wahlbeteiligung auf Dauer gesteigert werden?
- Wie lassen sich wenig informationsorientierte soziale Gruppen aktivieren?

Elektronische Demokratie ist noch weit davon entfernt, umfassende Partizipationsangebote unterbreiten zu können. Wer jedoch Demokratie auch als Suchpfad und Experimentierfeld betrachtet, kann der Debatte neue Impulse geben. In der organisierten Parteiendemokratie besitzen jedoch Verbände und Parteien einen klaren infrastrukturellen Vorsprung (vgl. von Alemann 1997). Mit der Übernahme elektronischer Optionen wird dieser Vorsprung eher noch ausgebaut, auch wenn nun plötzlich die organisatorischen Hürden für neue Initiativen wesentlich niedriger gesetzt werden. Die ohnehin löchrige Grenze zwischen klassischen Institutionen der Interessenvermittlung und neuen Beteiligungsformen wird so weiter abgetragen.

Literatur

Alemann, Ulrich von (1973): *Parteiensysteme im Parlamentarismus. Eine Einführung und Kritik von Parlamentarismustheorien.* Düsseldorf.
Alemann, Ulrich von (Hg.) (1975): *Partizipation – Demokratisierung – Mitbestimmung. Problemstellung und Literatur in Politik, Wirtschaft, Bildung und Wissenschaft. Eine Einführung.* Opladen.
Alemann, Ulrich von (1994a): Parteien und Interessenorganisationen in der pluralistischen Demokratie. In: ders. u. a. (Hg.): *Politik.* Opladen, S. 256-317.
Alemann, Ulrich von (1994b): Das Volk als dumpfe Masse. In: *Die Woche*, 18. 8.1994, S. 8.
Alemann, Ulrich von (1995): *Parteien.* Reinbek bei Hamburg.
Alemann, Ulrich von (1997): Parteien und Medien. In: Gabriel, Oscar W./Oskar Niedermayer/Richard Stöss (Hg.): *Parteiendemokratie in Deutschland.* Opladen, S. 478-494.
Barber, Benjamin (1994): *Starke Demokratie.* Hamburg.
Becker, Bernd (1999): *Mitgliederbeteiligung und innerparteiliche Demokratie in britischen Parteien – Modelle für die deutschen Parteien?* Baden-Baden.
Dubiel, Helmut (1996): Vom Nutzen des Konzepts der Zivilgesellschaft. In: *Zeitschrift für Politikwissenschaft*, Heft 3, S. 669-677.
Ellwein, Thomas (1989): *Krisen und Reformen. Die Bundesrepublik seit den 60er Jahren.* München.
Fischer, Wolfgang (1993): Formen unmittelbarer Demokratie im Grundgesetz. In: *Aus Politik und Zeitgeschichte* B 52-53, S. 16-18.
Gabriel, Oscar W. (1989): Bürgerbeteiligung an der Kommunalpolitik. In: ders. (Hg.): *Kommunale Demokratie zwischen Politik und Verwaltung.* München.
Gessenharter, Wolfgang (1996): Warum neue Beteiligungsmodelle auf kommunaler Ebene? Kommunalpolitik zwischen Globalisierung und Demokratisierung. In: *Aus Politik und Zeitgeschichte* B 50, S. 3-13.
Habermas, Jürgen (1992a): Drei normative Modelle der Demokratie: Zum Begriff deliberativer Politik. In: Münckler, Herfried (Hg.): *Die Chancen der Freiheit. Grundprobleme der Demokratie.* München, Zürich, S. 11-24.
Habermas, Jürgen (1992b): *Faktizität und Geltung. Beiträge zur Diskurstheorie des Rechts und des demokratischen Rechtsstaats.* Frankfurt/M.
Heinze, Rolf G./Christoph Strünck (1999): Die Verzinsung des sozialen Kapitals. Freiwilliges Engagement im Strukturwandel. In: Beck, Ulrich (Hg.): *Die Zukunft von Arbeit und Demokratie.* Frankfurt/M. (i. E.).

Hesse, Joachim Jens (Hg.) (1986): *Erneuerung der Politik „von unten"? Stadtpolitik und kommunale Selbstverwaltung im Umbruch.* Opladen.
Inglehart, Ronald (1977): *The Silent Revolution. Changing Values and Political Styles Among Western Publics.* Princeton.
Jung, Otmar (1995): Direkte Demokratie: Forschungsstand und Forschungsaufgaben. In: *Zeitschrift für Parlamentsfragen,* Heft 4, S. 6-14.
Kaase, Max (1982): Partizipatorische Revolution – Ende der Parteien ? In: Raschke, Joachim (Hg.): *Bürger und Parteien.* Opladen.
Kaase, Max (1992a): Politische Beteiligung. In: Schmidt, Manfred G. (Hg.): *Lexikon der Politik,* Bd. 3: *Die westlichen Länder.* München, S. 339-346.
Kaase, Max (1992b): Legitimitätsüberzeugungen. In: Schmidt, Manfred G. (Hg.): *Lexikon der Politik,* Bd. 3: *Die westlichen Länder.* München, S. 224-231.
Krauch, Helmut (1972): *Computer Demokratie.* Düsseldorf.
Kraushaar, Wolfgang (1996): *Die Protest-Chronik. Eine illustrierte Geschichte von Bewegung, Widerstand und Utopie.* Hamburg.
Lehner, Franz (1981): *Einführung in die Neue Politische Ökonomie.* Kronberg/Ts.
Luthardt, Wolfgang (1994): *Direkte Demokratie. Ein Vergleich in Westeuropa.* Baden-Baden.
Luthardt, Wolfgang/Arno Waschkuhn (1997): Plebiszitäre Komponenten in der repräsentativen Demokratie. Entwicklungsstand und Perspektiven. In: Klein, Ansgar/Rainer Schmalz-Bruns (Hg.): *Politische Beteiligung und Bürgerengagement in Deutschland.* Baden-Baden, S. 59-87.
Marschall, Stefan (1996): Die Reform des Bundestages 1995: Inhalte, Hintergründe, Konsequenzen. In: *Zeitschrift für Parlamentsfragen,* Heft 3, S. 365-376.
Mayntz, Renate/Fritz W. Scharpf (Hg.) (1973): *Planungsorganisation. Die Diskussion um die Reform von Regierung und Verwaltung des Bundes.* München.
Naschold, Frieder (1971): Die systemtheoretische Analyse demokratischer politischer Systeme. In: *Probleme der Demokratie heute. Politische Vierteljahresschrift,* Sonderheft 2. Opladen, S. 3-39.
Neidhardt, Leonhard (1992): Grundlagen und Besonderheiten des schweizerischen Systems. In: Abromeit, Heidrun/Werner W. Pommerehne (Hg.): *Staatstätigkeit in der Schweiz.* Bern u. a., S. 15-42.
Niedermayer, Oskar (1989): *Innerparteiliche Partizipation.* Opladen.
Reese-Schäfer, Walter (1996): Die politische Rezeption des kommunitaristischen Denkens in Deutschland. In: *Aus Politik und Zeitgeschichte* B 36, S. 3-11.
Roth, Roland/Hellmut Wollmann (Hg.) (1994): *Kommunalpolitik. Politisches Handeln in den Gemeinden.* Opladen.
Rucht, Dieter (1997): Soziale Bewegungen als demokratische Produktivkraft. In: Klein, Ansgar/Rainer Schmalz-Bruns (Hg.): *Politische Beteiligung und Bürgerengagement in Deutschland.* Baden-Baden, S. 382-403.
Scharpf, Fritz W. (1970): *Demokratietheorie zwischen Utopie und Anpassung.* Konstanz.
Schmidt, Manfred G. (1995): *Demokratietheorien. Eine Einführung.* Opladen.
Stelzenmüller, Constanze (1994): *Direkte Demokratie in den Vereinigten Staaten von Amerika.* Baden-Baden.
Stiftung Mitarbeit (Hg.) (1991): Direkte Demokratie in Deutschland. Handreichungen zur Verfassungsdiskussion in Bund und Ländern. *Brennpunkt-Dokumentation* Nr. 12. Bonn.
Strübel, Markus (1987): Mehr direkte Demokratie? Volksbegehren und Volksentscheid im internationalen Vergleich. In: *Aus Politik und Zeitgeschichte* B 42, S. 17-30.
Vilmar, Fritz (1971): *Strategien der Demokratisierung.* Darmstadt/Neuwied.
Warren, Mark (1992): Democratic Theory and Self-Transformation. In: *American Political Science Review* 86, S. 8-23.
Wiesendahl, Elmar (1998): *Parteien in Perspektive. Theoretische Ansichten der Organisationswirklichkeit politischer Parteien.* Opladen.

Hans J. Kleinsteuber

Politik und Medienevolution

Politikrelevante Aspekte der Kommunikationstechnik

> *Feedback is the key concept of the Cybernetic Revolution for without it there would be no control technologies; only machines which run willingly onward until they burn out or are stopped externally. Such a lack of feedback is exactly the opposite of democracy in America as Tocqueville saw it; decentralized, self-governing units of people who could see that their decisions were being carried out.* (Shamberg 1971: 12)

Dieser Beitrag stellt nicht elektronische Demokratie in den Mittelpunkt, eher bewegt er sich in ihrem Vorfeld und reflektiert über das Verhältnis von Technik und Demokratie. Er basiert auf der Annahme, daß Techniken soziale Artefakte sind, weil zwischen Technik und Gesellschaft ständig Wechselwirkungen stattfinden. Diese „Wechselwirkungen" (so heißt auch eine Zeitschrift, die sich interdisziplinär Themen von „Naturwissenschaft, Technik, Gesellschaft & Philosophie" zuwendet) beziehen sich darauf, daß Techniken nicht allein naturgesetzlichen Zwängen folgen, vielmehr auf ihre konkrete Gestalt ständig außertechnische Einflüsse einwirken – Ökonomie, Politik und Kultur gleichermaßen. Sicher gilt diese allgemeine Feststellung auch für Kommunikationstechniken, denn angesichts der zentralen Bedeutung politischer Kommunikation begleiteten Staat und Politik deren Evolution von den Anfängen bis heute.

Dieser Beitrag will dazu beitragen, daß der Zusammenhang von Kommunikationstechnik und Demokratie unmittelbarer als üblich gedacht wird, so daß der Einstieg in Reflexionen über elektronische Demokratie in Kontinuitäten eingebettet werden kann: Demokratie und Technik standen schon immer in Wechselbeziehung, lediglich deren innere Natur hat sich angesichts neuer Techniken geändert. Der Kommunikationspsychologe Paul Watzlawick stellte einmal die berühmte These auf, der Mensch könne nicht nicht kommunizieren (Watzlawick 1969); ebenso vermag heute eine Gesellschaft Demokratie nicht ohne Technik zu denken.

Mit diesem Ziel vor Augen wird zum Einstieg der Zusammenhang von Technik und Demokratie allgemein erarbeitet; dabei wird auf die oft vernachlässigte materiell-technische Seite der Demokratie eingegangen. Daraufhin soll die historische Evolution von Kommunikationstechniken verfolgt werden; ein besonderes Augenmerk gilt dabei den politischen Funktionalisierungen und ökonomischen Imperativen. Schließlich wird in Abgrenzung zum herrschenden Verständnis von (Massen-)Kommunikation ein Konzept von Interaktivität in Theorie und Praxis erörtert – Interaktivität, die als die eigentliche Neuerung digitaler Kommunikationstechnik gesehen wird. Da das Internet und der *Info-Highway* ebenso aus den USA kommen wie die meisten Ansätze elektronischer Demokratie, liegt es nahe, sich hier auf den deutsch-amerikanischen Vergleich zu fokussieren (Kleinsteuber/Hagen 1998).

1 Demokratie und Technik: Zur Ambivalenz der Begriffe

Demokratie liegt – vor allem aus deutscher Sicht – eine Idee zugrunde; folglich wird sie meist als Bestandteil der politischen Ideengeschichte und Theorie behandelt (als Überblick: Leggewie 1997). Demokratie ist gleichwohl ohne ein direktes Verhältnis zur materiellen Welt, zu der im Kern auch Technik zu rechnen ist, nicht denkbar. Ihre Praxis ergibt sich wesentlich aus dem jeweils zur Verfügung stehenden Kenntnisstand in Naturwissenschaft und Ingenieurwissen.

Der Konnex zwischen Demokratie und Technik läßt sich bereits auf sprachlicher Ebene festmachen. Der Gouverneur, ein gewählter oder ernannter oberster Vertreter eines Einzelstaates oder einer Provinz, leitet sich ebenso von dem griechischen Steuermann *Kybernetes* ab wie die für die Computerentwicklung zentrale Kybernetik (oder auch der *Cyberspace*). In beiden Bereichen stehen Theorie und Praxis des Regelns und Steuerns – einer Maschine oder eines Gemeinwesens – im Mittelpunkt. Im Folgenden wird die amerikanische Verfassung zugrunde gelegt, weil in ihr mechanische Bezüge besonders deutlich werden. Ein bekannter Ansatz spricht von einer „Republic of Technology" (Boorstin 1978) und meint damit ein politisches System, das erfolgreiche Technikstrukturen in erfolgreiche Politikstrukturen umzusetzen vermag. Das gelang, folglich kann diese Verfassung auch als „politische Technologie" interpretiert werden.

Die derzeit bei uns vielbeschworene Regulierung bezeichnet in den angloamerikanischen Ursprungsländern so etwas wie Ausgleich zwischen divergierenden Interessen und Einflußkräften. Mechanisch gesprochen geht es vor allem um Selbstregulierung, die nur mäßig von außen beeinflußt werden kann. Ähnliches leistet auch der Fliehkraftregler (etwa auf der Dampfmaschine) und folglich heißt er im Ursprungsland USA auch *Regulator* – wie die regulierende Behörde (Kleinsteuber 1999). Erst deutsche Juristen haben aus dieser traditionell „regelnden", also horizontal vermittelnden und ausgleichenden staatlichen Mediation, eine rein hoheitliche Aufsicht gemacht, der Begriff wurde im deutschen Paragraphendenken seiner technischen Metaphorik und damit auch seiner Sinnhaftigkeit beraubt: Regulierende Verfahren sind eigentlich etwas ganz anderes als behördliche Gesetzesanwendungen.

Schließlich nehmen wir uns den zentralen Begriff jeder demokratischen Ordnung vor, die Gewaltenteilung (*Separation of Power*). In allen westlichen Sprachen meint der Ausgangsbegriff *power* (englisch), *pouvoir* (französisch), *poder* (spanisch) etwa Kraft, Energie, Dynamik, Durchsetzungsstärke oder auch Macht. Derselbe Terminus kommt z. B. im Kraftwerk (*Power Station*) oder in der Pferdestärke (*Horse Power*) vor. Die technische Metaphorik ist offensichtlich. Erst in der Eindeutschung dieses Konzepts von *Power* durch hiesige Staatslehrer als „Gewalt" wurde aus einem technisch schillernden Begriff einer, der eher biologisch konnotiert und sich dabei eng an das Konzept vom Staat als einzig legitimem Gewaltträger lehnt (Kleinsteuber 1997b).

Im westlichen Staatsverständnis gehört – so darf verallgemeinert werden – zur Politik der Umgang mit Macht, letztere verstanden als Dynamik oder Energie und – da der Mißbrauch als prinzipiell gefährlich gilt – auch deren Kontrolle (übrigens mit *contre* und *rolle* auch ein materiell konnotierender Begriff). Erst im deutschen Sprachgebrauch verschwindet die technische Dimension von *power*, der folgerichtig als Macht und nicht als Gewalt übersetzt werden sollte. Während in anderen westlichen Staaten Gewalt als letzte, wenn irgend möglich zu vermeidende Ressource von Politik bestimmt wird, wird sie bei uns zum Konstituens von Staatlichkeit. Der Gewaltstaat entsteht, so könnte man provozierend behaupten, in der Entleerung technischer Metaphern des Staates.

2 Demokratie und Technik: Der materielle Teil der Politik

In Gesellschaften der Antike erfolgte die Willensbildung unter „Freien" meist unter offenem Himmel, was gleichermaßen mit dem Nichtvorhandensein von Versammlungsgebäuden, nomadisierenden Lebensweisen oder auch mythischen Vorstellungen verbunden war. Wenn sich unsere germanischen Vorfahren unter einer Linde versammelten (CSU-Ministerpräsident Edmund Stoiber warnte einmal vor der „elektronischen Dorflinde"), so hatte das sowohl reale (es fehlten geeignete Räumlichkeiten) wie magische Grundlagen (die Nähe zu den Göttern). Als schönes Zitat dieses Zusammenhangs tagt seit über einhundert Jahren der Senat der Hansestadt Hamburg in seinem Sitzungssaal (dem Senatsgehege) unter einem aufwendig konstruierten Lichtschacht. Er soll die Idee vom altgermanischen Thing symbolisieren, verbunden mit der Vorstellung, daß die Senatoren niemanden über sich tolerieren (Grolle 1997: 206). Heute sind Fragen der architektonischen Anlage von Parlamenten aus dem politischen Systems nicht wegzudenken. Im Konkurrenzsystem Großbritanniens sitzt man sich gegenüber, im präsidentiellen System der USA im knappen Halbkreis, in der deutschen Demokratie – wenn auch nicht unumstritten – mehr oder minder im Kreis (Flagge/Stock 1996). Ganz selbstverständlich ordnen wir Politik in diese materiell-räumliche Umgebung ein, setzen die „Rechten" rechts und die „Linken" links, erhöhen den Sitz des Präsidiums (Raschke 1998).

Der sich differenzierende Flächenstaat, wie er mit der Nationenbildung zu Beginn der Neuzeit entstand, erforderte neue Verfahren der Willensbildung per Repräsentation. Der politische Wille der Region wurde dabei in der Zentrale durch einen im Distrikt gewählten Repräsentanten vertreten, der in räumlicher Distanz arbeitete und folglich eigenständig entscheiden mußte („er ist nur seinem Gewissen verantwortlich"). Als z. B. vor jetzt gut 210 Jahren die US-Verfassung konzipiert wurde, hatte man zu überlegen, wie in einem vergleichsweise riesigen Territorium demokratische Willensbildung realisiert werden kann. Nationale Politik war schon deshalb kaum möglich, weil es in den dreizehn Gründerkolonien kaum eine Vorstellung von nationalen Aufgaben und nationalen Politikern gab. Da aber an der Spitze der Vereinigten Staaten ein Präsident als Chef der Exekutive etabliert wurde, ausgestattet mit manchen Rechten eines „Ersatzmonarchen", galt es, spezifische Verfahren für seine Rekrutierung zu ersinnen. Man schätzte den damals kaum entwickelten Stand von Kommunikation und Verkehr realistisch ein und legte fest, daß Elektoren in allen Teilen des Landes gewählt werden, die als *Electoral College* dann zusammenkommen und den Präsidenten küren. Wohlgemerkt einen Präsidenten, der seinerzeit nicht direkt zur Wahl stand und angesichts der kümmerlichen Situation politischer Kommunikation in Teilen des Landes unbekannt war. Zwischen der Wahl der Elektoren und der Präsidentenkür, so schreibt es die Verfassung vor, haben angesichts der Verkehrsmöglichkeiten – Pferd oder Schiff – viele Wochen zu liegen. Die US-Verfassung wurde bisher nicht umgeschrieben, nur erweitert, folglich gibt es das *Electoral College* noch heute. Es wirkt angesichts der Wandlungen von Kommunikation und Verkehr völlig anachronistisch.

Diese kursorischen Darlegungen zeigen, daß außerhalb des deutschen Kultur- und Denkkreises ein enger Zusammenhang zwischen Demokratie und Technik relativ unbefangen angenommen wird. Ein Beispiel: In den USA sind schon vor Jahrzehnten „Wahlmaschinen" eingesetzt worden, also maschinelle Zähler in der Wahlkabine, bei denen mit Umlegen eines Schalters die Stimme abgegeben wurde. Als Vorteil dieser Maschinen galt, daß die Ergebnisse nur schwer zu manipulieren waren und gleich nach Schließung des Wahllokals von Zählern abgelesen werden konnten. Nachteile ergaben sich durch die hohen Kosten und der schwierigen Handhabbarkeit. So entschied man sich offensichtlich, diese Option von Demokratie-Technisierung nicht weiter zu verfolgen.

Aber die Technik blieb immer präsent. In den frühen 80er Jahren schlugen Wahlanalytiker mit Konzepten von „computerized campaigning" die Brücke zwischen Politik und Technik. Dabei ging es im Kern um den Einsatz der seinerzeit neuen digitalen Techniken, die genutzt wurden, um den Wähler und seine Präferenzen möglichst genau bestimmen und ihn individuell ansprechen zu können (Meadow 1985). Am Ende desselben Jahrzehnts ging es darum, wie die neuentstandene Profession der *Political Consultants* Kommunikationstechnik gezielt einsetzen könne, um maßgeschneiderte Kampagnen im Kabelfernsehen oder auf Video zu organisieren (Swerdlow 1988). Die Entdeckung der Computertechnik für politische Kommunikation ist also – zumindest in den USA – Bestandteil einer längst bestehenden Tradition und deshalb im Selbstverständnis derer, die damit arbeiten, auch keineswegs spektakulär.

Mit den jeweils zur Verfügung stehenden Techniken wandeln sich lediglich die politischen Anwendungsmöglichkeiten. Das gilt auch für digitale Datennetze. Dabei fühlen sich *Public Interest*-Organisationen, die schon in früheren Jahrzehnten dezentral und vernetzt agierten, durch die strukturelle Nähe zum Internet besonders ermutigt. So setzt sich das *Center for Democracy and Technology* (CDT) in Washington seit Jahren gezielt für demokratische Werte und verfassungsgarantierte Freiheiten im Internet und anderen Kommunikationstechniken ein. „With expertise in law, technology and policy, CDT seeks practical solutions to enhance free expression and privacy in global communication technologies." (www.cdt.org/mission) Diese Beispiele aus Vergangenheit und Gegenwart verdeutlichen, daß es schon immer eine vergleichsweise enge Brückenverbindung zwischen Demokratie und Technik gab. Diese Einsicht bestärkt uns darin, daß nun angesichts neuer Informationstechniken das demokratische Gefüge nicht erstmals technisiert, sondern lediglich auf veränderte Rahmenbedingungen eingestellt wird.

3 In Deutschland: Vorstellungen vom „technischen Staat"

Wie bereits erwähnt, ist bei uns ein Denken, das Demokratie und Technik miteinander verbindet, nur wenig entwickelt. Bedenken wir, daß die moderne Staatslehre in Deutschland mit Vorstellungen antrat, wonach der Staat – in Anlehnung an den deutschen Idealismus – als Idee auch außerhalb seiner Bürger bestehe. Viele dieser Ansätze, den deutschen Nationalstaat zu bestimmen, bauten zudem auf biologistische und sozialdarwinistische Analogien; der Weg etwa von der per definitionem dem Staat zugeordneten Gewalt zum „Recht des Stärkeren" ist nicht sonderlich weit. So entstanden in dieser Abkehr von technischen Metaphern Sichtweisen, von denen nicht zuletzt auch eine Weichenstellung in Richtung Rassismus und Germanendünkel erfolgte.

Wenn Deutsche – selten genug – doch einmal über Technik und Staat nachdachten, so kamen sie zumeist zum Konzept des „technischen Staates", in dem Technik und Ingenieurwissen angebliche Sachzwänge entstehen lassen, die der Politik ihre Entscheidungsfreiheiten rauben und sie auf das Exekutieren technischer Notwendigkeit reduzieren. Einer der klassischen Vertreter dieses Ansatzes ist Helmut Schelsky, der damit allerdings an eine lange Tradition anknüpft. Im hier interessierenden Bereich kann als Beispiel der (politisch konservativ verortete) Informatiker Karl Steinbuch genannt werden, der in den 60er Jahren argumentierte, daß optimale Entscheidungen „im Zeitalter der superintelligenten Computer" nicht mehr von der Politik, sondern im Sinne „wertfreier Korrektheit" von (Computer-)Technik ermittelt werden sollten (Steinbuch 1968: 172). In diesem technik-deterministischen Entwurf erscheint Demokratie entbehrlich, weil Politik im technischen Staat sich darauf konzentrieren muß, einen technisch vorgegebenen Willen möglichst effizient umzusetzen (Greven 1994). Mit anderen Worten: In Deutschland treffen wir auf einen spezifischen „Sonderweg" bei der Einschätzung von Technik und Staat, der sich mit demokratiefeindlichen Elementen paart.

Während Visionen des technischen Staates heute schwinden, bleibt es doch ungewohnt, den Zusammenhang von Demokratie und neuen Techniken wie Computer oder Kabel zu denken. Es fällt uns offensichtlich noch schwer, Demokratie als ein Projekt in Bewegung, als ein sich ständig wandelndes und weiterentwickelndes Vorhaben zu interpretieren (Barber 1984). Nach dem Zusammenbruch der Weimarer Republik und dem faschistischen Terrorregime versuchte man bei uns lange, Demokratie nach dem Grundgesetz quasi unwandelbar festzuschreiben und damit zu kanonisieren. Eng mit diesem Ansatz ist das Bemühen verknüpft, aufgrund negativer Erfahrungen mit Volksabstimmungen in der Weimarer Zeit, direktdemokratische Elemente aus der politischen Ordnung des Grundgesetzes fast vollständig herauszuhalten. Bei uns wurde diese sehr konventionelle Sichtweise des Grundgesetzes von Demokratie lange Zeit quasi heiliggesprochen. In der Geschichte unserer Republik führte das dazu, daß eine „freiheitlich-demokratische Grundordnung" postuliert und deren Anerkennung zur Voraussetzung für den Eintritt in gehobene Positionen der Gesellschaft gefordert wurde (Stichwort: Berufsverbote) – so, als gäbe es letzte Sicherheiten darüber, wer und was nun demokratisch ist und was nicht.

4   Kommunikation und Kommunikationstechnik

Der Begriff Kommunikationstechnik ist keineswegs eindeutig; meist schließt er Techniken der Medien, der Telekommunikations- und mitunter auch Informationsmaschinen ein. Im Kontext dieser Darstellung konzentrieren wir uns auf Medientechniken, weil sie die älteste und politischste Variante der Kommunikationstechnik darstellen, Telekommunikation und Information werden einbezogen. Unbestreitbar verweben sich die verschiedenen Techniksträngen heute unter dem Einfluß der digitalen Konvergenz. So schillernd und vielgestaltig uns Medien in je unterschiedlichen Zusammenhängen entgegentreten, so sind sie ohne Technik nicht vorstellbar. Im Kommunikationsprozeß – so beschreibt es ein weitverbreitetes Lexikon – sind sie „technisch-organisatorische Einrichtungen", durch die die Öffentlichkeit der Mitteilungen und die Massenhaftigkeit ihrer Verbreitung erreicht wird (Schulz 1989: 104). Damit kommen wir auf die eigentliche Bedeutung des Begriffs „Medien", die, ihrer ursprünglichen Wortbedeutung folgend, Mittler darstellen, d. h. als Mittel der Verständigung zwischen den Kommunikationsbeteiligten dienen. Das erfolgt über Techniken, die Zeit und Raum zu überwinden vermögen.

Wird in Deutschland im wissenschaftlichen Kontext von Medien gesprochen, so fällt auf, daß die technische Seite zwar allgemein wahrgenommen, im Konkreten aber meist ignoriert wird. Es ist gängig, Bücher über Medien zu schreiben, ohne auf deren technische Grundstruktur überhaupt einzugehen. Eine vertraute Arbeitsteilung ist, daß sich Universitäten (etwa Kommunikationswissenschaft, Journalistik) mit der Organisation und dem Inhalt von Medien auseinandersetzen, während den Technischen Hochschulen deren Technik (etwa Hochfrequenztechnik) vorbehalten bleibt. In einer der wenigen (in deutscher

Sprache vorliegenden) allgemeinverständlichen Einführungen zur Medientechnik heißt es, daß die bisher vorhandenen Nachschlagewerke entweder für Kinder oder für Elektroniker geschrieben worden seien (Geretschläger 1983: 7). Es folgt wohl der deutschen Tradition des Idealismus, also der Betonung der geistigen Seite aller Dinge, daß Technik als geschlossen und unwandelbar dem Menschen gegenüber tritt. In dieser Sicht erscheint Technik vorrangig als gesellschaftlich neutral und formbar, sie wird als „jungfräulich" interpretiert. Sie erscheint als ausschließlich von Technikern gefertigte Struktur, die ihren Inhalt erst durch außertechnische Entscheidung erhält. In diesem Denkmuster ist es Aufgabe vor allem der Politik (und Ökonomie), verantwortlich über die Verwendung von Technik zu entscheiden. Diese Sichtweise entlastet einerseits die Ingenieure von der Verantwortung über die von ihnen entwickelten Produkte, sie rechtfertigt zum anderen die beständige Intervention der Politik in die Entwicklung und Umsetzung von Medientechnik, läßt sie sinnhaftig, ja notwendig erscheinen. Im Vorwort des Abschlußberichts der Enquete Kommission „Zukunft der Medien" mit dem Titel „Deutschlands Weg in die Informationsgesellschaft" schrieb deren damaliger Vorsitzender (und seit 1998 Staatssekretär im Ministerium für Wirtschaft und Technologie) Siegmar Mosdorf: „Die wichtigste Zukunftsaufgabe der Politik wird es sein, Deutschland ins Informationszeitalter zu führen, in dem wir unsere Chancen bei gleichzeitiger Beherrschung der Risiken nutzen" (Enquete Kommission 1998: 6).

Politiker haben sich in Deutschland immer schon und ausgiebig über Technik geäußert, fast so als gehöre es zum Ritual politischer Machthaber. Der damals noch junge Bundeskanzler Helmut Kohl forderte schon 1983: „Wir brauchen den technischen Fortschritt – und Bildschirmtext". Diese mißglückte Techniklinie umjubelte er und behauptete, Btx „regt zur aktiveren Interkommunikation an und wird den Informationsstand auf breiter Ebene erweitern" (Kohl 1983: 25). Ob er wohl jemals Btx benutzt hat? So besehen erscheint es nicht ganz zufällig, daß 1995 ein hoher bayerischer Politiker zum Beginn der Erprobungen des digitalen Hörfunks ein Pilotprojekt eröffnen wollte, versehentlich aber von einem „Politprojekt" sprach. Genaugenommen haben Politiker kaum Möglichkeiten, eigene, alltägliche Erfahrungen mit neuen Techniken zu machen, zumal ihre eigenen Apparate in Parteien, Parlamenten etc. wahrlich nicht zu den Vorreitern neuer Kommunikationstechniken zählen. Die Zusammenhänge bringt der Ex-Politiker Peter Glotz auf den Punkt, wenn er diagnostiziert, daß die politische Krise vor allem eine Kommunikations-Krise sei, beruhend auf einer effektiven „Abschirmung der Binnenkommunikation der Parteien vom

Zeitgespräch" (Glotz 1997: 3). Die Anmaßung einer politischen Klasse, über neue Techniken zu urteilen, reduziert sich oft darauf, Gefahren von der eigenen Machtposition fernzuhalten. Wie wird die professionelle Politik wohl mit dem Angebot neuer Kommunikationstechniken umgehen?

5 „Demokratische Technik" in den USA

Der deutschen, eher verklärten Sichtweise von Technik steht die amerikanische Tradition entgegen, Techniken sehr viel pragmatisch-materieller zu sehen und sie durchaus als teil-deterministische Kraft ernst zu nehmen. Damit ergibt sich unmittelbar die Nachfrage, wann eine Technik Nähen zur Demokratie aufweist, wie demokratie-förderliche bzw. -hinderliche Technik zu bestimmen sei. Der amerikanischen Technikhistoriker Lewis Mumford hat einst Kategorien entwickelt, um „demokratische Technik" von „autoritärer Technik" unterscheiden zu können. Der Demokratiegehalt von Techniken erscheint Mumford hoch, wenn deren Spezifikation z. B. menschliche Alternativen zuläßt, menschliche Eingriffe und menschliche Zielvorgaben erlaubt, auch solche, die völlig von denen des Systems abweichen. Mumford lehnte die „Pyramidenbauer" unseres Zeitalters, die Erfinder von Atombomben, von Raketen, von Computern (der Ansatz ist über zwanzig Jahre alt) ab, die von einem Mythos uneingeschränkter Macht erfüllt seien (Mumford 1980). Jenseits der unbestreitbaren Zeitgebundenheit erscheint diese Herangehensweise als Beurteilungsraster für die Sinnhaftigkeit neuer Techniklösungen gut geeignet.

Technische Innovationen wie digitale Netze und das Internet müssen folglich ganz unbefangen auf ihre Demokratie-Tauglichkeit untersucht und entsprechend beurteilt werden. Weil der Diskurs zu Technik und Demokratie außerhalb Deutschlands einiges unverkrampfter und spielerischer geführt wird, finden wir dort unter Stichworten wie *Teledemocracy, Electronic Democracy* oder *Online Democracy* auch eine Fülle anregender Debatten und Ideen. Ihnen fehlt die theoretische Schwerfälligkeit und Grundsätzlichkeit des teutonischen Diskurses, sie setzen eher auf kleine Schritte und innovative Spiele (Barber 1984).

In amerikanischer Perspektive ist es vor allem die Technik selbst, die die Richtung vorgibt. Es folgt daraus, daß ihre Anwendung kaum mehr entscheidbar ist und Politik sich auf die Schaffung von Rahmenbedingungen zu begrenzen hat. Besonders plakativ hat das der Kanadier Marshall McLuhan mit seiner These „The Medium is the Message" unterstrichen. Im technischen Medium selbst steckt seiner Vorstellung folgend bereits die Botschaft (um in seinem Bild zu bleiben, neben der Botschaft auch die körperlich massierende Technik: message = Massage) (McLuhan/Fiore 1967). Im Verfolg dieser Herangehensweise wird man bereits in der Genese-Phase nach dem Demokratiegehalt einer Technik fragen. Der Politikwissenschaftler Ithiel de Sola Pool richtete diese Frage an die zu seiner Zeit sich erst in Konturen abzeichnenden digitalen Techniken (er sprach noch vom „electronic age") und ordnete ihnen ein hohes Potential zu, was die Verwirklichung von Grundrechten anbetrifft, insbesondere bezogen auf „Free Speech", eine der ersten Forderungen der US-Verfassung. Vorausgesetzt, die Politik blockiere die Entwicklungen nicht, so de Sola Pool, würden digitale Techniken ihre inhärente Dynamik entfalten können und sich als „Technologies of Freedom" erweisen, was sie in die Nähe zum westlichen Modell von Freiheit und Individualität rücke (de Sola Pool 1983). Diese Vorstellungen von einer unverfälscht hierarchie-feindlichen, anarchischen und individualistischen Grundstruktur des Internet wird heute von den Vertretern des *Cyberspace* und ihren Organisationen weitergeführt.

Diese Herangehensweise erscheint angesichts der Realitäten nicht nur sachkundiger (anglo-amerikanische Medien-Lehrbücher enthalten ganz selbstverständlich umfangreiche Darstellungen der Technik), sie richtet den Blick auch auf Genese und innere Logik der Technik, reduziert dabei falsche Hoffnungen auf die politische Gestaltbarkeit der Technik. Bei de Sola Pool erscheint der Staat z. B. als der Akteur, der aus Eigeninteresse heraus die freiheitsspendenden Kräfte der Digitalisierung zu behindern sucht. So viel technischer Optimismus provoziert natürlich auch Gegenpositionen. Neil Postman etwa beschwört das „Technopol", in dem sich Politik und Wirtschaft gegen den Bürger verbinden und ihn durch Einsatz von Maschinen zu entmündigen suchen (Postman 1991). In jedem Fall wird der analytische Blick aber bereits auf die Technik als parteiliche und prägende Kraft gerichtet. Aus beiden Sichtweisen knüpft sich nahtlos die Einschätzung an, daß die konkrete Umsetzung und Ausgestaltung neuer Techniken unter möglichst umfassender Anteilnahme der Bürger erfolgen muß, wenn Mißbrauch ausgeschlossen werden soll.

Grundorientierungen dieser Art sind von zentraler Bedeutung, wenn der konkrete Umgang mit Medientechnik – quasi in die politische Kultur eines Landes eingebettet – verstanden werden soll. Ein Merkmal für Deutschlands Situation in den letzten einhundert Jahren ist die ständige Präsenz der Politik bei der Entfaltung neuer Komunikationstechniken – sicherlich intensiver als in den USA –, deren Entwicklung gleichwohl der Wirtschaft überlassen blieb. Das geht einher mit einem besonders massiven Fernhalten des individuellen Bürgers, wenn es um eigenständige Nutzung von Techniken geht, etwa um die Verfügung von Sendetechnik in Amateurhand.

6 Zum historischen Zusammenhang von Kommunikationstechnik und Herrschaft

Kommunikation, so sie nicht direkt geschieht, erfordert immer den Einsatz von Technik. Die erste medienrelevante Technik stellte der Buchdruck dar, wie ihn Gutenberg um ca. 1450 in Mainz entwickelt hatte. Das gedruckte Wort schuf Veränderungen vor allem in der Zeit-Dimension, es ermöglichte, Informationen für lange Zeitabschnitte zu speichern, zu verbreiten und zu ordnen. Erst mit der Elektronisierung der Medien wurde die Überwindung von Raumgrenzen möglich. Seit Einführung des Telegraphen ab 1837 gelingt es uns, Informationen über beliebig weite Strecken ohne Zeitverlust zu transportieren. Alle Medientechnik transzendiert, so besehen, Kommunikation in Zeit und Raum; das Internet ist hier lediglich eine konsequente Fortführung eines über 150 Jahre anhaltenden Trends.

Die Auswirkungen der je neu antretenden Medientechniken auf die Gesellschaft sind enorm, beziehen sich z. B. auf Religion (die Reformation nutzte zuerst Druckschriften), auf das Bildungssystem (ließ Schulbücher entstehen), auf die Wirtschaft (erste Zeitungen ersetzten handschriftliche Berichte für Geschäftsleute). Es wäre eigentümlich, wenn diese Veränderungen nicht auch das politische System erfaßten. Medien und das sie nutzende Bürgertum mußten sich mühsam ihre Freiheit von landesherrlicher Zensur erkämpfen. Aus mittelalterlichen Ständeversammlungen entwickelten sich moderne Parlamente, deren Verhandlungen via Medien einer großen Öffentlichkeit vermittelt wurden. Massenkommunikation machte aus Politikern nationale Figuren und ließ aus der Darstellung der Debatte über Politik politische Kommunikation entstehen. Für den kanadischen Universalhistoriker Harold S. Innis (1950) verbindet sich in seiner leider kaum beachteten Studie „Empire and Communication" Herrschaft mit der Verfügung über die neueste Kommunikationstechnik. Wer sie politisch zu seinen Gunsten einzusetzen vermag, errichtet neue Imperien, deren Gegner dann ihrerseits fortgeschrittenere Techniken einsetzen, um sie zu stürzen.

Kommunikationstechniken entstanden immer in enger Kooperation bzw. Konfrontation mit dem Staat bzw. der politischen Führung. Die Obrigkeit der frühen Neuzeit nahm für sich ganz selbstverständlich in Anspruch, den Inhalt von Druckerzeugnissen zensieren zu dürfen. Auch heute noch sind gegängelte Medien ein typisches Merkmal für Diktaturen von Serbien bis China. Die elektronischen Medien entwickelten sich weitgehend unter Anteilnahme, häufig unter Regie des Staates. Freilich lag die eigentliche Erfindung neuer Techniken meist in der Hand staatsferner Gestalten; Tüftler und Einzelgänger, denen Beamtentum und Bürokratie ein Greuel war. Nachdem Samuel Morse 1837 in den USA den Telegraphen entwickelt hatte, versuchte er lange Zeit vergeblich, Regierungen für seine Erfindung zu interessieren; schließlich wurde sie aber vom US-Kongreß aufgekauft und dem Volk der USA geschenkt. Alexander Graham Bell schuf mit seinem 1876 serienreif gestalteten Telefon das Unternehmen AT&T (auch heute noch der größte Kommunikationskonzern der Welt), das als private Aktiengesellschaft erwerbswirtschaftlich tätig war, gleichwohl als „natürliches Monopol" regulativ überwacht wurde. Hier entstand ein Modell der Kommunikationsaufsicht, das 1934 in der Federal Communications Commission gebündelt wurde und inzwischen auch als Vorbild für europäisch-deutsche Entwicklungen dient. In allen Industriestaaten wurden die in ihrer jeweiligen Epoche neuen Kommunikationstechniken alsbald in vorhandene Strukturen eingebaut, die sie zugleich massiv veränderten: Militärs nutzten sie für ihre interne Verständigung, Staatsverwaltungen für die innere Politik (etwa Polizei) und die internationalen Beziehungen (etwa Diplomatie).

Dazu kam die allgemeine – wie wir heute sagen würden – industriepolitische Komponente; schon 1857 führte der Kameralwissenschaftler Karl Kniess aus, „daß also eine Vervielfältigung des telegraphischen Verkehrs und des geschäftlichen Nachrichtenverkehrs [...] einen höchst wohlthätigen Einfluß auf die Erhöhung des Wohlstandes und – der Steuerkraft eines Landes haben werde" (Knies 1857: 272). Das klingt eigentlich ziemlich vertraut, denkt man an *e-commerce* etc., freilich mit dem Unterschied, daß er seinerzeit den Staat hochhielt, daß nach seiner Meinung das Publikum „zweifelsohne durch Beamte besser besorgt werde" (Knies 1857: 269) als durch Unternehmen. Weil die Briten Ende des vergangenen Jahrhunderts das Weltnetz der Unterwasserkabel kontrollierten, setzten deutsche Regierungsvertreter auf die drahtlose Sendetechnik, forcierten zu diesem Zweck die Gründung des Unternehmens, das seine Aufgabe schon im Namen führte: Telefunken (1903). Die ständigen Wechselwirkungen zwischen Politik und Technik sind auch historisch unverkennbar.

Für den Rundfunkbereich entwickelte sich in Europa eine öffentliche, nichtstaatliche Organisationsform in einer dem „Public Service" verpflichteten Verfassung (in Deutschland in den öffentlich-rechtlichen Anstalten). Seit den 80er Jahren wird privat-kommerzielle Konkurrenz auf der Grundlage staatlicher Lizenzen zugelassen. Interessant ist auch hier wieder der Einfluß auf die Technikentwicklung: Diese Anstalten waren als gemeinsamer Akteur seit Ende der 40er Jahre bis in die 70er Jahre hinein die führende technikpolitische Kraft gewesen und hatten für die geregelte und erfolgreiche Einführung von UKW-Radio, schwarzweiß und Farb-Fernsehen (PAL) und weiteren Innovationen gesorgt. In der folgenden Phase, vor allem geprägt von der Kooperation von staatlicher Technologiepolitik und privaten Unternehmen, war den Projekten wie hochauflösendes Fernsehen (HDTV) und digitales Satellitenradio (DSR) kein Erfolg beschieden. All diesen Projekten war gemein, daß in ihnen Technologieentwicklung „von oben" betrieben wurde, daß der Staat in je unterschiedlicher Organisationsform als treibende Kraft antrat. Aber dieser Weg erweist sich als zunehmend ineffektiv, der Trend geht weg von der staatszentrierten und hin zur marktorientierten und individuellen Kommunikation, wie Patrice Flichy in seiner Kommunikationsgeschichte nachweist (Flichy 1994).

7 Demokratische Kommunikationstechnik und offene Gesellschaft

In offeneren Gesellschaften, namentlich den USA, bestanden Freiräume, groß genug, um auch Privatleuten die Chancen zu eröffnen, mit den neuen Techniken zu experimentieren. So kamen alle wesentlichen Technikimpulse aus der Gesellschaft, transportierten also weniger Etatismus in ihrem Design als Individualismus – mit einem breiten Spektrum von Zielen von allgemeiner Weltverbesserung bis zu simplem Gewinnstreben. Im Resultat hatten in den USA Technikentwicklungen, die fern der politischen und ökonomischen Zentren entstanden, eine Chance sich durchzusetzen. Dazu zählt der Personal Computer, der im Windschatten der nordkalifornischen Universitäten Stanford und Berkeley erdacht wurde und im nahen Silicon Valley seine produktive Basis fand. Sie fanden dort quasi eine Nische, aus der heraus sie den damaligen Weltmarktführer IBM mit seinen Großcomputern angreifen konnten. Es ist wohl kein Zufall, daß in derselben Region in denselben 70er Jahren eine andere individualistische und anarchische Technik entstand: das Mountain Bike. Beiden wird heute im High Tech-Museum von San José im Herzen des Silicon Valley gedacht.

Im Prinzip geht es um Strukturen, in denen Technikevolutionen „von unten" möglich sind, in denen Designs entstehen können, die für politische und ökonomische Machtträger unvorstellbar sind – oder sogar aktiv bekämpft werden. Das Internet ist eine derartige Technologie „von unten" par excellence (Meyer-Stamer 1996). Eine in den USA geläufige Beschreibung dieser Art von individualorientierter Technikinnovation außerhalb etablierter Strukturen ist die „Do-It-Yourself-Technology", die technische Lösung vom und für den Bürger (Patton 1992). Vieles von ihrer hochtechnologischen Kompetenz verdanken die USA dieser Offenheit im Umgang mit unkonventionellen Techniklösungen, die in Europa angesichts der Stärke des Staates erdrückt würden.

Zur Illustrierung sei auf die Bewegung der Amateurfunker verwiesen, die sich in den USA seit der Jahrhundertwende außerhalb des Fokus der Obrigkeit und ohne ökonomische Interessen entfalten konnte. Sie arbeitete mit der damals brandneuen Funktechnik nach eigenen Vorstellungen und ohne kommerzielle Rücksichtnahmen. Über viele Jahre eilten sie wie eine Avantgarde der Kommerzialisierung von Frequenzen voraus, wurden aus den von ihnen erschlossenen Sendebändern von Unternehmen verdrängt, vermochten dann aber nachzuweisen, daß selbst im bisher unbeachteten Kurzwellen-Bereich globale Kommunikation möglich ist. In dieser Tradition stehen seitdem und bis heute Vereinigungen von Funkamateuren, aber auch Betreiber von nicht-kommerziellen Radiostationen („community radio") mit örtlichem Senderadius in den USA. Viele dieser Radio- (und teilweise auch TV-)Stationen werden von Universitäten betrieben. Es ist diesem Milieu geschuldet, daß digitale Datennetze (nach militärischen Anfängen) durch *die Academic Community* quasi kollektiv so weiterentwickelt wurden, daß ein Internet daraus entstehen konnte – ein Internet, das in seiner technischen Logik mit Dezentralität, Hierarchiearmut und internationaler Vernetzung zugleich die besten Bestandteile des amerikanischen Universitätssystems transportiert.

Hier ist der Kontrast zur deutschen Entwicklung besonders augenfällig: Funkamateure wurden bei uns noch in den 20er Jahren von der politischen Polizei als Umstürzler verfolgt, eine gesetzliche Grundlage für dieses Hobby gibt es (auf amerikanischen Druck) erst seit 1949. Auch bei nicht-kommerziellen Lokalradios steht Deutschland im europäischen Vergleich nach späten Anfängen ganz am Ende. Unser Nachbar Dänemark verfügt z. B. über ca. 400 derartiger Stationen. Es ist nach wie vor für „Normalbürger" relativ schwierig, mit neuen Techniken zu experimentieren und spielerische Erfahrungen zu sammeln. Im internationalen Vergleich zeichnen wir uns eher dadurch aus, daß Vertreter der Staatsmacht völlig unverhältnismäßig auf die Herausforderungen der digitalen Datennetze reagieren: Weltbekannt wurden die Aktionen bayerischer Ermittler gegen CompuServe-Verantwortliche, die schließlich zu einer absurden Verurteilung wegen angeblicher Porno-Dealerei führte. „Ruiniert ein Richter das Netz?" lautete die berechtigte Frage aus der Internet-Szene (Duhm 1998). In einer derartigen Atmosphäre werden sich kaum zukunftsorientierte Techniken „von unten" entfalten können.

8 Kommunikation und der passive Mensch

Legen wir das Verständnis zugrunde, daß Techniken mit anderen Segmenten der Gesellschaft in enger Wechselwirkung stehen, so müßten die amerikanisch-deutschen Differenzen auch in der (wissenschaftlichen) Sicht von Kommunikation deutlich werden. Tatsächlich überwiegt in Deutschland die Vorstellung, daß (Massen-)Kommunikation mehr oder minder dem Muster von Sender und Empfänger folgt, also gerichtet verläuft. In einem neueren Lehrbuch heißt es z. B. dazu, sie, „verläuft [...] überwiegend uni-direktional von (einem) Sender zu (vielen) Empfängern" (Bentele/Beck 1994: 34). Massenkommunikation tritt uns einseitig und asymmetrisch entgegen, ist ohne Rollenwechsel angelegt. In der Sprache von Netz-Topologien bedeutet dies, daß Massenkommunikation vor allem als „one-to-many" interpretiert wird. Dem steht die ganz andere Netzlogik des Internet entgegen, das neben der obengenannten Verteilstruktur wegen seiner inhärenten Interaktivität auch andere Topologien zuläßt, „one-to-one" oder auch „many-to-many".

Im deutschen Diskurs wird diese erfahrene Einseitigkeit oft als unveränderlich akzeptiert. Wollen Menschen überhaupt mehr als einseitige Information? Verharren sie beim passiven Konsum nicht in einer vorgegebenen Grundhaltung? Eine eher passive Grundeinstellung wird z. B. in den zahlreichen Markt- und Reichweitenforschungen mit kommerzieller Grundorientierung angenommen. Dem liegt ein im Kern passiv-reaktives Menschenbild zugrunde – wie es z. B. auch Elisabeth Noelle-Neumanns bekannte Theorie von der „Schweigespirale" transportiert.

Wer „interaktivere" Leitbilder bevorzugt, wie sie seit Jahrzehnten im angloamerikanischen Raum entwickelt wurden, wird das kritisieren. In einer Fundamentalkritik an Noelle-Neumann legt der amerikanische Kommunikationswissenschaftler Christopher Simpson dar, welche Sicht des Menschen von ihr verbreitet wird: „most people are ignorant, passive, incapable of genuine self-rule and, therefore, unable to be held responsible for serious decisionmaking"

(Simpson 1996: 166). Menschen werden als eine Masse dargestellt, um deren Versorgung sich ökonomische und politische Eliten bemühen. Für den distanzierten Beobachter Simpson ist dies der schlichte Ausweis dafür, daß Noelle-Neumann seit ihren ersten Schriften (ab 1939) nicht wirklich dazugelernt habe, daß „the legacies of the Hitler years" fortwirken. Das mag man anders sehen. Unverkennbar bleibt allerdings, daß in Teilen der deutschen Kommunikationswissenschaft Traditionen gepflegt werden, die Konzepten von Interaktion wenig Verständnis entgegenbringen. Dabei stehen sich hier weniger empirische Deskriptionen als normative Entwürfe vom Menschen gegenüber. Wer ein derzeitiges Defizit an Interaktion moniert, setzt auf die Hoffnung, daß bei einem technisch möglichen Angebot von mehr und intensiverer Interaktivität dieses auch angenommen wird.

An diesem Punkt reicht die Analyse in der Tat weit über kommunikationswissenschaftliche Begrifflichkeiten hinaus und erhält normative Züge: Halten wir passiv-konsumptive Verhaltensmuster in der Gesellschaft für naturgegeben und unwandelbar, folgt die Masse quasi einem ehernen Gebot? In diesem Fall erscheinen Bemühungen um aktivere und intensivere Formen der Kommunikation wenig sinvoll. Oder fordern wir ein, daß die Gestalter neuer Kommunikationstechniken höhere Grade von Interaktivität ermöglichen? Dann besteht gerade jetzt, am Beginn des digitalen Zeitalters, eine ungeheure Chance. Die Kontroverse Noelle-Neumann versus Simpson ist nur vom Einstieg her an Verfehlungen des Dritten Reichs festgemacht; darüber hinaus reflektiert sie einen völlig unterschiedlichen Umgang mit Kommunikationstechniken auf der Grundlage völlig unterschiedlicher Menschenbilder. Wir meinen, daß es dieses optimistischeren, letztlich „interaktiveren" Menschenbildes in den USA bedurfte, um die Phantasie aufzubringen, aus der heraus neue Techniken mit einem höheren Potential an Interaktivität entstehen konnten.

9 Interaktion – eine amerikanische Sicht der Kommunikation?

Interaktion soll hier verstanden werden als eine Aktion, bei der eine Seite wechselseitig auf eine andere wirkt und gegenseitige Handlungsveränderungen möglich sind. Die Nähe zur oben postulierten Wechselwirkung (zwischen Technik und Gesellschaft) ist unübersehbar. In der deutschen Kommunikationswissenschaft hat Interaktion in der Begriffswelt des Faches oft keine eigenständige Bedeutung (etwa im oben zitierten Lehrbuch Bentele/Beck 1994). Wird der

Begriff eingeführt, erscheint er zumeist als Import aus den USA, vermittelt über die Nachbardisziplin Soziologie. So bestimmt der Mediensoziologe Michael Jäckel Interaktion als einen „Prozeß der wechselseitigen Orientierung von Menschen in bestimmten Situationen" (Jäckel 1995: 463). In einer derartigen Füllung des Begriffs erscheint die physische Präsenz der Interaktionspartner naheliegend. Genau das ist aber in der Massenkommunikation nicht gegeben. Dennoch können auch bei konventionellen Massenmedien, insbesondere dem Fernsehen, Phänomene von Interaktion identifiziert werden, auch wenn natürlich keine Symmetrie besteht. In diesem für die Begriffsgeschichte von Interaktion grundlegenden Beitrag von Jäckel wird deutlich, daß es viele Spielformen gibt, zudem der Übergang zu Kommunikation fließend bleibt.

Interaktion ist nicht einfach ein Rückkanal oder „Feedback", wie sie mitunter in Kommunikationstheorien (in Anlehnung an kybernetische Modelle) beschrieben werden. Interaktion rekurriert auf eine höhere Dichte der Wirkung, vermag (im Wortsinne) „Aktivitäten" auf der Gegenseite auszulösen. So besehen verfügt das Internet über besondere Potentiale, wenn wir an die verschiedenen Möglichkeiten des horizontalen Austauschs zwischen Teilnehmern denken. Das gilt ganz sicher für Transaktionen im Netz, die entsprechende Datensicherheit voraussetzen. Bei Telebanking oder Teleshopping werden über Distanz nicht nur Daten ausgetauscht, sondern spezifische individuelle Handlungen ausgelöst. Digitale Kommunikationstechniken lassen so unmittelbar „Kontexte von Interaktion" entstehen, während Medien bestenfalls eine externe Umwelt für Interaktion schaffen (Rasmussen 1997).

10 Mit dem Internet gegen konventionelle Medien

Das oben beschriebene Universitätsmilieu, in dem wesentliche Bestandteile des Internet evolutionär entstanden, zeichnete sich durch eine massive Kritik am vorherrschenden Typus des kommerziellen, werbe- und unterhaltungsorientierten Fernsehen mit seinen berüchtigten „Couch Potatoes" aus. Vielfältig ist in den USA das Internet als Instrument interpretiert worden, mit dessen Einsatz das ungeliebte kommerzielle Fernsehsystem überwunden werden könne, das zu Recht für einige der schlimmsten Fehlentwicklungen der USA verantwortlich gemacht wird. George Gilder steht für diese Kritik, indem er der Technologie des Fernsehens vorwirft, sie gestalte ein „top-down system – in electronic terms, a ‚master-slave' architecture. A few broadcast centers would originate programs for millions of passive receivers or ‚dumb terminals'" (Gilder 1994: 40). Gilder, übrigens politischer Ratgeber in konservativen Kreisen, kritisiert den resultierenden Zentralismus des Fernsehens, bei dem auf Senderseite nahezu alle „Intelligenz" des Systems konzentriert sei, der TV-Empfänger dagegen nur reproduzieren könne. Was bei vielen deutschen Autoren noch technisch determiniert und damit quasi physikalisch vorgegeben erscheint, wird als gewollt interpretiert: Das dumme Fernsehgerät solle den dummen TV-Konsumenten kreieren – oder wenigstens seine bereits bestehenden passiven Anlagen ansprechen und kommerziell ausbeutbar machen.

Hier löst sich auch die Frage danach auf, ob das Internet ein Massenmedium sei. Gilder wünscht ein „Life after Television" (so der Buchtitel) und erhofft sich eine Transformation der Medien in Richtung interaktiver Lösungen und damit ein Ende der medien-generierten Masse. Für Nicholas Negroponte, den in Europa viel hofierten, aber selten verstandenen Digital-Guru vom MIT, ist das herkömmliche Fernsehen ein Auslaufmodell, das er speziell in seiner werbefinanzierten Version kritisiert; sein Angebot sei nur scheinbar „frei": „In fact, you are paying for it when you buy a box of Tide or any other advertised product" (Negroponte 1995: 52). Er hat für die zukünftige, interaktivere Kommunikation einen ausdrucksstarken Begriff gefunden, „the new mass individualization". Wie sehr sich auch derzeit amerikanische und deutsche Leitvorstellungen zur Digitalisierung der Kommunikation unterscheiden, mag an einer Gegenüberstellung deutlich werden: In den USA finden wir vor allem den *Information Superhighway*, die 1993 vom Vizepräsidenten Al Gore propagierte Vision interaktiver Datennetze (kein *Highway* kennt eine Einbahnstraße), während in Deutschland viel stärker auf das digitale Fernsehen gesetzt wird, das lediglich eine Multiplizierung herkömmlich gefüllter und gerichteter Kanäle ermöglicht (Kleinsteuber 1996, 1997a).

11 Demokratie und Interaktion

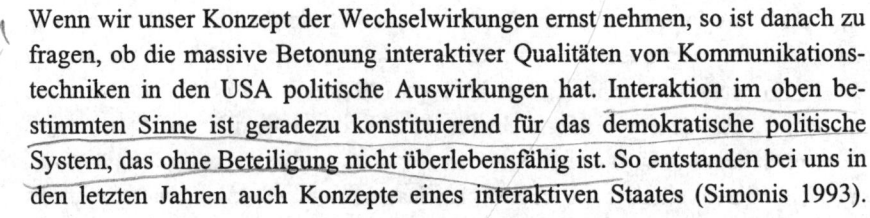

Wenn wir unser Konzept der Wechselwirkungen ernst nehmen, so ist danach zu fragen, ob die massive Betonung interaktiver Qualitäten von Kommunikationstechniken in den USA politische Auswirkungen hat. Interaktion im oben bestimmten Sinne ist geradezu konstituierend für das demokratische politische System, das ohne Beteiligung nicht überlebensfähig ist. So entstanden bei uns in den letzten Jahren auch Konzepte eines interaktiven Staates (Simonis 1993).

Demokratische Politik fordert die Aktion und ist per definitionem interaktiv; Passivität ist die eigentliche Bedrohung für eine lebendige Demokratie. Im Selbstverständnis demokratischer Gemeinwesen verbinden sich Aktion und Kommunikation zu einer untrennbaren Einheit. Zur Einleitung eines Buches zu „Politics on the Net" heißt es: „The story of political action is ultimately the story of communications. Without communication between people, there can be no political activity [...]" (Rash 1997: 2).

Hier liegt der große Unterschied zu den heute vorherrschenden Marktmodellen von Massenmedien. Im politischen Umfeld reichen Marktforschung und die Beachtung von Marktsignalen als Rückkopplung nicht aus. Das Verlagsunternehmen ist – genau genommen – nur seinen Eignern verpflichtet, der Staat dagegen allen Bürgern. Darum haben Bürger einen verbrieften Verfassungsanspruch auf eigenständige Aktion im Staat und auf Reaktion des Staates auf ihre Forderungen; der funktionsfähige demokratische Staat muß seiner Natur nach interaktiv angelegt sein. Man kann in Anlehnung an den politischen Soziologen Frank M. Stark hier von „constitutional interaction" (Stark 1996: 47) sprechen. Natürlich erscheint dieses Bild angesichts verschlafener Bürokratien und arroganter Politiker idealisiert, Vollzugsdefizite sind in der Praxis offensichtlich. Aber politische Interaktion muß als normatives Konzept gesehen werden, als Verfassungsgebot. Als solches ist es weit älter als die junge Technik Internet, gleichwohl gilt es zu prüfen, ob sich via technischer Interaktivität nicht Berührungsflächen ergeben, wie sie nie vorher bestanden.

Die These, daß es sich beim Internet um eine besonders politik-relevante Technik handelt, wird auch durch weitere Erkenntnisse genährt. So fällt auf, daß – weit über die Grenzen der Politikwissenschaft hinaus – der Begriff der *governance* verwandt wird, um das komplexe Muster von Beziehungen zwischen sozialen Organisationen und Individuen im und rund um das Internet zu charakterisieren (Loader 1997: 6). So besehen bildet das Netz bestimmte „cyberlibertäre" Gesellschaftsformationen ab, in denen es einst entstand. Diese zivilgesellschaftlichen Momente des Internets sind es auch, die heute seine politische Kontrolle so schwer erscheinen lassen. Letztlich werden sich dafür wohl nur Formationen einer ganz neuen globalen *governance* eignen – fern des konventionellen Nationalstaats.

Sicherlich ist es zweierlei, ob man das Internet eine genuin „politische" oder eine „demokratische" Technik (etwa im Sinne Mumfords) definiert. Diese Ausführungen legen nahe, von beidem auszugehen. Dennoch gibt es bedenkenswerte Einwände gegen die These vom demokratischen Potential des Internet.

Völlig zu Recht verweist der Kommunikationswissenschaftler Otfried Jarren auf bisherige, eher peinliche Gehversuche der Deutschen in Sachen „Computerdemokratie" (ein Buchtitel von Helmut Krauch 1972) oder „Kabeldemokratie", die schon nach wenigen Jahren von der Realität widerlegt wurden. Er geht von den Realitäten politischer Systeme aus, die bestimmte Konsequenzen haben, z. B. daß die politische Ordnung durch öffentliches Handeln sichtbar wird und darin ihre Legitimation erfährt. Insgesamt gilt nach Jarren: „‚Cyber-Demokratie', die ein virtuelles politisches System annimmt, mag denkbar sein, ist aber sozial unwahrscheinlich" (Jarren 1998: 15). Denen, die dem Internet eine erhebliche Bedeutung für die Weiterentwicklung der Demokratie zutrauen, hält er entgegen: „Den meisten Vorstellungen vom Internet liegt – bezogen auf Informationen – eine naive, technische Transportmetapher zugrunde, wie sie in den ersten Modellen der Massenkommunikation vorherrschte: Mittels technischer Möglichkeiten (Medien) werden Informationen von einem Sender zum Empfänger transportiert" (Jarren 1998: 16). Tatsächlich aber seien Informationen an Menschen und an soziale Kontexte gebunden. Dabei ist Jarren sicherlich zuzustimmen; grotesk etwa die technikbewundernde Vorstellung, daß allein schon angesichts wachsender Informationstechnik die Bereitschaft zu mehr Wissenserwerb oder demokratischer Beteiligung ansteige.

Gleichwohl: Informationen haben immer zwei Seiten, die soziale und – soweit es um vermittelte geht – die technische. Der Transport von Informationen erfolgt tatsächlich und nicht nur metaphorisch vom Sender zu Empfängern und unbestreitbar sind Medien per definitionem auch technische Artefakte. Es erscheint wie eine späte Auflage des deutschen Idealismus, wenn diese materielltechnische Seite einer Janus-gesichtigen Kommunikation als unbedeutend abgetan wird. Die oben behauptete Wechselwirkung zwischen Gesellschaft und Technik findet eben auch zwischen den sozialen und technischen „Partikeln" der Information statt. Das Internet ist – so besehen – auch ein technisches Transportmedium, in dem Informationen gesendet und empfangen werden, allerdings bei ständigem Rollenwechsel, eben in Interaktion. Und genau diese technische Qualität macht das Internet spannend, denn es unterscheidet sich darin von herkömmlichen Techniken, die nur gerichtete Kommunikation kennen. Alle anderen Argumente Jarrens behalten freilich ihr Gewicht: Ein technisches Angebot von Interaktivität schafft noch keinen interaktiven Nutzer und das politische System stellt eigensinnige Forderungen an verfügbare Kommunikationstechniken.

12 Fazit

Was die digitalen Entwicklungen der letzten Jahre so spannend macht, ist, daß interaktive Lösungen in der Hand jedes einzelnen Bürgers eine bessere Chance haben als jemals zuvor in der Geschichte von Mechanisierung und Technisierung. Bisher haben Kommunikationstechniken eine prinzipielle Passivität des Rezipienten unterstützt, technisch wie metaphorisch steht dafür der einseitige Übertragungsweg vom einen Sendenden zu den vielen Empfängern. Mit der Stärkung von Netztopologien der Telekommunikation (die immer schon interaktive Potentiale hatte, vgl. Telefon) und dem schnellen Wachstum digitaler Netze wurden neue Chancen für Interaktivität geschaffen. Politisch gewollte Interaktion setzt vor allem die technische Unterstützung voraus, also die Fähigkeit zur Aktivität. Sicher ist richtig, daß viele Nutzer darauf verzichten und sich mit passiver Rezeption begnügen. Wir können hier nur von Potentialen sprechen und hoffen.

Mit Recht stellt sich die Frage, warum nicht schon in früheren Phasen der kommunikationstechnischen Entwicklung die immer schon bestehenden interaktiven Optionen stärker betont wurden. Das ist wohl nur mit außertechnischen Einflüssen zu erklären, etwa der Steuerung der Entwicklung durch zentralistisch operierende staatliche und wirtschaftliche Akteure, ergänzt um geringe aktive Ansprüche der Nutzer. Dieser Artikel stellte Kommunikationstechniken in den Mittelpunkt und wollte damit eine historische und definitorische Basis schaffen, um darauf die Debatte um elektronische Demokratie aufbauen zu können.

Demokratie kann, genau wie eine bürgernahe Technik, aber immer nur „von unten" kommen, andernfalls bleibt sie obrigkeitsstaatlich verordnet und oberflächlich. So stimmt eher skeptisch, daß die etablierte Politik das Internet mit Offenheit begrüßt, und zwar quer durch das politische Spektrum. Wo immer es um (mehr oder minder folgenlose) Erklärungen geht, klingen die Darstellungen gut. Die Enquete-Kommission des Deutschen Bundestages zur „Zukunft der Medien" etwa widmete dem Thema ein ganzes Kapitel, überschrieben mit „Bürger und Staat". Darin heißt es einleitend: „Welche Folgen die neuen Techniken für die Beziehung von Bürger und Staat haben, kann historisch nicht erschlossen werden. Das Internet hat kein Vorbild" (Enquete Kommission 1998: 78). Angesichts der hier vorgelegten Ausführungen sollte ein derartiges Statement sicher relativiert werden. Natürlich verkörpert das Internet etwas genuin Neues, gleichwohl gibt es Erfahrungen mit dem Verhältnis Politik und

Technik – zumindest wenn man danach sucht.[1] Im Enquete-Abschlußbericht finden sich viele positive Einschätzungen des Internet, erkennbar an Zwischentiteln wie „Mehr Informationen für den Bürger", „Neue Beteiligung der Bürger an der politischen Willensbildung" und „Steigerung der Effizienz von Parlamenten, Regierungen und Verwaltungen" (Enquete Kommission 1998: 78 ff.).

Papier freilich ist geduldig und Bekenntnisse zur elektronischen Demokratie aus den Zentren der Macht heraus klingen eher peinlich. Tatsächlich bedienten sich einige Politiker in eben dieser Enquete-Kommission eines breiten Instrumentariums wenig demokratischer Mittel, um ihre Macht-Ressourcen zu sichern. Heraus kam dabei eine Übermacht der großen Parteien, die in vielen informellen Übereinkünften über das verfügten, was Macht in einem parlamentarischen System konstituiert: Verfügung über Geldfonds in Form von Personalstellen und Gutachtenaufträgen. Trotz aller Bekenntnisse zur „Informationsgesellschaft" wurde die Ressource Information sorgfältig dosiert, wurden Kritiker mit dem Abschneiden von wesentlichen Informationen bestraft (Kleinsteuber 1998). Weil der alltägliche Parlamentsbetrieb in wenig demokratischen Strukturen verharrt, ist es so wichtig, um das demokratische Potential von Techniken zu wissen und mit deren Hilfe Reformen der demokratischen Prozesse zu initiieren.

Letztlich erweist sich das Projekt elektronische Demokratie auch weniger als ein technisches, denn ein gesellschaftliches. Das ständige Beschwören des Standorts Deutschland, das Bekenntnis zur beschleunigten Einführung digitaler Kommunikationstechniken schafft immerhin deutlich verbesserte Ausgangsbedingungen, um verkrustete Strukturen im demokratischen System aufzubrechen. Auch das erscheint wie eine Variante der Wechselwirkung zwischen Kommunikationstechnik und Demokratie. Elektronische Demokratie ist – so besehen – auch kein Programm zur Versöhnung von Technik und Politik, sondern eher als Etikett zum Hörbarmachen alter und zur Umsetzung längst überfälliger Forderungen an wenig demokratische Willensbildungsprozesse. Jenseits aller technikeuphorischer Rhetorik in der Politik ist in der Hauptstadt von substantiellem Wandel, von frischem Wind nichts zu hören, eher geht es den Berufspolitikern um „Business as usual", bei dem Internet, Online und CD-ROM vor allem Öffentlichkeitsdarstellung dienbar gemacht werden, nicht aber der Stärkung einer

---

1   Der Autor war Sachverständiger in der Enquete Kommission. Den Mehrheitsbericht haben Vertreter von CDU/CSU und FDP zu verantworten. Allerdings sind Passagen des von ihm z. T. verfaßten Sondervotums (vgl. S. 141 ff.) in den Mehrheitsbericht aufgenommen worden.

zweiseitigen, weniger asymmetrischen politischen Kommunikation. Elektronischer Demokratie „von oben" muß mißtraut werden, nur als Vehikel verstärkter Forderungen „von unten" gibt sie Sinn. Darin findet sich der eigentliche demokratische Gehalt der Techniken „von unten".

Literatur

Barber, Benjamin (1984): *Strong Democracy. Participatory Politics for a New Age*. Berkeley u. a.
Bentele, Günter/Klaus Beck (1994): Information – Kommunikation – Massenkommunikation: Grundbegriffe und Modelle der Publizistik- und Kommunikationswissenschaft. In: Jarren, Otfried (Hg.): *Medien und Journalismus*, Bd. 1. Opladen, S. 15-50.
Boorstin, Daniel J. (1978): *The Republic of Technology*. New York.
de Sola Pool, Ithiel (1983): *Technologies of Freedom. On Free Speech in an Electronic Age*. Cambridge.
Duhm, Ulrike (1998): Ruiniert ein Richter das Netz? In: com 7, S. 16-19.
Enquete Kommission „Zukunft der Medien" (1998): *Deutschlands Weg in die Informationsgesellschaft*. Bonn.
Flagge, Ingeborg/Wolfgang Jean Stock (1996): *Architektur und Demokratie*. Stuttgart.
Flichy, Patrice (1994): *Tele-Geschichte der modernen Kommunikation*. Frankfurt.
Geretschläger, E. (1983): *Medientechnik*, Bd. 1: *Nonprint-Medien*. München.
Gilder, George (1994): *Life after Television. The Coming Transformation of Media and American Life*. New York.
Glotz, Peter (1997): Die politische Krise als Kommunikations-Krise. In: *Aus Politik und Zeitgeschichte* 36/37, S. 3-7.
Greven, Michael Th. (1994): „Technischer Staat" als Ideologie und Utopie. In: ders.: *Kritische Theorie und historische Politik*. Opladen, S. 185-194.
Grolle, Joist (Hg.) (1997): *Das Rathaus der Freien und Hansestadt Hamburg*. Hamburg.
Heinrich Böll Stiftung (Hg.) (1998): *Elektronische Demokratie. Eine Textsammlung*. Berlin.
Innis, Harold A. (1950): *Empire and Communications*. Toronto.
Jäckel, Michael (1995): Interaktion. Soziologische Anmerkungen zu einem Begriff. In: *Rundfunk und Fernsehen* 43, Heft 4, S. 463-476.
Jarren, Otfried (1998): Internet – neue Chancen für die politische Kommunikation. In: *Aus Politik und Zeitgeschichte* 40, S. 13-21.
Kleinsteuber, Hans J. (Hg.) (1996): *Der Information Superhighway. Amerikanische Visionen und Erfahrungen*. Opladen.
Kleinsteuber, Hans J. (1997a): Crippled Digitalization. Superhighways or One-Way Streets? The Case of Digital Television. In: Kubicek, Herbert et. al. (Hg.): *The Social Shaping of Information Superhighways*. Frankfurt/M., New York, S. 79-96.
Kleinsteuber, Hans J. (1997b): Vierte Gewalt. Ein Schlüsselbegriff im Verhältnis Medien und Politik. In: *Gegenwartskunde* 46, Heft 2, S. 159-174.
Kleinsteuber, Hans J. (1998): Bonn und die elektronische Demokratie. In: *Mitbestimmung* 12, S. 54-57.
Kleinsteuber, Hans J. (1999): Die Verfassung der USA – Modell einer technologischen Republik? Zur politischen Logik selbstregulativer Maschinen. In: Lehmkuhl, Ursula (Hg.): *Technologie und Kultur* (= Amerikastudien/American Studies).
Kleinsteuber, Hans J./Martin Hagen (1998): Was bedeutet „elektronische Demokratie"? Zur Dis-

kussion und Praxis in USA und Deutschland. In: *Zeitschrift für Parlamentsfragen* 28, Heft 1, S. 128-142.
Kohl, Helmut (1983): Wir brauchen den technischen Fortschritt – und Bildschirmtext. In: *bildschirmtext magazin*, Aug./Sept., S. 24 f.
Knies, Karl (1857): *Der Telegraph als Verkehrsmittel*. Tübingen (Faksimile-Nachdruck: München 1996).
Kubicek, Herbert/Ulrich Schmid/Heiderose Wagner (1997): *Bürgerinformation durch „neue" Medien? Analysen und Fallstudien zur Etablierung elektronischer Informationssystems im Alltag*. Opladen.
Leggewie, Claus (1997): Netizens oder: Der gut informierte Bürger heute. In: *Transit*, Nr. 13, Sommer, S. 3-25.
Loader, Brian D. (Hg.) (1997): *The Governance of Cyberspace*. London.
McLuhan, Marshall/Quentin Fiore (1967): *The Medium is the Massage*. Harmondsworth.
Meadow, Robert G. (Hg.) (1985): *New Communication Technologies in Politics*. Washington (= The Washington Program, Annenberg School of Communications).
Meyer-Stamer, Jörg (1996): Das Internet als Beispiel dezentraler Techniksteuerung – Konsequenzen für Technologiepolitik in Deutschland. In: Kleinsteuber, Hans J. (Hg.) (1996): *Der Information Superhighway. Amerikanische Visionen und Erfahrungen*. Opladen, S. 139-147.
Mumford, Lewis (1980): Autoritäre und demokratische Technik. In: Duve, Freimut (Hg.): *Technologie und Politik*, Bd. 16, Juni. Reinbek bei Hamburg, S. 12-22.
Negroponte, Nicholas (1995): *Being Digital*. New York.
Patton, Phil (1992): *Made in USA. The Secret Histories of Things that Made America*. New York.
Postman, Neil (1991): *Technopoly*. New York (deutsch: *Das Technopol. Die Macht der Technologien und die Entmündigung der Gesellschaft*. Frankfurt/M. 1991).
Raschke, Joachim (1998): Die Erfindung von Links/Rechts als politisches Richtungsschema. In: Greven, Michael Th. et. al. (Hg.): *Bürgersinn und Kritik*. Baden-Baden, S. 185-206.
Rasmussen, Terje (1997): Social Interaction and the New Media. The Construction of Communicative Contexts. In: *Nordicom Review* 18, S. 63-76.
Schulz, Winfried (1989): Kommunikationsprozeß. In: Neumann, Elisabeth/Winfried Schulz/Jürgen Wilke (Hg.): *Publizistik, Massenkommunikation* (Fischer Lexikon), Frankfurt/M., S. 98-105.
Shamberg, Michael (1971): *Guerilla Television*. New York.
Simonis, Georg (1993): Macht und Ohnmacht staatlicher Techniksteuerung – können Politik und Staat den Kurs eines Technisierungsprozesses wirklich noch beeinflussen? In: Kubicek, Herbert/Peter Seeger (Hg.): *Perspektive Techniksteuerung*. Berlin, S. 39-57.
Simpson, Christopher (1996): Elisabeth Noelle-Neumann´s „Spiral of Silence" and the Historical Context of Communication Theory. In: *Journal of Communication* 46, Heft 3, S. 149-171.
Stark, Frank M. (1996): *Communicative Interaction, Power, and the State: A Method*. Toronto.
Steinbuch, Karl (1968): *Falsch programmiert*. Stuttgart.
Swerdlow, Joel L. (Hg.) (1988): *Media Technology and the Vote. A Source Book*. Washington (= The Annenberg Washington Program).
Watzlawick, Paul/Janet H. Beavin/Don D. Jackson (1969*): Menschliche Kommunikation. Formen, Störungen, Paradoxien*. Bern.

Martin Hagen

Amerikanische Konzepte elektronischer Demokratie

Medientechniken, politische Kultur, politische Beteiligung[1]

Wie jede neue Technik wird auch die Entstehung des Internet und anderer Computernetzwerke sowie ihre zunehmende Institutionalisierung als Medium von demokratietheoretischen Hoffnungen und Ängsten begleitet. Optimisten sehen neue Formen der politischen Beteiligung, Pessimisten befürchten ein Vakuum politischer Macht, das durch die Erosion repräsentativdemokratischer Institutionen entsteht. Dabei stellt sich für die Politikwissenschaft die Frage, welche der Hoffnungen und Ängste ernst zu nehmen sind und welche getrost als Übertreibung und Zeitgeist abgetan werden können (vgl. auch Kleinsteuber/ Hagen 1998).

In Deutschland ist das Internet bisher vor allem in seiner Bedeutung für eine Reihe von Einzelfeldern untersucht worden, so für das Parlament (Zittel 1998), Parteien und Wahlkämpfe (Clemens 1998; Leggewie/Bieber 1999) und insbesondere für seine Wirkung auf die Struktur politischer Öffentlichkeit (Marschall 1998; Gellner/von Korff 1998; Jarren 1998). Der Frage aber, wie die Höhe und Form *politischer Beteiligung* von den neuen Netzen beeinflußt wird, ist in der deutschen Wissenschaft bisher kaum nachgegangen worden (zu den Ausnahmen vgl. Buchstein 1996; Leggewie 1997; Rilling 1996).

In den USA ist dies anders, wo die Debatte um elektronische Demokratie zuerst und vor allem als Auseinandersetzung um die Bedeutung des Internet für die politische Beteiligung geführt wurde. Weil dabei eine Reihe differenzierter Theorien entstanden sind, die sich kaum als eine pauschale Theorie „Elektronischer Demokratie" zusammenfassen lassen, erscheint es sinnvoll, diese Diskussion auch aus deutscher Sicht zu rezipieren.

Dabei wird deutlich, daß die meisten amerikanischen Ansätze in der Tradition älterer und auch neuerer demokratietheoretischer Debatten stehen, die in den USA geführt werden. Auch ist es weniger die neue Medientechnik, sondern es

---

[1] Vorausgehende Arbeiten und frühere Versionen dieses Artikels wurden von Hans J. Kleinsteuber, Bernd Beckert und besonders Herbert Kubicek konstruktiv kritisiert. Dafür gilt ihnen mein Dank.

sind vielmehr das politische System der USA und die amerikanische politische Kultur, die die Diskussion um die Wirkungen des Internet auf politische Beteiligung beflügeln. Konzepte elektronischer Demokratie lassen sich so als Ausdruck einer bestimmten politischen Kultur interpretieren. Daß sie nicht mehr sein können, zeigt sich, wenn die Konzepte im Lichte der Erkenntnisse der Partizipationsforschung untersucht werden, die plausibel erklären können, warum neue Medientechniken nur einen geringen und gegebenenfalls sehr vermittelten Einfluß auf politische Beteiligung haben.

1 Amerikanische Konzepte elektronischer Demokratie

Die amerikanischen Konzepte elektronischer Demokratie sind innerhalb dort geführter Demokratiedebatten als partizipationstheoretisch orientierte Beiträge zu bestimmen, in denen die geringe politische Beteiligung der amerikanischen Bevölkerung als eines der zentralen politischen Probleme in den USA angesehen wird (vgl. ausführlich Hagen 1997a). Politische Beteiligung ist das Kernproblem der Debatte um elektronische Demokratie, wie sie von deren Anhängern und Gegnern verstanden wird. Dabei lassen sich jedoch innerhalb dieser Debatte drei unterschiedliche normative Ansätze unterscheiden, die im Folgenden näher beschrieben werden sollen.

1.1 Teledemocracy

Das älteste der amerikanischen Konzepte elektronischer Demokratie ist der Teledemocracy-Ansatz. Die Teledemokraten wollen neue Formen direkter politischer Beteiligung in das amerikanische politische System einführen und zu diesem Zweck neue Kommunikationstechniken einsetzen. Dabei sehen sie sich an der Spitze von zwei Bewegungen: „the two-hundred-year-long march toward political equality for all citizens and the explosive growth of new telecommunications media" (Grossman 1995: 4).

Zunächst war es in den frühen 70er Jahren das Kabelfernsehen mit seinem Versprechen auf differenzierte, lokalisierte Inhalte sowie auf Rückkanalfähigkeit, das die Teledemokraten inspirierte (Smith 1972; Pool/Alexander 1973). Sie zeichneten sich durch eine hohe praktische Experimentierfreudigkeit aus und haben bisher eine ganze Reihe unterschiedlicher Projekte ins Leben gerufen, die im wesentlichen auf der Idee der neu-englischen „Town Hall Meetings" basierten und diese mit Hilfe technischer Medien zu replizieren versuchten (Becker 1981; Etzioni 1993; Slaton 1992; für jüngere Versuche vgl. Abramson 1992; Fishkin 1995). Davon wiederum ließen sich Futurologen wie Alvin Toffler (1980; und erneut, mit Unterstützung von Newt Gingrich, Toffler/Toffler 1995) und John Naisbitt (1982) inspirieren, die in der Teledemokratie den Schlüssel für die Lösung vieler der dringendsten Probleme Amerikas sahen.

Weniger spekulativ und auf der Basis eigenständiger demokratietheoretischer Ansätze haben auch die einflußreichen Demokratietheoretiker Benjamin Barber in „Strong Democracy" (1984) und Robert Dahl in „Democracy and its Critics" (1989) den versuchsweisen Einsatz von teledemokratischen Experimenten zur Verbesserung des politischen Systems empfohlen.

Neuen Schwung gewannen die Teledemokraten in den frühen 90ern, als Ross Perot die Idee der *televised electronic town meetings* auf die Agenda der Politiker, Medien und dann auch der Wissenschaft hob. In seinem Eifer, auch unkonventionelle Medienformate zu nutzen, veranstaltete auch das Clinton-Wahlkampfteam elektronisch unterstützte Town-Meetings. Obwohl es sich dabei eher um PR-Auftritte handelte, trugen sie im Ergebnis dazu bei, daß die theoretischen Ansätze der Teledemocracy auch innerhalb der Politikwissenschaft größere Beachtung fanden (vgl. Abramson 1992; auch Friedland 1996; Hacker 1996).

Noch wichtiger für die Renaissance der Teledemocracy waren die technologischen Fortschritte bei den Kommunikationsmedien, insbesondere die Digitalisierung der Übertragungstechniken, die eine erneute Kanal-Multiplizierung möglich machte, und die Verbreitung der Computernetzwerke. Im Kern sehen die Teledemokraten jedoch nach wie vor das Fernsehen als Schlüssel für elektronische Demokratie an, denn, wie Lawrence Grossman, früherer Präsident sowohl von PBS als auch NBC-News, es sieht: „In its many guises, television, by definition, holds the key to the future of the electronic republic" (Grossman 1995: 92).

Die Teledemokraten geben der gegenwärtigen Struktur des repräsentativen politischen Systems und den Wirkungen der (politischen) Berichterstattung in den Massenmedien die Schuld an der Apathie, Frustration und Entfremdung der Wählerschaft in den USA. Sie kritisieren, daß die politischen Entscheidungsträger im repräsentativen System sich zu weit von ihrer Wählerschaft entfernt haben. Die neuen Kommunikationstechniken könnten aber helfen, diese Entfernung wieder zu verringern, indem sie neue, direktere Austauschmöglichkeiten zwischen Wählern und Politikern herstellen. Außerdem könnten Alte, Kranke u. a., die nicht mehr persönlich an Veranstaltungen teilnehmen, über Kommunikationsmedien wieder ein Gehör in der politischen Arena finden (Arterton 1987: 51; Hollander 1985: 52, 68).

Im Zentrum der Argumentation der Teledemokraten steht jedoch die Kritik, daß das repräsentative System und seine Institutionen alleine nicht mehr effektiv und angemessen auf die immer vielfältigeren und steigenden Anforderungen, die sich aus dem gesellschaftlichen Wandel zur Informationsgesellschaft ergeben, reagieren können. Zu deren Verarbeitung seien neue Formen direkter Demokratie nötig, die auch mit Hilfe neuartiger Techniken unterstützt werden könnten.

Die Teledemokraten hängen dabei mehr oder weniger deterministischen Vorstellungen an: „The question is not whether the transformation to instant public feedback through electronics is good or bad, or politically desirable or undesirable. Like a force of nature, it is simply the way our political system is heading" (Grossman 1995: 154). Insofern geht es ihnen um das rechtzeitige Ergreifen notwendiger (Gegen-)Maßnahmen. Auch wenn sie sich zuweilen durch drastische Rhetorik auszeichnen, sind ihre einschlägigen Vorschläge weit weniger radikal: So gut wie niemand von ihnen will das repräsentative System in den USA wirklich abschaffen. Statt dessen geht es darum, es mit direktdemokratischen Institutionen zu *ergänzen*, und zwar entweder horizontal, also zusätzlich zu bestehenden repräsentativen Institutionen, oder vertikal, d. h. nur auf lokaler Ebene (neben Barber und Grossman vgl. z. B. Wachtel 1992).

1.2 Cyberdemocracy

Im Gegensatz zum Konzept der Teledemocracy ist das Konzept der Cyberdemocracy erst mit der Entstehung von Computernetzwerken in den 80er Jahren aufgekommen. Besonders die Erfahrungen der ersten Nutzer dieser Netzwerke, darunter nicht nur das Internet, sondern auch EIES, Usenet und Bitnet, haben die Ideen dieser Denkrichtung geformt. Dabei haben sich auf ganz eigenartige Weise Hippie- und Yuppiekulturen in einer „kalifornischen Ideologie" (Barbrook/Cameron 1996) gemischt: der Traum von „echter" Demokratie, also direkter, selbstbestimmter Regierung durch die Bürger selber, und der Traum von materiellem Wohlstand und individuellem „pursuit of happiness". Der existierende Staat und damit auch viele seiner repräsentativdemokratisch legitimierenden Institutionen werden dabei als latente Bedrohung empfunden, die eine Verwirklichung dieser beiden Träume erschwert.

Ausgehend von diesen Prämissen haben sich zwei Varianten der Cyberdemocracy entwickelt. Die eine betont eher die Notwendigkeit von freien Märkten, die andere die Notwendigkeit von Gemeinschaft. Erstere wurde vor allem von der *Progress and Freedom Foundation* (PFF) vertreten, die mit ihrer *Magna Charta for the Knowledge Age* den ersten Versuch einer politischen Theorie für den Cyberspace entworfen hatte (PFF 1994; kritisch dazu Bredekamp 1996). Unter ihren Autoren finden sich ein alter Teledemokrat (Alvin Toffler), eine neue Cyberdemokratin (Esther Dyson), ein konservativer Medienkritiker (George Gilder) sowie der ehemalige Technologie-Berater der Reagan-Regierung, James Keyworth.

Die zweite Variante der Cyberdemocracy ist vor allem von Howard Rheingold maßgeblich in „The Virtual Community" (1993) formuliert worden. Seine Ideen haben eine weite Verbreitung gefunden (Morino Institute 1995, Doheny-Farina 1996). Von besonderer Bedeutung war dabei die Erfahrung mit den *Community Networks*, die zwischen Mitte der 80er und Mitte der 90er Jahre eine Blüte erlebten (vgl. Schuler 1996; umfassend Wagner 1998 sowie Kubicek/Wagner 1996).

Die Cyberdemokraten erhoffen sich, daß in „virtuellen Gemeinschaften" das verlorengegangen geglaubte soziale Kapital wieder gebildet werden könne, auf dem eine demokratische Gesellschaft aufbauen kann. Der Einzelne gewinnt dadurch nicht nur an politischer Macht, sondern auch wirtschaftlichen Wohlstand, wenn nicht mehr allein der Besitz materieller Güter, sondern auch kommunikative Fähigkeiten und Informationen zur Basis der Produktion werden. Voraussetzungen sind dafür natürlich die Bildung und Förderung der kommunikativen Fähigkeiten (dies kann nach den Idealvorstellungen durch die *virtual communities* selber geschehen) und der freie Zugang zu und die Verteilung von Informationen. Deshalb richten sich die Cyberdemokraten gegen jede Form des Zentralismus und damit auch gegen zentralstaatliche Regierungsformen: „The political significance of CMC lies in its capacity to challenge the existing political hierarchy's monopoly on powerful communications media, and perhaps thus revitalize citizen-based democracy" (Rheingold 1993: Introduction). Stattdessen betonen sie die Notwendigkeit der Förderung von politischem Engagement und politischer Bildung als zentralen Aufgaben, trauen dabei aber selbstorganisierten, nicht-staatlichen Institutionen mehr zu als den staatlichen Organen.

1.3 Electronic Democratization

Im Gegensatz zu Teledemocracy und Cyberdemocracy will der Ansatz der Electronic Democratization die bestehenden repräsentativ-demokratischen Institutionen verbessern bzw. reformieren: „The greatest potential of new information technology to improve democracy lies in its ability to enhance mediated democracy" (Snider 1994: 17). Verfochten wird er, ebenfalls anders als die beiden anderen, vom „Mainstream-Establishment", u. a. Kongressmitgliedern bzw. deren Mitarbeitern, White House-Mitarbeitern, Politikwissenschaftlern und Journalisten „respektierter" Zeitungen. Ihnen geht es darum, die Vorteile der durch Computermedien unterstützten Kommunikation nicht nur für sich selber zu nutzen, sondern auch für die allgemeine Bevölkerung nutzbar zu machen. Probleme wie Politikverdrossenheit und Entfremdung werden von ihnen als nicht grundsätzlich durch die repräsentativen Institutionen verursacht angesehen, sondern durch einzelne, prinzipiell überwindbare Schwächen und Unzulänglichkeiten. Anhänger des Electronic Democratization-Ansatzes wollen vor allem durch die Schaffung neuer und alternativer Informations- und Kommunikationskanäle zwischen Regierenden und Regierten diese Probleme lösen. Sie richten ihre Hoffnungen auf neue Veröffentlichungs- und Verteilmedien wie das World Wide Web und E-Mail.

Chancen für politische Beteiligung sieht der Electronic Democratization-Ansatz auch in den sinkenden Transaktions- und Organisationskosten, die sich für politische Parteien, Interessengruppen und Bewegungen ergeben (Bonchek 1995; schon früh Lowi 1980: 462 f. und Abramson/Arterton/Orren 1988: 126-133). Demgegenüber wird aber auch die Gefahr einer Fragmentierung der Öffentlichkeit in viele verschiedene *issue publics* gesehen, mit noch unbekannten Konsequenzen für das politische System. „Electronic Town Meetings" und die Verbreitung von Informationen sollen helfen, eventuellen negativen Folgen entgegenzuwirken (vgl. z. B. Abramson/Arterton/Orren 1988: 162 f.).

Konzepte elektronischer Demokratisierung heben also vor allem auf Information und Kommunikation als Voraussetzung politischer Beteiligung ab und zielen weniger auf handlungsorientierte Formen wie Wählen oder politische Aktivität. Dieses Konzept elektronischer Demokratisierung, wahrscheinlich weil es auch im Einklang mit den Normen und Werten des *mainstreams* der amerikanischen Öffentlichkeit steht, die repräsentative den direkten Demokratieformen vorzieht, hat maßgeblich dazu beigetragen, daß in den USA eine kaum noch überschaubare Zahl an einschlägigen politischen Angeboten auf dem

World Wide Web, sowohl von öffentlicher als auch von privater Hand, in den letzten Jahren ins Leben gerufen wurde (für eine Übersicht vgl. Barber 1997b). Dies hat zu einer Verfügbarkeit politischer Informationen in bisher ungeahnter Vielfalt und Detailtiefe geführt.

Trotz aller Unterschiede gibt es eine Reihe von Gemeinsamkeiten der drei Ansätze zur Theoriebildung elektronischer Demokratie. Teledemocracy und Cyberdemocracy teilen die Präferenz für direkte Demokratie, und Cyberdemocracy und Electronic Democratization teilen die starke Ausrichtung an Information und Kommunikation als Schlüssel zur Steigerung politischer Beteiligung. Das „Elektronische Town Meeting" und die Schaffung alternativer Medien und Kommunikationskanäle sind politische Ziele, die von allen drei Ansätzen verfolgt werden.

Alle drei Konzepte postulieren keinen einfachen Zusammenhang von Medienentwicklung und Demokratieentwicklung, sondern nehmen die Entstehung und Entwicklung neuer Medien zum Anlaß, über deren Potentiale für die zukünftige Entwicklung der Demokratie nachzudenken. Ausdruck dafür ist eine starke Praxisorientierung, die sich in einer Vielzahl von praktischen Experimenten mit „Electronic Town Halls" sowie in einer engen Anknüpfung an bestehende Traditionen wie die der lokalen Selbstbestimmung ausdrückt.

2   Elektronischer Demokratie als Ausdruck politischer Kultur

In Deutschland kann man „[h]eftige Ablehnung [...] erzeugen, wenn man der Demokratie auch noch den Computer hinzufügte", wie Helmut Krauch schon 1972 feststellte (Krauch 1972: 6). Dazu paßt, daß die Bedeutung des Internet für politische Beteiligung in Deutschland bisher kaum thematisiert worden ist. Einschlägige Beiträge entstehen bezeichnenderweise meist nach längeren USA-Aufenthalten der jeweiligen Forscher.

Der Sozialwissenschaftler Helmut Krauch importierte schon 1970 das Konzept eines „organisierten Konfliktes" aus seiner Arbeit in Berkeley. In Form einer Fernsehsendung berieten Experten ein politisches Problem und bezogen dabei sowohl wissenschaftlichen Sachverstand in Gestalt einer computerunterstützten Datenbank als auch die Meinung der Zuschauer (über Telefonumfragen ermittelt) in ihre Diskussionen ein. Dieser Versuch, den Einsatz von technischen Medien auch für demokratische Zwecke nutzbar zu machen, blieb in Deutschland aber ohne großes Echo, genau wie die Ansätze von Vowe/Wersig (1983) und Wittkämper (1988). Erst nachdem wiederum in den USA Mitte der 90er Jahre die Debatte um die politische Bedeutung des neu aufkommenden Internet intensiviert wurde, geriet sie auch in den Blick der deutschen Wissenschaft (Buchstein 1996; Leggewie 1997).

Sollte die deutsche Wissenschaft klüger als ihre amerikanischen Kollegen sein und sich frühe Skepsis wie die von der Kölner Studiengruppe Partizipationsforschung gegenüber Krauchs „organisiertem Konflikt" (Buse/Nelles 1975: 104 f.) und die von Lenk gegenüber Teledemocracy-Projekten generell (Lenk 1976) zu Herzen genommen haben? Doch diese These übersieht, daß auch in den USA die überwiegende Mehrzahl der Wissenschaftler skeptisch gegenüber den Möglichkeiten elektronischer Demokratie eingestellt ist (stellvertretend für viele Graber 1995 und schon früh Elshtain 1984; aktuell Diamond/Silverman 1995). Auch Benjamin Barber sieht sich heute angesichts der Entwicklung, die das Kabelfernsehen genommen hat, nämlich nicht in Richtung mehr politischer Beteiligung, sondern in Richtung Kommerzialisierung und Trivialisierung, weit weniger optimistisch, was das demokratische Potential neuer Medien angeht (Barber 1997b).

Wenn man die auch in den USA bekannte Tatsache bedenkt, daß weder Radio, noch Fernsehen, noch Kabel- oder Satellitenfernsehen die politische Beteiligung gestärkt haben, warum wird genau diese Hoffnung immer wieder bei der Entstehung einer neuen Technik geäußert? Der Grund dafür, so die hier vertretene These, ist in der Struktur des amerikanischen politischen Systems, seiner Geschichte und in der politischen Kultur zu suchen, die sich in einigen wesentlichen Punkten von Deutschland unterscheidet.

Auf struktureller Ebene fördern das Wahlsystem und die größere Bedeutung direktdemokratischer Instrumente die Debatte um elektronische Demokratie. Amerikanische Repräsentanten werden immer von eindeutig umrissenen *constituencies* gewählt. Für ihre Wiederwahl sind deshalb die Abgeordneten und Senatoren auf die direkte Kommunikation mit ihren Wählern angewiesen. Eine neue Medientechnik wird deshalb immer sofort von besonders technologieoffenen Repräsentanten eingesetzt (vgl. auch Casey 1996; Zittel 1998). In Deutschland wird nicht nur die Hälfte der Abgeordneten des Bundestages über Parteilisten gewählt, auch die Direktmandate werden in der Regel vor allem nach partei-internen Gesichtspunkten vergeben. Von daher sind die Anreize für den einzelnen Abgeordneten, mit „seiner" Wahlbevölkerung zu kommunizieren, geringer als in den USA.

Auch die größere Dynamik, mit der direktdemokratische Ergänzungen in das repräsentativdemokratische System eingeflochten wurden, so z. B. im Progressive Movement im letzten Jahrhundert oder in der jüngsten Welle der Einführung von Bürgerbegehren und -entscheiden mit beträchtlichen Wirkungen (vor allem in Kalifornien, gleichzeitig die Heimat der „cyberdemocracy"), eröffnen direktdemokratischen Projekten und damit Konzepten elektronischer Demokratie, die an diese anknüpfen, einen großen Raum. Da nach vorherrschender und seit Aristoteles bekannter Lehrmeinung die Größe des Volkes eine natürliche Grenze für direkte Demokratie darstellt, ist der Raum und Zeit überwindende Charakter der neuen Medientechniken hier der konkrete Anlaß, neue Chancen für direkte Demokratien mit Hilfe neuer Technologien zu sehen. Von dieser Hoffnung ist auch ein renommierter Demokratietheoretiker wie Robert Dahl beseelt, der in seinem umfassenden Werk „Democracy and its Critics" die Einführung von technisch unterstützen „minipopuli" – themenspezifischen Versammlungen – für eine der möglichen und sinnvollen Reformbestrebungen zukünftiger demokratischer Gesellschaften sieht (1989: 340).

Die spezifische Geschichte der USA hat dazu geführt, daß der „Presse" und später den Medien allgemein immer eine besondere Bedeutung für die demokratische Entwicklung zugesprochen wird. Als „fourth branch of government" kommt ihr faktisch ein gesicherter Platz im System der „checks and balances" zu (vgl. z. B. Graber 1993). Insofern reagieren die amerikanische Öffentlichkeit, Publizistik und Wissenschaft besonders sensibel auf vorhandene oder vermeintliche Dysfunktionalitäten, die durch Veränderung der Medienlandschaft entstehen.

So ist die Rolle der traditionellen Medien in den USA in jüngster Zeit besonders heftig kritisiert worden, was die Debatte um elektronische Demokratie ebenfalls entscheidend beflügelt hat (Diamond/Silverman 1995; Patterson 1993). Die Berichterstattung in den Massenmedien wird für eine von vielen so wahrgenommene Krise der politischen Beteiligung verantwortlich gemacht. Insbesondere im Fernsehen wird sie als unangemessen, negativ und zynisch kritisiert. Damit fördern sie eine Entfremdung des Publikums von den politischen Eliten (so z. B. Patterson 1993). Dies hat zuletzt die Lewinsky-Affäre noch einmal verdeutlicht. Auch deshalb hat das Internet als alternatives Medium die Hoffnungen auf eine der politischen Beteiligung wiederum förderlichen Medienlandschaft so entscheidend beflügelt. Es ist wichtig festzuhalten, daß die politischen Kernforderungen zweier häufig mit Konzepten elektronischer Demokratie assoziierter Namen, Benjamin Barber und Lawrence Grossman, auf die Schaffung von öffentlich-rechtlichen Medienanstalten, entsprechend europäischen Vorbildern, gerichtet sind. Wo diese schon existieren, wie in Deutschland, entfällt eine weitere Motivation, Hoffnungen auf neue Medien zu setzen. Dies gilt besonders in einer Situation, in der der öffentlich-rechtliche Rundfunk sich dem Konkurrenzdruck mit privaten Anbietern ausgeliefert sieht, mit entsprechenden inhaltlichen Programmänderungen (vgl. zu diesem komplexen Thema und unterschiedlichen Einschätzungen Sarcinelli 1998) zu reagieren.

Nicht nur auf struktureller Ebene, sondern auch auf kultureller Ebene lassen sich amerikanische Besonderheiten finden, die eine besondere Aufgeschlossenheit gegenüber Konzepten elektronischer Demokratie begründen. Dabei ist zunächst die allgemeine Offenheit zu nennen, mit der der technische Fortschritt und neue Technologien begrüßt werden. So hat der Journalist Richard Hollander schon 1985 durchaus ernst gemeint formuliert: „If nothing else, America is a nation of button pushers. We love gadgets, dials, digital displays, mechanical operations. Interactive TV brings a new toy into the home" (Hollander 1985: 29). Weil in Deutschland eine viel größere Skepsis gegenüber der Technik vorherrscht, ist es auch kein Wunder, daß die Beschäftigung mit Demokratie und Technologie hier nur äußerst zögerlich in Gang kommt. Dazu kommt die in den USA so unbekannte Erfahrung, daß Technologien nicht nur von Demokratien, sondern auch von Diktaturen äußerst erfolgreich eingesetzt werden können, wie es Hitler mit dem Volksempfänger demonstriert hat.

In Deutschland fehlt zudem die in den USA typische Antipathie gegen die Zentralregierung, die dort eine Auflösung von Distanz durch neue Medientechnologien besonders attraktiv scheinen läßt, um endlich Washington, von Mitgliedern der PFF als „imperial city" beschrieben, „closer to home" zu holen.

Und schließlich treiben zwei alte Ideen, die in der politischen Kultur der USA als spezifisch amerikanisch angesehen werden, jede Form neuer Medientechniken an: Zum einen ist es das Werk Thomas Jeffersons, der einerseits die Bedeutung der allgemeinen Bildung und damit einer umfassenden Informationspolitik der Regierung gegenüber der Bevölkerung hervorhob und andererseits ein großer Freund technischer Erneuerungen war, wie neben ihm übrigens auch viele andere Gründer der USA.

Zum anderen ist es die Idee der „frontier", die es mit Hilfe neuer Techniken zu erobern gilt. Wie auch der „Wilde Westen" soll der „cyberspace" erobert werden. Und wie damals geht es auch jetzt darum, die Gesellschaft auf diesem neuen Territorium demokratisch zu organisieren. Wie James Brook und Ian Boal schon früh begriffen haben, versteckt sich dahinter auch ein neuer, aktueller Trend der amerikanischen politischen Kultur, eine Fluchtbewegung der weißen Mittelklasse, die schon aus den *inner cities* in die Vororte geflohen ist, und, nachdem sie sich dort verschanzt hat, nun den sozialen Problemen des realen Lebens in einem Traum von einer neuen, virtuellen Welt entgehen will (Brook/Boal 1995: IX).

So ist festzuhalten, daß Konzepte elektronischer Demokratie als eine Art Seismograph für die derzeitige politische Kultur eines Landes zu verstehen sind. In ihnen spiegeln sich sowohl politisch-institutionelle Auseinandersetzungen zwischen Anhängern direkt- und repräsentativdemokratischer Regierungsformen, Diskussionen über die angemessene Rolle der Medien in der politischen Kommunikation, als auch die durch die Globalisierung und Pluralisierung der Werte verursachten sozialen Veränderungen. Es ist zu vermuten, daß in dem Maße, in dem auch in Deutschland direktdemokratische Instrumente weitere Verbreitung finden (s. u.) und mit zunehmender Kommerzialisierung der Rundfunklandschaft mit nachlassender Verbindlichkeit öffentlich-rechtlicher Informationsangebote auch in Deutschland ein Klima geschaffen wird, in dem Konzepte elektronischer Demokratie gedeihen werden. Es ist also damit zu rechnen, daß diese Konzepte in Zukunft auch in Deutschland breiter als bisher diskutiert werden. Dies ändert jedoch nichts daran, daß sie nur wenig theoretische Erklärungskraft entfalten werden können und insofern in einem gewissen Widerspruch zu der tatsächlichen Entwicklung stehen werden, in denen neue Medientechnologien nicht automatisch zu mehr politischer Beteiligung führen werden. Warum dies so ist, soll abschließend mit Hilfe partizipationstheoretischer Ansätze geklärt werden.

3 Neue Medientechnologien und politische Beteiligung

Zunächst ist zu klären, was unter „politischer Beteiligung" eigentlich genau zu verstehen ist. Die Analyse der amerikanischen Debatten um elektronische Demokratie hat bereits gezeigt, daß diese kaum von einem einheitlichen Begriff ausgehen.

Nach Vorarbeiten im Rahmen von Analysen der Politische-Kultur-Forschung (vor allem in Almond/Verbas „The Civic Culture", 1963) hat Lester Milbrath 1965 ein lineares und hierarchisch in unterschiedliche Dimensionen gegliedertes Konzept politischer Beteiligung entwickelt. Er unterschied zwischen einer Reihe unterschiedlicher politischer Beteiligungsformen, angefangen von der Informationssuche und Diskussion politischer Themen bis hin zur Ämterübernahme in Partei und Regierung. In der jüngeren Partizipationsforschung ist demgegenüber ein engeres Verständnis politischer Beteiligung vorherrschend gewesen, das sich ausschließlich auf zielgerichtete Handlungsformen politischer Beteiligung bezog. In der Tradition der Arbeiten von Verba/Nie (1972) und Verba/Nie/Kim (1978) wird dabei zwischen folgenden Dimensionen unterschieden: Wählen (*voting*), wahlkampfbezogene Aktivitäten (*campaign activities*), (meistens gemeindebezogene) Gruppenaktivitäten (*communal activities*) und politische Einzelkontakte (*particularized contacts*) (Verba/Nie/Kim 1978: 53 ff.).

Ein ausschließlich am zielgerichteten Handeln orientiertes Partizipationsverständnis ist jedoch zu eng (vgl. Sarcinelli 1997). Deshalb sollen hier zwei weitere Dimensionen politischer Beteiligung berücksichtigt werden, die, auch wenn sie nicht erkennbar die konkrete Veränderung politischer *outcomes* bewirken, trotzdem Voraussetzung und Grundlage für jedes weitere politische Handeln sind: die politische Informationsbeschaffung und die Diskussion politischer Themen, d. h. das Gespräch über politische Themen mit der Familie, Freunden, Kollegen, Nachbarn usw. Sie sind Voraussetzungen für die handlungsorientierten Dimensionen politischer Beteiligung, das Wählen, der zentralen und zudem am häufigsten analysierten Form politischer Beteiligung in den westlichen Demokratien, und die politische Aktivität, also Partei- und Bürgerinitiativenmitarbeit, Teilnahme an Demonstrationen als auch die Übernahme kleinerer politischer Ämter, meistens auf kommunaler Partei- oder Regierungsebene, usw. Diese vier Dimensionen bilden die Grundlage für den hier zu entwickelnden partizipationstheoretischen Analyserahmen:

Es wurde oben deutlich, daß die Theorien elektronischer Demokratie die vier Dimensionen politischer Beteiligung sehr unterschiedlich ansprechen. Der einflußreiche Electronic Democratization Ansatz z. B. setzt auf eine Stärkung der Information und Diskussion durch die Schaffung alternativer Medienkanäle und ist weniger an handlungsorientierten Beteiligungsformen interessiert. Die Teledemocracy setzt dagegen mehr auf eine direkte Förderung der handlungsorientierten Beteiligungsformen.

Abgesehen von der impliziten Erkenntnis, daß Information und Diskussion wichtige Voraussetzungen für die handlungsorientierten Dimensionen Wählen und politische Aktivität sind, sagen die vorgestellten Theorien elektronischer Demokratie wenig dazu, von welchen Bedingungen politische Beteiligung prinzipiell abhängig ist. Dies wäre aber wichtig zu wissen, will man den genauen

Einfluß der Entwicklung der Medientechnik auf die politische Beteiligung richtig abschätzen.

Die Partizipationsforschung hat in ihren Untersuchungen vor allem drei Faktoren, nämlich Alter, Geschlecht und den sozioökonomischen Status, als Determinanten politischer Beteiligung erkannt. Von besonderer Bedeutung ist dabei das von Verba und Nie entwickelte Standardmodell der politischen Partizipation, nach dem ein hoher sozioökonomischer Status des Individuums auf eine höhere politische Beteiligung desselben schließen läßt.

Eine zweite Einflußgröße auf die politische Beteiligung ist das politische System. Es gibt vor, in welchem Rahmen sich politische Beteiligung bewegen kann. Dies gilt nicht nur für die institutionalisierten – konventionellen – Formen politischer Beteiligung, sondern auch für die unkonventionelle Beteiligung. In Deutschland garantieren z. B. das Recht auf Meinungs- und Versammlungsfreiheit vielfältige Formen nicht-institutionalisierter Beteiligung. Die Kommunikationsforschung hat außerdem in vielfältigen Beiträgen herausgearbeitet, daß die Art und Weise der Politikvermittlung einen Einfluß auf die politische Beteiligung hat (vgl. Sarcinelli 1997).

Politische Beteiligung ist schließlich von subjektiven Einflußfaktoren abhängig, die die Richtung und das Ausmaß der jeweiligen politischen Beteiligung bestimmen. Dabei spielen Werte eine Rolle, der Grad der politischen Unterstützung (nach Easton; vgl. Westle 1989) und der „sense of efficacy", d. h. das Bewußtsein darüber, ob und wie durch die eigene Stimme oder Aktivität politische Änderungen bewirkt werden können (Flanigan/Zingale 1994: 11).

Es wäre für die Theorie elektronischer Demokratie nun zu fragen, ob und wie neue Medientechniken einen Einfluß auf diese Faktoren nehmen. Dies soll im Folgenden mit kurzen Ausführungen angedeutet werden, wobei jeweils auch auf Kernargumente der Ansätze elektronischer Demokratie zurückgegriffen wird.

Sozio-ökonomische Ressourcenausstattung: Der Cyberdemocracy-Ansatz geht davon aus, daß der einzelne sich über das Internet einen besseren Zugang zu Kapital- und Wissensmärkten verschaffen und sich und seine Fähigkeiten dann auch gewinnbringend feil bieten kann. Demgegenüber steht die Befürchtung einer Teilung in „information-haves" und „information have-nots", weil die Technik des neuen Mediums – trotz eines gewaltigen Preisverfalls – immer noch zu teuer ist, als daß neben den Reichen auch die Armen in den Industrieländern und neben der Bevölkerung der Industrieländer auch die Bevölkerung der Entwicklungsländer in den Genuß der neuen Techniken kommt. Die sozio-ökonomische Ressourcenausstattung wird grundsätzlich nur marginal von der Medientechnologie, sondern vielmehr von anderen Trends, wie insbesondere der Globalisierung der Kapital- und Warenströme, abhängig sein. *Demographische Merkmale*: Alter und Geschlecht sind feststehende Merkmale, und die Präferenzen, die in den jeweiligen Gruppen bestehen, werden sich nicht durch den Einsatz neuer Medientechnologien ändern lassen. Damit läßt sich bereits festhalten, daß insoweit das Standardmodell politischer Beteiligung zur Erklärung herangezogen wird, der Einfluß neuer Medientechnologien auf Höhe und Richtung politischer Beteiligung gering bleiben wird, weil die zentralen Faktoren, sozio-ökonomische Ressourcenausstattung und demographische Merkmale, nicht oder nur marginal durch neue Medientechniken beeinflußt werden.

Politisches System: Das politische System gibt durch seine Institutionen die Möglichkeiten politischer Beteiligung vor. Vor allem Anhänger der Teledemocracy-Ansätze folgen direktdemokratischen Reformbemühungen, die von der Annahme ausgehen, daß repräsentative Institutionen demotivierend auf politische Beteiligung wirken. Auch wenn die Mehrheit der Bevölkerung grundsätzlich repräsentative Institutionen auf Bundes- und Landesebene bevorzugt und aus normativen Gründen für richtig hält (vgl. auch Bull 1999), ist es vor allem auf kommunaler Ebene in den letzten Jahren zu einer nachhaltigen Reformbewegung gekommen, die sich z. B. in der nun auch in norddeutschen Ländern möglichen Direktwahl des Bürgermeisters und in der Etablierung von Volksbegehren und -entscheiden ausgewirkt hat (vgl. ausführlich Roth 1997). Welche Auswirkungen dies auf politische Beteiligung hat, ist noch nicht abzusehen. Wenn neue Medientechniken diese direktdemokratischen Institutionalisierungsbemühungen unterstützen, wie oben bereits ausgeführt wurde, können sie indirekt so auch zur Förderung bzw. Neu-Orientierung politischer Beteiligung hin zu direktdemokratischen Beteiligungsformen beitragen.

Politikvermittlung: Hier hat Jarren (1998) aufgezeigt, daß neue Medientechnologien kaum die Vorherrschaft der Massenmedien brechen können, obwohl gerade dies von fast allen Vertretern elektronischer Demokratie-Ansätze immer wieder gefordert wird. Zwar wird durch das Internet z. B. eine Detailtiefe und -vielfalt möglich und auch realisiert, zugute kommt diese jedoch nur Expertenpublika. Angesichts der ohnehin vergleichsweise geringen Bedeutung der Politikvermittlung für Höhe und Richtung politischer Beteiligung, die sich aus dem erweiterten Standardmodell politischer Beteiligung herauslesen läßt, ist der Einfluß neuer Medientechniken in diesem Bereich vernachlässigbar.

Subjektive Faktoren wie Werte, Einstellungen oder der *sense of efficacy*: Sie sind von den bereits geschilderten Faktoren für politische Beteiligung abhängig. Ausschlaggebend für wesentliche Veränderungen auf dieser Ebene ist sicher die weltweite Wertepluralisierung. Insofern neue Medientechniken den Austausch zwischen immer neuen und vorher noch nicht in Kontakt stehenden Menschen fördern, sind sie ein Mittel, jedoch nicht Ursache für die Wertepluralisierung.

Dieses hier skizzierte Gesamtmodell von Einflußfaktoren für politische Beteiligung legt die Schlußfolgerung nahe, daß neue Medientechnologien nur sehr vermittelt einen Einfluß auf Höhe und Richtung politischer Beteiligung haben. Ausschlaggebend scheinen vielmehr andere Trends zu sein, die direkt auf soziodemographische, politisch-institutionelle und politikvermittelnde Faktoren wirken. Zu nennen sind dabei die Globalisierung (Beck 1997) und die Pluralisierung von Werten (vgl. z. B. Heuser 1996) (vgl. Abb. 1).

		Neue Medientechniken		= Standardmodell
		↓ ↓	↓	
	Sozio-öko-nomische Ressourcen-ausstattung	Subjektive Werte und Einstellungen	Höhe und Richtung von politischer Beteiligung im weiteren Sinne	
Globalisie-rung, d.h. grenzenlose Kapital-, Ressourcen- und Menschen-bewegungen	Demographische Merkmale Politisches System	Betroffenheit Werte „sense of efficacy"	Information Kommunikation	Höhe und Richtung von politischer Beteiligung im engeren Sinne Wählen
Wertepluralisierung				politische Aktivität
	Politik-vermittlung			

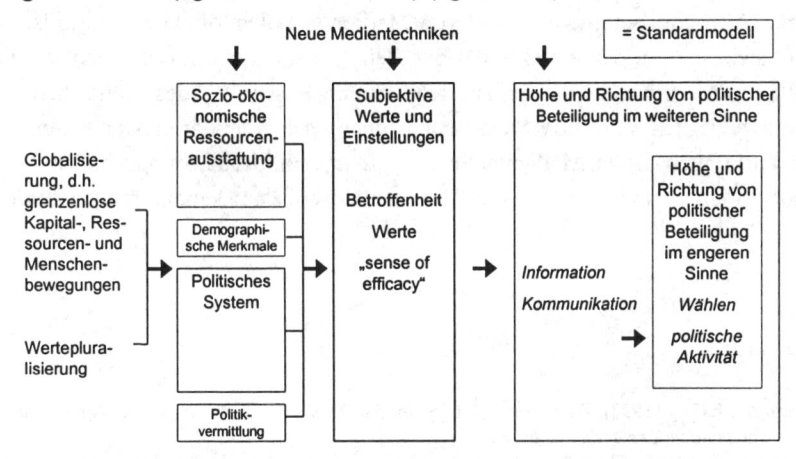

Abbildung 1: Einflußfaktoren auf politische Beteiligung

Daraus ergibt sich eine weitere Schlußfolgerung für die praktischen Projekte elektronischer Demokratie. Sie können nur dann relevant sein, wenn sie an bestehenden institutionellen oder motivationalen Anknüpfungspunkten anschliessen (vgl. ausführlich Kubicek/Hagen 1999). Es kann z. B. sinnvoll sein, mit elektronischen Medien universitätsübergreifende politische Aktionen unter Studierenden zu koordinieren (vgl. Bieber/Hebecker 1998), weil dort Zielgruppe und Aktivisten nicht nur ein gemeinsames Anliegen haben, sondern auch über entsprechende Ausdrucksmöglichkeiten (z. B. Demonstrationen) verfügen und schließlich auch technisch miteinander vernetzt sind. Weitere Anwendungen sind im Zusammenhang mit Planungsverfahren vorstellbar (Lenk 1999). Es ist auch vorstellbar, analog zu Briefwahlen die Abstimmung über das Internet, per sicherer *e-vote*, durchzuführen (Tauss 1999).

Nur Projekte, die dauerhaft an schon bestehende institutionelle Beteiligungsmöglichkeiten anknüpfen, eignen sich für medientechnologische Vernetzungen. Schon heute zeigt sich, daß die vielen qualitativ hochwertigen politischen Web-Sites in einem sich zunehmend verbreiternden World Wide Web die marginalisierte Rolle gegenüber den kommerziellen Angeboten einnehmen, mit der ihre Betreiber schon IRL - in real life - bestens vertraut sind (vgl. zu diesem Thema Barber 1997a; Rilling 1996).

Angesichts dieser Befunde sind sowohl überschwengliche Utopien als auch pessimistische Dystopien „elektronischer Demokratie" wenig plausibel. Auch wenn politische Beteiligung nicht von Medientechniken direkt abhängig ist, so zeigt sich doch in der Attraktivität der Debatten um elektronische Demokratie, daß neue Medientechnologien zu einem festen Bestandteil des politischen Systems geworden sind. Die Suche nach theoretischen Erklärungsmodellen, die die Wirkungen dieser Medientechniken auf das politische System haben, wird jedoch noch weiter als die Diskussion um elektronische Demokratie gehen müssen.

Literatur

Abramson, Jeffrey (1992): *Democratic Designs for Electronic Town Meetings. The Aspen Institute Communications and Society.* Washington.
Abramson, Jeffrey B./Christopher F. Arterton/Garry R. Orren (1988): *The Electronic Commonwealth. The Impact of New Media Technologies on Democratic Politics.* New York.
Almond, Verba (1963): *The Civic Culture.* Princeton.
Arterton, Christopher F. (1987): *Teledemocracy. Can Technology Protect Democracy?* Newbury Park.
Barber, Benjamin (1984): *Strong Democracy. Participatory Politics for a New Age.* Berkeley, Los Angeles, London.
Barber, Benjamin (1997a): *The State of „Electronically Enhanced Democracy": A Survey of the Internet. Report for the Markle Foundation.* New Brunswick.
Barber, Benjamin (1997b): The New Telecommunications Technology – Enless Frontier or the End of Democracy? In: *Constellations* 4., Heft 2, S. 208-228.
Barbrook, Richard/Andy Cameron (1996): The Californian Ideology. Ms., University of Westminster, [presented at EURICOM conference, Piran, Slovenia, April 10-14, 1996.] (in deutsch veröffentlicht als: dies.: Die Kalifornische Ideologie. In: *Telepolis,* Nr. 0, 1996, S. 51-72).

Barnes, Samuel H./Max Kaase u. a. (1979): *Political Action. Mass Participation in Five Western Democracies*. Beverly Hills.
Beck, Ulrich (1997): *Was ist Globalisierung? Irrtümer des Globalismus - Antworten auf Globalisierung*. Frankfurt/M.
Becker, Ted (1981): Teledemocracy. Bringing Power Back to the People. In: *The Futurist*, December, S. 6-9.
Bieber, Christoph/Eike Hebecker (1998): Internet und soziale Bewegungen. Der Studentenstreik als Fallbeispiel. In: Gellner, Winand/Fritz von Korff (Hg.) (1998): *Demokratie und Internet*. Baden-Baden, S. 127-142.
Bonchek, Mark S. (1995): Grassroots in Cyberspace: Recruiting Members on the Internet. Ms, [presented at 53rd Annual Meeting of the Midwest Politcial Science Association, Chicago], (mittlerweile veröffentlicht als: *From Broadcast to Netcast. The Internet and the Flow of Political Information*, Ph.D. Thesis, Cambridge/Harvard University.
Bredekamp, Horst (1996): Cyberspace, ein Geisterreich. In: *Frankfurter Allgemeine Zeitung*, 3.2.1996, (= Bilder und Zeiten).
Brook, James/Iain A. Boal (Hg.) (1995): *Resisting the Virtual Life: The Culture and Politics of Information*. San Francisco.
Buchstein, Hubertus (1996): Bittere Bytes: Cyberbürger und Demokratietheorie. In: *Deutsche Zeitung für Philosophie* 44, Heft 4, S. 583-607.
Bull, Hans Peter (1999): Demokratie braucht Zeit – Zur Frage demokratischer Abstimmungen mittels telekommunikativer Verfahren: In: Kubicek, Herbert u. a. (Hg.) (1999): *Multimedia @Verwaltung*. (= Jahrbuch Telekommunikation und Gesellschaft, 7. Jg.), Heidelberg, S. 293-300.
Buse, Michael J./Wilfried Nelles (1975): Überblick über die Formen der politischen Beteiligung. In: Alemann, Ulrich von (Hg.): *Partizipation – Demokratisierung – Mitbestimmung*. Opladen, S. 79-111.
Casey, Chris (1996): *The Hill On The NET. Congress Enters the Information Age*. Boston.
Clemens, Detlev (1998): Wahlkampf im Internet. In: Gellner, Winand/Fritz von Korff (Hg.) (1998): *Demokratie und Internet*. Baden-Baden, S. 143-156.
Dahl, Robert A. (1989): *Democracy and its Critics*. New Haven, London.
Diamond, Edwin/Robert A. Silverman (1995): *White House to Your House. Media and Politics in Virtual America*. Cambridge, London.
Doheny-Farina, Stephen (1996): *The Wired Neighborhood*. New Haven, London.
Elshtain, Jean Bethke (1982): Democracy and the Qube Tube. In: *The Nation*, August 7-14, S. 108-110.
Etzioni, Amitai (1993): Teledemocracy. The Electronic Town Meeting. In: *Current*, Feb., S. 26-29 [ebenfalls in: *The Atlantic*, Oct. 1992, S. 34-39].
Fishkin, James (1995): *The Voice of the People. Public Opinion & Democracy*. New Haven.
Flanigan, William H./Nancy H. Zingale (1994): *Political Behavior of the American Electorate*. 8. Aufl., Washington.
Friedland, Lewis A. (1996): Electronic Democracy and the new citizenship. In: *Media Culture & Society* 18, Heft 2, S. 185-212.
Gellner, Winand/Fritz von Korff (Hg.) (1998): *Demokratie und Internet*. Baden-Baden.
Graber, Doris A. (1993): *Mass Media and American Politics*. 4. Aufl., Washington.
Graber, Doris A. (1995): Potholes Along America's Public Information Superhighway. In: *Research in Political Sociology* 7, S. 299-324.
Grossman, Lawrence K. (1995): *The Electronic Republic. Reshaping Democracy in the Information Age*. New York.
Hacker, Kenneth L. (1996): Missing Links in the Evolution of Electronic Democratization. In: *Media Culture & Society* 18, Heft 2, S. 213-232.

Hagen, Martin (1997a): *Elektronische Demokratie. Computernetzwerke und politische Theorie in den USA*. Hamburg.
Hagen, Martin (1997b): Elektronische Demokratie – Eine Herausforderung für politische Bildung. In: *kursiv – Journal für politische Bildung*, Nr. 3/97, S. 26-30.
Heuser, Uwe Jean (1996): *Tausend Welten. Die Auflösung der Gesellschaft im digitalen Zeitalter*. Berlin.
Hollander, Richard (1985): *Video Democracy. The Vote-From-Home Revolution*. Mt. Airy.
Jarren, Otfried (1998): Internet – neue Chancen für die politische Kommunikation? In: *Aus Politik und Zeitgeschichte* B 40, S. 13-21.
Kleinsteuber, Hans J./Martin Hagen (1998): „Elektronische Demokratie": Ansätze und Argumente in USA und Deutschland. In: *Zeitschrift für Parlamentsfragen* 1, S. 128-143.
Krauch, Helmut (1972): *Computer-Demokratie*. Düsseldorf.
Kubicek, Herbert u. a. (Hg.) (1999): *Multimedia@Verwaltung*. (= Jahrbuch Telekommunikation und Gesellschaft, 7. Jg.), Heidelberg.
Kubicek, Herbert/Heiderose Wagner (1996): Community Networks und der Information Highway – Von der Counterculture zum Mainstream. In: Kleinsteuber, Hans J. (Hg.): *Der Information Superhighway*. Opladen, S. 201-235.
Kubicek, Herbert/Martin Hagen (1999): Gesellschaftliche Partizipation per Internet? Zur Anschlußbedürftigkeit interaktiver Medien. In: Breisig, Thomas (Hg.): *Mitbestimmung*. München, S. 374-406.
Leggewie, Claus (1997): Netizens oder: der gut informierte Bürger heute. In: *Transit*, Nr. 13, S. 3-25.
Leggewie, Claus/Christoph Bieber (1999): From Voice to Vote? Neue Informations- und Kommunikationstechnologien in der komplexen Demokratie, In: Kubicek, Herbert u. a. (Hg.): *Multimedia@Verwaltung*. (= Jahrbuch Telekommunikation und Gesellschaft, 7. Jg.), Heidelberg, S. 257-268.
Lenk, Klaus (1976): Partizipationsfördernde Technologien? In: ders. (Hg*.*): *Informationsrechte und Kommunikationspolitik*. Darmstadt, S. 111-123.
Lenk, Klaus (1999): „Electronic Democracy". Beteiligung an der kommunalen Willensbildung. In: Kubicek, Herbert u. a. (Hg.) (1999): *Multimedia@Verwaltung*. (= Jahrbuch Telekommunikation und Gesellschaft, 7. Jg.), Heidelberg, S. 248-256.
Lowi, Theodore (1980): The Political Impact of Information Technology. In: Forester, Tom: *The Microelectronics Revolution*. Oxford, S. 453-472.
Marschall, Stefan (1998): Netzöffentlichkeit – eine demokratische Alternative? In: Gellner, Winand/Fritz von Korff (Hg.): *Demokratie und Internet*. Baden-Baden, S. 43-54.
Milbrath, Lester W. (1965): *Political Participation. How and Why Do People Get Involved In Politics?* Chicago.
Morino Institute (1995): *The Promise and Challenge of a New Communications Age. Unlocking the Doors to Opportunity*. Ms. Reston.
Naisbitt, John (1982): *Megatrends*. New York.
Patterson, Thomas (1993): *Out of Order*. New York.
PFF (Progress and Freedom Foundation [Dyson, Esther/George Gilder/George Keyworth/Alvin Toffler]) (1994): *A Magna Charta for the Knowledge Age*. Washington, URL: http://www.pff.org.
Pool, Ithiel de Sola/Herbert E. Alexander (1973): Politics in a Wired Nation. In: Pool, Ithiel de Sola (Hg.): *Talking Back*. Cambridge.
Rheingold, Howard (1993): *The Virtual Community*. New York.
Roth, Roland (1997): Die Kommune als Ort der Bürgerbeteiligung. In: Klein, Ansgar/Rainer Schmalz-Bruns (Hg.): *Politische Beteiligung und Bürgerengagement in Deutschland*. Bonn: Bundeszentrale für politische Bildung, S. 404-447.

Rilling, Rainer (1996): Politik im Netz. In: Bulmahn, Edelgard u. a. (Hg.): *Informationsgesellschaft – Medien – Demokratie. Kritik – Positionen – Visionen* (= Forum Wissenschaft Studien 36). Marburg, S. 234-240.

Sarcinelli, Ulrich (1997): Demokratiewandel im Zeichen medialen Wandels? Politische Beteiligung und politische Kommunikation. In: Klein, Ansgar/Rainer Schmalz-Bruns (Hg.): *Politische Beteiligung und Bürgerengagement in Deutschland*. Bonn: Bundeszentrale für politische Bildung, S. 314-346.

Sarcinelli, Ulrich (Hg.) (1998): *Politikvermittlung und Demokratie in der Mediengesellschaft. Beiträge zur politischen Kommunikationskultur*. Opladen.

Schuler, Douglas (1996): *New Community Networks. Wired for Change*. New York.

Slaton, Christa Daryl (1992): *Televote: Expanding Citizen Participation in the Quantum Age*. New York.

Smith, Ralph Lee (1972): *The Wired Nation. Cable TV: the Electronic Communications Highway*. New York.

Snider, James H. (1994): Democracy On-Line. Tomorrow's Electronic Electorate. In: *The Futurist*, September/October, S. 15-19.

Tauss, Jörg (1999): E-Vote: Die „elektronische Briefwahl" als ein Beitrag zur Verbesserung der Partizipationsmöglichkeiten. In: Kubicek, Herbert u. a. (Hg.) (1999): *Multimedia@Verwaltung*. (= Jahrbuch Telekommunikation und Gesellschaft, 7. Jg.), Heidelberg, S. 285-292.

Toffler, Alvin (1980): *The Third Wave*. New York.

Toffler, Alvin/Heidi Toffler (1995): *Creating a New Civilization. The Politics of the Third Wave*. Atlanta.

Verba, Sidney/Norman Nie (1972): *Participation in America. Political Democracy and Social Equality*. Chicago.

Verba, Sidney/Norman H. Nie/Jae-On Kim (1978): *Participation and Political Equality. A Seven-Nation Comparison*. Cambridge u. a.

Vowe, Gerhard/Gernot Wersig (1983): „Kabel-Demokratie" – der Weg zur Informationskultur. In: *Aus Politik und Zeitgeschichte* B45, S. 15-22.

Wachtel, Ted (1992): *The Electronic Congress. A Blueprint for Participatory Democracy*. Pipersville.

Wagner, Rose (1998): *Community Networks in den USA – von der Counterculture zum Mainstream?* Hamburg.

Westle, Bettina (1989): *Politische Legitimität – Theorien, Konzepte, empirische Befunde*. Baden-Baden.

Wittkämper, Gerhard (1988): Telematik und kommunikative Demokratie. In: *Universitas* 4, S. 480-489.

Zittel, Thomas (1998): Über die Demokratie in der vernetzten Gesellschaft. Das Internet als Medium politischer Kommunikation. In: *Aus Politik und Zeitgeschichte* B 42, S. 23-29.

ÖFFENTLICHKEIT

Patrick Donges / Otfried Jarren

Politische Öffentlichkeit durch Netzkommunikation?

1 Einleitung: Analyseprobleme politischer Öffentlichkeit im Netz

Bei einer Betrachtung der wissenschaftlichen Auseinandersetzungen über das Internet und der damit verbundenen Fragen nach der Bedeutung der Netzkommunikation für die Öffentlichkeit sowie politische Willensbildungs- und Entscheidungsprozesse werden immer wieder zwei Problembereiche deutlich. Der erste und offensichtlichere Problembereich ist *empirischer* Natur: Das Internet ist ein noch sehr junges Medium mit auf den ersten Blick beeindruckenden Wachstumsraten in Angebot und Nutzung. Die empirische Forschung hinkt dieser Entwicklung – notwendigerweise – hinterher. So liegen erst seit kurzem breiter angelegte Studien zur Internet-Nutzung vor, nachdem zunächst nur Daten auf Basis weniger Befragter und methodisch zweifelhafter Online-Befragungen[1] verfügbar waren. Eine Zusammenstellung der vorliegenden Nutzungsstudien von Wingert (1998) zeigt ferner, daß die Befunde einzelner Studien zum Teil widersprüchlich sind, sich auf unterschiedliche Altersgruppen beziehen und eine „klare, einheitliche und akzeptierte Definition dessen [fehlt], was ‚nutzen' von Online-Medien heißen soll" (Wingert 1998: 225).

Der zweite Problembereich betrifft die *theoretische Einordnung* des Internet. Aus Sicht der Publizistik- und Kommunikationswissenschaft wird versucht, das Internet und die darin stattfindende Kommunikation mit den traditionellen Kommunikationsmodellen gleichsam einzufangen. Dies ist jedoch nicht einfach, da im Internet unterschiedliche Kommunikationsformen möglich sind – von der Online-Ausgabe einer Tageszeitung bis hin zu einem Séparée im Chat-Room. Noch fehlt es an konsistenten Modellen zur Prüfung theoretischer Annahmen wie zur Ermittlung empirischer Befunde. Viele Studien geben somit nur Teilausschnitte über eine komplexe soziale Nutzungsrealität wieder. Das trifft insbesondere auf die Aspekte Öffentlichkeit und politische Kommunikation zu.

---

1 Bei Online-Befragungen laden sich die Internet-Nutzerinnen und -Nutzer die Fragebögen selbst herunter, füllen sie aus und senden sie elektronisch zurück. Diese Methode gilt zu Recht als nicht repräsentativ, da die Befragten sich selbst rekrutieren und Vielfach-Nutzer systematisch bevorzugt werden; vgl. Bandilla/Hauptmanns 1998: 41.

Aus politik- oder allgemein sozialwissenschaftlicher Perspektive ist zunächst relevant, daß das Internet kein „politisches" Medium ist, das für die politische Kommunikation erfunden bzw. entwickelt wurde. Vielmehr handelt es sich um ein genuin „unpolitisches" Medium, eine Verbreitungstechnologie, die aber „en passant" auch Auswirkungen auf die politische Kommunikation und die politische Öffentlichkeit haben könnte (vgl. Leggewie 1998: 19). Die Spekulationen schießen gleichsam ins Kraut, zum Beispiel dann, als der Starr-Report ins Netz gestellt wurde. Nun sei, behaupteten sogar ernsthafte journalistische Beobachter, das Internet zum Massenmedium geworden, und es wird der Veröffentlichung ein großer Einfluß unterstellt. Doch: Welchen Einfluß das Netz auf die politische Öffentlichkeit haben wird, darüber gehen die Meinungen innerhalb der scientific community weit auseinander, und sie sind stark vom Vorhandensein kommunikations- und medientheoretischer Kenntnisse abhängig:

(1) Ein Argument für einen „starken" und positiven Einfluß des Internet auf die Öffentlichkeitsstrukturen und auf politische Prozesse besteht in der Annahme, daß durch die Netzkommunikation eine quantitativ höhere und zugleich auch qualitativ bessere Teilnahme einzelner Individuen an (politischen) Willensbildungs- und Entscheidungsprozessen möglich sei. Das Argument geht damit im Kern davon aus, daß die bisherige Nicht-Teilnahme bestimmter Bevölkerungskreise an politischen Prozessen vor allem ein *technisches Problem* in den Dimensionen Zeit, Raum, Wissen und Zugang war, das durch die neue Technik gelöst werde (vgl. Street 1997: 31): Bürgerinnen und Bürger könnten schneller – im Idealfall sogar durch einfachen Knopfdruck – an der politischen Kommunikation (passiv) teilnehmen und (aktiv) teilhaben. Räumliche Distanzen würden zunehmend irrelevant, das zur Teilnahme an der politischen Öffentlichkeit notwendige Wissen werde in der netzwerkartigen Struktur des Internet zur Verfügung gestellt, sei damit auch allen zugänglich und könnte prozeßorientiert zugänglich und auch entsprechend genutzt werden. Das Internet baue damit bestimmte Partizipationsbarrieren ab, die Bürgerinnen und Bürger bislang davon abgehalten hätten, an der politischen Öffentlichkeit teilzunehmen.

(2) Ein zweites, stärker medienbezogenes Argument geht davon aus, daß das Internet einen positiven Einfluß auf die politische Öffentlichkeit haben werde, weil durch das Netz die – häufig als „Medien-" oder „Medien-Eliten-Macht" negativ konnotierte – Selektionsleistung des Mediensystems entfalle. So liegt nach Geser (1998) für die politische Öffentlichkeit „die grundsätzlichste Bedeutung des Internet darin, daß das formale Grundrecht auf freie öffentliche Meinungsäußerung, dessen faktische Entfaltung bisher durch die zentralistisch

verwaltete Medienszene behindert war, nun eine größere realsoziologische Bedeutung erlangen kann, weil zum erstenmal größere Prozentanteile der Bevölkerung die zu seiner Wahrnehmung nötigen technisch-ökonomischen Voraussetzungen besitzen" (Geser 1998). Dadurch, so Geser weiter, differenziere erst das Internet die politischen Öffentlichkeit zu einem autonomen gesellschaftlichen Teilsystem aus, „weil es Kommunikationssysteme ermöglicht, die – im Gegensatz zu den konventionellen Medien – gleichzeitig gegenüber ökonomischen Einflüssen (des Kapitalbesitzes und der Absatzmärkte) und politischen Einflüssen (seitens organisierter Verbände und Parteien) sehr unabhängig sind".

Diesen beiden enthusiastischen Prognosen bezüglich des Einflusses der Netzkommunikation auf die politische Öffentlichkeit werden skeptische Argumente entgegengehalten. So wird der Ansicht, das Internet verringere die technischen Barrieren zur politischen Öffentlichkeit und ermögliche einen raschen Zugriff auf vorhandenes Wissen entgegengestellt, daß diese Barrieren vorwiegend sozialer und eben nicht technischer Natur sind (vgl. Street 1997: 31 ff.): Auch durch die technische Möglichkeit, politische Informationen von überall her abrufen und mit einem Tastendruck seine Meinung dazu äußern zu können, können die sozialen Barrieren nicht beseitigt werden.

Aber auch bei den skeptischen Positionen zur Bedeutung der Netzkommunikation für die politische Öffentlichkeit ist eine medienbezogene Argumentationslinie auszumachen, die sich auf das Internet selbst bezieht. So weist Jarren (1998: 14) auf vier soziale Faktoren hin, die der Netzkommunikation Grenzen setzen: das für die Mediennutzung begrenzte Zeitbudget, die Möglichkeiten der Finanzierung, die Knappheit der angebotenen Inhalte und die begrenzte Aktivität der Nutzerinnen und Nutzer. Es bleibt aber abzuwarten, ob sich für das Netz und seine Nutzung nicht spezifische Formen entwickeln. Auch das wird zweifellos von Einkommen und Bildung abhängen, die Entwicklung darf jedoch nicht nur bezogen auf die Entwicklung im Medienbereich betrachtet und bewertet werden. Auch machen viele empirische Befunde darauf aufmerksam, daß das Internet hauptsächlich zur privaten Unterhaltung genutzt wird und politische Informationen eher beiläufig rezipiert werden (vgl. Hagen/Mayer 1998: 109).

Der vorliegende Beitrag versucht, die Diskussion um die Auswirkungen des Internet auf die politische Öffentlichkeit anhand „traditioneller" Modelle darzustellen und zu strukturieren: Welche Relevanz hat die Netzkommunikation – zum einen nach vorliegenden empirischen Befunden, zum anderen perspektivisch – auf die Funktion, die Strukturen und die Akteure politischer Öffentlichkeit sowie den in ihr stattfindenden politischen Prozeß?

2 Die normativen Funktionen politischer Öffentlichkeit

Nach einer einschlägigen Definition besteht politische Öffentlichkeit aus „einer Vielzahl von Kommunikationsforen, deren Zugang prinzipiell offen und nicht an Mitgliedschaftsbedingungen gebunden ist, und in denen sich individuelle und kollektive Akteure vor einem breiten Publikum zu politischen Themen äußern können. Das Produkt der Kommunikationen in der Öffentlichkeit bezeichnet man als öffentliche Meinung, die man von den aggregierten Individualmeinungen der Bürger unterscheiden kann" (Gerhards 1998: 694). Ihre Leistung läßt sich dann in drei Stufen bestimmen als die Sammlung von Themen und Meinungen (Input), ihre Verarbeitung (Throughput) und ihre Weitergabe (Output) (vgl. Neidhardt 1994: 8). Die Theorien politischer Öffentlichkeit unterscheiden sich vor allem danach, welche normativen Anforderungen an die Prozesse auf den drei Stufen gestellt werden (vgl. Neidhardt 1994: 9): Aus den systemtheoretisch inspirierten Spiegelmodellen läßt sich nur die Forderung nach Offenheit auf der Inputseite ableiten, während über die diskursive Validierung und die gesellschaftliche Orientierung durch überzeugende Argumente keine Aussagen gemacht werden können. Politische Öffentlichkeit erfüllt in diesem theoretischen Verständnis im wesentlichen eine Transparenzfunktion, sie dient der „Ermöglichung der Beobachtung der Gesamtgesellschaft durch die Gesellschaft, [...] der Ermöglichung von Selbstbeobachtung" (Gerhards 1994: 87).

Normativ anspruchsvoller sind diskursive Modelle politischer Öffentlichkeit, wie sie v. a. von Habermas entwickelt wurden. In ihnen wird auf der Input-Stufe die Offenheit politischer Öffentlichkeit zur *sine qua non* erklärt; Öffentlichkeit „steht und fällt mit dem Prinzip des allgemeinen Zugangs" (Habermas 1990: 156). Aber im Gegensatz zu den diskursiven Spiegelmodellen werden hier auch an die anderen Stufen normative Erwartungen gestellt: So soll die Verarbeitung der Themen und Meinungen durch kommunikatives Handeln geschehen, d. h. die Handlungspläne der beteiligten Akteure dürfen nicht über egozentrische Erfolgskalküle, sondern über Akte der Verständigung koordiniert werden (vgl. Habermas 1988: 385). Auf der Output-Seite geht es nach Habermas' diskurstheoretischen Vorstellungen darum, das politische System und seine Entscheidungsträger möglichst eng an die öffentliche Meinung zu binden, indem „das subjektive Recht und die chancengleiche Teilnahme an der demokratischen Willensbildung mit der objektiv-rechtlichen Ermöglichung einer institutionalisierten Praxis staatsbürgerlicher Selbstbestimmung" gekoppelt wird (Habermas 1992: 209). Durch Öffentlichkeit verflüssigt sich gleichsam „die

Staatsgewalt zum Medium einer Selbstorganisation der Gesellschaft" (Habermas 1990: 22). Aber auch systemtheoretische Theorien politischer Öffentlichkeit weisen dieser die Funktion der Selbstorganisation zu. So definiert bspw. Baecker (1996: 93) Öffentlichkeit als „Selbstorganisation im Medium von Neutralisierung und Thematisierung" und meint mit Neutralisierung die Umwandlung privater Meinungen in öffentliche. Dabei macht Baecker auch auf den Unterschied zwischen systemtheoretischen und diskurstheoretischen Ansätzen von Öffentlichkeit aufmerksam: Beide weisen der Öffentlichkeit die Funktion der Selbstorganisation zu, die Diskurstheorie meint damit aber, siehe Habermas, die Selbstorganisation der Gesellschaft insgesamt, die Systemtheorie hingegen bezieht Selbstorganisation nur auf die öffentliche Meinung und definiert diese als „Konditionierung durch Selbstbeobachtung" (Baecker 1996: 94).

Welche normativen Funktionserwartungen sollen nun an die Kommunikationen im Internet gestellt werden? Soll die Netzkommunikation „nur" zur Selbstbeobachtung der Gesellschaft beitragen, indem durch sie Themen und Meinungen als Input in die Öffentlichkeit eingespeist werden? Oder dient sie auch – normativ anspruchsvoller – zur Selbstorganisation, indem in ihr Themen und Meinungen im Sinne des kommunikativen Handelns verhandelt werden? Ein solches Modell politischer Öffentlichkeit liefert selbst für die traditionelle Medienkommunikation eine normative hohe Meßlatte, die in empirischer Hinsicht nur schwer zu erfüllen ist und damit gleichsam automatisch Mangeldiagnosen produziert (vgl. Weßler 1998: 234 f.). Es ist daher sinnvoll, zunächst bei der „anspruchsloseren" normativen Funktionszuweisung der Selbstbeobachtung zu bleiben.

Politische Öffentlichkeit dient, insbesondere in Form von Medienöffentlichkeit, der Selbstbeobachtung der Gesellschaft. Sie ist daher besonders für jene politischen Akteure relevant, die auf ein breites Publikum angewiesen sind, weil sie bspw. durch Wahlen Legitimation erhalten müssen. Sie nutzen die politische Öffentlichkeit einerseits als Quelle, um zu erfahren, welche Themen in der Gesellschaft als relevant erachtet werden und welche Meinungen andere Akteure vertreten. Andererseits benutzen politische Akteure die Medien, um beabsichtigte Entscheidungen vorzubereiten oder getroffene Entscheidungen so zu begründen, daß sie eine allgemeine Zustimmung erhalten. Öffentlichkeit wird so zu einem Indikator zur Beurteilung von Meinungen und Problemen, zur Festlegung von Dringlichkeiten und zur Definition von Entscheidungsbedarfen. Politische Akteure lösen über die „Nutzung" und „Beobachtung" der Öffentlichkeit in gewisser Weise die mit jedem sozialen Handeln verbundenen Ungewißheitsprobleme. Die Rezipienten in der Rolle als Bürgerinnen und Bürger beobachten mittels der Medienkommunikation die politischen Akteure, erfahren von Zielen und Entscheidungen, bilden sich Meinungen, können sich für kommunikative Anschlußhandlungen entscheiden und sich bspw. engagieren. Alle Beteiligten können gleichermaßen aktiv wie passiv teilnehmen, müssen sich jedoch aufgrund von Zeit- und Ressourcenproblemen für ein soziales – und somit auch kommunikatives – Engagement jeweils neu entscheiden. Dabei werden politische Akteure bemüht sein, ihre Ressourcen zu schonen und optimal einzusetzen, um mit ihren gegebenen Mitteln möglichst viele Bürgerinnen und Bürger zu erreichen. Aber auch Bürgerinnen und Bürger, die sich engagieren wollen, müssen den Einsatz ihrer Mittel mit Bedacht wählen. Auch sie sind bestrebt, mit den jeweils vorhandenen Mitteln möglichst rasch optimale Effekte zu erreichen, um ihre Ziele bekanntzumachen und durchzusetzen.

Politische Öffentlichkeit kann in der Strukturperspektive verstanden werden als ein intermediäres System, das zwischen dem politischen System und den Bürgerinnen und Bürgern als auch zwischen dem politischen System und den anderen gesellschaftlichen Teilsystemen vermittelt. Es handelt sich um ein prinzipiell offenes System, an dem aber vorrangig jene partizipieren, die als Akteure konstituiert und mit entsprechenden Ressourcen ausgestattet sind. Bürgergruppen oder Akteure der Neuen Sozialen Bewegung hingegen müssen sich jeweils neu Ressourcen für politische Handlungen beschaffen. Jedes politische Engagement dient bestimmten politischen Zielen, und dabei wird in jedem Fall zu entscheiden sein, welche Mittel sich eignen, um die Ziele durchzusetzen (Lobbying, persönliche Gespräche, Demonstrationen, Eingaben u. a. m.). Kommunikative Aktivitäten können dabei hilfreich sein, müssen es aber nicht. Kommunikationsstrategien sind gleichsam den politischen Zielen untergeordnet. Medien – auch das Internet – sind als ein Element im Zuge politischer Strategien anzusehen. In zahllosen Beiträgen über das Netz und die Netzkommunikation wird aber unterstellt, als sei das Engagement im Netz selbst die politische Aktivität. In der normativen Funktionsperspektive kann also die Relevanz des Internets für die politische Öffentlichkeit nicht an – zugegebenermaßen beeindruckenden – Wachstumsraten bei der Anzahl der Nutzerinnen und Nutzer gemessen werden, sondern einerseits daran, was die in ihm stattfindenden Kommunikationen zur gesellschaftlichen Selbstbeobachtung als Funktion politischer Öffentlichkeit beitragen, und zum anderen daran, ob und wie das Netz von Akteuren für die politische Kommunikation genutzt wird.

3 Die Ebenen politischer Öffentlichkeit

In dem Modell politischer Öffentlichkeit von Neidhardt werden drei Ebenen (Encounter-, Themen- und Medienöffentlichkeit) unterschieden, die sich auch für unsere Analyse anbieten: Die Encounter-Ebene stellt ein einfaches Interaktionssystem ohne Differenzierung von Leistungsrollen, d. h. Sprechern und Vermittlern, oder Publikumsrolle dar[2]. Es handelt sich um die zum Teil spontane Kommunikation auf öffentlichen Plätzen, am Arbeitsplatz oder im Wohnbereich. Diese Ebene von Öffentlichkeit ist meist aber eher zufällig, und sie bleibt regelhaft räumlich, zeitlich und sozial beschränkt. Unter Themenöffentlichkeit sind thematisch zentrierte Interaktions- oder Handlungssysteme zu verstehen, bspw. in Form von Veranstaltungen oder Demonstrationen. Die Differenzierungen von Leistungs- und Publikumsrollen sind hier ausgeprägter als auf der Encounter-Ebene. Auch setzt Themenöffentlichkeit gegenüber der Encounter-Ebene die Formulierung von Interessen bereits voraus und weist daher eine größere innere Stabilität auf. Und in der Medienöffentlichkeit schließlich vollzieht sich öffentliche Kommunikation am folgenreichsten. Die Differenzierung von Leistungs- und Publikumsrollen ist am ausgeprägtesten, und die Bereitstellung und Herstellung von Themen erfolgt von spezialisierten Personen (Journalistinnen und Journalisten), die dauerhaft und auf Basis spezifischer Berufsregeln arbeiten. Im Unterschied zu den anderen Formen der Öffentlichkeit verfügt die Medienöffentlichkeit über ein mehr oder minder dauerhaft vorhandenes Publikum, da Medien potentiell alle Mitglieder der Gesellschaft erreichen.

Zwischen diesen drei Ebenen befinden sich Selektionsstufen. Nicht alle Themen und Meinungen, die bspw. auf der Encounter-Ebene be- oder verhandelt werden, finden auch Eingang in die Themenöffentlichkeit. Vor allem aber filtert das Mediensystem mit seinen professionell agierenden Journalistinnen und Journalisten anhand eigener Codes (Nachrichtenwerte, Publikumsorientierung) die Themen und Meinungen, die von der Ebene der Themen- auf die gesellschaftlich relevanteste Ebene der Medienöffentlichkeit gelangen.

Für die medien- und politikwissenschaftliche Analyse stellt sich nun die Frage, auf welcher Ebene politischer Öffentlichkeit die Netzkommunikation verortet werden kann. Nach Ansicht Marschalls läßt sich die Netzkommunikation „kaum mit dem Ebenenschema von Gerhards und Neidhardt begreifen, denn

---

2 Gerhards (1993: 34) bezeichnet diese Ebene auch als „Kommunikation au trottoir".

auf dem Netz ereignen sich ‚encounters' (z. B. in Chat Rooms), es finden Veranstaltungsöffentlichkeiten statt (zum Beispiel in Newsgroups) und schließlich gibt es Formen von Massenkommunikation (z. B. Online-Zeitungen).

```
                    Elite-
                    Medien
                      ↑
                   Medien-
                 öffentlichkeit
                      ↕
                 Populärmedien          Selektion
             Organisationsöffentlichkeit
                   Themen-
                 öffentlichkeit
                      ↑
               Spontanöffentlichkeit
         Familien-, Orts-, Betriebsöffentlichkeit    Selektion

                   Encounter
                      ↓
               Spontanöffentlichkeit
```

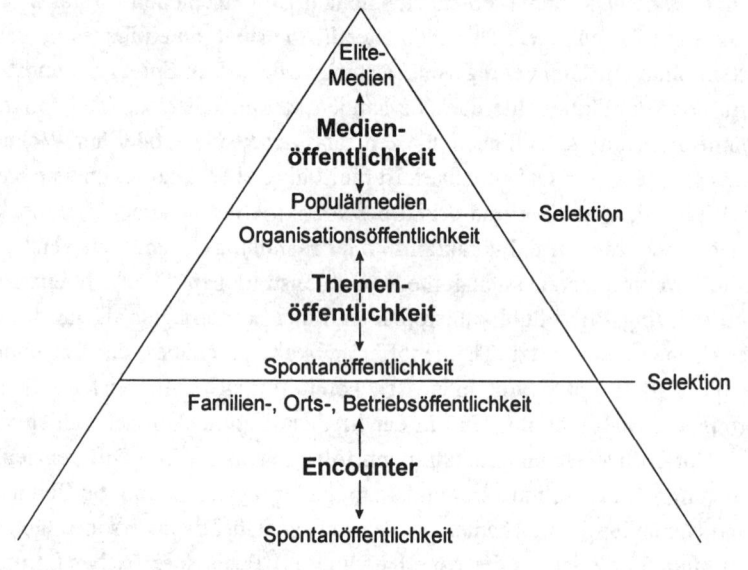

Abbildung 1: Ebenen der Öffentlichkeit nach Neidhardt

Quelle: Donges/Jarren 1998: 103

Der kontinuierliche Strukturwandel von Öffentlichkeit läßt die traditionellen Kategorien wie Massenkommunikation, Publikum, Diskurs- oder Spiegelmodell alt aussehen" (Marschall 1998a: 53). Zwar kann man Marschall darin zustimmen, daß im Internet empirisch Kommunikationen auf allen Ebenen der Öffentlichkeit stattfinden. Wie oben dargelegt, ist die entscheidendere Frage aber doch, welche Relevanz diese Kommunikationen für die gesellschaftliche Selbstbeobachtung als Funktion politischer Öffentlichkeit haben. Und da gibt es Unterschiede: Themen und Meinungen auf der Encounter-Ebene bleiben für die Selbstbeobachtung dann weitgehend folgenlos, wenn sie die Selektionsbarriere zur Themenöffentlichkeit und später zur Medienöffentlichkeit nicht überwinden können. Und für politische Akteure ist vor allem das relevant, was sie in ihren Handlungen unmittelbar betreffen könnte oder wenn die allgemeine öffentliche Zustimmung mit einem bestimmten Vorgang verknüpft werden könnte. Allgemeine, unspezifische Äußerungen sind nicht so relevant wie solche, die zu themenspezifischen Zusammenkünften oder gar Demonstrationen führen. Zu beidem vermag die Netzkommunikation beizutragen, weil mittels ihrer Hilfe derartige Prozesse vorangetrieben werden können, und zwar im Sinne einer binnenkommunikativen Verständigung. Allerdings hat die Mehrzahl der Bürgerinnen und Bürger nicht das Interesse, vor allem aber gar nicht die Zeit, sich mit diesen zahllos stattfindenden Kommunikationsprozessen auseinanderzusetzen. Wir sind nicht einmal in der Lage, nennenswerte Teile davon nachzuvollziehen. Wir verfolgen die Mehrzahl der Prozesse, denen durch Selektionsleistungen Dritter Relevanz zugewiesen wird – und wir verfolgen diese Vorgänge mittels der Massenmedien. Auch Netzangeboten kann ein derartiger Status zukommen, und zwar dann, wenn Auswahl und Präsentation von einer Mehrzahl der Rezipienten als sozial konsentiert angesehen wird. Die spezifische Relevanz ergibt sich aus der Unterstellung einer allgemeinen Relevanz – und das auch aufgrund von Zeitgründen, denn die Mehrheit der Bürger ist nicht in der Lage, eigenständige Such-, Selektions- und Bewertungsprozesse zu leisten.

Die gesellschaftliche Relevanz der Medienöffentlichkeit zeichnet sich – und dies unterscheidet sie bislang wesentlich von der Netzkommunikation – gerade dadurch aus, daß die Massenmedien anderen gesellschaftlichen Teilsystemen – wie etwa der Politik – eine „gesellschaftsweit akzeptierte, auch den Individuen bekannte Gegenwart [garantieren], von der sie ausgehen können" (Luhmann 1996: 176). Die durch die Massenmedien bereitgestellten Informationen können – je nach Medientyp in bestimmten Publikumssegmenten – als bekannt vorausgesetzt werden, und nur so ist überhaupt in der Öffentlichkeit Anschlußkommunikation möglich. Öffentlichkeit allein kann die Objekte, die in ihr verhandelt werden, nicht selbst erzeugen, sondern ist dazu auf die „Hilfestellung" der Massenmedien angewiesen (vgl. Baecker 1996: 102). Die allgemein zugänglichen Massenmedien, die allen zur Verfügung stehen, heben das in den öffentlichen Raum und machen das allgemein sichtbar, mit dem man sich befassen sollte.

Auch wenn im Internet Informationen massenhaft abgerufen werden können, bedeutet dies noch lange nicht, daß damit die Leistung der Massenmedien in Form der Bereitstellung der für die Anschlußkommunikation notwendigen voraussetzbaren Informationen substituiert werden kann. Ein Individuum, das Informationen aus dem Internet bezieht, hat nämlich zumeist keine valide Orientierung darüber, ob diese Informationen in der Anschlußkommunikation als bekannt vorausgesetzt werden können. Es ist daher theoretisch nicht überzeugend, bezüglich des Internet von Kommunikationen auf der Ebene der Medienöffentlichkeit zu sprechen.

Eine zweite Frage ist, ob Kommunikationen im Internet es schaffen, Selektionsbarrieren zwischen den einzelnen Ebenen der politischen Öffentlichkeit zu überwinden. Dies scheint aus strukturellen Gründen jedoch wenig erwartbar: Aufgrund seiner starken Fragmentierung ist das Internet selbst – sieht man einmal von „Hilfsmitteln" wie Suchmaschinen ab – kaum in der Lage, Themen und Meinungen nach Prioritäten zu sortieren. Es weist deshalb im Gegensatz zu den „traditionellen" Massenmedien keine Thematisierungsfunktion auf, da es im Netz keine „Seite 1" mit den wichtigsten Informationen gibt. Die Thematisierungsfunktion von Massenmedien geht im Internet durch die (scheinbare) Gleichrangigkeit und Gleichberechtigung aller Informationen verloren (vgl. Marschall 1997: 317). Deshalb ist die Annahme plausibel, daß die politische Öffentlichkeit im Netz allenfalls dann gesellschaftliche Relevanz erreichen kann, wenn die Themen bereits gegeben sind, d. h. auf der Ebene der Themenöffentlichkeit existieren. Oder Themen, die im Netz entwickelt und verhandelt werden, werden durch Dritte aufgegriffen und bspw. im allgemeinen Mediensystem behandelt. Themen und Meinungen, die im Internet verhandelt werden, bedürfen damit zusätzlicher Kommunikationsformen oder der Beobachtung durch Dritte (wie bspw. Journalistinnen und Journalisten), um die Selektionsbarrieren zwischen den einzelnen Ebenen zu überwinden und gesellschaftliche Relevanz zu erlangen. Solche zusätzlichen Kommunikationsformen können die „traditionellen" und „sichtbaren" Kommunikationen in Form von Veranstaltungen oder Demonstrationen sein, die durch die Netzkommunikation dann vorbereitet, begleitet und unterstützt werden können. Auch Themenöffentlichkeiten im Internet können daher nicht spontan entstehen, sondern setzen einen gewissen Grad an Organisiertheit, oder zumindest an „Verabredung", voraus.

4 Die Akteure politischer Öffentlichkeit im Netz

Neben der Differenzierung nach Ebenen kann Öffentlichkeit nach verschiedenen Akteursgruppen und Rolleninhabern unterschieden werden: Sprecher, Vermittler und das Publikum. Akteure in der Öffentlichkeit können – zumindest teilweise und phasenweise – zugleich in verschiedenen Rollen als Sprecher auftreten, sie können als Mitglieder des Publikums zu den Zuhörern zählen und sie können sich als Vermittler zwischen Sprechern und Publikum betätigen. Öffentlichkeit erweist sich dann als ein sozialer Raum, in dem sich Akteure in spezifischen Rollen bewegen können.

4.1 Die Sprecher

Sprecher sind Angehörige korporativer Akteure, die sich in der Öffentlichkeit zu bestimmten Themen zu Wort melden und unterschiedliche Rollen wahrnehmen können (vgl. Neidhardt 1994: 14). Sie können (1.) als Repräsentanten auftreten, indem sie sich als Vertreter gesellschaftlicher Gruppierungen und Organisationen äußern, (2.) als Advokaten, die ohne politische Vertretungsmacht im Namen von Gruppierungen und deren Interessen auftreten, (3.) als Experten mit wissenschaftlich-technischen Sonderkompetenzen, (4.) als Intellektuelle, die sozialmoralische Sinnfragen aufnehmen oder (5.) als Kommentatoren.

Nahezu alle Akteure der politischen Öffentlichkeit, die dort als Sprecher fungieren, sind mittlerweile mit einem Informationsangebot im Internet präsent. Dies gilt für Parteien, Parlamente, Regierungen und Verwaltungen auf nahezu allen politischen Ebenen ebenso wie für Interessengruppen oder Organisationen Neuer Sozialer Bewegungen. Kann aber dadurch zwingend die Alternative abgeleitet werden, „entweder elektronisch erreichbar zu sein, oder in Vergessenheit zu geraten" (Faßler 1996: 313)?

Was nun die Sprecher im Internet anbieten, darüber gibt es bislang keine systematisch erhobenen Daten. Erst vereinzelt liegen Studien über das Online-Kommunikationsmanagement politischer Akteure vor.[3] Lediglich auf Basis alltäglicher Beobachtungen kommt Leggewie zu dem Schluß, daß bspw. die von Parteien gemachten Angebote den spezifischen Möglichkeiten des Netzes an interaktiver Kommunikation bislang nicht gerecht werden. Er vermißt vor allem Möglichkeiten zur Responsivität und Reziprozität (vgl. Leggewie 1998: 31). Die Frage jedoch ist, zu welchem Zweck derartige Angebote sinnvoll wären: Wann will sich ein Bürger ernsthaft mit Vorhaben, Beschlüssen oder Programmen politischer Akteure auseinandersetzen? Ob Parteiprogramme zum Herunterladen bereitstehen, oder ob diese traditionell telefonisch angefordert und kostenlos ins Haus bestellt werden können, das stellt letztlich keine neue Qualität in der politischen Kommunikation dar. Für einige der politischen Akteure scheint die Internet-Präsenz vor allem ein Ausweis „symbolischer Modernisierung" zu sein. Zwar werden auf den Websites der politischen Parteien auch Diskussionsforen angeboten, aber werden die von den Nutzerinnen und Nutzern

---

[3] Für den Deutschen Bundestag siehe bspw. Marschall 1998b, für intermediäre Organisationen in der Schweiz Vodoz/Pfister/Blaser 1998.

abgesandten Beiträge in irgendeiner Form von den Parteien überhaupt verarbeitet? Erste empirische Hinweise anhand US-amerikanischer Abgeordneter deuten darauf hin, daß eingegangene E-Mail wie die übliche Post den Abgeordneten nur gefiltert erreicht (vgl. Tittel 1997). Immerhin darf dabei aber nicht übersehen werden, daß per E-Mail rasch und direkt Informationen im größeren Umfang verbreitet werden können.

In der enthusiastischen Prognose über die Auswirkungen des Internet auf die politische Öffentlichkeit wird häufig angenommen, durch den Wegfall der Selektionsinstanz Massenmedien bestehe ein „direkter Draht" zwischen Bürgerinnen und Bürgern auf der einen und politischen Akteuren auf der anderen Seite. Für politische Akteure als Sprecher in der Öffentlichkeit würde dies bedeuten, daß ihre Aussagen „ungefiltert" das Publikum erreichen und sie mit ihm in einen responsiven Dialog treten können. Diese Prognose reduziert jedoch fehlende Responsivität und das Nicht-Bereitstellen von Informationen durch politische Akteure in der Öffentlichkeit auf ein rein technisches Problem, während es sich faktisch um eine soziale Bedingung handelt, nämlich um eine strategische Kommunikationsentscheidung, die tief in der politischen Kultur verwurzelt ist: „Die Transformation des bürokratischen Anstaltstaates in einen responsiven Netzwerkservice ist keine Kleinigkeit, sondern nicht weniger als eine Revolution des überkommenen Staatsbegriffs" (Leggewie 1998: 29). Hinzu kommt, daß im öffentlichen Kontext vorrangig strategisch kommuniziert wird, worauf sich Absender und Empfänger von Informationen auch einstellen. In Deutschland fehlt zudem eine Kultur des offenen Zugangs aller Bürgerinnen und Bürger zu Informationen staatlicher oder politischer Stellen, wie sie in anderen Ländern, etwa in Schweden oder den USA („Freedom of Information") selbstverständlich ist. Erst mit Änderung dieser Voraussetzungen, die auch rechtliche Aspekte beinhalten, können neue responsive Formen entwickelt und erprobt werden.

4.2 „Alte" und „neue" Vermittler

Als Vermittler in der politischen Öffentlichkeit sind vor allem Journalistinnen und Journalisten anzusehen, die in Redaktionen und für Medienunternehmen auf Basis eines redaktionellen und publizistischen Programms tätig sind. Aufgrund dieser „Programmorientierung" beobachten sie die soziale Entwicklung auf allen Öffentlichkeitsebenen, wenden sich an Sprecher, greifen Themen auf und kommentieren diese. Zwar ist im Internet technisch eine direkte Kommunikation zwischen Sprechern auf der einen und den Nutzerinnen und Nutzern als Publikum auf der anderen Seite unter Umgehung der Vermittler möglich, empirisch zeigt sich jedoch, daß dieser „direkte Draht" nur eine geringe Relevanz besitzt – zumal für politische Inhalte, an denen das Medienpublikum auch ansonsten nicht stark interessiert ist. Und: „Politische Informationen, die über Online-Netze bezogen werden, stammen ganz überwiegend aus den traditionellen Quellen: den Massenmedien" (Hagen/Mayer 1998: 117). Das hat seine Gründe darin, daß es für andere als für Medienunternehmen allein aus finanziellen Gründen unattraktiv ist, spezifische politische (Informations-)Dienstleistungen zu erbringen. Welche Nutzerinnen und Nutzer wären bereit, für ein politisches Angebot zu zahlen? Das geringe allgemeine Interesse an politischen Informationsangeboten zeigt sich deutlich: So ist der direkte Zugriff von Nutzerinnen und Nutzern auf Informationsangebote der Parteien, Parlamente, Behörden etc. derzeit vergleichsweise selten (vgl. Hagen/Mayer 1998). Ob diese Situation durch gleichsam „bessere" Angebote behoben werden kann, daran bestehen begründete Zweifel, denn Bürger und Bürgergruppen sind nur in Einzelfällen an spezifischen politischen Ereignissen oder Regelungen interessiert. Es kommt hinzu, daß Eigenangebote politischer Akteure immer im „PR-Geruch" stehen, so daß die Glaubwürdigkeit der Mitteilungen nicht sehr hoch ist.

Ferner stellen Online-Ausgaben von Tageszeitungen – jedenfalls im Moment – noch keine ernsthafte Konkurrenz für die gedruckte Ausgabe dar. Wie eine Studie zur Nutzung der Online-Ausgabe der „Süddeutschen Zeitung" zeigt, lesen zwei Drittel der Nutzerinnen und Nutzer der Online-Ausgabe auch die Papierausgabe mindestens einmal pro Woche. Fast die Hälfte der Nutzerinnen und Nutzer der Online-Ausgabe lebt außerhalb Deutschlands, rund ein Drittel sogar außerhalb Europas. Für sie ist die Online-Ausgabe hauptsächlich Ersatz für die schwer zu beschaffende bzw. verspätet eintreffende Printausgabe (vgl. Spott/Rieß/Zeh 1998).

Neben den „traditionellen" Informationsangeboten, die auch im Internet eine relevante Stellung einnehmen, entstehen in der Netzkommunikation „neue" Vermittler in Form der kommerziellen Diensteanbieter im Internet wie T-Online oder AOL. Wie die Beteiligung des Bertelsmann-Konzerns an AOL, Compuserve, Netscape oder der Suchmaschine Lycos zeigt, sind diese „neuen" Vermittler so neu nicht: Auch hier dominieren die Medienunternehmen das Geschäft, die schon bei den traditionellen Medien eine gewichtige Stellung einnehmen. Diese Entwicklung ist auch nicht überraschend: Zum einen verfügen nur große Unternehmen über den Zugang zu Informationsquellen und können diese mehrfach verwerten, zum anderen steht generell den zum Teil hohen finanziellen Aufwendungen der Informationsanbieter im Netz nur ein geringer Ertrag entgegen. So soll nach Zeitungsberichten allein die „New York Times" 1997 mit ihrem Internet-Engagement zwischen 12 und 15 Millionen US-Dollar verloren haben, der Verlag der „Chicago Tribune" 30 Millionen US-Dollar und der Konzern „Knight Ridder" ein Minus von 16 Millionen US-Dollar verbucht haben (vgl. *Neue Zürcher Zeitung* Nr. 133 vom 12.06.1998: 65). Die Einnahmemöglichkeiten durch Werbung oder Teilnahmeentgelte entwickeln sich hingegen nur langsam. Generell sollten die Werbemöglichkeiten im Internet nicht überschätzt werden: 90 Prozent der Werbung im Internet entfallen auf die USA, und 1997 war das gesamte Internet-Werbevolumen von rund einer Milliarde US-Dollar kleiner als das Werbebudget der Fast-Food-Kette „McDonalds" (vgl. Wyss 1998). In Deutschland beträgt der Anteil der Online-Werbung an den Gesamtwerbeeinnahmen 1998 rund 0,1 Prozent und wird nach Einschätzung der Prognos AG auch bis ins Jahr 2002 bei unter einem Prozent bleiben (vgl. Zimmer 1998b: 504, 506). Die Möglichkeiten der Informationsanbieter im Internet, ihre Kosten durch Werbung zu decken, sind also begrenzt, zumal auch im Online-Bereich das Gros der Werbegelder an wenige dominierende Anbieter gehen dürfte. Speziell zu berücksichtigen ist dabei dann noch, ob Werbemittel für politische Informationsangebote zur Verfügung gestellt werden.

Die kommerziellen Diensteanbieter werden vor allem bei der privaten Internetnutzung zu Hause genutzt: Mehr als drei Viertel der Internet-Nutzerinnen und -Nutzer (77 %), die zu Hause ins Internet einsteigen, tun dies über einen kommerziellen Anbieter. Bei der Internet-Nutzung am Arbeitsplatz sind es nur 39 Prozent, während hier der direkte Zugang für fast die Hälfte der Nutzerinnen und Nutzer (49 %) der Weg ins Internet ist (vgl. van Eimeren et al. 1998: 429). Ebenso wie in den traditionellen Massenmedien zeigen sich daher nicht überraschend auch im Internet erste publizistische und ökonomische Konzentrations- und Vermachtungstendenzen. Auch wenn die Anzahl der Angebote im Internet stetig wächst, entfallen nach Angaben des Internet Advertising Report 50 Prozent des gesamten Datenverkehrs auf die 900 führenden Websites (vgl. Wyss 1998). Und aus ökonomischer Perspektive zeigen Daten von Forrester Research, daß 1997 ein Fünftel der Werbeauftraggeber im Internet für vier Fünftel der Werbeausgaben verantwortlich waren (vgl. Zimmer 1998b: 505). „Der ursprünglich nicht-kommerzielle Charakter des anarchischen Internet wird gegenüber der wachsenden Vielfalt kommerzieller Inhalte in den Hintergrund treten und nur noch in Nischen überleben." (Zimmer 1998a: 49)

Für die weitere Entwicklung des Internet stellt sich hier die Frage, ob nicht auch andere, wirklich „neue" Informationsvermittler denkbar sind. Dies erscheint aus mehreren Gründen nicht plausibel: Informationen sind an Menschen und soziale Kontexte gebunden, in denen Gewohnheit, Glaubwürdigkeit und Vertrauen eine zentrale Rolle spielen (vgl. Jarren 1998: 16). Daraus erklärt sich, daß Onlineangebote bekannter und anerkannter Informationsvermittler mehr Beachtung finden als wirklich „neue" Anbieter. Und auch diese müßten aus den unzähligen Informationsangeboten eine Auswahl treffen und verarbeitet zur Verfügung stellen, könnten also keine „neutralen" Informationsvermittler sein.

4.3 Die Nutzerinnen und Nutzer als Publikum

Das Publikum in der politischen Öffentlichkeit ist Adressat der Äußerungen von Sprechern und Vermittlern, die seine Aufmerksamkeit erhalten wollen und letztlich die Zustimmung des Publikums zu einer Maßnahme oder für eine getroffene Entscheidung erzielen müssen. Erst durch die Unterstellbarkeit der Anwesenheit eines Publikums wird politische Öffentlichkeit überhaupt erst konstituiert. Die Beteiligung des Publikums und seine Zusammensetzung schwankt in Abhängigkeit von Themen und Meinungen, die in der Öffentlichkeit verhandelt werden, sowie von Sprechern und Medien. Das Publikum nutzt wiederum zahllose Medien, darunter gegebenenfalls auch das Internet. Für politische Akteure ist das Publikumsverhalten in hohem Maße relevant: Je nachdem, wo hinreichend viel oder eben das relevante Publikum zu erwarten ist, wird kommunikativ „investiert". Und da andererseits das Publikum nicht organisiert ist, kann es auch in der Netzkommunikation nicht als Akteur handeln: Es kann weder Ziele formulieren, noch diese strategisch verfolgen.

Die Anzahl der Nutzerinnen und Nutzer des Internet ist in den vergangenen Jahren stark angestiegen: Nach den Ergebnissen der Online-Studie von ARD und ZDF allein von 1997 auf 1998 um rund 60 Prozent. Jeder zehnte Erwachsene in Deutschland nutzt demnach regelmäßig oder gelegentlich Online-Medien, das sind rund 6,6 Millionen Personen (vgl. van Eimeren et al. 1998: 424). Der GfK-Online-Monitor gibt für Deutschland sogar die Zahl von 7,3 Millionen Nutzerinnen und Nutzern an (vgl. Meier/Neuberger 1998: 10). Noch höher sind die Zahlen für die Schweiz: Die Media-Analyse Internet (MA Net) beziffert den Anteil der Personen, die 1998 in der Schweiz mehrmals pro Monat das Internet nutzen, auf 15,6 Prozent der Bevölkerung – 1997 waren es noch 10,8 Prozent (vgl. WEMF 1998). Im Vergleich überraschend gering hingegen ist der Anteil der Internet-Nutzerinnen und -Nutzer in Frankreich: Hier gibt die International Data Corporation (IDC) für 1997 einen Anteil von zwei Prozent an der Gesamtbevölkerung an und rechnet für das Jahr 2001 mit einem Anstieg auf sieben Prozent, während für Deutschland 21 Prozent und für die Schweiz 28 Prozent prognostiziert werden (vgl. Wyss 1998).

Durch diesen erheblichen Zuwachs an Nutzerinnen und Nutzern dringt das Internet allmählich auch in breitere Bevölkerungsschichten vor, stellt jedoch für die Massenmedien noch keine ernsthafte Konkurrenz dar. Nach Ergebnissen der MA 1998/1 sehen Erwachsene in Deutschland täglich durchschnittlich 170 Minuten fern und hören 175 Minuten Radio, beschäftigen sich aber nur rund sieben Minuten mit dem PC. Selbst Online-Nutzerinnen und -Nutzer verbringen an einem Werktag durchschnittlich nur 76 Minuten im Netz (vgl. van Eimeren et al. 1998: 429, 434). Die vorliegenden Zahlen zur Nutzung des Mediums Internet basieren alle auf Befragungen. Damit bleibt das Manko bestehen, daß das Wissen über Online-Nutzung auf Selbstauskünfte beschränkt bleibt. Das betrifft sowohl die Häufigkeit der Nutzung als auch die Art der genutzten Angebote. So scheint die gezielte Suche nach Informationen nach den meisten Studien ein Hauptmotiv der Internet-Nutzung zu sein. Es ist jedoch zu vermuten, daß diese Angaben im Vergleich zur Realität überhöht sind, weil es von vielen Befragten als sozial erwünscht angesehen wird, sich politisch zu informieren und sie bei einer Befragung vermutlich eher dazu neigen, die Nutzung in diesem Bereich übertrieben darzustellen (vgl. Hagen/Mayer 1998: 109).[4]

Für genauere Analysen über die Relevanz des Internet für die politische Information und für Willensbildungsprozesse müssen Studien abgewartet werden, die analog zur Fernsehnutzung das Internet-Verhalten repräsentativer Bevölkerungsteile elektronisch messen – was technisch kein Problem darstellt. Erste, in den USA von der Firma Media Metrix durchgeführte Studien dieser Art weisen darauf hin, daß viele der in Umfragen gemachten Angaben nicht dem tatsächlichen Nutzerverhalten entsprechen (vgl. Stipp 1998: 79). Trotz des Anstiegs der Verbreitung ist der Zeitaufwand für die Internet-Nutzung selbst in den USA immer noch sehr gering – nach der elektronischen Messung wurde das Internet 1997 an acht Tagen im Monat genutzt, die Monatsnutzung lag bei fünf Stunden.

---

4 Wingert (1998: 243) weist in seinem Vergleich von Online-Nutzungsstudien darauf hin, daß die Werte für „Suche nach kostenlosen Informationen" als Zweck der Online-Nutzung je nach Studie zwischen 32 Prozent (GfK) und 83 Prozent (ARD) betragen.

Die zunehmende Diffusion des Internets in breitere Bevölkerungskreise wird auch das insgesamte Nutzungsinteresse und -verhalten verändern. Nach dem Diffusionsmodell von Rogers und Shoemaker werden technische Innovationen zunächst von den „innovaters" und „early adopters" übernommen (vgl. Scherer/Berens 1998). Diese frühen Übernehmer haben meist eine bessere Schulbildung, einen höheren sozialen Status und sind männlich, und es sind damit eher die Personen, die schon früher überproportional an der politischen Öffentlichkeit teilnehmen. Das Internet hat nun die Phase der frühen Adaption abgeschlossen und diffundiert allmählich in breitere Bevölkerungsschichten hinein: Innerhalb der Online-Nutzerinnen und Nutzer steigt der Anteil der Frauen, der formal weniger Gebildeten, der Teilzeit- und Nicht-Berufstätigen langsam an (vgl. van Eimeren et al. 1998: 426). Es sind andere Nutzerinnen und Nutzer als die „early adopters". In der US-amerikanischen Media Metrix Studie zeigt sich, daß viele der neuen Nutzerinnen und Nutzer den PC seltener benutzen als die „early adopters" (vgl. Stipp 1998: 80). Auch scheint sich eine Schere zwischen den Nutzungsmöglichkeiten und der faktischen Nutzung zu entwickeln. Dies deutet darauf hin, daß mit der zunehmenden Verbreitung von Online-Anschlüssen „die Frage der Nicht-Nutzung immer weniger eine des nicht-Könnens als des nicht-Wollens wird" (Wingert 1998: 226). Gleichzeitig wächst nach Befunden von Online-Befragungen der Anteil derjenigen Personen, die das Internet „aus Neugier und Unterhaltung" nutzen; das Internet wird damit unterhaltungsorientierter (vgl. Meier/Neuberger 1998: 10).

5 Öffentlichkeit und politischer Prozeß

Nachdem bisher die Frage thematisiert wurde, welche Rolle die Netzkommunikation in der politischen Öffentlichkeit spielt, wird nun die Funktion der Netzkommunikation im politischen Prozeß diskutiert. Der politische Prozeß, der zur Herstellung allgemeiner verbindlicher Entscheidungen führt, läßt sich idealtypisch in verschiedene Phasen differenzieren, an denen verschiedene Akteure in unterschiedlicher Weise Anteil haben. In den einzelnen Prozeßphasen sind wiederum unterschiedliche Grade an Öffentlichkeit auszumachen.

Vollständig offen ist der politische Prozeß zu Beginn, in der Phase der *Problemartikulation*: Individuen und/oder organisierte Gruppen formulieren Probleme, die sie gelöst, oder Interessen, die sie befriedigt wissen möchten. Ob diese Probleme oder Interessen politische sind oder als politisch relevant angesehen werden, ist in dieser Phase noch offen. Die in dieser Phase hervorgebrachten Meinungen erhalten nur dann eine Bedeutung, wenn sie von anderen Akteuren, vor allem Akteuren der Interessenaggregation wie Verbänden oder politischen Parteien, aufgegriffen werden oder die allgemeine Medienöffentlichkeit erreichen und somit öffentlich verhandelt werden. In dieser Phase sind die Medien von zentraler Bedeutung, weil sie durch Thematisierung – oder eben Nicht-Thematisierung – wesentlich darüber entscheiden, ob Interessen oder Probleme allgemein öffentlich werden. Die Medien wirken hier gleichsam sowohl als Filter wie auch als Verstärker: Sie treffen eine relevante Vorauswahl über das, was mit allgemeiner Diskussion – d. h. natürlich: noch nicht Zustimmung – rechnen kann. Zum anderen wirken sie als Verstärker, weil das, was die Medienöffentlichkeit zu erreichen vermag, als generell relevant betrachtet werden kann und Anschlußkommunikation auszulösen vermag. Der Einfluß der Medien in dieser Phase ist somit recht groß.

Die Phase der *Problemdefinition* stellt bereits höhere Anforderungen an alle Akteure: Hier wird nicht über allgemeine Wünsche, über ein Unbehagen oder mehr oder minder klare Vorstellungen debattiert, hier wird nach der sachlichen und sozialen Dimension von Interessen und Problemen gefragt. Wer andere von der Dringlichkeit seines Problems oder der Realisierung seiner Interessen überzeugen will, muß „gute Gründe" vorbringen können oder über Einfluß bzw. Macht verfügen. Während etablierte Akteure bereits über einen relativ sicheren Status verfügen, müssen sich die anderen Akteure jeweils darum bemühen. Dazu sind sie in besonderer Weise auf Informations- und Kommunikationstätigkeiten angewiesen, weil sie zum einen die eigenen Anhänger finden und mobilisieren müssen, zum anderen andere Akteure und/oder die Medien mit ihren Themen und Argumenten erreichen müssen (Thematisierung). Vom weiteren Verlauf des Prozesses, und damit wesentlich davon, ob sich Medien und andere Akteure für die Anschlußkommunikation interessieren, ist dann abhängig, ob das Problem einer Bearbeitung durch das politisch-administrative System zugeführt wird. In der Phase der Problemdefinition ist der Einfluß der Medien noch relativ groß, doch ist er abhängig von der Fähigkeit und Bereitschaft der Akteure, bei der Problemdefinition durch eigene Beiträge anhaltend mitzuwirken. Vor allem dann, wenn die Akteure der Interessenaggregation sich daran beteiligen – weil sie sich z. B. Wahlchancen durch das Aufgreifen oder durch das Umdeuten von Problemen Wahlchancen versprechen – gewinnt diese Phase an Bedeutung. Denn in ihr wird entscheiden, was an einem Problem politisch ist und was davon politisch gelöst werden kann und soll.

In der Phase der *Politikdefinition* verläßt ein politisches Problem die allgemeine Öffentlichkeit, weil nun vor allem die Akteure der Interessenaggregation sich des Problems und seiner Lösung annehmen. In dieser Phase geht es darum, ein Problem so zu definieren, daß es den politischen Akteuren zum Vorteil gereicht, es bearbeitet zu haben, zugleich aber muß es mit den herkömmlichen Instrumenten – und dazu zählen nun einmal vor allem rechtliche – bearbeitet werden können. Da die politischen Akteure die Politikdefinition aber vielfach in Konkurrenz zueinander vornehmen, und zumeist auch die Problembenennungsakteure weiterhin aktiv sind, werden diese Vorgänge von Fall zu Fall wieder allgemein öffentlich. Der Medieneinfluß ist eher gering und abhängig davon, ob das Thema und die Problembearbeitung kontrovers erfolgt.

Die *Programmentwicklung*, bspw. in Form eines Gesetzgebungsprozesses, ist im hohen Maße von politischen Institutionen und ihren Akteuren bestimmt. Die deutliche Mehrzahl dieser Prozesse vollzieht sich in Ausschüssen der Parlamente und im Parlament selbst. Durch spezifische Verfahren wie bspw. Anhörungen im Parlament etc. wird Öffentlichkeit auf der Ebene organisierter Interessen ermöglicht. In der Regel werden diese Prozesse von den Medien eher in einem protokollarischen Sinn beobachtet und verfolgt, eine Thematisierung erfolgt vor allem dann, wenn relevante politische Akteure Problemstellungen aus den Verhandlungen zum öffentlichen Thema machen.

Die *Politikimplementation* ist meist ein Vorgang, von dem die Öffentlichkeit nur vereinzelt Notiz nehmen kann: Die administrative Umsetzung von Politik ist Sache der Verwaltung. Falls jedoch ein Gesetz, eine Verordnung oder eine administrative Maßnahme sich in der Evaluation als Problem für Betroffene herausstellt, so kann die Problemlösung zu einer erneuten Problemartikulation führen. Und damit kann erneut ein politischer Prozeß „ausgelöst" werden.

Die wichtigsten politischen Funktionen der Medien im politischen Prozeß liegen im Bereich der Artikulation von Problemen und der Definition dieser Probleme als entscheidungsbedürftige Streitfragen (vgl. von Beyme/Weßler 1998: 315). Da nun das Internet – wie oben argumentiert – keine gesamtgesellschaftliche Thematisierungsfunktion aufweist, sondern vor allem für die Lancierung von Themen innerhalb bereits gegebener Gruppen relevant ist, wird das Netz in der Phase der Problemartikulation nur eine untergeordnete Rolle spielen können. Das Internet kann gleichsam keine Agenda-Setting-Rolle übernehmen, wenn nicht andere politische Akteure oder die traditionellen Massenmedien die in ihm verhandelten Themen und Meinungen aufnehmen.

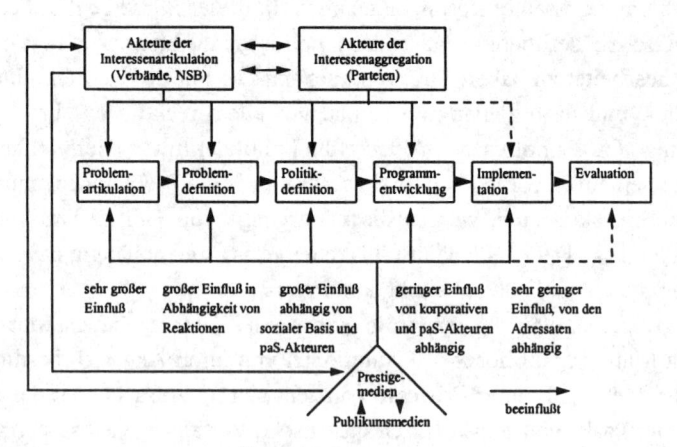

Abbildung 2: Einfluß von Öffentlichkeit im politischen Prozeß
Quelle: Jarren/Donges/Weßler 1996: 13

Bedeutung für den politischen Prozeß gewinnt die Netzkommunikation vorrangig, wenn sich bereits themenzentrierte Teilöffentlichkeiten gebildet haben.[5] Ihre wichtigste Rolle wird sein, die Binnenkommunikation politischer Organisationen zu gegebenen Themen zu verbessern.[6] Hier ist vor allem an die „Vermittlung äußerst spezifischer technischer und taktischer Informationen, wie sie zur Konkretisierung politischer Aktionen notwendig sind, bisher aber oft nur mühevoll zu beschaffen waren" (Geser 1996a) zu denken. Entscheidend für den Stellenwert des Internet im politischen Prozeß wird es sein, inwieweit Netzkommunikation an „traditionelle" Kommunikationsräume – z. B. die Binnenkommunikation politischer Parteien – gekoppelt werden kann (vgl. Marschall 1998a: 54). Erst so werden Themen und Meinungen der Netzöffentlichkeit im Binnengefüge politischer Akteure Bedeutung erlangen. Die Möglichkeiten dazu

---

5 So auch Geser: Computergestützte Kommunikation sei „äußerst hilfreich, wenn es darum geht, im Brain-Storming möglichst viele Lösungsvorschläge für ein *gegebenes* Problem zu sammeln oder sich über die Vielfalt von Denkweisen, Meinungen, Bewertungen Interessen oder Forderungen einen Überblick zu verschaffen" (Geser 1996b; Herv. P. D./O. J.).
6 So auch Barnett (1997: 213): „It is therefore a fair working hypothesis that, at best, new media could turn out to be little more than a form of technology time-saving for the politically active or politically interested".

sind dann vorhanden, wenn politische Organisationen entsprechende „Schnittstellen" definieren und sich kommunikativ öffnen.

6 Fazit

Der Beitrag hat versucht, die Diskussion um die Auswirkungen des Internet auf die politische Öffentlichkeit anhand „traditioneller" Modelle darzustellen und zu strukturieren. Die Fragestellung lautete, welche Relevanz die Netzkommunikation – zum einen nach vorliegenden empirischen Befunden, zum anderen theoretisch – auf die Funktion, die Strukturen und die Akteure politischer Öffentlichkeit sowie den in ihr stattfindenden politische Prozeß hat.

Internet- oder Online-Kommunikation stellt keine grundsätzlich neue Form von Kommunikation innerhalb der politischen Öffentlichkeitsstruktur dar. Allerdings ergeben sich durch Angebots- und Nutzungsweisen verbesserte Formen zur Verteilung und Beschaffung von Informationen. Im Prozeß politischer Öffentlichkeit wird das Internet dann eine gewisse Bedeutung erlangen, wenn innerhalb bereits bestehender politischer Organisationen bereits gegebene Themen verhandelt werden (Binnenkommunikation). Hier, in der Binnenkommunikation und in der Verknüpfung von verschiedenen Organisationen bzw. Organisationsteilen, liegt vorrangig der Nutzen des Netzes für den Prozeß der politischen Kommunikation. In der Phase der Problemartikulation und -definition können Bürger wie Akteure weitere Informationen heranziehen, gezielt Informationen verbreiten und politische Aktionen rasch und ressourcenschonend koordinieren. Das Netz kann so die Organisationskommunikation, auch von sozialen Interaktionsgemeinschaften, verbessern und nachhaltig erweitern.

Unsere abschließende Kernthese ist, daß die politische Öffentlichkeit im Internet durchaus mit den „traditionellen" Modellen erfaßt werden kann, wenn man Netzkommunikation nicht unter der Perspektive betrachtet, auf welchen Ebenen und mit welchen Akteuren sie theoretisch möglich ist, sondern danach fragt, wann und inwiefern sie einen Beitrag zur Funktion politischer Öffentlichkeit in Form der Selbstbeobachtung der Gesellschaft leisten kann. In dieser Perspektive ist die politische Öffentlichkeit im Netz auf der Ebene der Themenöffentlichkeit anzusiedeln, und sie bedarf folglich zusätzlicher „sichtbarer" Kommunikation bzw. entsprechender sozialer Handlungen, um die Selektionsstufe zur gesellschaftlich folgenreichsten Ebene der Medienöffentlichkeit zu „passieren". Politisch relevant wird sie erst dann, wenn sie über die gruppen-

und themenspezifische Öffentlichkeitsebene hinauszureichen vermag, also nach allgemeinen Relevanzkriterien durch Dritte (wie Journalistinnen und Journalisten sowie politische Akteure) beurteilt und als relevant für die allgemeine, massenmediale Öffentlichkeit angesehen wird.

Ob es Akteuren, die in der „traditionellen" politischen Öffentlichkeit nur geringe Präsenz für ihre Themen und Meinungen hatten, durch die Netzkommunikation gelingt, sich und ihre Interessen einem breiteren Publikum zu präsentieren, ist bislang empirisch nicht belegt und erscheint fraglich, denn warum sollten sich allein aufgrund der Existenz neuer Informations- und Kommunikationstechnologien politisches Wissen, politisches Interesse oder die politische Partizipationsbereitschaft ändern? Bisherige Erfahrungen mit dem Internet sprechen eher gegen diese Annahme. Die mit der Netzkommunikation häufig assoziierte Mobilisierungsfunktion ist also eher skeptisch zu betrachten. Die vielfach verbreitete These, daß durch das Internet mehr Bürgerinnen und Bürger am politischen Geschehen teilnehmen, beruht stillschweigend auf der falschen Annahme, daß die vorangegangene Nicht-Teilnahme vorrangig ein technisches Problem war. Und was die Zukunftsperspektiven angeht, so stehen – wie Rilling zu recht betont – in der neuen politischen Topologie des Internet nur zwei Akteure im Zentrum: Content-Provider, die jedoch überwiegend den „traditionellen" Medienunternehmen angehören, und „kapitalstarke politische Netzunternehmer, die imstande sind, große zentralisierte Netzwerke mit schwachen Bindungen zu organisieren. [..] Diese virtuellen politischen Netzunternehmer sind fast völlig identisch mit den handlungsfähigen politischen Unternehmern in real life, also staatliche Einrichtungen, Parteien, Großorganisationen" (Rilling 1998: 370).

Literatur

Baecker, Dirk (1996): Oszillierende Öffentlichkeiten. In: Maresch, Rudolf (Hg.): *Medien und Öffentlichkeit. Positionierungen, Symptome, Simulationsbrüche.* München, S. 89-107.
Bandilla, Wolfgang/Peter Hauptmanns (1998): Internetbasierte Umfragen als Datenerhebungstechnik für Empirische Sozialforschung? In: *ZUMA-Nachrichten*, Nr. 43, S. 36-43.
Barnett, Steven (1997): New Media, Old Problems. New Technology and the Political Process. In: *European Journal of Communication* 12, Heft 2, S. 193-218.
Beyme, Klaus von/Hartmut Weßler (1998): Prozesse, Dimensionen, Strategien politischer Kommunikation. Politische Kommunikation als Entscheidungskommunikation. In: Jarren, Otfried/Ulrich Sarcinelli/Ulrich Saxer (Hg.): *Politische Kommunikation in der demokratischen Gesellschaft. Ein Handbuch.* Opladen, S. 312-323.
Donges, Patrick/Otfried Jarren (1998): Öffentlichkeit und öffentliche Meinung. In: Bonfadelli, Heinz/Walter Hättenschwiler (Hg.): *Einführung in die Publizistikwissenschaft. Eine Text-*

sammlung. Zürich: Institut für Publizistikwissenschaft und Medienforschung der Universität Zürich, S. 95-110.

Eimeren, Birgit van/Heinz Gerhard/Ekkehardt Oehmichen/Christian Schröter (1998): ARD/ZDF-Online-Studie 1998: Onlinemedien gewinnen an Bedeutung. Nutzung von Internet und Onlineangeboten elektronischer Medien in Deutschland. In: *Media Perspektiven*, Heft 8, S. 423-435.

Faßler, Manfred (1996): Öffentlichkeiten im Interface. In: Maresch, Rudolf (Hg.): *Medien und Öffentlichkeit. Positionierungen, Symptome, Simulationsbrüche*. München, S. 309-323.

Gerhards, Jürgen (1998): Öffentlichkeit. In: Jarren, Otfried/Ulrich Sarcinelli/Ulrich Saxer (Hg.): *Politische Kommunikation in der demokratischen Gesellschaft. Ein Handbuch*. Opladen, S. 694-695.

Gerhards, Jürgen (1993): *Neue Konfliktlinien in der Mobilisierung öffentlicher Meinung: eine Fallstudie*. Opladen.

Gerhards, Jürgen (1994): Politische Öffentlichkeit. Ein system- und akteurstheoretischer Bestimmungsversuch. In: Neidhardt, Friedhelm (Hg.): *Öffentlichkeit, öffentliche Meinung, soziale Bewegungen* (= Kölner Zeitschrift für Soziologie und Sozialpsychologie, Sonderheft 34). Opladen. S. 77-105.

Geser, Hans (1996a): *Auf dem Weg zur Cyberdemocracy? Auswirkungen der Computernetze auf die öffentliche politische Kommunikation* (Version 1, Juli 1996). In: http://www.unizh.ch /~geserweb /komoef/ftext.html.

Geser, Hans (1996b): *Das Internet: Globaler Strukturwandel dank globaler Kommunikation?* In: http://www.unizh.ch/~socom/t_gese01.htm.

Geser, Hans (1998): *Auf dem Weg zur Neuerfindung der politischen Oeffentlichkeit. Das Internet als Plattform der Medienentwicklung und des sozio-politischen Wandels* (Version 2.0, März 1998). In: http://socio.ch/intcom/t_hgeser06.htm#B.

Habermas, Jürgen (1988): *Theorie des kommunikativen Handelns*. Band I, 4. durchges. Aufl., Frankfurt/M.

Habermas, Jürgen (1990 [1968]): *Strukturwandel der Öffentlichkeit. Untersuchungen zu einer Kategorie der bürgerlichen Gesellschaft*. Frankfurt/M. [erstmals Neuwied].

Habermas, Jürgen (1992): *Faktizität und Geltung. Beiträge zur Diskurstheorie des Rechts und des demokratischen Rechtsstaats*. Frankfurt/M.

Hagen, Lutz M./Markus Mayer (1998): Der direkte Draht zur Politik? Formen und Inhalte der Online-Nutzung im Hinblick auf die Entstehung politischer Öffentlichkeit. In: Hagen, Lutz M. (Hg.): *Online-Medien als Quellen politischer Information. Empirische Studien zur Nutzung von Internet und Online-Diensten*. Opladen, S. 94-129.

Jarren, Otfried (1998): Internet – neue Chancen für die politische Kommunikation? In: *Aus Politik und Zeitgeschichte* B 40, S. 13-21.

Jarren, Otfried/Patrick Donges/Hartmut Weßler (1996): Medien und politischer Prozeß. Eine Einleitung. In: Jarren, Otfried/Heribert Schatz/Hartmut Weßler (Hg.): *Medien und politischer Prozeß. Politische Öffentlichkeit und massenmediale Politikvermittlung im Wandel*. Opladen, S. 9-37.

Leggewie, Claus (1998): Demokratie auf der Datenautobahn. Oder: Wie weit geht die Zivilisierung des Cyberspace? In: Leggewie, Claus/Christa Maar (Hg.): *Internet & Politik. Von der Zuschauer- zur Beteiligungsdemokratie?* Köln, S. 15-51.

Luhmann, Niklas (1996): *Die Realität der Massenmedien*. 2., erw. Aufl., Opladen.

Marschall, Stefan (1997): Politik »online« – Demokratische Öffentlichkeit durch Internet? In: *Publizistik* 42, Heft 3, S. 304-324.

Marschall, Stefan (1998a): Netzöffentlichkeit – eine demokratische Alternative? In: Gellner, Winand/Fritz von Korff (Hg.): *Demokratie und Internet*. Baden-Baden, S. 43-54.

Marschall, Stefan (1998b): Wirkungen von Online-Kommunikation auf das Kommunikationsmanagement von Organisationen – am Beispiel der PR des Deutschen Bundestages. In: Rössler, Patrick (Hg.): *Online-Kommunikation. Beiträge zu Nutzung und Wirkung.* Opladen, S.189-205.

Meier, Klaus/Christoph Neuberger (1998): Vom Info- zum Infotainment-Medium. In: *sage & schreibe*, Heft 11, S. 10-11.

Neidhardt, Friedhelm (1989): Auf der Suche nach Öffentlichkeit. In: Nutz, Walter (Hg.): *Kunst, Kommunikation, Kultur* (= Festschrift zum 80. Geburtstag von Alphons Silbermann). Frankfurt/M. u. a., S. 25 - 35.

Neidhardt, Friedhelm (1994): Öffentlichkeit, öffentliche Meinung, soziale Bewegungen. In: Neidhardt, Friedhelm (Hg.): *Öffentlichkeit, öffentliche Meinung, soziale Bewegungen* (= Kölner Zeitschrift für Soziologie und Sozialpsychologie, Sonderheft 34). Opladen, S. 7-41.

Rilling, Rainer (1997): Internet und Demokratie. In: *WSI-Mitteilungen*, 50. Jg., S. 194-205.

Rilling, Rainer (1998): Marktvermittelt oder selbstorganisiert? Zu den Strukturen von Ungleichheit im Netz. In: Leggewie, Claus/Christa Maar (Hg.): *Internet & Politik. Von der Zuschauer- zur Beteiligungsdemokratie?* Köln, S. 366-377.

Scherer, Helmut/Harald Berens (1998): Kommunikative Innovatoren oder introvertierte Technikfreaks? Die Nutzer von Online-Medien diffusions- und nutzentheoretisch betrachtet. In: Hagen, Lutz M. (Hg.): *Online-Medien als Quellen politischer Information. Empirische Studien zur Nutzung von Internet und Online-Diensten.* Opladen, S. 54-93.

Spott, Markus/Martin Rieß/Reimar Zeh (1998): Nutzung von Online-Zeitungen. Betrachtungen am Fallbeispiel SZonNet. In: Hagen, Lutz M. (Hg.): *Online-Medien als Quellen politischer Information. Empirische Studien zur Nutzung von Internet und Online-Diensten.* Opladen, S. 130-168.

Stipp, Horst (1998): Wird der Computer die traditionellen Medien ersetzen? Wechselwirkungen zwischen Computer- und Fernsehnutzung am Beispiel USA. In: *Media Perspektiven*, Heft 2, S. 76-82.

Street, John (1997): Remote Control? Politics, Technology and „Electronic Democracy". In: *European Journal of Communication* 12, Heft 1, S. 27-42.

Tumber, Howard/Michael Bromley (1998): Virtual Soundbites: Political Communication in Cyberspace. In: *Media, Culture & Society* 20, S. 159-167.

Vodoc, Luc/Barbara Pfister/Jeremias Blaser (1998): *Internet et politique en Suisse: Quel impact pour les organisations intermédiaires?* Bern (Schweizerischer Wissenschaftsrat, TA 31).

WEMF (1998): *WEMFΣREMP Report. Magazin für Werbemedienforschung.* Special 2: *Internet Nutzung.* Zürich.

Weßler, Hartmut (1998): *Öffentlichkeit als Prozeß. Deutungsstrukturen und Deutungswandel in der deutschen Drogenberichterstattung.* Opladen, Wiesbaden.

Wingert, Bernd (1998): Zum Stand der privaten Nutzung von Online-Diensten. Gutachten im Auftrag der Enquete-Kommission des Deutschen Bundestages „Zukunft der Medien in Wirtschaft und Gesellschaft. Deutschlands Weg in die Informationsgesellschaft", Arbeitsgruppe „Gesellschaft 21". Karlsruhe: ITAS.

Wyss, Balz (1998): Volkszählung im Cyberspace. Fakten und Zahlen zum Internet. In: *Neue Zürcher Zeitung,* Nr. 264, 13.11.1998, S. 69.

Zimmer, Jochen (1998a): Die Entwicklung von Internet und Onlinediensten in globaler Perspektive. In: Hans-Bredow-Institut (Hg.): *Internationales Handbuch für Hörfunk und Fernsehen 1998/99.* Baden-Baden, Hamburg, S. 39-49.

Zimmer, Jochen (1998b): Werbemedium World Wide Web. Entwicklungsstand und Perspektiven von Online-Werbung in Deutschland. In: *Media Perspektiven*, Heft 10, S. 498-507.

Zittel, Thomas (1997): Über die Demokratie in der vernetzten Gesellschaft. Das Internet als Medium politischer Kommunikation. In: *Aus Politik und Zeitgeschichte* B 42, S. 23-29.

Stefan Marschall

Alte und neue Öffentlichkeiten

Strukturmerkmale politischer Öffentlichkeit im Internet

Das Internet muß als Projektionsfläche für zahlreiche Utopien, Hoffnungen und Mythen herhalten. Es bietet sich hierfür geradezu an, weil das „Netz der Netze" so schwer zu erfassen, weil es mit herkömmlichen Kategorien kaum zu begreifen ist. Werden Vorstellungen von politischer Öffentlichkeit auf das Internet übertragen, scheint sich in der Unbestimmtheit beider Konzepte das vermutbare Potential noch zu vervielfachen. Es ist eine analytische Herausforderung, einen nüchternen Blick auf die Beziehung zwischen politischer Öffentlichkeit und Internet zu werfen, um dabei die „neuen" Möglichkeiten auszuloten und sie den „alten" gegenüberzustellen – falls eine solche Konfrontation überhaupt angezeigt ist. Doch zuerst gehe ich kursorisch auf das Konzept der Öffentlichkeit ein, um entlang seiner „flüssigen" Eigenschaften eine Annäherung zu versuchen.

1 Öffentlichkeit – ein fluides Konzept

1.1 Fluide im Sinne von unfaßbar

Ein Begriff, der in verschiedenen wissenschaftlichen Disziplinen und nichtwissenschaftlichen Handlungsfeldern Verwendung findet, kann in konzeptionelle Mitleidenschaft gezogen werden, wenn seine Konturen zu verschwimmen drohen. So scheint es dem Öffentlichkeitsbegriff zu gehen, der sowohl in der Kommunikations- als auch in der Politikwissenschaft zu Hause ist. Gerade zwischen dem jeweilig vorherrschenden Verständnis innerhalb dieser Disziplinen läßt sich die Vielschichtigkeit des Begriffs veranschaulichen – entlang der Dichotomie zwischen empirisch-klassifikatorischen und normativ-funktionalen Ansätzen.

In der Publizistik- und Kommunikationswissenschaft war das in der Massenkommunikationsforschung entwickelte Verständnis von „öffentlich" und „Öffentlichkeit" prägend für das weitere Herangehen. In der klassischen Studie von Gerhard Maletzke über die „Psychologie der Massenkommunikation" (1972), die in der Erforschung der Rolle und Wirkung von Massenmedien noch immer nachwirkt (vgl. Fünfgeld/Mast 1997), wird der Modus „öffentlich" in Abgrenzung zu „privat" bestimmt: „Ist die Aussage ausschließlich an eine bestimmte Person oder an eine begrenzte Anzahl von eindeutig definierten Personen gerichtet, nennen wir die Kommunikation *privat*. Ist dagegen die Aussage in der Intention des Aussagenden für jeden bestimmt, der in der Lage ist, sich Zugang zur Aussage zu verschaffen und der willens ist, sich der Aussage zuzuwenden, ist also der Kreis der Aufnehmenden vom Aussagenden her weder eng begrenzt noch klar definiert, so hat die Kommunikation *öffentlichen* Charakter" (Maletzke 1972: 24; Herv. i. O.).

Wird dieser Modus oder Code als Attribut in einen systemischen Ansatz übertragen, dann kann unter Öffentlichkeit ein Kommunikationssystem verstanden werden, in dem Akteure „im Horizont eines Publikums" kommunizieren, welches sich durch *prinzipielle* Unabgeschlossenheit auszeichnet (Gerhards 1998: 269). „Öffentlichkeit entsteht dort, wo ein Sprecher vor einem Publikum kommuniziert, dessen Grenzen er nicht bestimmen kann" (Neidhardt 1994: 10). Der Status der Öffentlichkeit bestimmt sich folglich entlang der Strukturqualität der Adressatengruppe, genauer: entlang ihrer Unbegrenztheit. In der „Öffentlichkeit" wird zudem ein anderer Sprachmodus gepflegt, den Gerhards und Neidhardt (1990: 17) als „Laienkommunikation" bezeichnen.

Diesem empirisch ausgerichteten Ansatz steht ein Verständnis von Öffentlichkeit gegenüber, das von dicken normativen Strängen durchwoben ist. Es sind vor allem Jürgen Habermas und sein „Strukturwandel der Öffentlichkeit" (1990) gewesen, die einen Öffentlichkeitsbegriff geprägt haben, der weit über die Funktion einer empirisch-analytischen Kategorie hinausreicht. Der Öffentlichkeitsbegriff von Habermas nimmt die positiv-postulativen Begriffskonnotationen auf, welche auf eine Zeit zurückgehen, als Öffentlichkeit zu einer politisch-sozialen Kategorie wurde (vgl. Hölscher 1979). In diesem Ansatz konvergiert „Öffentlichkeit" mit dem Konzept der „politischen Öffentlichkeit" (vgl. Gerhards 1998). Öffentlichkeit fungiert nicht mehr als Gegenbegriff zum „Privaten", sondern bildet einen Antipode zum „Geheimen".

Die „Politisierung" der Öffentlichkeit macht aus dem analytischen Konzept ein normatives Schema. Deutlich wird dies an der Einstufung des Prinzips der Offenheit. Offenheit wird nicht als ein bloßes Klassifikationskriterium herangezogen, sondern als normative Forderung propagiert. Die Unabgeschlossenheit wird problematisiert, wenn sie auf der Ebene des Prinzipiellen verbleibt und nicht zur faktischen wird – wenn Teile der Gesellschaft systematisch ausgeschlossen sind: „Die bürgerliche Öffentlichkeit steht und fällt mit dem Prinzip des allgemeinen Zugangs. Eine Öffentlichkeit, von der angebbare Gruppen eo ipso ausgeschlossen wären, ist nicht etwa nur unvollständig, sie ist vielmehr gar keine Öffentlichkeit" (Habermas 1990: 156).

Das normative Verständnis von Öffentlichkeit impliziert einen demokratisch-funktionalen Ansatz, genauer gesagt: die Vorstellung, Öffentlichkeit habe innerhalb der Demokratie bestimmte Funktionen zu erfüllen und müsse folglich spezifische Strukturen vorweisen. Welche Funktionen für das politische System soll Öffentlichkeit ausüben? Neidhardt identifiziert drei Funktionen: Transparenz, Validierung, Orientierung (vgl. Neidhardt 1994a: 8 f.).[1] Demnach hat Öffentlichkeit eine möglichst allgemeine und umfassende Wahrnehmung von den in einer Gesellschaft vertretenen Themen und Meinungen zu gewährleisten (Transparenz), sie soll die Begegnung kontroverser Meinungen ermöglichen, die die Revision der eigenen möglich macht (Validierung), und Öffentlichkeit hat die Herausbildung öffentlicher Meinungen zu erlauben, die als Handlungsorientierung für politische Entscheidungsgremien dienen können (Orientierung).

Die funktionalen Schnittstellen zwischen den Konzepten „Öffentlichkeit" und „Partizipation" lassen sich in zwei Bereichen verorten. (1) Formen politischer Kommunikation können selbst Partizipation sein; damit wird Öffentlichkeit zu einem Partizipationsraum. (2) Politische Öffentlichkeit kann einen Vorraum für politische Beteiligung darstellen, in dem Kenntnisse über politische Themen und Verfahren der Beteiligung vermittelt werden.

Die Beiträge von Öffentlichkeit zur Herstellung allgemein verbindlicher Entscheidungen lassen sich wie folgt zuordnen: (1) Öffentlichkeit begrenzt Machtspielräume, indem sie Kontrolle der Machtausübung ermöglicht und somit deren Mißbrauch verhindert. (2) Öffentlichkeit leistet einen Beitrag für die Ausgestaltung von Willensbildungsprozessen, indem sie zum einen Zusammenhänge und Problemlagen erkennbar macht und zum anderen in Form „öffentlicher Meinungen" Ergebnisse von Willensbildungsprozessen transportiert. Durch eine gezielte Steuerung der öffentlichen Kommunikationen, zum Beispiel in Form von Public Relations, lassen sich die Prozesse der Herausbildung öffentlicher Meinungen wenn nicht bestimmen, so zumindest beeinflussen. Für die politischen Akteure hat Öffentlichkeit somit zwei Seiten: Zum einen begrenzt sie deren Handlungsspielräume, verleiht aber zum anderen kommunikative

---

1 Gerhards und Neidhardt setzen sich nach einer empirisch-analytischen Definition von Öffentlichkeit auch mit den Funktionen von Öffentlichkeit auseinander und argumentieren in dem Zusammenhang deutlich normativ. Die von beiden Autoren – im Hinblick auf Habermas – beklagte „Konfundierung empirischer und normativer Elemente" (1990: 5) läßt sich auch in ihrer Konzeption von Öffentlichkeit beobachten und mag somit typisch, gar unvermeidlich für den Umgang mit einem derart demokratieschweren Konzept von „Öffentlichkeit" sein.

Machtpotentiale, indem sie politischen Akteuren Mittel verleiht, die eigenen Interessen und Programme zu fördern (vgl. Göhler 1995: 9 ff.).
Ist von Öffentlichkeit die Rede, tauchen hin und wieder die Begriffe „Forum" oder „Agora" auf. In diesen beiden historischen Konzepten tradiert sich eine topographische Vorstellung von politischer Öffentlichkeit. Das römische Forum und die griechische Agora stellten konkrete Orte dar, an denen die Bürger zusammenkamen, um über öffentliche Angelegenheiten zu sprechen oder um Funktionsträger zu wählen. Bei Elihu Katz (1996) taucht diese Topographie des Politischen wieder auf, wenn er von einem „central space" spricht, innerhalb dessen sich auch heute noch die Bürgerschaft – wenn auch nur virtuell – zu versammeln habe. Diese moderne Form der Bürgerversammlung sei, so Katz, notwendig, um den erforderlichen sozialen Zusammenhalt einer Gemeinschaft zu erzeugen. Ähnlich auch Christina Holtz-Bacha (1997), die als eine zentrale Aufgabe von Öffentlichkeit die gegenseitigen Vergewisserung der leitenden Werte versteht.

1.2   Fluide im Sinne von kontingent

Eine zweite Fluiditätskomponente von Öffentlichkeit betrifft ihre sich ständig wandelnden Strukturen. Denn der Modus, in dem kommuniziert wird, hängt maßgeblich von gegebenen infrastrukturellen und materiellen Voraussetzungen ab. Der Kommunikationsraum Öffentlichkeit weist eine diachrone und synchrone Varianz auf, weil er von den jeweiligen gesellschaftlichen Parametern geprägt wird. Die Strukturen der Öffentlichkeit bestimmen sich als Resultat zahlreicher Entwicklungen in diversen Subsystemen. So nehmen – dies läßt sich an der historischen Entwicklung der politischen Kommunikation bestens veranschaulichen – vor allem Errungenschaften der Medientechnik Einfluß auf die Gestaltung politischer Kommunikation. Die Entwicklung der Übertragungstechnik oder der Produktion und Speicherung von medialen Aussagen basiert auf Möglichkeiten, die nicht in der Kreations- und Gestaltungskompetenz des Kommunikationssystems selbst liegen, sondern in ausdifferenzierten modernen Gesellschaften von anderen Teilsystemen, zum Beispiel vom wissenschaftlichen oder technologischen, geprägt werden. Ist das Mediensystem überdies in eine ökonomische Marktsituation eingebunden, dann können auch diese Bedingungen Auswirkungen auf die Strukturen des allgemeinen Kommunikationsraums zeitigen. Die Strukturen von Öffentlichkeit werden schließlich durch rechtliche Regelungen geprägt, die sich entweder direkt auf das Mediensystem oder vermittelt auf ökonomische und technologische Strukturen beziehen können. Es mag somit nicht verwundern, daß sich gesellschaftliche Öffentlichkeiten in der historischen Entwicklung wie auch in der vergleichenden Betrachtung zeitgenössischer Systeme voneinander unterscheiden.

2 Strukturen von (politischer) Öffentlichkeit der Gegenwart

Öffentlichkeit verstanden als „Kommunikationssystem, das sich gegenüber anderen Sozialsystemen abgrenzt" (Gerhards/Neidhardt 1990: 15) und das demokratische Implikationen beinhaltet, weist in seiner gegenwärtigen Form eine komplexe und heterogene Struktur auf.

In ihrem Modell von moderner Öffentlichkeit unterscheiden Gerhards und Neidhardt drei Ebenen: die zufälligen Begegnungen („encounters"), die Veranstaltungs- und die massenmediale Öffentlichkeit (Gerhards/Neidhardt 1990). Letztere gilt als die gegenwärtig dominante Öffentlichkeitsebene – und dies hat Auswirkungen auf die Politikvermittlung. Massenmedien bilden die „Brücken in die Welt der Politik" (Klingemann/Voltmer 1989) und ersetzen Primärerfahrungen durch vermittelte. Die Dominanz der Massenmedien als Konstitutionsmerkmal moderner Öffentlichkeit zeitigt erhebliche Rückwirkungen und generiert somit weitere Strukturbedingungen (vgl. Schulz 1997). Die durch Massenmedien begründete Kommunikation schafft eine Arena/Galerie- oder eine Kommunikator/Rezipient-Konstellation. Das heißt, wenigen Sprechern steht eine große Gruppe von Zuhörern oder Zuschauern gegenüber (vgl. Neidhardt 1994). Diese Mehrzahl der Kommunikationsteilnehmer bildet das „Publikum", das räumlich voneinander getrennt Kommunikationen empfängt.

Welche Kommunikation wird weitergereicht? Wer sind die Sprecher in der Massenkommunikation? In den Massenmedien wirken eine Reihe von Filtern, die zu einer systematisch verzerrten Auswahl der transportierten Kommunikation führen (vgl. Schulz 1990, 1997: 68 ff.; Staab 1990). Welche Informationen vermittelt werden ist somit kein Zufall, sondern den spezifischen Filterstrukturen geschuldet. So schränken zum einen die Formatfaktoren, zum anderen die Nachrichtenfaktoren die Auswahl der vermittelten Informationen ein. Institutionelle Bedingungen wie das duale System in der Bundesrepublik Deutschland, also die Koexistenz von öffentlich-rechtlichen und privaten Sendern, haben Auswirkungen auf die Filterfaktoren gezeitigt. In Folge der zunehmenden Beliebtheit privater Anbieter ist hinsichtlich der politischen Kommunikation von *Marginalisierung* und *Boulevardisierung* die Rede (vgl. Krüger 1992, 1996). Die Marginalisierung oder Verdrängung politischer Kommunikation in den Massenmedien beschreibt den Umstand, daß sich die Filterfaktoren zuungunsten der politischen Kommunikationsofferten gewandelt haben. Die Ausrichtung der Programme an den vorherrschenden Konsumpräferenzen in der Bevölkerung hat dazu geführt, daß die politischen Angebote nur noch bedingt den Auswahlkriterien genügen. Innerhalb der politischen Berichterstattung kommt es überdies zu einer „Boulevardisierung", zu einer verzerrten Darstellung politischer Vorgänge. Eine besondere Rolle spielen dabei Prozesse der *Personalisierung* von Politik, die sich auch und vor allem in der TV-Berichterstattung finden lassen; das Fernsehen ist auf eine bildhafte und dramaturgisch reizvolle Darstellungsform angewiesen, zu der sich agierende Personen als Gegenstand der Berichterstattung anbieten. Gleichwohl läßt sich die Komplexität von Politik nur mit Verzerrungen auf das Handeln einzelner Personen reduzieren. Betont und simplifiziert wird mit einem solchem Vorgehen die Ebene der politischen Prozesse (politics). Die zweite Ebene von Politik, die Rahmenbedingungen (polity), fällt mangels Unterhaltungswerte unter den Tisch der Berichterstattung. Die inhaltliche Dimension (policies) wird reduziert auf Politikfelder, die sich vergleichsweise einfach mit Hilfe von Visualisierungen vermitteln lassen (bspw., wenn auch in Grenzen, die Außenpolitik).

Die Marginalisierung der Politik aus der massenmedialen Öffentlichkeit hat eine entscheidende Kehrseite, denn gleichzeitig wird auch die Öffentlichkeit im Sinne von Publizität aus der Politik verdrängt. Dies begünstigt „Schattenpolitik" (von Alemann 1994), die nicht-öffentlichen und informellen, aber womöglich zentralen Entscheidungsprozesse, welche „im Dunkeln" ablaufen und somit der Kontrolle entzogen sind.

Eine weitere Strukturfolge moderner Öffentlichkeit verdient Erwähnung, bezieht sich diese doch auf eine bereits angesprochene zentrale politische Funktion politischer Kommunikation, nämlich die der Integration. Durch die Zunahme der Medien spaltet sich das Publikum in zahlreiche Nutzergrüppchen (vgl. Holtz-Bacha 1997). Somit verlieren die Massenmedien ihre Fähigkeit, die Bevölkerung in einem virtuellen Forum zu versammeln – falls sie jemals dazu in der Lage gewesen sind. Nur noch zu ausgewählten Medienereignissen bildet sich ein großes Publikum.

Elihu Katz schildert am israelischen Beispiel den Verlust eines solchen „central civic space" in Folge der Einführung eines zweiten TV-Programms. Konstituierte die einschlägige allabendliche Nachrichtensendung noch ein nationales Forum, so hat der Start einer zweiten Sendung Katz zufolge bereits zur Auflösung des „civic space" geführt (vgl. Katz 1996). Der Umstand, daß man in Deutschland um die 30 Programme unverschlüsselt empfangen kann, muß dieser Logik zufolge zu einer als äußerst fragmentierten Konstellation führen.

Ergänzt oder potenziert wird der Trend zur Segmentierung von Öffentlichkeit jenseits der Fernsehlandschaft durch die parallele Ausweitung der Vielfalt bei den Printmedien und Hörfunksendern. Von einem monolithischen öffentlichen Raum kann somit nicht mehr die Rede sein. Vielmehr stellt sich moderne Öffentlichkeit dar als eine „Vielzahl von kleinen und großen Foren, die nur zum Teil miteinander verkoppelt sind" (Gerhards/Neidhardt 1990: 19).

3 Strukturen der Internet-Öffentlichkeit

Das Internet, das „Netz der Netze", ist in seiner Wahrnehmung (stärker noch als in seiner Empirie?) zu einem bedeutsamen Kommunikationsmedium geworden. Neue Medien, so auch das Internet, bringen ihre eigenen Strukturen mit sich, die Einfluß auf die Ausgestaltung der über sie stattfindenden Kommunikation ausüben.

3.1 Internet als technischer Rahmen

Bei dem „Netz der Netze" handelt es sich nicht um ein stringent abgrenzbares Medium, sondern um eine Infrastruktur, die auf der Grundlage unterschiedlicher Protokolle diverse Anwendungen oder „Kommunikationsmodi" (Rössler 1998) ermöglicht, etwa das E-mailing, der Abruf gespeicherter Daten oder die Beteiligung an Diskussionen, Chats und virtuellen Interaktionen. So mag es sinnvoller erscheinen, von einem Kommunikations*raum* Internet zu sprechen – oder von dem „transmedialen Charakter", der den Computer zum „Hybridmedium" werden läßt (Höflich 1997: 86). Die Anwendungen unterscheiden sich in ihren Strukturmerkmalen erheblich voneinander, so daß von einer einheitlichen Strukturqualität der Internet-Kommunikation zunächst keine Rede sein kann. Auf mehreren Dimensionen lassen sich die Unterschiede verorten, beispielsweise hinsichtlich der *Individualität* und *Medialität* (vgl. zum folgenden Rössler 1998)[2]:

— Individualität: Die Grenzen zwischen der Massen- und Individualkommunikation verwischen zwischen den Anwendungen, aber auch innerhalb der einzelnen (vgl. Marschall 1999a). So finden sich in bezug auf Web-Sites Konstellationen von Massenkommunikation im Sinne Maletzkes, wenn einander unbekannte Onliner ihre Web-Angebote einstellen oder wahrnehmen.

---

2 Eine dritte Dimension, die Interaktivität, findet später Erwähnung, weil sie aus einer demokratietheoretischen Perspektive besondere Faszination ausübt.

Das E-mailing weist hingegen deutliche Züge der Individualkommunikation auf, wenn eine Nachricht nicht-öffentlich (verschlüsselt) an einen bekannten Empfänger geschickt wird. Innerhalb des E-mailing trägt das „spamming", das Versenden elektronischer Werbepost, wiederum deutlich Züge der Massenkommunikation.

— (Multi-)Medialität: Die Grundtechniken Text, Ton und Bild werden in den diversen Anwendungen unterschiedlich kombiniert. So ist das E-mailing ein deutlich textorientierter Modus – obgleich auch in Form von Attachments Töne und Bilder mitversendet werden können –, Web-Sites hingegen kombinieren in der Regel Bilder mit Text. Die besondere Multimedialität der Internet-Anwendungen besteht in der variationsreichen Kombinationsmöglichkeit der medialen Modi.

3.2 Internet als interaktiver Kommunikationsraum

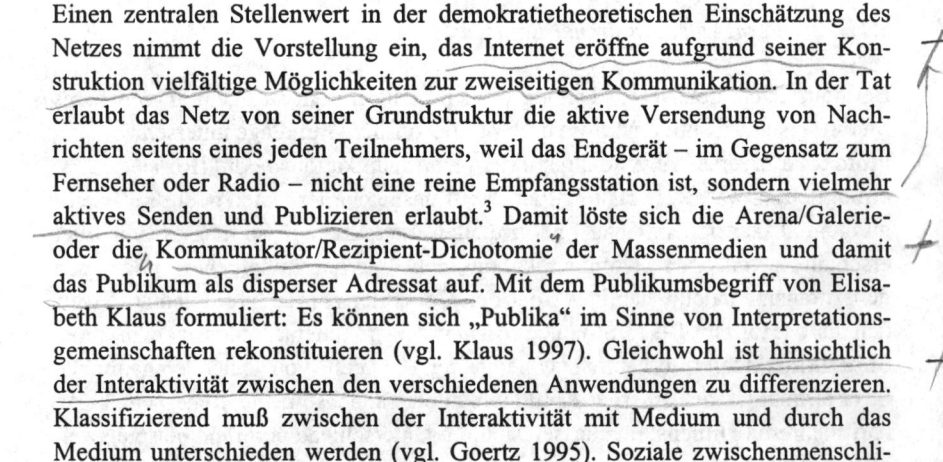

Einen zentralen Stellenwert in der demokratietheoretischen Einschätzung des Netzes nimmt die Vorstellung ein, das Internet eröffne aufgrund seiner Konstruktion vielfältige Möglichkeiten zur zweiseitigen Kommunikation. In der Tat erlaubt das Netz von seiner Grundstruktur die aktive Versendung von Nachrichten seitens eines jeden Teilnehmers, weil das Endgerät – im Gegensatz zum Fernseher oder Radio – nicht eine reine Empfangsstation ist, sondern vielmehr aktives Senden und Publizieren erlaubt.[3] Damit löste sich die Arena/Galerie- oder die Kommunikator/Rezipient-Dichotomie der Massenmedien und damit das Publikum als disperser Adressat auf. Mit dem Publikumsbegriff von Elisabeth Klaus formuliert: Es können sich „Publika" im Sinne von Interpretationsgemeinschaften rekonstituieren (vgl. Klaus 1997). Gleichwohl ist hinsichtlich der Interaktivität zwischen den verschiedenen Anwendungen zu differenzieren. Klassifizierend muß zwischen der Interaktivität mit Medium und durch das Medium unterschieden werden (vgl. Goertz 1995). Soziale zwischenmenschliche „Interaktion" im strengen Sinne, die sich durch „geringe Rückzugsmöglichkeiten" definiert, findet auf dem Netz nicht statt (vgl. Jäckel 1995). Nichtsdestotrotz kommen die Onliner als Konsequenz ihrer Netzkommunikation miteinander in Kontakt, wenn auch technisch vermittelt; es kann sogar zu einem materiellen Austausch kommen, etwa im Rahmen von Online-Shopping. Lutz Goertz

---

3   Richtig ist, daß mittels der Fernbedienung schon im Rahmen des Bildschirmtextes aus dem Fernseher mehr als ein Empfangsgerät geworden ist. Gleichwohl sind die Kommunikationsmöglichkeiten via Fernbedienung so eingeschränkt wie die Kapazitäten des dazugehörigen Datenübertragungsweges.

(1995) hat den Interaktivitätsgrad von Medien entlang zweier Maßstäbe, der jeweiligen Selektions- und Modifikationsmöglichkeit, vermessen. Deutliche Unterschiede zeigen sich zwischen Massenmedien und Online-Anwendungen vor allem hinsichtlich der Frage der Veränderbarkeit und Gestaltbarkeit von Aussagen, aber auch *zwischen* den Internet-Modi hinsichtlich der Auswahldimension.

Daß sich mit der interaktiven Eigenschaft des Netzes normative Hoffnungen verknüpfen, ist naheliegend. Gerade in demokratietheoretischer Hinsicht könnten Kommunikationsformen, die einen Nachrichtentransport in beide Richtungen darstellen, zu mehr demokratischer Partizipation führen, wenn sie sowohl Prozesse der Selbstorganisation der Gesellschaft als auch die Interessenvermittlung aus der Zivilgesellschaft in den politischen Repräsentationsbereich hinein fördern.[4]

3.3 Internet als preisgünstiges Medium

Die finanziellen Aufwendungen für die Nutzung des Internet sind – so wird argumentiert – vergleichsweise gering (vgl. Ludwig 1997): Kosten fallen zumindest bei privater Nutzung für Endgeräte, Software, Provider-Abonnement und Telefonleitungen an. Johannes Ludwig veranschlagt eine Summe zwischen 100 und 150 DM (exklusive der Online-Providergebühren) bei einer monatlichen Online-Dauer von 40 Stunden. Damit ist die Nutzung des Internet – zumindest wenn sie im privaten Bereich vonstatten geht – noch immer teurer als bspw. das Abonnement einer Tageszeitung. Der Preisunterschied zeigt sich gleichwohl deutlicher, wenn die Kosten für die *Versendung* von Nachrichten verglichen werden. Einmal auf dem Netz, können die Nutzer Informationen empfangen und anschließend eigene Aussagen an einen potentiell großen Adressatenkreis versenden, ohne daß sich dabei die Online-Kosten maßgeblich erhöhen.

3.4 Internet als unerschöpfliche Informationsquelle

Neben der zweiseitigen Kommunikation ist die Datenzugänglichkeit via Internet ein Potential der technischen Netzstrukturen, das hinsichtlich der Partizipation von Belang sein kann. Durch die globale Vernetzung sind Unmengen von abge-

---

4 In diesem Sinne untertiteln Leggewie und Maar ihren 1998 erschienenen Sammelband mit der Frage „Von der Zuschauer- zur Beteiligungsdemokratie?" (Leggewie/Maar 1998).

speicherten Daten zugänglich geworden, wobei geographische Entfernungen nur noch eine nachgeordnete Rolle spielen. Gleichwohl sind nicht alle Regionen des Globus gleichermaßen angeschlossen, obwohl sich dank der Satellitentechnik deutliche Aufholprozesse abzeichnen (vgl. Marschall 1999a).

Die ausgeweiteten Informationsmöglichkeiten sind Folgen von Anpassungsprozessen innerhalb des Kommunikationsmanagements von Organisationen: Indem vormals interne Netze inklusive ausgewählter Datenbanken über das Internet zugänglich gemacht worden sind, stehen den Nutzern nun ungekannte Recherchemöglichkeiten zur Verfügung. Dies läßt sich an der Etablierung des Internet-Angebots eines politischen Akteurs, des Deutschen Bundestags, veranschaulichen (vgl. Marschall 1998b): Nach der Einrichtung einer Web-Site im Januar 1996 hat das Deutsche Parlament schrittweise diverse Datenbanken für die Onliner geöffnet. So ist mittlerweile mit dem „dip" externen Interessierten ein Informationssystem zugänglich gemacht worden, das ursprünglich im Rahmen der Einrichtung einer hausinternen Informations- und Kommunikationstechnik geschaffen worden war.

Überhaupt hat schon die frühere EDV-Aufbereitung der parlamentarischen Materialien (etwa der Drucksachen und der Stenographischen Protokolle) eine Grundlage geboten, um im Rahmen der Online-Aktivität wichtige Dokumente externen Rezipienten zugänglich zu machen. Ein Großteil bereits vorhandener Informationsangebote, die auf anderen Trägermedien vorlagen, mußte lediglich noch „html-isiert" werden. Der Blick auf den Fall Bundestag verdeutlicht: Das Internet eröffnet den Bürgern die Möglichkeit, wesentliche Materialien, die eine Grundlage für politische Beteiligung darstellen könnten, einzusehen – ohne daß ein kostspieliger und zeitraubender Aufwand nötig wäre.

Auch und vor allem in den USA mit ihrer weitreichenden politischen Publizitätskultur wird das Internet von den staatlichen Institutionen zur Veröffentlichung von Materialien umfassend genutzt, zum Beispiel durch das „Thomas"-Angebot des Kongresses (vgl. http://thomas.loc.gov). Der wohl prominenteste Fall der jüngsten Vergangenheit war hier die Veröffentlichung des „Starr-Report", des Untersuchungsberichts über die Praktikantinnenaffäre des US-amerikanischen Präsidenten Bill Clinton.

Angesichts der – zumal in diesem Fall – das Netz lähmenden Überlastung ist deutlich geworden, daß es durchaus technische Grenzen bei den Übertragungskapazitäten gibt. Dies hängt mit den beschränkten und unterschiedlich verteilten

Leitungsqualitäten sowie der Leistungsfähigkeit der Vermittlungsstellen zusammen.[5]

Schließlich ist das Internet als technisches Medium wie jedes Medium nicht in der Lage, jedwede Form von Kommunikation zu transportieren. Die Möglichkeiten sind dort eingeschränkt, wo sich Politik der erforderlichen Verarbeitung und Vermittlung im Internet-Format versperrt. Dies gilt auch, obschon das Spektrum der qua Internet vermittelbaren Datenformen durchaus weiter ist als bei anderen Medien, da sowohl Bilder, Töne als auch Schrift übertragen werden können. Aber wie schon bei den Massenmedien kann der politische Handlungsbereich in seiner Multidimensionalität und Komplexität auch durch die neuen Medien nur in Ansätzen vermittelt werden.

4 Strukturen vs. Angebot und Nutzung

Die Strukturen der Internet-Kommunikationen üben in demokratietheoretischer Hinsicht eine Faszination aus: Zweiseitige Kommunikation wird ermöglicht, die Kommunikationskosten sind vergleichsweise gering, Unmengen von Daten werden abrufbar. Diese technischen Parameter sagen gleichwohl recht wenig über die Qualität der tatsächlichen *Öffentlichkeit* aus, die mit Hilfe des Internet erzeugt werden kann. Hierzu müssen neben den technischen Strukturen noch andere Faktoren Berücksichtigung finden, zum Beispiel die Angebots- und Nachfragesituation im Bereich der politischen Kommunikation.

Hinsichtlich des Angebots politischer Kommunikation ist festzuhalten, daß die Akteure aus dem politisch-administrativen Bereich durchweg auf dem Netz vertreten sind, wenn sich auch in der Gesamtschau die politischen Angebote den nicht-politischen gegenüber in einer deutlichen Unterzahl befinden. Auf dem Netz präsent sind Parlamente, Regierungen oder Parteien, aber auch politische Organisationen aus dem Non-Profit-Bereich.[6] Dabei weisen die Angebote durchaus unterschiedliche Qualitäten auf; zum Teil beschränken sie sich auf die Bereitstellung von einschlägigen Informationen. Zweiseitige Kommunikationsangebote werden von einigen politischen Akteuren in Form von Diskussionsforen angeboten. Auch Mail-Box-Angebote lassen sich den „interaktiven" Features zuordnen. Hinsichtlich der Internet-Angebote politischer Akteure wurde resümierend festgestellt: Es dominiert das politische Marketing (vgl. Rilling 1997). Insofern ordnen sich die Internet-Angebote in die vorherrschenden mo-

---

5   Notabene: Technische Parameter der zur Verfügung stehenden Soft- und Hardware setzen auch auf der Ebene des einzelnen Onliners Grenzen.
6   Vgl. die Beiträge in Gellner/von Korff 1998; s. auch den Beitrag von Kaiser in diesem Band.

nodirektionalen Strategien des modernen Kommunikationsmanagements politischer Organisationen ein (vgl. Marschall 1999b).

Der Nutzungsfrage vorgeschaltet ist die Frage nach der Zugänglichkeit des Netzes und nach der Demographie der Onliner. Die ermittelten Nutzerzahlen rangieren bei circa sechs bis zehn Prozent der bundesdeutschen Bevölkerung. Die ARD/ZDF-Online-Studie 1998 ermittelte bspw., daß 10,4 Prozent der Bevölkerung Online-Dienste und Internet nutzen (vgl. van Eimeren et al. 1998); die Vorläuferstudie von 1997 hatte eine Beteiligung von 6,5 Prozent festgestellt (vgl. van Eimeren/Oehmichen/Schröter 1997). In der Gruppe der Onliner sind Frauen unterrepräsentiert; Höhergebildete sind stärker vertreten (vgl. van Eimeren et al. 1998).[7] Die Zahlen machen im Vergleich deutlich, daß sich Aufholprozesse abzeichnen. Aber es bleibt zunächst dabei: Die Öffentlichkeit, welche durch das Internet geschaffen werden kann, ist wie jede andere Form vermittelter Öffentlichkeit exklusiv, sogar systematisch exklusiv. Ist also von einer prinzipiellen Offenheit des Internet für alle die Rede, dann verdeckt diese Proklamation den Umstand, daß es durchaus Teilnahmebeschränkungen gibt, die systematisch, das heißt überzufällig bestimmte Personenkreise ausschließen und anderen wiederum den Zugang erleichtern. Der Antagonismus zwischen faktischer und prinzipieller Offenheit des Kommunikationsraums Internet kann in demokratietheoretischer Perspektive nicht zufriedenstellen (vgl. Marschall 1998a). Die Hemmnisse für eine Teilnahme an Online-Kommunikation gehen über die rechtlichen Schranken hinaus in soziale Strukturen wie Ressourcenverteilung und Alterskohorten. Es sind Gruppen *eo ipso* von der Teilnahme an Netzkommunikation ausgeschlossen.

Wie und wozu wird das Internet genutzt? Die Nutzungsfrage ist erst in Ansätzen erforscht worden und läßt sich in Unterfragen aufgliedern: Welche der Online-Dienste werden am stärksten genutzt? Führend ist hierbei die Möglichkeit, E-Mails zu versenden und zu empfangen; 80 Prozent der Befragten der ARD/ZDF-Online-Studie 1998 gaben an, diese Anwendung zu nutzen (vgl. van Eimeren et al. 1998: 428). In einer anderen Studie steht E-Mail-Kommunikation bei den Internet-Anwendungen an dritter Stelle, hinter der „Informationssuche" und dem „Spaß und Netzsurfen" (Hagen/Mayer 1998: 106).

Das Stichwort „Spaß" führt zur Frage nach der Motivation. In einer frühen Studie haben Grüne und Urlings (1996) ein zentrales Leitmotiv herausgearbeitet, das des „Nutz-Spaßes". Das Netz wird aus Gründen der Unterhaltung, der Zerstreuung genutzt, aber auch, wenn es als nützlich erachtet wird. In der

---

7   Vgl. auch den Beitrag von Hagen/Kamps in diesem Band.

ARD/ZDF-Online-Studie spiegeln sich beide Aspekte: Immerhin 51 Prozent der Befragten – und der Anteil war bei den jugendlichen Nutzern ausgeprägter – gaben an, häufiger ziellos im Netz zu surfen. 43 Prozent nutzen das Netz für „Online-Banking". Gleichzeitig gaben immerhin 59 Prozent an, aktuelle Nachrichten über die Online-Dienste abzufragen (vgl. van Eimeren et al. 1998: 428). Bei der Untersuchung der politischen Netznutzung kommen Hagen und Mayer (1998: 108 ff.) zu einer skeptischen Schlußfolgerung. Sie vermuten, daß das Bedürfnis nach politischer Information kein „Kernmotiv" für die Online-Kommunikation darstelle. Gegenstand der häufigen Online-Nutzung seien „überwiegend Angebote mit nicht unmittelbar politischem Inhalt". Darauf wiesen alleine schon die Statistiken der Suchmaschinen hin.

Kurzum: Hinsichtlich ihrer Strukturen unterscheidet sich Internet-Öffentlichkeit in wesentlichen Aspekten von der durch die Massenmedien hergestellten Öffentlichkeit. Gerade in demokratietheoretischer Hinsicht bietet die computervermittelte Kommunikation Potentiale für die Interessenvermittlung und die Herstellung von Transparenz, wenngleich auch einige technische Strukturbedingungen diesen Potentialen Grenzen ziehen. In der konkreten Netzwirklichkeit werden diese Möglichkeiten jedoch nur partiell umgesetzt. Internet-Öffentlichkeit ist systematisch exklusiv, sie umfaßt nur ein Teilsegment der Bevölkerung. Bei der Nutzung werden die politischen Netzangebote von einem Großteil der Onliner umgangen.

5 Konvergenz alter und neuer Öffentlichkeiten

Aber läßt sich die Gegenüberstellung von alter und neuer Öffentlichkeit überhaupt durchhalten? Sind nicht vielmehr Verschmelzungsprozesse zwischen alten und neuen Formen der Öffentlichkeit zu verzeichnen? Prozesse der Annäherung lassen sich in folgenden Perspektiven ausmachen (vgl. Marschall 1998a; Wilke 1998):
— Auch die traditionellen Massenmedien sind auf dem Netz vertreten. Tageszeitungen bieten ihre Printexemplare in erweiterter oder reduzierter Fassung an (vgl. Klettke et al. 1998; Neuberger et al. 1997); Fernseh- und Hörfunksender warten mit ergänzenden Informationen zu ihren Programmen auf.[8]
— Journalisten nutzen das Internet zur Recherche und greifen dabei auf im Netz eingestellte „Primärquellen", „Datenbanken", „Online-Dienste", aber

---

8   Vgl. zu den Angeboten öffentlich-rechtlicher Rundfunkveranstalter in Deutschland Ewald/ Gscheidle/Schröter 1998.

vor allem und in aller Selbstreferentialität auf „Online-Medien", besser „Online-Leitmedien" zurück, also auf die Netzangebote renommierter Massenmedien (vgl. Schulz/Leidner 1998; Sonnleitner/Stadthaus/Weichert 1998; Wilke 1998).

— Es lassen sich Prozesse des wechselseitigen Agenda-Setting beobachten: Nachrichten aus dem Internet werden in den Massenmedien aufgenommen und umgekehrt Themen der massenmedialen Berichterstattung im Netz reflektiert (vgl. Rössler 1997).

Diese in der Wirklichkeit zu verzeichnenden Verschmelzungstendenzen verbieten eine analytische Trennung der beiden „Öffentlichkeiten". Die vielbeschworene Konvergenz der Endgeräte könnte ihr übriges zu dieser Entwicklung beitragen. Spätestens aus der Perspektive der Nutzer verschwimmen die Unterscheidungen, wenn sich diese in ihrer Lebenswelt aus den vorhandenen Angeboten neuer und alter Medien ihre eigene „persönliche Öffentlichkeit" zusammenstellen (vgl. Gräf 1997: 103).

6 Fragmentierung und das Ende der politischen Öffentlichkeit?

Zur Erinnerung: Öffentlichkeit ist als Raum verstanden worden, der aus einer Vielzahl von Teilöffentlichkeiten zusammengesetzt ist. Internet-Kommunikation bringt in diesen Flickenteppich von Kommunikationsräumen eine Reihe neuer Foren ein und verstärkt damit die bereits vorhandene Tendenz zur Vielkanalöffentlichkeit und zur Aufsplitterung des Publikums (vgl. Holtz-Bacha 1998). Diese Aufsplitterung beinhaltet durchaus einen demokratischen Gewinn dort, wo Netzöffentlichkeit den gesamtgesellschaftlichen Kommunikationsraum zu erweitern vermag – also dort, wo sie Personen in (politische) Kommunikation einbindet, die an den vorherrschenden Formen von Öffentlichkeit nicht teilnehmen können. Durch diese Integrationsleistung unterstützt Online-Öffentlichkeit die Selbstorganisation der Gesellschaft und bietet Räume, innerhalb derer sich Interessen formieren können – als ein Forum für zivilgesellschaftliche Segmente. Diese „Organisationsfunktion" (vgl. Scherer 1998) des Netzes hat zum Beispiel in der Koordination von zivilgesellschaftlichen Protestbewegungen ihre ersten vielversprechenden Früchte getragen (am Beispiel des Studentenstreiks 1997/98; vgl. Bieber/Hebecker 1998). Das Netz bietet sich vor allem aufgrund seiner kostengünstigen Kommunikationsmöglichkeiten für ressourcenschwache Vereinigungen an. Seine globale Reichweite ermöglicht die

Schaffung einer kritischen Öffentlichkeit gegenüber der globalisierenden Politik und Wirtschaft.

Fragmentierung bedeutet aber auch, wie Katz (1996) und Holtz-Bacha (1997, 1998) argumentieren, eine abnehmende normative Integrationskraft der Öffentlichkeit angesichts einer sich zunehmend ausdifferenzierenden Gesellschaft. Weitere Fragmentierungsfolgen sind womöglich genauso problematisch: Eine zentrale Aufgabe von Öffentlichkeit ist es, Herrschaftszusammenhänge und -prozesse zu publizieren sowie problematische Entwicklungen „an den Pranger" zu stellen. Gerade diese Leistung kann unter Prozessen der Fragmentierung leiden, nämlich dann, wenn nicht mehr die große Schlagzeile oder erste Meldung ein hinreichend breites Publikum zu erreichen vermag – und damit wegen der möglichen sanktionierenden Resonanz bei den politischen Akteuren auf antizipierende Sensibilität und Verletzlichkeit stößt. Insofern sind die Schnittstellen zwischen den Massenmedien und dem Internet von besonderer Relevanz, weil zumindest zum jetzigen Zeitpunkt die Aufmerksamkeit der politischen Akteure stärker auf die alten Massenmedien, denn auf Internet-Kommunikation gerichtet ist.

Auf die Handlungsspielräume politischer Akteure zeitigt die Fragmentierung durchaus ambivalente Konsequenzen. Einerseits wird es schwieriger, systemische und policy-bezogene Unterstützungen zu generieren, wenn sich gesellschaftliche Binnendifferenzierungen im Kommunikationsverhalten spiegeln und sich das Publikum auflöst. Entscheidungsprozesse können andererseits einer umfassenden Publizität trotz prinzipieller Öffentlichkeit entzogen werden. Gleichzeitig verfügen „Info-Eliten" über mehr Möglichkeiten, relevante Informationen zu sammeln, auch Skandale aufzudecken – jedoch mit sinkender Fähigkeit der anschließenden Mobilisierung.

Kurzum: Politische Öffentlichkeit wird in ihrer modernen Form auch dank Internet zu einer thematischen Teilöffentlichkeit wie viele andere auch; sie wird bei der massenmedialen Berichterstattung in eigene TV-Kanäle (n-tv, PHOENIX) gedrängt oder findet sich auf dem Internet in Chat-Rooms oder auf diversen politischen Web-Sites wieder. Bedeutet dies das Ende der politischen Öffentlichkeit? Zumindest weisen in sich paradoxe Formulierungen wie „Teilöffentlichkeit" oder „persönliche Öffentlichkeiten" darauf hin, daß von Öffentlichkeit als einer gesellschaftsumfassenden Agora, auf der jeder die anderen und deren Anliegen wahrnimmt, nicht mehr die Rede sein kann.

Literatur

Alemann, Ulrich von (1994): Schattenpolitik. Streifzüge in die Grauzonen der Politik. In: Leggewie, Claus (Hg.): *Wozu Politikwissenschaft? Über das Neue in der Politik.* Darmstadt, S. 135-144.

Bieber, Christoph/Eike Hebecker (1998): Internet und soziale Bewegungen. Der Studentenstreik als Fallbeispiel. In: Gellner, Winand/Fritz von Korff (Hg.): *Demokratie und Internet.* Baden-Baden, S. 171-177.

Eimeren, Birgit van/Ekkehardt Oehmichen/Christian Schröter (1997): ARD-Online-Studie 1997: Onlinenutzung in Deutschland. In: *Media Perspektiven*, S. 548-557.

Eimeren, Birgt van/Heinz Gerhard/Ekkehardt Oehmichen/Christian Schröter (1998): ARD/ZDF-Online-Studie 1998: Onlinemedien gewinnen an Bedeutung. In: *Media Perspektiven*, S. 423-435.

Ewald, Karl/Christoph Gscheidle/Christian Schröter (1998): Professionalisierung und Spezialisierung im Online-Medium. In: *Media Perspektiven*, S. 508-516.

Fünfgeld, Hermann/Claudia Mast (Hg.) (1997): *Massenkommunikation. Ergebnisse und Perspektiven.* Opladen.

Gellner, Winand/Fritz von Korff (Hg.) (1998): *Demokratie und Internet.* Baden-Baden.

Gerhards, Jürgen (1998): Öffentlichkeit. In: Jarren, Otfried/Ulrich Sarcinelli/Ulrich Saxer (Hg.): *Politische Kommunikation in der demokratischen Gesellschaft. Ein Handbuch.* Opladen, S. 268-274.

Gerhards, Jürgen/Friedhelm Neidhardt (1990): *Strukturen und Funktionen moderner Öffentlichkeit. Fragestellungen und Ansätze.* Discussion Paper WZB, Berlin.

Göhler, Gerhard (1995): Einleitung. In: ders. (Hg.): *Macht der Öffentlichkeit – Öffentlichkeit der Macht.* Baden-Baden, S. 7-21.

Goertz, Lutz (1995): Wie interaktiv sind die Medien? Auf dem Weg zu einer Definition von Interaktivität. In: *Rundfunk und Fernsehen* 43, S. 477-493.

Gräf, Lorenz (1997): Locker verknüpft im Cyberspace. Einige Thesen zur Änderung sozialer Netzwerke durch die Nutzung des Internet. In: Gräf, Lorenz/Markus Krajewski (Hg.): *Soziologie des Internet. Handeln im elektronischen Web-Werk.* Frankfurt/M., New York, S. 99-124.

Grüne, Heinz/Stephan Urlings (1996): Motive der Onlinenutzung. Ergebnisse der psychologischen Studie „Die Seele im Netz". In: *Media Perspektiven*, S. 493-498.

Habermas, Jürgen (1990 [1968]): *Strukturwandel der Öffentlichkeit. Untersuchungen zu einer Kategorie der bürgerlichen Gesellschaft.* Frankfurt/M. [erstmals Neuwied].

Hagen, Lutz M./Markus Mayer (1998): Der direkte Draht zur Politik? Formen und Inhalte der Online-Nutzung im Hinblick auf die Entstehung politischer Öffentlichkeit. In: Hagen, Lutz M. (Hg.): *Online-Medien als Quellen politischer Information.* Opladen, S. 94-129.

Höflich, Joachim R. (1997): Zwischen massenmedialer und technisch vermittelter interpersonaler Kommunikation – der Computer als Hybridmedium und was die Menschen damit machen. In: Beck, Klaus/Gerhard Vowe (Hg.): *Computernetze – ein Medium öffentlicher Kommunikation?* Berlin, S. 85-104.

Hölscher, Lucian (1979): *Öffentlichkeit und Geheimnis. Eine begriffsgeschichtliche Untersuchung zur Entstehung der Öffentlichkeit in der frühen Neuzeit.* Stuttgart.

Holtz-Bacha, Christina (1997): Das fragmentierte Medien-Publikum. Folgen für das politische System. In: *Aus Politik und Zeitgeschichte* B 42, S. 13-21.

Holtz-Bacha, Christina (1998): Fragmentierung der Gesellschaft durch das Internet? In: Gellner, Winand/Fritz von Korff (Hg.): *Demokratie und Internet.* Baden-Baden, S. 219-226.

Jäckel, Michael (1995): Interaktion. Soziologische Anmerkungen zu einem Begriff. In: *Rundfunk und Fernsehen* 43, S. 463-476.

Katz, Elihu (1996): And Deliver Us from Segmentation. In: *The Annals* 546, S. 22-33.

Klaus, Elisabeth (1997): Konstruktionen der Zuschauerschaft: vom Publikum in der Einzahl zu den Publika in der Mehrzahl. In: *Rundfunk und Fernsehen* 45, S. 456-474.

Klettke, Sascha/Philip Link/Stefanie Remberg/Mathias Wöbking (1998): Der digitale Zeitungskiosk. Eine Typologisierung von Online-Tageszeitungen. In: Neverla, Irene (Hg.): *Das Netz-Medium. Kommunikationswissenschaftliche Aspekte eines Mediums in Entwicklung.* Opladen, S. 263-276.

Klingemann, Hans-Dieter/Katrin Voltmer (1989): Massenmedien als Brücken zur Welt der Politik. Nachrichtennutzung und politische Beteiligungsbereitschaft. In: Kaase, Max/Winfried Schulz (Hg.): *Massenkommunikation. Theorien, Methoden, Befunde.* Opladen, S. 221-238.

Krüger, Udo Michael (1992): *Programmprofile im dualen Fernsehsystem 1985-1990. Eine Studie der ARD/ZDF-Medienkommission.* Baden-Baden.

Krüger, Udo Michael (1996): Boulevardisierung der Information im Privatfernsehen. In: *Media Perspektiven*, S. 362-374.

Leggewie, Claus/Christa Maar (Hg.) (1998): *Internet & Politik. Von der Zuschauer- zur Beteiligungsdemokratie?* Köln.

Ludwig, Johannes (1997): Zur Ökonomie des Internet. In: Beck, Klaus/Gerhard Vowe (Hg.): *Computernetze – ein Medium öffentlicher Kommunikation?* Berlin, S. 203-224.

Maletzke, Gerhard (1972): *Psychologie der Massenkommunikation. Theorie und Systematik.* 2. Aufl., Hamburg.

Marschall, Stefan (1998a): Netzöffentlichkeit – eine demokratische Alternative? In: Gellner, Winand/Fritz von Korff (Hg.): *Demokratie und Internet.* Baden-Baden, S. 43-54.

Marschall, Stefan (1998b): Wirkungen von Online-Kommunikation auf das Kommunikationsmanagement von Organisationen – am Beispiel der PR des Deutschen Bundestages. In: Rössler, Patrick (Hg.): *Online-Kommunikation. Beiträge zur Nutzung und Wirkung.* Opladen, Wiesbaden, S. 189-205.

Marschall, Stefan (1999a): Das Internet als globaler Raum öffentlicher medialer Kommunikation. In: Donges, Patrick/Otfried Jarren/Heribert Schatz (Hg.): *Globalisierung der Medien? Medienpolitik in der Informationsgesellschaft.* Opladen (i. E.).

Marschall, Stefan (1999b): Glaubwürdigkeit in der politischen Online-Kommunikation. Politische Netzöffentlichkeit in der „Glaubwürdigkeitsfalle". In: Rössler, Patrick/Werner Wirth (Hg.): *Images, Hoaxes, Personyme. Die Bedeutung von Glaubwürdigkeit für die computervermittelte Kommunikation.* (Arbeitstitel, i. E.).

Neidhardt, Friedhelm (1994): Öffentlichkeit, öffentliche Meinung, soziale Bewegungen. In: Ders. (Hg.): *Öffentlichkeit, öffentliche Meinung, soziale Bewegung.* Opladen, S. 7-41.

Neuberger, Christoph/Jan Tonnemacher/Matthias Biel/André Duck (1997): Die deutschen Tageszeitungen im World Wide Web. In: *Media Perspektiven*, S. 652-662.

Rilling, Rainer (1997): Internet und Demokratie. In: *WSI-Mitteilungen* 50, S. 194-205.

Rössler, Patrick (1997): Die Definitionsmacht für Themen des politischen Diskurses in einer veränderten Kommunikationswelt. Agenda-Setting und die Individualisierungstendenzen im Online-Zeitalter – ein Szenario. In: Schatz, Heribert/Otfried Jarren/Bettina Knaup (Hg.): *Machtkonzentration in der Multimediagesellschaft. Beiträge zu einer Neubestimmung des Verhältnisses von politischer und medialer Macht.* Opladen, Wiesbaden, S. 78-97.

Rössler, Patrick (1998): Wirkungsmodelle: die digitale Herausforderung. Überlegungen zu einer Inventur bestehender Erklärungsansätze der Medienwirkungsforschung. In: Rössler, Patrick (Hg.): *Online-Kommunikation. Beiträge zur Nutzung und Wirkung.* Opladen, S. 17-46.

Scherer, Helmut (1998): Partizipation für alle? Die Veränderungen des Politikprozesses durch das Internet. In: Rössler, Patrick (Hg.): *Online-Kommunikation. Beiträge zur Nutzung und Wirkung.* Opladen, Wiesbaden, S. 171-188.

Schulz, Winfried (1990): *Die Konstruktion von Realität in den Nachrichtenmedien. Analyse der aktuellen Berichterstattung.* 2. Aufl., Freiburg i. Br., München.

Schulz, Winfried (1997): *Politische Kommunikation. Theoretische Ansätze und Ergebnisse empirischer Forschung.* Opladen.

Schulz, Winfried/Daniela Leidner (1998): Das Netz als Quelle. Die Nutzung von Internet und Online-Diensten durch Publizistische Medien. In: Hagen, Lutz M. (Hg.): *Online-Medien als Quellen politischer Information.* Opladen, S. 169-199.

Sonnleitner, Martin/Marcus Stadthaus/Stephan A. Weichert (1998): Online Recherchieren: Ergebnisse einer explorativen Befragung von JournalistInnen. In: Neverla, Irene (Hg.): *Das Netz-Medium. Kommunikationswissenschaftliche Aspekte eines Mediums in Entwicklung.* Opladen, Wiesbaden, S. 245-261.

Staab, Joachim C. (1990): *Nachrichtenwerttheorie. Formale Struktur und empirischer Gehalt.* München, Freiburg i. Br.

Wilke, Jürgen (1998): Internet und Journalismus. In: Gellner, Winand/Fritz von Korff (Hg.): *Demokratie und Internet.* Baden-Baden, S. 179-191.

Rudolf Maresch

Die Militarisierung der Öffentlichkeit

> *Das letzte Ziel ist die völlige Kontrolle der Kommunikation einer Kampagne.*
> Jochen Keinath, Spin Doctor

1 Die Entropie wächst

Es gab mal eine Zeit, da mußten wir uns an *Rauschen*, an sein stetiges Wachstum gewöhnen. „Lärm und Zank" auf allen Kanälen nannte Bernhard Siegert (1993: 6) dies. Seither wird die Forderung nach professionellen „Wissensmanagern" oder „Infoberatern" laut. Aus dem Meer von Ereignissen, Aufzeichnungen und Dokumenten, die Tag und Nacht durch die globalen Datennetze schießen, sollen „trail blazer" (Bush 1945) die für Gesellschaften und ihre Diskurse relevanten Daten auswählen und sie in knappe, aber einprägsame Sätze übersetzen. So mancher traditionelle Vermittler fühlt sich damit überfordert. Weniger mit der Komprimierung der Daten und deren Übersetzung – all das hat er gelernt – als mit der Reinigung der Kanäle. Wie kann im Mehr an Nachrichten Information von Rauschen unterschieden, wie der *media fallout* rationiert, wie das Gerücht vom Sachverhalt, das Belanglose vom Mitteilungswerten geschieden werden? Und wer soll darüber entscheiden? Der Verleger, die Quoten, die Redaktion, die Konsumenten, die Öffentlichkeit oder gar die Kommunikation?

Besonders Leute, die es gewohnt sind, sich in überschaubaren Gebieten aufzuhalten und mit beschränkten Horizonten und Weltbildern zu operieren, tun sich schwer. Dazu zählen wir beileibe nicht all die Millionen von Usern, die stundenlang geduldig vor ihren Screens sitzen und auf Informationen warten. Um ihre Ablenkung und Zerstreuung braucht sich der Beobachter wenig zu sorgen. Ihre Gehirne operieren, wenn wir den Aussagen von Kognitionsforschern und Systemtheoretikern trauen und folgen wollen, eigendeterminiert. Sie filtern aus all den News, die sie täglich erreichen, ohnehin nur dasjenige heraus, was zu ihnen „paßt". Zu den Leuten, für die Kontingenzerfahrungen und Ereignismanagement zum Problem werden, zählen wir dagegen all jene Gutmenschen, Prinzipien- und Bedenkenträger, die Mittlerrolle wie Sendungsauftrag ernst nehmen und vom Ethos einer authentischen Berichterstattung erfüllt sind. Dazu zählen wir aber auch Militärs und Geheimdienste, die ein natürliches Interesse an „Gesamtübersichten" haben und an übersichtlichen Strukturen und klar konturiertem Wissen interessiert sind. Beklagen die einen lauthals und öffentlich die Zersplitterung und Fragmentierung der disputierenden Öffentlichkeit und ihrer universalistischen Diskurse in viele Teilöffentlichkeiten und (postmoderne) Sprachspiele, fürchten die anderen Ungewißheit, Instabilität und Unvorhersehbarkeit wie der Teufel das Weihwasser.

Anders als unsere Öffentlichkeitsarbeiter in Wissenschaft, Medien und Kunst wissen diese Schattenmächte aber um den hohen Informationswert von Rauschen. Seine Zunahme kann, Claude Elwood Shannon sei's gedankt, nämlich immer auch heißen, daß Dritte in den Datentransfer eingegriffen und ein Signal von hier nach dort, von einem zum anderen, abgefangen, verändert und/oder nochmals mit einem anderen Code überschrieben haben. Rauschen kann mithin mindestens zweierlei bedeuten: es kann entweder Nullinformation *und/oder* größtmögliche Komplexität der Information bedeuten. Im einen wie im anderen Fall handelt es sich jedoch um Information. Zwischen Information und Desinformation, Sein oder Schein, Wahrheit oder Lüge besteht informationstechnisch gesehen kein Unterschied (Shannon/Weaver 1963). Hier geht es nicht um Semantik, sondern um den möglichst punktgenauen und friktionsfreien Transport einer Nachricht von A nach B. Dies ist auch der Grund, warum jede alteuropäische Medienkritik, ob aus anthropologischer (vgl. Müller-Funk/Reck 1996) oder kritischer Perspektive (vgl. Winkler 1996; Bourdieu 1998), wirkungslos verpufft. Maschinelles Signalprocessing macht *Sinn*suchen und *Sinn*entnahmen überflüssig, weil Algorithmen und Maschinencodes jenseits menschlicher Wahrnehmungs- und Bewußtseinsschwellen operieren. Wichtig ist allein, *daß* eine Nachricht ihren Bestimmungsort erreicht.

2 Die Verwundbarkeit der Informationsgesellschaft

In den letzten Jahren ist es üblich geworden, die modernen westlichen Gesellschaften als „Informationsgesellschaften" zu beschreiben. Damit meint man, daß Wissen und Information Eisen und Stahl als *die* zentralen Ressourcen eines Landes, einer Region oder eines Standorts verdrängt haben. Eine „dritte Welle"[1] aus Daten, Bildern und Symbolen überrollt derzeit diese Gesellschaften (vgl. Toffler et al. 1994) und unterwirft sie einer umfassenden, aber ungewissen Transformation (Baecker 1998). Mit der Abhängigkeit der Kommunikation von

---

1 „Third wave" und „third way" gehören deshalb zusammen. Sie sind eine Zweiseitenform der Elektonik-basierten Gesellschaft. Was „die dritte Welle" auf der Ebene der Kommunikationssysteme anrichtet, will „der dritte Weg" politisch abfedern und gegebenenfalls „wiedergutmachen"; vgl. dazu Giddens 1998.

„unsichtbaren Maschinen" (Luhmann 1997: 1147) wächst aber nicht bloß die Anfälligkeit für technische Pannen und Störungen. Mit dem Bedarf an „abrufbarem Wissen" wächst auch das Bedürfnis nach Informationsschutz und Datensicherheit. Für Unternehmen und Behörden, Organisationen und User heißt dies, daß sie sich wirksam vor Ausspähung oder Datenklau[2] durch feindliche Nachrichtendienste, Konkurrenzunternehmen und eifersüchtige Nutzer schützen müssen. Das bedeutet für sie aber auch, daß sie ihre Nachrichtensysteme vor Sabotageakten oder unerwarteten Netzangriffen sichern und Abwehrmaßnahmen gegen gezielten und unerwünschten Informationsbeschuß ergreifen müssen. Kein Wunder, daß die Nachfrage nach kryptographischen Verfahren boomt, an allen Netzaus- und Netzeingängen Firewalls eingerichtet werden; kein Wunder, daß die Netze in offene und geschlossene Kreisläufe, in Intranets und Server/Client Kommunikationen zerfallen, Paßwörter, Sprach- und Schrifterkennungsprogramme den Zugang oder Zugriff auf Datensysteme reglementieren und das Installieren kryptographischer Programme auf dem PC zur Pflicht wird; und kein Wunder, daß Ausfuhr oder freier Handel mit Verschlüsselungssoftware von der US-Regierung verboten und unter das Proliferationsverbot fällt.

Der freie Zugriff auf wissensbasierte Systeme wird daher eher die Ausnahme als die Regel sein. Dagegen wird jenes Wissen, wie Codes geknackt, Datenbanken und Mailboxen gecrackt, unlesbarer Datensalat lesbar gemacht und abgespeicherte Informationen in Wissen umgewandelt werden können, außerordentlich begehrt sein. Um mehr zu erfahren als das, was Softwareingenieure und -designer auf Links und Websites öffentlich zugänglich machen, muß der User versuchen, sich in den Besitz der Codes und der richtigen Datenschlüssel zu bringen. Fehlt ihm dieses Vermögen, muß er sich nach Spezialisten oder Experten umsehen, die er dann aber dafür teuer entlöhnen muß.

Informationssicherheit *und* Verwundbarkeit der Transport- und Kommunikationswege[3] gehören daher zusammen. Sie sind die Zweiseitenform der Informationsgesellschaft. Informationsschutz (Copyright, Privatsphäre, Datenschutz)

---

2   Daß diese Angst vor Datenklau keinesfalls aus der Luft gegriffen ist, beweist der Fall der Firma Enercon in Aurich. Als sie Konstruktionspläne für ein Windkraftwerk per E-mail an ihre Zentrale verschickte, mußte die Firma später verblüfft feststellen, daß eine US-Firma dieses bereits hatte patentieren lassen. Vermutungen, daß die NSA-Zentrale in Bad Aibling hinter dieser Abhör- und Bespitzelungsaktion stand, sind nicht von der Hand zu weisen. Bekannt ist auch das Debakel, das die Firma Siemens mit dem ICE in Südkorea erlebte. Offenbar wußte der französische Mitbewerber TGV um die Preisvorstellungen der Deutschen.
3   Daß diese Verwundbarkeit das gesamte Verkehrs- und Transportwesen und deren Infrastruktur umfaßt, zeigten kürzlich erst die polizeilichen Sicherheitsmaßnahmen, die im Dezember 1998 gegen Erpresser der Deutschen Bahn AG ergriffen wurden. Der polizeiliche Schutz der Castor-Transporte wäre ein weiterer Beleg dafür.

und elektronische Abschirmmaßnahmen genießen demnach allerhöchste Priorität. Amerika hat als erster diesen neuen *Zusammenhang von Wissen, Medien und Macht* für das künftige Auf und Ab einer Nation erfaßt. Unbeirrt und raschen Schrittes schreitet die Supermacht auf dem Weg voran, ihre informationelle Dominanz weiter auszubauen. Präsident Clintons außenpolitische Berater haben das erkannt: „Wissen ist mehr als je zuvor Macht. Jenes Land, dem es gelingt, die Führung in der Informationsrevolution einzunehmen, wird mächtiger sein als alle anderen. In absehbarer Zukunft werden die Vereinigten Staaten dieses Land sein. [...] Verglichen mit anderen Ländern haben die USA einen klaren Vorteil: die Fähigkeit, Information zu sammeln, zu verarbeiten, zu kontrollieren und zu verbreiten." Und weiter heißt es: „Die Vereinigten Staaten sind besser positioniert als andere Länder, um das Potential ihrer Hard- und Software-Ressourcen auf dem Umweg über Information zu optimieren" (Nye/Owens 1996: 20, 35). Deutlicher noch hat Kenneth Minihan, Chef der National Security Agency (NSA), auf die *imperiale Bedeutung von Wissen und Information* hingewiesen, den Anspruch der US-Regierung auf informationelle Überlegenheit formuliert: „Die Kontrolle der Informationstechnologie wird der Schlüssel zur Macht im 21. Jahrhundert sein."[4]

3   Die Lauscher sind überall

Auch Digitalisierung und Vernetzung haben eine andere Seite. Amerika schenkte zwar der Welt ein neues Medium. Es überließ das Internet, ein militärisches Medium zur Verteilung und Aufrechterhaltung der Kommunikation nach einem Atomschlag, dem Freihandel und dem öffentlichen Palaver. Doch ahnte innerhalb des Militärs wohl niemand, welchen evolutionären Weg die Datennetze nehmen könnten, welche Gefahren diese Medientechnik für die Sicherheit des Landes, die Unversehrtheit seines Territoriums heraufbeschwören würde. Denn mit der Freilassung des ARPAnet, seinem Ausbau zu einem weltumspannenden Kommunikationsnetz, vernetzten sich auch die militärischen mit den zivilen Kanälen. Eine unerwartete *Form von Demokratisierung* stellte sich ein. Und weil aufgrund der paketvermittelnden Technik des Internet nur schwer zu kontrollieren ist, welche Glasfaserwege und Satelliten-Leitungen Mitteilungen nehmen, sieht sich das amerikanische Imperium seitdem mit einer für es vollkommen neuartigen Situation konfrontiert. Ausgerechnet dort, wo es glaubte, unverwundbar und unverletzlich zu sein: auf der Ebene der Codes wird es an-

---

4   Zit. nach der Süddeutschen Zeitung vom 21.04.1998; ähnlich Nye Jr./Owens 1996: 27.

greifbar. Die Bedrohung, bevorzugtes Zielobjekt unbekannter Mächte zu werden, wird so wahrscheinlich wie real.[5] Die Netzwerktechnik bewirkt, daß dieser Angreifer prinzipiell jeder sein könnte, der über hinreichend mathematisches und kriminelles Talent, einen Netzanschluß und einen PC verfügt (Kittler 1998: 306). Von jedem Punkt der Erde aus könnte ein Hacker oder Cyberterrorist plötzlich und überraschend im Auftrag einer feindlichen Macht aus dem Off der Netze auftauchen und die Informationsinfrastruktur Amerikas, beispielsweise die Transaktionswege von Börsen, Großbanken und Versicherungen, die Strom- und Wasserversorgung ganzer Landesteile, die Behördendateien der US-Administration oder den Luft- und Funkverkehr mit Störsignalen, Viren oder anderen, die Kommunikation unterbrechenden oder unmerklich verändernden Codes lahmlegen.[6] Die Sorge der Politik und der Militärs vor Netzangriffen durch *unidentified subjects* ist also durchaus begründet. Vor allem in Amerika, wo *god's own country* allen Star-Wars-Phantasien zum Trotz längst kein „Sanktuarium" (Kittler 1998: 305) mehr ist, wie die jüngsten Anschläge in Oklahoma City oder auf das World Trade Center in New York gezeigt haben. Wegen dieser Gefahr verstärkt die NSA ihre Lauschtätigkeit nochmals. Sie weitet ihre Abhöraktionen auf alle befreundeten Nationen aus. Regierungen und Unternehmen werden Objekte der Ausspähung (vgl. Arquilla/Ronfeld 1993: 56). Rund um die Uhr überwacht die NSA mittels des im Kalten Krieg entwickelten ECHOLON-Abhörsystems seither alle Satelliten- und Datenfernübertragungen (Telefone, E-mails, Faxe), die auf dem Globus stattfinden.[7] In einem jüngst dem Europäischen Parlament zugespielten Schriftstück heißt es, daß die weltgrößte Lausch- und Geheimdienstbehörde in Europa routinemäßig jeden elektronischen Datenverkehr abfängt, speichert und nach bestimmten keywords durchsucht. Dies ist mit Hilfe von Suchmaschinen, Spracherkennungssystemen oder OCR-Texterkennungssoftware[8] relativ problemlos durchzuführen. Im Falle von E-mails, die meist offen und im Klartext verschickt werden, bedarf es dazu beispielsweise nur des Zugriffs auf bestimmte Hauptknotenrechner im Netz, den „Backbones" oder „Gateways". Durch die Überwachung solcher Nadelöhre kann ein beträchtlicher Teil der Netzkommunikation beobachtet und protokol-

---

5   Dazu paßt die Meldung, daß Präsident Clinton kürzlich den Wehretat der US-Streitkräfte in den nächsten sechs Jahren um 100 Milliarden Dollar aufstockt.
6   Wie immer ist Hollywood ein hervorragender Seismograph dafür. Filmproduktionen wie *Golden Eye*, *Staatsfeind Nr. 1* oder *Ausnahmezustand* verarbeiten diese Szenarien.
7   Vgl. Süddeutsche Zeitung vom 20.01.1998.
8   Ein Abfallprodukt dieser Technik kennt jeder Internet-Surfer. Den Firmen Yahoo, Lycos, Altavista usw. hat sie Millionen von Dollars, den Usern Hilfestellung bei der Informationssuche gebracht.

liert werden. Gefiltert werden diese riesigen Datenmengen vom Rastersystem *Memex*[9], einem KI-Analyseprogramm, das die abgezweigten Daten anhand nationaler Wörterbücher nach bestimmten Kennwörtern durchsucht. Inzwischen scheint Europa aus seinem langjährigen elektronischen Tiefschlaf erwacht zu sein. Einem anderen Bericht zufolge (Schulzki-Haddouti 1998: 48 f.) geht auch die Alte Welt dazu über, den gesamten elektronischen Datenverkehr, der den Kontinent passiert, mit ECHOLON zu belauschen und aufzuzeichnen. Mit ENFOPOL, so der Name der Arbeitsgruppe und des Papiers[10], will Europa seinen Exekutivorganen den uneingeschränkten Echtzeit-Zugriff auf den gesamten Satelliten- und Fernmeldeverkehr gestatten, von der Rufnummer oder sonstigen Kennung der überwachten Telekommunikationsdienste über den Zugriff auf Kontoverbindungsdaten und Gebührenabrechnungen bis hin zum Zugriff auf Paßwörter, PINs und andere Zugangscodes. Maßnahmen dazu sollen möglichst bald eingeleitet, die Überwachung dafür gesetzlich geregelt und technisch koordiniert werden. Neben Vorschlägen zur Harmonisierung, der technischen Standardisierung der Überwachung und der informationellen Kooperation mit außereuropäischen Diensten enthält das Papier auch diverse Forderungen an und Verpflichtungen für Netzwerk-Provider, Online-Dienste, Firmen und Betreiber von Mailboxen, was die Speicherung und den behördlichen Zugriff auf Kundendateien angeht. So sollen sie verpflichtet werden, gesonderte Schnittstellen für den überwachten Fernmeldeverkehr bereitzustellen. Die *Vermischung von nachrichtendienstlicher und polizeilicher Tätigkeit* bahnt sich an, die klaren Grenzen zwischen Krieg und Frieden, Freund und Feind, Verteidigung und Angriff, ziviler und militärischer Infrastruktur schwinden. Sollten diese Vorstellungen Gesetzestext werden, dürften etliche Persönlichkeitsrechte in Frage gestellt sein. Denn aus den aufgezeichneten und gespeicherten Daten lassen sich mit Hilfe intelligenter Raster-, Aufzeichnungs- und Statistikprogramme rasch detaillierte Bewegungsprofile und Persönlichkeitsbilder erstellen, die Behörden, Unternehmen oder Organisationen Auskunft über Gewohnheiten und Vorlieben, Bekanntschaften und Leidenschaften, Motive und Reisetätigkeit jedes x-beliebigen Bürgers geben.

Während die Innen- und Justizminister Europas die Überwachungs- und „Kontrollgesellschaft" planen, passen die amerikanischen Streitkräfte ihre Strategien und Doktrinen der multipolaren Weltlage an. Globale Vernetzung, verteilte Machtzentren, Computer- und Datenkriege, der „clash of civilization" und

---

9   So nannte V. Bush im übrigen auch seine universelle Datenbank; vgl. Bush 1945.
10 Die ENFOPOL-Papiere sind bei *Telepolis Online* abrufbar unter der Adresse: www.heise.de/tp/deutsch/special/enfo/default.html.

die dumpfe und diffuse Angst vor möglichen Angriffen durch Hacker, kriminelle Banden, Drogenkartelle oder NGOs erfordern andere Eskalationsmodelle und Krisenreaktionskräfte als zu Zeiten des Kalten Krieges. Dieser Mix aus technischer und virtueller Bedrohung hat jedenfalls dazu geführt, daß man in den USA die strategischen Konzepte und Ziele umprogrammiert. Man wechselt von Hierarchien zu Netzwerken über und erweitert die hierarchische CI3-Struktur (command, control, communication and intelligence) um heterarchische und vernetzte Kommandostrukturen. Nach wie vor leistet sich Amerika zwar weiter massive Truppenverbände mit schwerem Kriegsgerät, die zu jeder Zeit und an jedem Ort dieser Welt zu Wasser, zu Land oder in der Luft zuschlagen und gegebenfalls auch einen Zweifrontenkrieg in Asien und im Nahen Osten führen können. Doch verlangt die „neue Weltordnung" vermehrt nach kleinen, mobilen und autonom operierenden Einheiten mit leichten und intelligenten Waffen, die im Bedarfsfall für den sofortigen Einsatz und die rasche Lösung von Konflikten niedriger Intensität bereitstehen (Van Creveld 1998: 6). Was einst dem Guerillakrieg Mao Zedongs dienlich war, findet unter elektronischen Bedingungen Eingang in die militärischen Optionen und Strategien der einzigen Weltmacht: „Das Kommando gehört für strategische Zwecke zentralisiert und für taktische Zwecke dezentralisiert" (zit. nach Arquilla/Ronfeldt 1993: 40). Mit anderen Worten: Im *Krieg der Zukunft* wird derjenige erfolgreich sein, der hierarchische Kommandostrukturen mit Netzwerkprinzipien, Dezentralisierung mit Gesamtschau, Bottom-Up- mit Top-Down Technologien kombiniert, mit schnell operierenden Eingreiftruppen zuschlagen kann und sich dafür des „Einverständnisses" (Chomsky) der öffentlichen Meinung und der von ihr geschaffenen Menschenmassen sicher sein kann.

4 Medien beobachten andere Medien

Derartigen Vorgängen, die sich jenseits aller Oberflächen und Screens auf der Ebene der Maschinencodes ereignen, schenkt die öffentliche Meinung kaum Aufmerksamkeit. Sie lautverstärkt stattdessen den Chor all jener, die über den Verlust oder das Ausdünnen kritischer Öffentlichkeiten lamentieren. „Mißbrauch von Heeresgerät" durch die Unterhaltungsindustrie (Kittler 1991: 245 ff.)[11] ist aber beileibe nichts Neues. Er durchzieht die Evolution der Medien von

---

11 Neu ist, daß auch auf diesem Gebiet ein Platzwechsel stattgefunden hat. Zunehmend bedienen sich Militärs auch bei der Unterhaltungsindustrie (Nintendo, Play Station). Sie kaufen Videospiele ein, um Piloten und anderes Personal mit diesen VR-Welten zu trainieren oder sie simulativ auf das Verhalten in neuen Umgebungen vorzubereiten.

Beginn an. Während landauf, landab die Abgesänge auf den kritischen Journalismus anschwellen, operieren jüngere Mediatoren längst mit der „Ökonomie der Aufmerksamkeit". Sie wählen Berichte und Meldungen nach einfachen Wahrnehmungsmustern (interessant/uninteressant; informativ/uninformativ) aus und boulevardisieren Ereignisse nach bestimmten Codes (gut/böse; schön/häßlich). Die Ausnahme (die Information) wird nicht mehr auf ihren Wahrheits- oder Realitätsgehalt hin überprüft – dazu fehlt im übrigen auch die Zeit –, sondern nach gängigen Schemata, Skripts (Luhmann 1999) oder Thrills aus dem Normalen (Rauschen) herausgefiltert. Exzessiv beobachten Journalisten, Redakteure oder Moderatoren andere Medien und Kollegen dabei, wie und was diese über die „Welt da draußen" berichten. Aus der einstmals unmittelbaren Erfahrung vor Ort, der Beobachtung erster Ordnung, sind mittelbare Beobachtungen geworden, ein typischer Fall von Konstruktivismus also. Obschon diese Verschiebung der Beobachtung auf die Ebene der „second order cybernetics" mitnichten das Problem lösen kann, wie zwischen unterschiedlichen Rauschzuständen diskriminiert werden kann, bestärkt zumindest der permanente Blick auf die mediale Konkurrenz den journalistischen Beobachter in der Gewißheit, mit seinen Berichten und Kommentaren doch irgendwie richtig zu liegen. So ist es nicht weiter verwunderlich, wenn sich trotz gestiegener Konkurrenz, postmoderner Medienvielfalt und unterschiedlichster Medienformen allmählich ein universeller Infobrei formiert und manchen Beobachter angesichts dessen der Verdacht befällt, bei der kollektiven Aufmerksamkeitserzeugung, die Massenmedien täglich inszenieren, könnte es sich um gezielte, gelenkte oder inszenierte Informationskampagnen handeln. Der Streit, der hin und wieder zwischen kritischen Zeitgenossen und Strukturalisten und/oder Systemfunktionalisten aufflammt, geht darum, ob bestimmte wirtschaftliche oder politische Eliten Massenmedien wie das Fernsehen für Manipulations- oder Propagandazwecke mißbrauchen oder ob es sich bei solchen Aktionen nicht vielmehr um eine Verschwörung ohne Verschwörer handelt, die sich nach kommunikativen (Luhmann) oder diskursiven (Foucault) Regeln vollzieht.

5 Medien – Waffen des Journalismus

Durch den Ausbau der Satelliten- und Datenwege und die Umwandlung der Rechen- in Kommunikationsmaschinen erreicht der *information fallout* auch die letzten Winkel der Erde. Das Rauschen wird sozusagen „planetarisch". Vernetzung und Digitalisierung geben den Weltläufen eine von maschinellen Rechenleistungen, Speicherkapazitäten und Übertragungsgeschwindigkeiten *genormte*

Richtung. Jeder private Haushalt kann, falls er an die Weltkommunikation von CNN, MTV, FOX oder dem Internet angeschlossen ist, sich jetzt rund um die Uhr über laufende Ereignisse in Echtzeit informieren. Das World Wide Web bewirkt, daß der Medienkonsument sich zeitgleich bei denselben Nachrichtenquellen bedienen kann wie jeder andere Journalist auf dieser Welt auch. Das jüngste Beispiel dafür lieferte letztes Jahr der Starr Report. Bis der Zeitungs- oder TV-Redakteur sich durch das über 450 Seiten starke Werk gequält hatte, konnte der User mit ein paar Klicks oder durch geschickte Eingabe bestimmter Keywords die pikantesten Stellen des Berichtes selbst nachlesen. Selegieren und Aufbereiten, Reflektieren und Räsonnieren, Werten und Kommentieren, Filtern und Redigieren – Tätigkeiten, wie sie Tag für Tag in den Redaktionsstuben anfallen – werden überflüssig. Auch jene öffentlich-rechtliche Aufsicht, die manche Sender hierzulande noch immer über die Information ausüben, wird dank der weltweiten Vernetzung und Verbreitung von Informationen unmöglich. Der normale Medienutzer braucht sich seitdem nicht mehr gängeln und von bestimmten Sendern oder Verlagen bevormunden zu lassen. Er kann sich der Zensur und Kontrolle bestimmter Medien entziehen und gegebenenfalls auf andere Medien umschalten.[12]

Dieser jüngste „Unfall" in der Geschichte der Datenübertragung lenkt unsere Aufmerksamkeit auf eine noch spannendere Tatsache. Nicht bloß das Verbreiten von Gerüchten oder die Direktabnahme von Informationen aus dem Netz, der *Zeitfaktor* überhaupt spielt die entscheidende Rolle bei der Nachrichtenübermittlung. *Echtzeit*, nach Paul Virilio die absolute Zeit, ist zum Informationsmaß für jede Message geworden, in welchem Gewand (informativ, unterhaltsam, werbend) sie auch immer daherkommt. Zeitgewinn mutiert in *Informationsvorsprung*. Diesen gegen andere Konkurrenten zu verteidigen oder gar weiter auszubauen, ist inzwischen Motiv und Motor für eine ganze Branche geworden. *Beweglichkeit* und *Schnelligkeit*, nach Sun Tse die entscheidenden Faktoren bei Kriegshandlungen, bestimmen seitdem sowohl die Übertragung als auch die Form der Berichterstattung. Auf diese veränderten medientechnischen Bedingungen reagieren nicht bloß die Militärs. Auch Medienmultis vom Schlage CNNs, BBCs und BskyBs, die sich gern als „Garant und Bewahrer der Wahrheit und Realität" (Arnett, vgl. Anm. 14) präsentieren, stellen zum Zwecke der Informationsbeschaffung mobile und motorisierte Infotrupps aus Reporter, Techniker und Kameramann zusammen, die ständig und in lichtschnellem Funkkontakt mit der „Zentrale" an den neuralgischen Punkten und Konfliktherden des

---

12   So zum Beispiel, als sich die deutschen Medien weigerten, die Vernehmungsprotokolle Clintons live zu übertragen. Wer wollte, konnte zu CNN wechseln oder ins Internet klicken.

Globus operieren.[13] Satellitentaugliche Handys, Wearcoms und GPS-Systeme versetzen diese *Avantgarden der Information* in die Lage, die Weltöffentlichkeit und Regierungen sofort auf Krisenlagen aufmerksam zu machen und die Öffentlichkeit zu mobilisieren. „Medien sind die Waffen des Journalismus." Und: „Wir sind vor Ort, wenn eine Krise ausbricht", so Peter Arnett in Linz über seine Tätigkeit und das Programm von CNN.[14] Ein Durchschwimmen des Mekongs wie zu Zeiten des Vietnamkrieges ist aufgrund neuartiger Tele-Techniken nicht mehr nötig. In real time, und nicht erst nach dreitägigem Fußmarsch durch Wüste und Urwald, wird das Material in die Kanäle eingespeist, die Weltöffentlichkeit alarmiert. Sollten unterdessen woanders auf der Welt plötzlich neue Krisen oder Katastrophen ausbrechen, können diese „dezentralen Kommandoeinheiten" per Anruf aus der Zentrale sofort umdirigiert und von einem Kontinent zum nächsten bewegt werden. Kürzlich wurde die Weltöffentlichkeit erst wieder Zeuge dieser neuartigen Geschwindigkeit und Beweglichkeit der Information, ihrer *Hierarchisierung* und *Unkontrollierbarkeit*. Als beispielsweise der unbedeutende Klatschkolumnist Matt Drudge das Gerücht über die Lewinsky-Affaire auf seiner Homepage in Umlauf gebracht hatte, brach die versammelte Journalistenmeute, die sich anläßlich des Papstbesuches bei Il Commandante in Havanna versammelt hatte, sofort ihre Zelte ab, reiste nach Washington und belagerte das Weiße Haus mit Kameras, Mikrofonen und Ü-Wagen. Was vorher für alle Medien berichtenswert schien und die Kanäle überflutete, fiel im Nu der Vergessenheit anheim. Alle medialen Augen und Ohren richteten sich nur noch auf das, was sich im und um den Sitz des Präsidenten vielleicht ereignen könnte.

6 Krieg auf den Kanälen

Diese tiefgreifenden Veränderungen zwingen uns, hier einen Perspektivenwechsel vorzuschlagen. Nicht mehr von Übersättigung, Informationsfluten oder Rauschen, von *offenen und versteckten Kriegen* ist zu sprechen, wenn von *Medien und Öffentlichkeit* die Rede ist. Aus „Lärm und Zank" ist Krieg geworden, ein Krieg, der um Information und Wissen, um Meinungen und Glaubenssätze, um Zustimmungen und Ablehnungen geführt wird. Unmerklich diffundiert er in die zivilen Kanäle, und zwar in die privaten genauso wie in die öffentlich-rechtlichen. Was vormals rechtlich als Auseinandersetzung zwischen Staaten galt, erobert allmählich alle öffentlichen Räume und Interfaces. Öffentlichkeiten

---

13 Vgl. dazu auch den Bericht von John Simpson in Die Zeit vom 20.01.1995.
14 So der Starreporter auf der diesjährigen Ars Electronica in Linz am 05.09.1998.

mit Software zu versorgen, ihre Oberflächen mit überraschenden Informationen und Nachrichten auszustatten und die Wort- und Meinungsführerschaft über sie auszuüben, ist, seitdem Medien über die Zugänge zu Wirklichkeiten und Informationen befinden und die Okkupierung der öffentlichen Meinung Teil strategischer Konzepte geworden ist, erklärtes politisches Ziel von Imperien, Staaten und Organisationen. Dominanz über die Infosphäre zu erlangen, ist aber auch, seitdem soldatisches Heldentum verpönt, Blutzoll oder gar der Tod eigener Landsleute nur noch schwer zu vermitteln ist, weit wichtiger geworden als die Eroberung, Besetzung und Verwaltung fremder Länder und Territorien. *Informationskontrolle wird zur Raumkontrolle.*[15] Dazu gehören neben Satellitenaufklärung, Ortungsverfahren oder dem großflächigen Scannen ganzer Topologien auch das gezielte Indoktrinieren und Manipulieren sozialer Öffentlichkeiten. Daher gelten alle Tele-Aktionen, Tele-Operationen und Tele-Coups zuvörderst jenen Mediatoren, die diese Öffentlichkeiten herstellen. Sender und Kanäle müssen mit Material beliefert werden, sie müssen für eine Sache gewonnen, für eine bestimmte Sicht der Dinge begeistert werden, damit „Information und Wissen in Kampfkraft" (Arquilla/Ronfeldt 1993: 33) verwandelt werden kann.

Noch immer werden Öffentlichkeiten in modernen Gesellschaften überwiegend von Massenmedien repräsentiert, die über Formate, Auswahl und Zustellung einer Nachricht bestimmen und entscheiden. Das Leitmedium dafür ist das Fernsehen. Es ist das Medium, das aufgrund geringer Kosten, einfacher Bedienung und plakativer Darstellung die Menschenmassen erreicht. Solange dies noch so ist, und der Transfer von Daten unidirektional und noch nicht interaktiv, generalisiert und noch nicht personalisiert abläuft und die Auswahl der News redaktionell und nicht individuell vom User besorgt wird, ist es dieses Massenmedium, worauf alle meinungsbildenden bzw. -kolonialisierenden Aktionen und Operationen zielen. Doch seit Datennetze die Weltkommunikation aufmischen, muß, wer Informationsüberlegenheit anstrebt, alle seine Anstrengungen auf das gesamte Informationsspektrum ausdehnen, das heißt auf Massenmedien *und* Datennetze. Im Falle von Massenmedien funktioniert das derzeit am besten, wenn es gelingt, ihren Selektionscode für eigene Zwecke zu nutzen. Den Feind oder Gegner moralisch zu diskreditieren, ihm böswillige Absichten, unlautere Motive oder moralische Verfehlungen zu unterstellen, erhöht die Chancen, mit öffentlicher Aufmerksamkeit bedacht zu werden. Massenmedien sind, und das

---

15 Deswegen ist die Behauptung falsch, Zeitkontrolle habe die Raumkontrolle ersetzt; vgl. dazu Menzel 1998: 15. Bei Harold Adams Innis kann man lernen, daß Imperien, soll ihre Herrschaft auf Dauer gestellt werden, immer der Beherrschung beider Mächte bedürfen: der Kontrolle über Zeit *und* Raum.

macht ihre Eigendeterminiertheit aus, am empfänglichsten, wenn sie komplexe Gegenstände oder Themen durch den Code der Moral und der politischen und/oder sexuellen Korrektness[16] zwängen, nach einfachen Täter-Opfer- oder Sieger-Verlierer-Strukturen aufbereiten können. Mit derlei Kost läßt sich Komplexität nämlich besonders leicht medialisieren, sie läßt sich mit Mitteln des Dramas und der Theatralik, der Drastik und des Actionkinos, der schnellen Schnittfolge und der Collage effektvoll und publikumswirksam aufbereiten und an die Kundschaft verkaufen. Im Falle von Datennetzen sind es hingegen Meme, analog zu Genen gebildete kognitive Verhaltensmuster, die Datenspeicher infizieren, von Medium zu Medium springen und sich via Netzwerkkommunikation replizieren. Dies können zum einen intelligente Programme (Viren, Würmer, bugs) sein, die Datenübertragungen stören, Betriebssysteme zum Absturz bringen oder Datenbanken zerstören.[17] Dies können aber auch Ideen, Gerüchte oder Vorstellungen sein, die Menschenhirne befallen und deren Denken und Handeln steuern. Moden, Stile und Trends wie das Tragen von Baseballkappen, das Trinken von Coca-Cola oder das Mampfen von Hamburgern zählen ebenso dazu wie Songs, Gedichte oder Ideologien, die Menschenrechte, Freihandel und die Freiheit des Individuums verkünden. Was Wunder, daß Verschwörungstheorien mit der Netzkultur eine gewaltige Renaissance erleben. Wie sehr Meme sich bereits in den Netzen verbreitet, von den Köpfen der User Besitz ergriffen haben, beweisen Stimmen von Militärs (Arquilla/Ronfeldt 1993: 24), Politikwissenschaftlern (Barber 1994) und Informationskriegern (Panarin 1998: 105 ff.), die Hollywood, McWorld oder die Jugend, Pop- und Rockkultur des Westens für solche memetische Strukturen halten, die die Glaubens- und Wissenssysteme anderer Nationen heimsuchen, um die kulturelle Hegemonie Amerikas auf den Globus zu sichern.

7 Der Sündenfall

Gemeinhin gilt der Krieg am Golf Anfang der 90er Jahre als *Sündenfall*. Erst nachdem monatelang ein massenmedialer Infowar getobt hatte, die Weltöffentlichkeit vom legitimen Eingreifen der Allianz am Golf überzeugt worden war

---

16 So der legendäre Rodney-King-Trial. Mit Recht darf die Frage gestellt werden, ob die Geschichte es zu ähnlichem öffentlichen Aufsehen gebracht hätte, wenn sie als normale Schlägerei behandelt und nicht durch das einfache Muster: ein Schwarzer wird von weißen Polizisten niedergeprügelt, beobachtet worden wäre.

17 Bei den Finanzkrisen in Fernost (Malaysia) und den Attacken auf die Währung Rußlands dieses Jahres wurde immer wieder spekuliert, ob es sich hier um gezielte Aktionen von Geldspekulanten gehandelt haben könnte; vgl. Der Spiegel vom 25.05.1998.

und die Rollen von gut und böse klar verteilt worden waren, begann der reale Krieg mit einem Blitzlichtgewitter an Bagdads Himmel. Bezeichnenderweise attackierte die Allianz unter Führung der US-Army, ehe sie mit den eigentlichen Kriegshandlungen begann und die Kommunikationszentren und Verkehrsknotenpunkte bombardierte, zuerst die Radarschirme und den Funkverkehr der Irakis. Ein Lehrstück in Sachen IuK-Krieg der Zukunft spielte sich ab, das *desert storm* in die Wohnzimmerstuben brachte. Doch nicht das Ereignis selber, die Nebengeräusche waren das Ereignis. Ganz nebenbei, sozusagen als Abfallprodukt, gewährte der „Wüstensturm" einen unerwarteten Einblick in die militärische Herkunft der zum Einsatz gekommenen Kommunikationstechnologien. Verblüfft registrierte der Zuschauer zur prime time die An- und punktgenaue Verwendung all desjenigen technischen Equipments, mit dem zuvor noch in den Büros und Ateliers Berichte und Dissertationen geschrieben, Kunstvideos oder Werbespots gedreht oder sich nur die Langeweile vertrieben wurde. Screens, Tastaturen und Mäuse, Joysticks, Videospiele und Konsolen zeigten zum ersten Mal frank und frei im öffentlich-rechtlichen Fernsehen ihr unverstelltes Gesicht. Statt diese *technische Wahrheit* wahrzunehmen, ereiferten sich die Medien primär über die Zensur der Militärs und die gekonnte Gleichschaltung von Öffentlichkeit und Kommunikationsapparat. Sie empörten sich über das virtuelle Bild des Krieges, das die Militärs vermittelten und das weder Blut noch Verstümmelungen, Opfer oder hilflos herumirrende Menschenleiber kannte. Offensichtlich wußten die Journalisten in ihren Redaktionsstuben, wie ein Krieg auszusehen hatte.

Obschon nach Beendigung des Krieges durch viele Abhandlungen noch einmal versucht wurde, die Abläufe des Geschehens Punkt für Punkt zu rekonstruieren, verschwand dieser kurzzeitige Klartext elektronischer Kommunikation bald aus dem Bewußtsein der Leute und der Massenmedien. Der IuK-Krieg, den ein *Verbund aus Militär, Technik und Medien* in der Öffentlichkeit entfacht und besonnene Zeitgenossen zu den merkwürdigsten Urteilen motiviert hatte, war schlichtweg und trotz Paul Virilios (1993) späterer eindringlicher Warnung einfach vergessen worden. Jean Baudrillards (1991) viel und öffentlich belächelte Aussage, wonach der Golfkrieg gar nicht stattgefunden habe, bewahrheitete sich im nachhinein doch noch. Immer noch kein Thema war der Medien- und Informationskrieg hierzulande, als Serben, Bosnier und Kroaten Jahre später begannen, sich mit herkömmlichen Waffen gegenseitig abzuschlachten, sich aber zur Vorbereitung, Ausführung und Vertuschung ethnischer Säuberungen der gesamten Palette bedienten, die die elektronische Kommunikation hergab. Vom Fälschen von Bildern und Inszenieren von Fakes, übers Lancieren, Manipulieren oder Türken von Nachrichten bis hin zu gezielten Desinformationskampagnen oder Mitteln psychologischer Kriegsführung (Bezichtigung des Feindes an Massakern, Greueltaten und Massenvergewaltigung an der Zivilbevölkerung) reichte das Spektrum, um a) den Feind mental zu schwächen und b) die westlichen Medien auf ihre Seite zu ziehen. Und der MuI-Krieg war nicht einmal dann ein Thema in den Medien, als die westlichen Medien endlich Partei ergriffen, sich auf die Seite einer Kriegspartei schlugen und mit Bildern von Blut, ausgemergelten Körpern und abgerissenen Körperteilen die Staatengemeinschaft zum Eingreifen anstifteten.

8 Das Lehrstück

Wie auch immer man alle späteren Ereignisse in Ruanda, im Kosovo oder anderswo, die Berichterstattung über den Simpson-Prozeß, die Brent-Spar-Kampagne (Maresch 1995: 795) oder die medialen Aufgeregtheiten um die Walser-Rede oder die Ausweisung des jugendlichen Kriminellen Mehmet aus Deutschland deuten und beurteilen mag – ob noch als „Lärm und Zank" oder bereits als Vorboten kommender Medien- und Informationskriege: Sicher ist jedenfalls, daß mit der Lewinsky-Affäre eine neue Stufe der Eskalation eingeleitet wurde. Dieses Ereignis macht mit Nachdruck auf jenen erstaunlichen Strukturwandel aufmerksam, den die Politik unter der *Hegemonie der Elektronik* und der *Schirmherrschaft von Medien* genommen hat. Offen und bewußt wird auf den Markt der Meinungen getragen, was einstmals klugerweise dem Licht der Öffentlichkeit vorenthalten wurde. Und dies ist auch nicht weiter erstaunlich, seitdem Berater und Politstrategen, die die Vorzimmer und Korridore der Macht besetzt halten, Oberflächen und Schnittstellen der Öffentlichkeit für Machtkalküle und zur Durchsetzung bestimmter Politiken entdeckt haben. Daß der erste zivile Medienkrieg, der öffentlich von der Clinton-Administration mit ihren republikanischen Gegnern geführt wurde, sich in Amerika ereignete, dürfte kaum jemanden überraschen, gilt die Supermacht doch als die erste Mediendemokratie der Welt. Dorthin zu blicken, heißt für Alteuropa: seine „eigene Frage als Gestalt" (C. Schmitt) zu erkennen. Und dorthin zu blicken, heißt, eingedenk aller kultureller Differenzen, für uns: lesen zu lernen, mit welcher Heftigkeit der Infowar bereits geführt wird und welcher Mittel und Methoden er sich bedient. Deswegen gehen wir sicher nicht fehl, wenn wir im folgenden diese Geschichte einer unmöglichen Liebschaft als *Lehrstück* betrachten.

Schon längst sind in den Vereinigten Staaten, und nicht etwa in Berlusconis Italien (Virilio 1994, 1998), Medien und Politik allen Konkurrenzen zum Trotz eine *heimliche Komplizenschaft* eingegangen. Während Politiker die machtverstärkende Wirkung medialer Inszenierungen, symbolischer Gesten und öffentlichkeitswirksamer Auftritte, Paraden und Empfänge suchen, um sich im gleißenden Licht der Scheinwerfer, Kameras und Mikrofone ihren Wählern zu präsentieren, nutzen Medien die Bühne der Politik hauptsächlich, um Formate und Sendezeiten zu füllen und dadurch Werbekundschaft zu akquirieren. Allein schon deshalb sind Informationen von außerordentlicher Wichtigkeit für die Sender. Und da Information bekanntlich nur den Unterschied markiert, der tatsächlich einen Unterschied macht, spielt für die Sender keine Rolle, von welcher Art oder Qualität die News ist. Ist erst einmal die Jagd nach der Nachricht zum höchsten Gut erklärt, kann alles, unabhängig vom Kontext und seiner Semantik, zur politischen Information werden, das Private und Intime genauso wie das Öffentliche. Auch hier verwischen sich Grenzen, und zwar die zwischen Privatem und Öffentlichem. Mediengestählte Politiker der „Neuen Mitte" wie Clinton, Blair und Schröder wissen dies. Sie und ihre *Spin doctors* haben gelernt, mit und auf dieser Klaviatur der Medien zu spielen, die Formate der Medien für Selbstpräsentationen und ihre Politik zu mißbrauchen. Unverbindliches Gerede, populistisches Auftreten und gewieftes Lächeln und Winken in die Kameras, wann immer sie ihr Gesichtsfeld ertasten, gehören zur Grundausstattung dieser Sorte von Politikern. Besonders William Jefferson Clinton ist ein Meister dieses Politgenres. Nicht umsonst gilt er als *Everybody's darling* und als *der* Medienpräsident. Wie kein anderer Politiker vor ihm verstand er es, mit Gemeinsinn und familiärer Idylle, die in Amerika anders als in Europa einen besonders hohen Stellenwert genießt, öffentlich Politik zu machen. Wann immer es ging, ob bei seinen Kampagnen für die Präsidentschaft, bei Reisen ins Ausland oder Staatsempfängen im Weißen Haus, nie versäumten er und sein Beraterstab es, die ewig lächelnde Hillary ins Blickfeld der Kameras zu schieben, noch unterließ der Präsident es, die freundlich ins Publikum winkende Tochter Chelsea öffentlich zu herzen, um damit der Politkundschaft ein intaktes und inniges Familienleben zu demonstrieren. Daß dieses freche und ungenierte Flirten und Kokettieren Clintons mit dem Privaten Zielscheibe des politischen Gegners wird, wenn tiefe Schatten auf das Bild der „heiligen Familie" fallen, muß daher niemanden verwundern.

Deswegen muß kein Beobachter über das, was dem amerikanischen Präsidenten widerfuhr, Krokodilstränen vergießen. Tatsächlich schreckte keiner der Kontrahenten, weder der „Präsidentenjäger" Kenneth Starr noch der Präsident und der ihm zur Verfügung stehende Machtapparat vor dem Einsatz miesester Tricks, juristischer Kniffs, öffentlicher Diffamierung und politischer Denunziation zurück, um die Gunst der Öffentlichkeit zu erwerben. Den Vorwurf, Staatsverbrechen (Machtmißbrauch, Meineid, Zeugenbeeinflußung, Behinderung der Justiz) verübt zu haben, konterten die Clintons mit dem Verdacht, die republikanischen Ankläger würden eine politische Verschwörung anzetteln. Besonders die Präsidentengattin, Betrogene und Belogene in dieser Geschichte, tat sich besonders dabei hervor. Vor allem sie nutzte geschickt die Medien, um diese Version öffentlich zu verbreiten. Damit konnte die Soap Politik beginnen: der Verführer, der seine Macht ausnutzte, aber zum Opfer und Don Quichotte der Weltöffentlichkeit wurde; der Moralapostel und „Präsidentenhasser", der seine Beute mit juristischen Winkelzügen jahrelang verfolgt und sie jetzt endlich zur Strecke bringen wollte. Gern räumten die Medien der soap, die erst zum Polit-Krimi und später zur Tragikkomödie avancierte, breiten Raum ein. Rund um die Uhr jagten die Medien jede Unschuldsbeteuerung, alle Täuschungsmanöver und Vertuschungsversuche rund um den Globus, mit Sondersendungen reagierten sie auf neue Enthüllungen, Tatbestände und Verdachtsmomente, und ausführlichst berichteten sie über Intimitäten und moralische Verfehlungen von Abgeordneten oder Meinungsträgern, die bewußt in die Öffentlichkeit lanciert wurden. Daß in der Mediendemokratie Lug und Betrug, Heuchelei und Wahrhaftigkeit, Inszenierung und Aufrichtigkeit, Verschleierung und Ehrbezeugungen zum politischen Alltagsgeschäft gehören, konnte nur kritische Alteuropäer nachdenklich stimmen. Allen anderen Beobachtern gewährten die Vorkommnisse um den Präsidenten einen Vorschein auf das Bevorstehende. In den MuI-Kriegen der Zukunft wird politisch nur derjenige reüssieren, der den Umgang mit den Medien beherrscht, über ein strategisch denkendes Polit-Marketing verfügt und die besten Berater in seinen Reihen weiß. Zum erfolgreichen Politkrieg gehören: das Themensetzen und Organisieren von Kampagnen, die rasche Prüfung von Stimmungen und Trends in der Bevölkerung, das Austesten von Formulierungen, das Schaffen von Ereignissen und Images, das Zuschneidern von Verkaufsbotschaften für Zielgruppen, das Verzerren und Entstellen von Nachrichten, das Stellen und Bloßstellen politischer Gegner, das Stimulieren und Ausschlachten von Meinungsumfragen und Ergebnissen, das Durchsickern, Aufbereiten oder Zurückhalten von Informationen zur rechten Zeit, die Manipulierung von Aufmerksamkeit und Medienwirksamkeit, der Einblick oder die Kenntnis der Realitätskonstruktionen der Medien und der Kommunikation usw.

Obschon für die Machthaber und Spin doctors diese Öffentlichkeit immer ein *doughnut* bleiben wird, weil kontingent ist, welche Reaktionen Kampagnen und Propagandafeldzüge hervorrufen, ob sich etwa Mitleidseffekte einstellen oder gar Antipathien verstärken, bekannt ist immerhin über sie, daß sie durch ständige Umfragen, durch stetiges Abhören, Massieren und Stimulieren des Gesellschaftskörpers und seiner Münder durch Meinungsforschungsinstitute zugleich gezeugt und bezeugt wird. Wer sich auf das Einholen der öffentlichen Meinung einläßt, und in Amerika geschieht keine Polithandlung, ohne daß die mögliche Reaktion der öffentlichen Meinung ins Kalkül gezogen wird, hat es nicht nur mit Wahrscheinlichkeitskalkülen, Statistik und Demoskopie zu tun. Er ist vielmehr mit einer Endlosschleife konfrontiert, die sich durch die Erfragung von Meinungen nährt, durch das Kopieren von Handlungen und Antworten selbstorganisiert und durch das Provozieren weiterer Fragen die Gesellschaft und ihre Systeme in permanenter Unruhe hält.

9 Die Freiheit der Information

Gewiß, die Aussage des Präsidenten vor der Grand Jury, die die Ankläger veröffentlichten, stellte eine neue Qualität medialer Eskalation dar. Wieder aber hatten die Medien hierzulande nichts Besseres zu tun, als sich über die Ausstrahlung des Clinton-Videos zu erregen und alle Informationen im Lichte der politischen Korrektness zu deuten. Datenkrieg ist die eine, Entrüstung und öffentliches Geschrei die andere Seitenform des Krieges um Öffentlichkeiten. Deshalb überraschte es nicht, daß in Zentraleuropa die Wellen der Empörung besonders hochschlugen, als CNN und drei andere große amerikanische Fernsehstationen einem Millionenpublikum die Videoaufzeichnung der Vernehmungsprotokolle Clintons präsentierten, und die Medien hierzulande in selten gekannter Verbrüderung quer über alle politischen Grenzen hinweg diesen scheinbaren Mißbrauch der Informationsfreiheit verurteilten. Vom „Dammbruch", vom Überschreiten der „Geschmacksgrenzen" und von „elektronischer Lynchjustiz" war zu lesen, vom Verfall der Sitten und „elekronischen Standgerichten", die Medien anstelle der Wähler ausübten.

Während sich in Alteuropa die Diskussion erneut auf Geschmacksfragen beschränkte, der Verleumdungs- und Diffamierungsdiskurs[18] verurteilt und zum wiederholten Male die Selbstbeschränkung der Medien und die Verantwortlichkeit der Journalisten eingefordert wurde, zeigten die amerikanischen Medien ein anderes, frischeres, den elektronischen Gegebenheiten der Information angepaßteres Verhältnis zur Information. Wer nur einen kurzen Blick auf den Anfangsartikel der amerikanischen Verfassung wirft, der wird diese Haltung der amerikanischen Medien sofort verstehen. Im First Amendment heißt es nämlich:

---

18 So der Politikwissenschaftler Kleinsteuber in einem Interview mit der taz vom 19.09.1998.

„Der Kongreß darf kein Gesetz erlassen, das die Redefreiheit einschränkt". Freie Meinungsäußerung und Informationspflicht sind demzufolge hohe Güter. Herbe Kritik an politischen Führern, Haßtiraden auf mißliebige Gruppen oder Aufrufe zum Sturz des Regierungssystems müssen ebenso toleriert werden wie öffentliche Reden, die zu mittelbarer Gewalt oder kriminellen Handlungen gegen Personengruppen motivieren. Zwischen Attackieren, Diffamieren und Informieren wird, und das zeigt die „(Post)Modernität" der amerikanischen Haltung und ihrer Verfassung, deshalb nicht streng unterschieden. All diese Sprechakte genießen ausdrücklich den Schutz der Verfassung. Auch der Präsident oder die politischen Institutionen sind dem unterworfen. Deshalb kann die angemessene Reaktion auf Schmähreden oder Verleumdungen nicht Zensur oder Verbot sein, sondern nur Gegenrede und/oder Datenkrieg.

Information, elektronische zumal, ist für Amerikaner und deren Medien ein Allheilmittel gegen politische Funktionalität. Wie politisch blauäugig und naiv dies für alteuropäisches Denken auch sein mag, erst unter elektronischen Gegebenheiten, unter denen Politik stattfindet, wird uns die Aktualität dieses Verständnisses von Information und Freiheit bewußt.

10   Elektronischer Klartext der Demokratie

Wer angesichts dieses Strukturwandels immer noch auf mehr Partizipation, mehr Transparenz und andere Formen des öffentlichen Diskurses hofft, die sich durch die rasche *Elektronifizierung der Demokratie* und *Verechtzeitlichung der Kommunikation* einstellen könnten, der sollte sich zuvor zwei Selbstverständlichkeiten ins Gedächtnis zurückrufen.

1) Internet, World Wide Web oder wie immer man die globalen Netzwerke nennen will, haben, auch wenn es gewiß phantastische Medien sind, die Schriften, Bilder und Graphiken zugleich verarbeiten, übertragen und speichern, nichts mit dem Phantastischen oder Imaginären gemein (Maresch 1998: 323 ff.). Weder wird mit dem Verbund aus Leitungen, Screens, Prozessoren und Spannungsumwandlern eine globale Stammeskultur ausbrechen, noch lassen sich mit ihnen alteuropäische Politikvorstellungen realisieren. Das Anbrechen eines „neuen athenischen Zeitalters", die Bildung einer „Neuen Öffentlichkeit" oder die Präsenz einer direkten und „starken Demokratie" (Barber) wird Erwartung, Hoffnung und Glücksversprechen bleiben. Was vielleicht auf den ersten Blick wie eine neuplatonische Emanation aussieht, die mehr Demokratismus für die Bürger ermöglichen könnte, entpuppt sich bei nüchterner Betrachtung und realistischem Studium der elektronischen Faktenlage als ein raffiniertes, maschinell-

gestütztes Postsystem zum Up- oder Downloaden von Software. Nicht der Demokratie und der Bürgergesellschaft, sondern der Erwerbsgesellschaft bieten die Datennetze neue Orte und Märkte zum Aufbau virtueller Kundschaftsverhältnisse. Sicher, die Gesellschaft kann ihren Bedarf an Palaver und Geschwätz stillen. Fernnahverhältnisse, virtuelle Nachbarschaften, elektronische Persönlichkeiten und hybride Beziehungen vervielfältigen die Kommunikationsmöglichkeiten. Doch vom unmittelbaren Ausbrechen der großen Bürgerfreiheit kann nicht die Rede sein. Sollten erst einmal die Sicherheitsprobleme mit E-cash und E-commerce gelöst sein, werden die politischen und liberalen Visionäre schnell merken, daß es mitnichten um den Kummer und die Sorgen von Bürgern, um politische Debatten der Zeit oder die Lösung der Frage geht, wie eine „gerechte" und „wohldefinierte" Gesellschaft künftig *gestaltet* werden könnte.[19] Heute schon erfordern Geschäfts- und erhöhte Sicherheitsinteressen die Aufteilung und Segmentierung der Netze in unterschiedliche Zeitzonen und Geschwindigkeiten. Welche dem Geschwätz der Bürger und welche den Transaktionen der Finanzwelt und den Verfahrensregelungen der Regierungsbehörden vorbehalten sein werden, kann sich jeder leicht ausrechnen.

2) Netzwerke bieten Kommunikationsformen, die das Innenleben der Computerei nach außen spiegeln. In der Verwendung eines alten Kalauers könnte man sagen: Die globalen Datennetze sind das Spiegelstadium der universalen Rechenmaschine. Die Turingmaschine, jene Gedankenkonstruktion einer universellen Maschine, die der Mathematiker John von Neumann mit einer entscheidungssicheren Funktionslogik zum Leben erweckte, zerlegt Intelligenz in diskrete Zeitzustände. Der symbolische Raum, der im Innern der Maschine entsteht, ist ein rein numerischer. Dort ist alles streng determiniert, vorausberechnet und kalkülisiert; dort werden keine Fragen gestellt, Meinungen ausgetauscht, Kompromisse geschlossen oder strittige Normen oder Werte rational begründet und konsensuell bestimmt. Die Menge aller möglichen Interaktionen ist durch mathematisch festgelegte Regeln vollständig definiert. Die Syntax der Maschine besteht aus Adressen, Daten und *Befehlen*. Maschinenkommunikation bedeutet mithin: Lesen, Schreiben und *Ausführen*. Software, graphische Darstellungen und Benutzerfreundlichkeit verbergen dies. „Maschinencodes und Softwareprogrammen sieht es niemand mehr an, ob sie einfach Zeichen setzen oder aber Zeichen zu setzen *befehlen*."[20] Benutzerfreundlichkeit, die zu Kundenfreundlichkeit tendiert, ist die Freiheit, die tiefgestaffelte Oberflächen, Mehr-

---

19 So nochmals und immer wieder die normative Erwartung von Habermas 1998: 91 ff.
20 Kittler im Oktober 1998 in Wien bei einem Vortrag zum Thema: „Buchstaben, Zahlen, Codes"; vgl. dazu Hartmann 1998.

Ebenen-Architekturen und Zahlencodes der Demokratie und ihren User-Bürgern gewähren. Der Befehl, und nichts anderes heißt *imperium*, ist das Medium.

11   Der Mythos „Öffentlichkeit"

Diesen Klartext elektronischer Maschinen sollte berücksichtigen, wer einen bestimmten normativen Begriff von „Öffentlichkeit" in die globalen Datennetze kopieren möchte. In Zentraleuropa besitzt er anders als in der Neuen Welt eine lange Tradition. Mehr als zwei Jahrhunderte lang hat er die politischen Phantasien von Bürgern und sozialen Bewegungen beflügelt und sie zu Aktionen und politischen Emotionen verleitet.

Bekanntlich gilt Öffentlichkeit, nachdem sich im 18. Jahrhundert die bürgerliche (Erwerbs-)Gesellschaft ausdifferenziert und vom Staat emanzipiert hatte, als Intermedium, das zwischen beiden Sphären vermitteln soll. Bürgerbewegte Philosophen denken sich das öffentliche Genre gern als Medium und Form, in denen sich die Bürger, unbehelligt von politischen Machthabern, über sich selbst verständigen. Hier soll sich *die* Vernunft artikulieren und zu sich selbst kommen. Vor ihrem Gerichtshof muß geprüft werden, was in privaten Zirkeln und Gemeinschaften entwickelt und mithilfe der lautverstärkenden Kraft der Medien den politischen Machthabern als normative Wünschbarkeiten in Sachen individueller oder politischer Freiheit präsentiert werden kann. Jürgen Habermas (1992) hat diese, Themen und Gegenstände exzessiv disputierende Öffentlichkeit jüngst sogar zu einer Rechtsform ausgearbeitet. Seinem Verständnis nach spiegelt sich in ihr das normative Selbstverständnis einer *radikalen Demokratie*. Im allgemeinen versteht er darunter ein soziales Medium, in dem Fragen gesamtgesellschaftlicher Relevanz den zwanglos verfahrenden Filter fairer und diskursiver Meinungsbildung argumentationswilliger und –fähiger Subjekte passieren, bevor sie den Status normativer Verbindlichkeit für alle reklamieren können; er versteht darunter zum zweiten eine Form der Machtkontrolle, die sich neben den ausdifferenzierten öffentlichen Gewalten in legislative, judikative und exekutive als „vierte Gewalt" oder Macht etabliert. In dem Maße, wie es Bürgerbewegungen gelingt, in die Vorhöfe dieser Mächte einzudringen, sie argumentativ unter Druck zu setzen und zu belagern, avancieren sie zu Gegenspielern, die die Entscheidungsträger irritieren, überwachen und kontrollieren.

Es gehört wenig Phantasie dazu, um zu erkennen, daß der „Belagerungszustand", den Medien auf die Politik ausüben, zwar eingetreten ist, aber nicht in dem *kontrafaktischen Sinn*, wie der Aufklärungsphilosoph das gern haben möchte. Weder hat es diese „politische Öffentlichkeit" jemals gegeben, noch gibt es eine reelle Chance, daß sie sich ausgerechnet jetzt realisiert, wo Technik und Medien Quellen der primären Erfahrung sind und Politiken mit Blick auf ihre mediale Wirksamkeit getroffen werden. Allmählich scheint sogar Habermas angesichts der normativen *Macht der Apparaturen* zu resignieren. Zumindest häufen sich abfällige Bemerkungen und enttäuschte Kommentare über die Art, wie Medien Themen und Gegenstände allgemeinen Interesses produzieren und die „Mediengesellschaft" darüber debattiert.[21] Und dies ist auch verständlich. Denn tatsächlich lebt und zehrt sein Entwurf von Sendepositionen, die „Sendeinteressen und Einschaltgewohnheiten zentral koordinieren" (Luhmann 1996: 13). Anders wäre kaum vorstellbar, wie ein „Bewußtsein kosmopolitischer Zwangssolidarisierung" (Habermas 1998: 168) computiert werden könnte. Dies ist nur noch in Diktaturen oder Bananenrepubliken wie in Ruanda möglich, wo *ein* Sender *ein* Volk zum Völkermord aufstacheln konnte.

12 Zu einigen Aussichten der Cyber-Demokratie

Die Chancen für neue Foren und Gefäße der Demokratie stehen also merklich schlecht. Demokratieeffekte werden, wenn überhaupt, sich nur auf *lokaler* Ebene ereignen. Auch wenn ungewiß bleibt, welche Einschreibungen Computernetzwerke nehmen, welche Formen sie ausprägen werden: gewiß ist, daß Verschaltung und Elektronifizierung der Kommunikation *Entmassung, Fragmentierung* und die *Singularisierung* von Gruppen und Bevölkerungen weiter beschleunigen. Zwar erzeugen Massenmedien nach wie vor das Phantasma eines gemeinsam geteilten Erlebnisraumes. Die vermehrte Übertragung spektakulärer Großereignisse wie Olympische Spiele, Weltmeisterschaften, Katastrophen usw. garantiert diesen globalen Blick auf die eine Welt. Die weitere Ausdifferenzierung und Multiplizierung der Öffentlichkeiten in unüberschaubare *Teilöffentlichkeiten* aber, die von tribes, special interest groups und virtuellen Gemeinschaften bewohnt, ihren spezifischen Codes gefüllt und mit eigenen Netzen und Kommunikationskanälen betrieben werden, werden dadurch aber nicht aufgehalten. Diese gegenläufige Bewegung ist beileibe kein Widerspruch. *Regionalisierung* ist nur die andere Seitenform jener Globalisierung, die technisch und wirtschaftlich vollzogen wird. Von dieser De-Nationalisierung profitieren hauptsächlich Regionen, Gegenden und Lokalitäten, die durch die bewußte Förderung und den raschen Ausbau von Tele-Technologien an Attraktivität

---

21 Vgl. Habermas in Die Zeit vom 08.10.1998.

gewinnen. Vor allem sie erfahren eine politische Aufwertung und erlangen ein Mehr an politischer Bedeutsamkeit. Denn im weltweiten Wettbewerb um Kunden, Arbeitsplätze und Kapital werden nur diejenigen Standorte und Regionen erfolgreich sein, die Firmen, Dienstleistern und Bewohnern neben einer sauberen und gesunden Umwelt auch eine moderne Verkehrs- und Infrastruktur bieten mit Anschlüssen an die Hochgeschwindigkeitsnetze der Weltgesellschaft.

Sicherlich erlaubt die Einrichtung von Rückkanälen auch Austauschbeziehungen, die vorher von traditionellen Sender-Empfänger-Strukturen blockiert wurden. Prinzipiell könnte die *Interaktivität* zwischen Bürgern und von Bürgern mit Mandatsträgern, Medien und Gemeinden wachsen. Doch ob die Demokratie lebendiger wird, wenn Bürger zu Usern mutieren und anfangen, langweilige und nichtssagende Websites von Mandatsträgern anzuklicken, online oder per Email mit ihnen zu debattieren, sich Verlautbarungsprogramme von Interessenverbänden oder Parteien herunterzuladen oder Bürgerbefragungen und -versammlungen im Netz zu organisieren, muß mit guten Gründen bezweifelt werden. Obwohl dies bislang auch auf traditionellen Wegen möglich gewesen ist, wurden diese Möglichkeiten der direkten Demokratie auch in der Vergangenheit kaum in Anspruch genommen. Wenn es der Politik derzeit an etwas mangelt, dann sind es nicht Mitbestimmung, Einmischung und Engagement der Bürger, sondern *Entscheidungen*. Warum mit den elektronischen Möglichkeiten diese Lust wachsen soll, vermögen wir nicht zu erkennen. Zu vermuten ist vielmehr, daß Bürgernetze, wie sie beispielsweise das Land Bayern subventioniert, dazu benutzt werden, a) Firmen virtuelle Märkte und Kunden zu erschließen und b) die Verwaltung zu verschlanken, Arbeitsplätze abzubauen und dadurch die Effizienz des Verwaltungshandelns zu optimieren. Denn sind erst einmal alle Haushalte an einen Server der Gemeinde oder Kommune angeschlossen, liegt es nahe, den Usern mehr *Selbstbeteiligung* und *Eigenverantwortung* abzuverlangen. Dezentralisierung und De-Regulierung heißen dann im Klartext: Anträge und Formulare vor dem Bildschirm auszufüllen; Gebühren, Mahnungen und Abschlagszahlungen auf dem Terminal zu entrichten, Termine und Öffnungszeiten elektronisch zu erfragen usw.

Und selbstverständlich laden Geschwindigkeit und schnelle Erreichbarkeit pressure-groups förmlich dazu ein, Datennetze als *Medium der Subpolitik* zu benutzen. Rasch lassen sich Nutzer für Kampagnen mobilisieren, die Konzerne, Regierungen oder Organisationen mit politischen Protestaktionen oder -noten elektronisch unter Druck setzen. Die Möglichkeiten dazu sind vielfältig, die Abwehrmaßnahmen allerdings auch und leicht. Sie reichen vom Verändern von Websites über das Blockieren von Zugängen und Zumüllen von Mailboxen mit

Kettenbriefen, Viren oder Datentrash bis hin zu virtuellen Sit-ins, die mit intelligenten Userprogrammen operieren. Mit solchen *gegenöffentlichen* Aktionen und Operationen kann kurzfristig Aufmerksamkeit im Netz erzeugt und können Solidarisierungen erreicht werden. Nicht-staatliche Akteure (NGOs) nutzen dies. Sie benutzen die Geschwindigkeit der Kanäle und die Verechtzeitlichung der Information, um auf soziale Mißstände hinzuweisen und Sonderinteressen in weltbürgerlicher Absicht durchzusetzen. Markennamen sollen den Usern Vertrauen, Glaubwürdigkeit, Ehrlichkeit und Aufrichtigkeit der Aktionen suggerieren. Von diesen hehren Absichten hält zumindest das Pentagon wenig. Zivilgesellschaftliche Akteure werden dort als Bedrohung der nationalen Sicherheit angesehen und mit Mafiosi, Terroristen und kriminellen Banden gleichgesetzt. Von Interesse sind NGOs nur, wenn sie für „Umweltschutz, Menschenrechte und religiöse Anliegen eintreten". Dann können sie „im Kampf gegen die Politik gewisser Regierungen eingesetzt werden" (Arquilla/Ronfeldt 1993: 30).

Der Kreis schließt sich, wir kehren an den Beginn unserer Ausführungen zurück, zum virtuellen Krieg. Wir fragen uns, warum ausgerechnet transnationale Organisationen und Bürgerbewegungen wie Greenpeace, amnesty international, Natur- und Tierschutzverbände usw., die undemokratisch organisiert sind und sich jeder demokratischen Kontrolle entziehen, „erste Adressaten" sein sollen, um den „Entwurf einer transnationalen Politik des Einholens und Einhegens globaler Netze" (Habermas 1998: 124) in die Weltgesellschaft hineinzutragen. Woher der Aufklärungsphilosoph diesen Optimismus nimmt, bleibt sein Geheimnis.

Literatur

Arquilla, John/David Ronfeldt (1998 [1993]): Der Cyberkrieg kommt. In: Stocker, Gerfried/Christine Schöpf (Hg.): *Information. Macht. Krieg.* Wien, New York, S. 24-56.
Baecker, Dirk (1998): *Poker im Osten. Probleme der Transformationsgesellschaft.* Berlin.
Barber, Benjamin (1996 [1994]): *Coca Cola und Heiliger Krieg. Wie Kapitalismus und Fundamentalismus Demokratie und Freiheit abschaffen.* Köln.
Baudrillard, Jean (1991): Der Feind ist verschwunden. In: *Der Spiegel,* Nr. 6, 45. Jg., S. 220-221.
Bourdieu, Pierre (1998): *Über das Fernsehen.* Frankfurt/M.
Bush, Vannevar (1945): As we may think. Gekürzt und auf deutsch in: *forum diskurs. Zeitschrift für Design und Theorie* 1/1997, 2. Jg., S. 136-146.
Chomsky, Noam (1998): *Die Macht der Medien.* München (i. E.).
Giddens, Anthony (1998): *Der dritte Weg. Die Erneuerung der sozialen Demokratie.* Frankfurt/M.
Habermas, Jürgen (1992): *Faktizität und Geltung. Beiträge zur Diskurstheorie des Rechts und des demokratischen Rechtsstaates.* Frankfurt/M.
Habermas, Jürgen (1998): Es gibt doch Alternativen! In: *Die Zeit,* 08.10.1998.
Habermas, Jürgen (1998): *Die postmoderne Konstellation. Politische Essays.* Frankfurt/M.

Hartmann, Frank (1998): Vom Sündenfall der Software. In: *Telepolis Online*, www.heise.de/tp/deutsch/special/med/6345/1.html.
Kittler, Friedrich (1991): Rock Musik – ein Mißbrauch von Heeresgerät. In: Elm, Theo/Hans H. Hiebel (Hg.): *Medien und Maschinen*. Freiburg.
Kittler, Friedrich (1998): Zur Theoriegeschichte von Information Warfare. In: Stocker, Gerfried/Christine Schöpf (Hg.): *Information. Macht. Krieg*. Wien, New York, S. 301-307.
Kleinsteuber, Ernst (1998): Die Zeitvorsprünge schmelzen weg. In: *taz*, 19.09.1998.
Luhmann, Niklas (1996): *Die Realität der Massenmedien*. Opladen.
Luhmann, Niklas (1997): *Die Gesellschaft der Gesellschaft*. Frankfurt/M.
Luhmann, Niklas (1999): Öffentliche Meinung und Demokratie. In: Maresch, Rudolf/Niels Werber (Hg): *Kommunikation, Medien, Macht*. Frankfurt/M.
Maresch, Rudolf (1995): Medientechnik. Das Apriori der Öffentlichkeit. In: *Die Neue Gesellschaft/Frankfurter Hefte* 9, Bonn, S. 790-799.
Maresch, Rudolf (1998): Die Virtualität der Kommunikation. In: Brill, Andreas/Michael deVries (Hg.): *Virtuelle Wirtschaft*. Wiesbaden, S. 323-338.
Menzel, Ulrich (1998): *Globalisierung vs. Fragmentierung*. Frankfurt/M.
Müller-Funk, Wolfgang/Hans-Ulrich Reck (Hg.) (1996): *Inszenierte Imaginationen. Beiträge zu einer historischen Anthropologie der Medien*. Wien, New York.
Nye Jr, Joseph S./William A. Owens (1996): America's Information Edge. In: *Foreign Affaires*, März/April, S. 20-36.
Panarin, Igor Nikolaewitsch (1998): InforWar und Autorität. In: Stocker, Gerfried/Christine Schöpf (Hg.): *Information. Macht. Krieg*. Wien, New York, S. 105-110.
Schulzki-Haddouti, Christiane (1998): Überwachungskontinent Europa. In: *c't* 25, S. 48-49.
Siegert, Bernhard (1993): *Relais. Geschicke der Literatur als Epoche der Post*. Berlin.
Simpson, John (1995): Sterben für die Wahrheit. In: *Die Zeit*, 20.01.1995.
Shannon, Claude E./Warren Weaver (1963/1976): *Mathematische Grundlagen der Informationstheorie*. München.
Telepolis Online. www.heise.de/tp/deutsch/special/enfo/default.html.
Toffler, Alvin/George A. Keyworth/George Gilder/Esther Dyson (1994): A Magna Carta for the Knowledge Age. In: *Frankfurter Allgemeine Zeitung*, 26.08.1994.
Van Creveld, Martin (1998 [1991]): *Die Zukunft des Krieges*. München.
Virilio, Paul (1993): *Krieg und Fernsehen*. München.
Virilio, Paul (1998 [1994]): *Ereignislandschaft*. München.
Winkler, Hartmut (1997): *Docuverse. Zur Medientheorie der Computer*. München.

ANGEBOT UND REZEPTION

Detlev Clemens

Netz-Kampagnen

Parteien und politische Informationslotsen in den Internet-Wahlkämpfen 1998 in Deutschland und den USA

Wahlkampf im Internet hat mit der Bundestagswahl 1998 auch in Deutschland ihren Einzug gehalten[1] und bemerkenswert schnell ihren Platz in den Werbestrategien der Parteien gefunden. Deren Websites waren mit der bunten Vielfalt ihrer umfangreichen, teilweise ganz neuartigen Informations- und Kommunikationsangebote zweifellos die spektakulärste technische Neuerung dieses Wahlkampfes und verschafften den Parteien viel „free media", also unbezahlte Medienpräsenz. In einem Wahlkampf, in dem – schließt man sich dem fast einhelligen Urteil der Kommentatoren an – statt inhaltlicher Substanz nur der Stil der Kandidatendarstellung die Parteienkonkurrenz bestimmte, waren Inszenierungen wie das in Ton und Bild online live übertragene Interview mit Gerhard Schröder auf dem Leipziger SPD-Wahlparteitag im April 1998 oder Helmut Kohls Internetchat eine Woche vor der Wahl jederzeit für eine Schlagzeile gut.

Auf diese Weise vollzogen die deutschen Parteien nach, was 1996 anläßlich der Präsidentschafts- und Kongreßwahlen in den USA zu beobachten war. Dort ist die Wahlkampfführung im Internet seither für die meisten Kandidaten eine Selbstverständlichkeit geworden[2] und hat sich zudem zu einer eigenen, voll professionalisierten Dienstleistungsbranche entwickelt.[3] Bislang fehlt noch der schlüssige Beweis, daß Wahlkämpfe online gewonnen werden können. Dennoch ist unbestritten, daß sie mit einer Präsenz im Internet zumindest leichter zu gewinnen sind als ohne sie (Rash 1997: ix) – sofern die Netzseiten ihrer speziellen Leistungsfähigkeit entsprechend als Teil eines durchdachten Medienmixes eingesetzt werden (Clemens 1998: 151 f., 156).

---

1   Erste Experimente mit dem Online-Wahlkampf fanden in Deutschland bereits Anfang 1996 statt, als z. B. im Kommunalwahlkampf in Nürnberg im März 1996 die F.D.P mit einer einfachen Website auftrat und für diese auch auf ihren Wahlplakaten warb.
2   Nach verschiedenen Erhebungen hatten im US-Wahlkampf 1998 im Durchschnitt knapp zwei Drittel aller Kongreßkandidaten eine eigene Wahlkampf-Website; vgl. Campaigns & Elections 1998; Goff/Dulio 1999; Kamarck 1998.
3   Das gilt sowohl für das Design und die Betreuung der Netzseiten der Kandidaten, für den Handel mit Online-Adressenlisten wie auch für die kontinuierliche Bewertung der Netzseiten durch Online-Medien wie „CampaignWebReview" (http://www.campaignwebreview.com) oder Web White & Blue (http://webwhiteblue.org).

Freilich stellen politikwissenschaftliche Analysen von Online-Wahlkämpfen im allgemeinen weniger deren Effekt für eine erfolgreiche Kandidatur in den Mittelpunkt, als vielmehr ihre „demokratisierende" Wirkung auf Wahlkämpfe und damit auf die repräsentative Demokratie schlechthin. Erleichtern Online-Wahlkämpfe Wählern durch erweiterten und vereinfachten Zugang zu Informationen über Programme und Sachfragen eine sachkundigere, weniger der manipulativen Selbstdarstellung der Kandidaten und Parteien ausgelieferte, rationale Wahlentscheidung? Hilft die Interaktivität der Netzseiten die Asymmetrie des Kommunikationsflusses zwischen Parteien bzw. Kandidaten und Wählern zu durchbrechen? Tragen Wahlkämpfe im Internet als Manifestationen einer fortschreitenden „Elektronifizierung" der politischen Öffentlichkeit dazu bei, die Kluft zwischen politischen Entscheidungsträgern und Gesellschaft zu verringern und die Responsivität zu stärken? In dieser Hinsicht richtet sich der Blick überwiegend auf das demonstrative Zugehen von Parteien auf die Bürger im Internet (Stradtmann 1999), wie es etwa die F.D.P im Bundestagswahlkampf mit ihrem „Internet-Truck", einem fahrbaren Internet-Café, auf den Marktplätzen und in den Fußgängerzonen gleich in doppelter Symbolik betrieb. Auch die Online-Wahlberichterstattung in den Massenmedien findet ihre Beachtung (Bieber 1997), was hingegen für ein anderes Orientierungsangebot kaum gilt, das für die Lebendigkeit der Demokratie im Informationszeitalter weit folgenreicher sein und am ehesten die Herstellung der vielbeschworenen „elektronischen Agora" (Marschall 1998: 43) – so weit sie realistisch ist – befördern könnte: die unabhängigen wahlkampfbezogenen Informationsplattformen, „Informationslotsen", deren Gestalt und Potential für die Demokratie hier untersucht wird.

Zur einstweiligen Charakterisierung der Informationslotsen soll zunächst nur auf ihre selbstgesteckte Hauptaufgabe verwiesen werden, nämlich von parteiunabhängiger Warte aus dem Wähler verläßliche, sachorientierte Informationen als Gegengewicht zum Polit-Marketing der Parteien und Kandidaten als Voraussetzung für eine rationale Wahlentscheidung bereitzustellen. Da die verschiedenen Informationslotsen mit unterschiedlichen Ansprüchen und Ressourcen auftreten und sich zudem ihre Angebote in manchem mit jenen von Online-Medien und selbst den Parteien überschneiden, erscheint ihre detailliertere theoretische Bestimmung erst sinnvoll, nachdem im Folgenden ihre konkreten Angebote und politischen Wirkungen anhand ausgewählter Beispiele aus den USA und Deutschland beschrieben worden sind. Am Anfang aber steht eine zusammenfassende Bewertung der Wahlkampf-Netzseiten der deutschen Parteien hinsichtlich ihrer Leistung und Grenzen in der Kommunikation mit dem Wähler, die gleichzeitig das potentielle Wirkungsfeld der Informationslotsen umreißt.

1 Das Internet als Wahlkampfmedium von Parteien und Kandidaten

Gemessen an den Schlagzeilen und zahlreichen journalistischen Beschreibungen, die der Online-Wahlkampf 1998 hervorgerufen hat, war seine Wirkung weniger spektakulär. Er erfuhr überwiegend negative Bewertung, und nicht anders als in den USA zwei Jahre zuvor wurden hochgesteckte Erwartungen hinsichtlich einer Revolutionierung der Wahlkampfkommunikation enttäuscht. Im Wahlkampf zur Bundestagswahl 1998 hatten über 30 der gut 40 zur Wahl zugelassenen Parteien eine eigene Netzseite, darunter alle im Bundestag vertretenen Parteien. Hinzu kamen – mit deutlichem Übergewicht aus den Reihen der SPD – mehrere Dutzend Bundestagskandidaten sowie eine kaum zu überschauende Zahl regionaler oder lokaler Parteigliederungen, die in ihren Wahlkreisen mit eigenen Websites Wahlkampf machten. In dieser Vielzahl von Netzangeboten spiegelt sich der stark dezentrale Charakter des Online-Wahlkampfes wider, der auch und gerade auf der Graswurzel-Ebene Parteimitgliedern oder parteinahen Födergruppen ein ideales, billiges und doch potentiell weitreichendes Medium zur eigenkreativen Politikdarstellung und Wahlwerbung an die Hand gibt.[4] Liest man nur die Zahlen der Nutzer, die die Bonner Parteien mit dem geringen personellen Einsatz von höchstens einer Handvoll Experten über ihre relativ aufwendigen und fortlaufend aktualisierten Netzseiten erreichen, so erscheint die Bilanz des Online-Wahlkampfes durchaus respektabel. Die SPD hatte nach eigenen Angaben im August 1998 4,5 Millionen und im September 9,5 Millionen Zugriffe (Seitenabrufe, nicht individuelle Nutzer!), und die CDU verzeichnete auf ihrem Diskussionsforum, dem am meisten genutzten Teil ihres Online-Angebots, etwa 20 000 monatliche Diskussionsbeiträge (Grafe 1998).

Freilich sagen die Zahlen wenig aus, wenn der Beurteilungsmaßstab die Qualität und Verläßlichkeit der Informationen sowie die Rückwirkungen auf die Responsivität von Parteien und Politikern ist. Zu Recht wurde an der Online-Präsenz der Bonner Parteien bemängelt, ihre Informationen gingen nicht wesentlich über jenes gedruckte Parteischriftgut hinaus, das auch auf herkömmlichem Weg zu beziehen ist (Leggewie 1999). Demgegenüber werden die Möglichkeiten des feed-back, die symbolträchtige Interaktivität in der Online-Kommunikation offensichtlich noch zuwenig genutzt. Rückmeldungen und Anregungen von Nutzern in den Gästebüchern oder Diskussionsforen der Parteiserver bleiben meist ohne sichtbare Reaktion, Anfragen werden häufig nicht

---

4 Diese dezentralen Aktivitäten werden von den Parteizentralen auch unterstützt; die SPD bietet ihren Mitgliedern oder Förderern online die notwendige Software und das Know-How für die Erstellung eigener Websites an. Mittlerweile tut dies auch die CDU auf ihrer Homepage.

oder nur mit erheblicher zeitlicher Verzögerung beantwortet. Gerade die – auch für den Wahlkampf genutzten – individuellen Homepages vieler Bundestagsabgeordneter[5] erfuhren im Online-Fachmagazin „telepolis" in dieser Hinsicht, aber auch mit Blick auf die oft mangelnde Aktualität, „vernichtende Testergebnisse" (Schulzki-Haddouti 1998). Und in der Tat sind die im Netz mit Homepages präsenten Abgeordneten, was die Expertise und die zur regelmäßigen Pflege der Websites nötigen Ressourcen angeht, gegenüber den Servern der Bonner Parteien deutlich im Nachteil (Stradtmann 1999).

Selbst wenn man den Online-Wahlkämpfern zugute hält, daß sie die Möglichkeiten des Internets noch auszuloten haben, so schlägt bei ungeschicktem Umgang mit dem neuen Medium dessen positive Symbolik doch schneller ins Gegenteil um. So ließ der mißglückte Internetchat von Helmut Kohl am 16. September, in denen der Bundeskanzler in 70 Minuten auf Hunderte von Fragen knapp 20 Antworten gab, seine gänzliche Unvertrautheit mit dem Medium erkennen und rief bestenfalls enttäuschte, mehrheitlich aber abwertende bis zynische Kommentare hervor, gipfelnd in seiner Charakterisierung als „Neandertaler im Cyberspace" (Foerster 1998). Ebenso wurde die propagierte Bürgernähe völlig unglaubwürdig, als im Falle der CSU noch drei Tage nach der Bundestagswahl auf der Wahlkampf-Netzseite der Partei keine Aktualisierung etwa mit den Wahlergebnissen oder dem angekündigten Rücktritt von Noch-Finanzminister Theo Waigel als Parteichef stattgefunden hatte, und am Tag darauf wieder die alte, biedere Parteiseite ohne speziellen Wahlkampfbezug erschien. Ähnliche Beispiele ließen sich auch aus anderen Parteien nennen. Angesichts solcher Defizite erstaunt es nicht, daß der 1998 erstmals in nennenswertem Umfang betriebene Online-Wahlkampf in Deutschland trotz seiner vielfältigen Informationsangebote letztlich eine überwiegend kritische Resonanz gefunden hat. Da wurden die Online-Angebote der Bonner Parteien insgesamt als „lustloses Herumprobieren in neuen Medienräumen" abgetan und die Durchführung eines richtigen Online-Wahlkampfes erst für das Jahr 2002 prognostiziert (Foerster 1998). Doch dieser Kritik scheinen manche überhöhte Erwartungen zugrunde zu liegen, die ihre Berechtigung in Frage stellen.

Selbst wenn auch online immer noch die „broadcast"-Kommunikation, der destributive Informationsfluß von Parteien bzw. Kandidaten hin zu den Wählern gegenüber einer ernsthaften Nutzung der interaktiven Artikulationsmöglichkeiten überwiegt, so werden die Netzseiten dadurch noch nicht zu bloßen digitalen Werbeschriften und Verlautbarungsorganen der Parteien. Allein die hohe Ak-

---

5   Sie sind von den auf dem Bundestagsserver liegenden, standardisierten und für den Wahlkampfeinsatz nicht zugelassenen Hompages aller Bundestagsabgeordneten zu unterscheiden.

tualität der Parteiserver und die schnelle, zeit- und ortsunabhängige und relativ billige Verfügbarkeit von ggf. sehr spezifischen Informationen kann für jene Wähler, die über ausreichend Zeit und Sachverstand zur Nutzung der Online-Angebote verfügen, durchaus einen qualitativen Sprung in der informationellen Fundierung ihrer Wahlentscheidung ausmachen. Und was die Interaktivität mit den Besuchern der virtuellen Parteizentralen anbelangt, so bemühen sich die Webmaster zumindest aller Bonner Parteien um einen schnellen Rückkontakt möglichst per E-Mail. Andere Schwierigkeiten setzen der Erleichterung wechselseitiger Kommunikation zwischen Parteien/Kandidaten und Bürgern oder auch von Bürger zu Bürger („many-to-many"-Kommunikation) Grenzen.

Die geringen Kosten der elektronischen Kommunikation führen zu deren Inflationierung, was ihrem qualitativen Niveau abträglich ist und in ihrer Quantität die Reaktionsfähigkeit auch die besten Parteistäbe überfordert. In Diskussionsforen und Chats werden die politischen Gegensätze – gefördert durch die Anonymität – mindestens mit derselben Grobschlächtigkeit ausgetragen wie in der physischen Welt. Zur Politikfindung tragen sie wenig bei; fruchtbare Online-Diskussionen entstehen nur, wenn alle Teilnehmer vom Thema gleichermaßen betroffen sind und sich erfahrungsgemäß nicht mehr als ca. 40 Teilnehmer beteiligen (Juretzki 1999). Umgekehrt aber können sich die Netzbetreiber der Parteien aus Chats und Foren wie aus Wortmeldungen per E-Mail durchaus auch dann einen Eindruck von der Stimmungslage in der Wählerschaft machen, wenn der Nutzer keinen Widerhall seiner Wortmeldung empfängt. Und mehr als annäherungsweise Stimmungsbilder können über die Webseiten angesichts der unrepräsentativen Zusammensetzung der Nutzerschaft ohnehin nicht eingefangen werden. Keinesfalls können oder sollen der „feed-back", Meinungsumfragen oder Probeabstimmungen auf den Websites routinemäßig und professionell durchgeführten repräsentativen Meinungsumfragen Konkurrenz machen.

So stehen aus Sicht der Parteien gerade jene Leistungen der Websites im Mittelpunkt ihres Interesses, die von Kritikern der Online-Wahlkämpfe als ungenügend bemängelt werden: An erster Stelle ist dies eine schnelle und vor allem preiswerte Bereitstellung ausführlicher aktueller Informationen zur eigenen Person/Partei und den eigenen Standpunkten, die nicht durch den Filter der Massenmedien gehen müssen.[6] An zweiter Stelle folgt die Werbung, Mobilisierung und Werbemittel-Ausstattung von Unterstützern an der Basis sowie vor

---

6   In einer Erhebung des amerikanischen Fachmagazins „Campaigns & Elections" unter ca. 170 online präsenten Kandidaten im Wahlkampf 1998 bezeichneten diese die preiswerte und von den „gatekeepern" der Medien ungefilterte Informationsverbreitung als wichtigstes Leistungs-

allem die interne Organisation des Wahlkampfes. Im Bundestagswahlkampf 1998 geschah dies bei CDU und SPD vor allem über die Intranets, die Kandidaten und hauptamtlichen Mitarbeitern von der Parteizentrale bereitgestellte Informationen, taktische Anweisungen oder auch Sprachregelungen lieferten (Clemens 1998: 149). In den USA tritt die – in Deutschland noch kaum online – praktizierte Einwerbung von Spenden hinzu, die auf manchen Websites sogar direkt auf elektronischem Weg per Kreditkarte überwiesen werden können.[7]

Insofern ist aus Sicht der Wahlkämpfer die Hauptaufgabe der angebotenen Interaktivität, daß sich der Nutzer mit der eigenen Internet-Adresse und möglichst weiteren Angaben zu seiner Person meldet. Dadurch wird er im besten Fall zum organisierbaren potentiellen Mitglied der Werbekampagne, in jedem Fall aber zum Adressaten gezielter Werbung, sei es durch Newsletters der Parteien, sei es durch eine Überwachung der Bewegungen der individuellen Nutzer zu den inhaltlichen Angeboten der Website und dann entsprechend zusammengestellte maßgeschneiderte Informationen – eine in den USA zu erstaunlicher Reife fortentwickelte Technik. Insgesamt gilt aus Sicht der Parteien/Kandidaten, daß Internet und Intranets vor allem in der taktischen Organisation der Wahlkampagnen ein unschlagbares Potential bieten, dem in seiner Leistungsfähigkeit und Schnelligkeit kein Kommunikationsmedium gleichkommt (Rash 1997: x).

Diese Interessenlage der Parteien bzw. Kandidaten ist zu beachten, wenn ein „richtiger" Online-Wahlkampf erst für die Zukunft prophezeit wird, wobei meist nicht klar ist, was den konkret ausmachen soll. Bezieht sich „richtig" auf die bestmögliche Ausnutzung seines Potentials für die Organisation der Kampagne, so trifft zweifellos zu, daß sich die Online-Wahlkämpfer besonders in Deutschland noch in einer Lernphase befinden. Entgegen einer – auch noch in den USA – verbreiteten Auffassung[8] ist nämlich eine wirkungsoptimierte Website keineswegs billig. Bezieht sich „richtig" hingegen auf die erhoffte „demokratisierende" Wirkung der Online-Wahlkämpfe (Verringerung der Kluft zwischen Regierenden und Regierten), so verbinden sich damit allzu leicht überzogene Erwartungen. Was berechtigt zu der Hoffnung, das Internet könne bewirken, was dem Fernsehen, zumal den vor gut 10 Jahren mit hohen Erwartungen eingeführten, ebenfalls „interaktiven" Kabelkanälen, nicht gelungen war (Hart 1994)?

---

merkmal ihrer Websites; die Eruierung von Wählermeinungen stand auf einer 10-Punkte-Skala erst an achter Stelle (http://www.camelect.com/survey.html; 26.11.1998).

7   Laut Goff/Dulio (1999: 3, 6) dienten 72 Prozent der von ihnen ausgewerteten Websites auch der Spendensammlung; davon bot ca. ein Drittel eine elektronische Überweisung an; insgesamt wird nur ein kleiner Anteil der Gesamteinwerbungen online getätigt; vgl. Booth 1998.

8   Vgl. die Untersuchung von „Campaigns & Elections", nach der 80 Prozent der befragten Betreiber von Wahlkampf-Netzseiten meinten, mit weniger als 2 000 $ Kosten auszukommen.

Online-Wahlkämpfe mögen unter bestimmten Voraussetzungen dann „demokratisierend" wirken, wenn, wie im Falle von Bündnis90/Die Grünen, Wahlprogramm-Entwürfe vor ihrer endgültigen Beschließung im Netz zur Diskussion gestellt werden. Gleiches gilt insofern, als sie auch für Außenseiterkandidaten oder Splitterparteien die Chance vergrößern, mit relativ geringen Mitteln eine höhere, nationale Aufmerksamkeit auf sich zu ziehen, wobei die Kehrseite der Medaille dann der ebenfalls erleichterte Mißbrauch von Kandidaturen für Publicity-Zwecke oder kommerzielle Interessen ist.

Auch der Online-Wahlkampf unterliegt den Gesetzen moderner Wahlkampfführung, d. h. der suggestiven Personalisierung und thematischen Zuspitzung in der Politikdarstellung, die für das Gros der Wähler jede differenziertere politische Kommunikation überlagern. Für die meisten Politiker ist die eigene Website in erster Linie eine weitere und effiziente Form der Wahlwerbung, und daher ist es bspw. realitätsfern zu bemängeln, die Wahlkampf-Netzseiten nützten das Grenzen sprengende Potential des Internet zu wenig und seien zu lokal ausgerichtet (Goff/Dulio 1999: 7). Wahlkämpfer wollen nicht alle Welt kontaktieren, sondern die Wähler im eigenen Wahlkreis. Websites sind dabei Teil einer umfassenden Marketing-Gesamtstrategie. Wer also nach „objektiven", den nach sachbezogener Orientierung suchenden Wähler fair bedienenden Informationen verlangt, wer vom Internet einen Beitrag zur „Teledemokratie" oder einen „intensiven digitalen Bürgerdialog" (Schulzki-Haddouti 1998) erhofft, der kann dies nicht von den Netzseiten der Parteien und Kandidaten erwarten. Vielmehr liegt es nahe, in dieser Hinsicht – zunächst im deutschen Kontext – das Angebot der parteiunabhängigen Informationsplattformen zu untersuchen, die in beträchtlicher Zahl die Wahlkämpfe 1998 begleiteten.

2 Parteiunabhängige Wahlkampfplattformen im Bundestagswahlkampf 1998

Der geringe technische Aufwand für die Erstellung einer eigenen Netzseite im World Wide Web hat eine bunte Vielfalt von parteiunabhängigen Angeboten ermöglicht, die die Bundestagswahl online begleiteten. Inhaltlich allerdings waren sie höchst unterschiedlich zu bewerten. Nicht selten schienen bei der Konzeption der Websites gegenüber ihrer Nützlichkeit für die Orientierung suchenden Wähler andere Motive oder auch nur der pure Spaß der Designer am Kreativen im Vordergrund gestanden zu haben. Faßt man, ohne bereits auf einzelne Anbieter einzugehen, die Leistungen der parteiunabhängigen Wahlkampfplattformen zusammen, so lassen sich im wesentlichen drei Bereiche erkennen:

(1.) die Prognose des Wahlausganges, (2.) die Erklärung des Wahlsystems und der Bedeutung des Wählens, (3.) die Bereitstellung übergreifender Informationen zur Programmatik der Parteien und den Kandidaten sowie zum Verlauf des Wahlkampfes. Anbieter waren öffentliche Bildungseinrichtungen wie die politischen Bildungszentralen von Bund und Ländern, Nachrichtenagenturen, Presseverlage und Rundfunk- bzw. Fernsehstationen, aber auch Universitätsinstitute, Privatleute und private partei- und verlagsunabhängige Dienste.[9]

Probeabstimmungen als Frühindikatoren für den Wahlausgang gehörten fast schon zur Grundausstattung der Plattformen, wobei ihr Beitrag zur Versorgung des Wählers mit für eine sachorientierte rationale Wahlentscheidung relevanten Informationen prinzipiell in Frage zu stellen ist, kann von solchen Prognosen doch nur ein Bandwaggon-Effekt für unentschlossene parteiungebundene Wähler oder allenfalls ein Mobilisierungseffekt für noch inaktive parteigebundene Wähler ausgehen. Doch selbst in dieser Hinsicht sind Online-Abstimmungen kaum verwertbar. Wenn bspw. Bündnis90/Die Grünen bei der Sonntagsfrage regelmäßig auf Traumraten um 15 Prozent kamen und dabei oft noch die CDU/CSU überflügelten (Bieber 1997), so sagten die Ergebnisse eher etwas über die soziale Zusammensetzung der Nutzerschaft aus, als über den zu erwartenden tatsächlichen Wahlverlauf. So sind Online-Probeabstimmungen und die resultierenden Wahlprognosen eher unter der Rubrik „Spaß" einzuordnen.

Ernster zu nehmen ist das von der ZEIT und dem TAGESSPIEGEL betriebene Wahl-Börsenspiel „Wahl$street", in dem der Nutzer online mit nur geringem Geldeinsatz wie an der Börse Aktien der Parteien kaufen kann. Deren jeweiliger Kurswert spiegelt die von den „Börsenteilnehmern" erwarteten Prozentzahlen des Wahlergebnisses für die jeweilige Partei wider und, so die Annahme, kann bei reibungslos laufendem Markt den Wahlausgang zuverlässig prognostizieren. Die Kurse lassen erkennen, was der Markt, d. h. alle seine Akteure, für den wahrscheinlichsten Wahlausgang hält. Vom Prinzip her nichts anderes als die lange bekannten Wahlwetten[10] und in ihrer der Vorhersageleistung vergleichbar präzise, wichen die Prognosen von Wahl$Street im Durchschnitt um weniger als ein Prozent vom amtlichen Endergebnis der Bundestagswahl ab und lagen damit besser als diejenigen der professionellen Meinungsforschungsinstitute.[11]

---

9   Eine umfangreiche Liste von Wahlkampfplattformen ist archiviert unter http://www.wahlkampf98.de/wahlkampf/wahlkampfsites.html.
10 Ein solches Tippspiel mit ebenfalls guten Prognoseergebnissen veranstaltete „W@hlkreis329. de" (http://www.wahlkreis329.de), der Server für ein Forschungsprojekt an der Universität Osnabrück, mit dem die Praktikabilität von Online-Wahlen für die Zukunft getestet wurde.
11 Vgl. auch den Beitrag von Miriam Meckel in diesem Band.

Im Gegensatz zur Wahlprognose liegt im zweiten Bereich, der Wählerunterweisung über die Grundbegriffe des Wahlsystems und die Funktionsweise des politischen Systems, der Nutzen für den Wähler auf der Hand. Entsprechend weit verbreitet sind solche Informationen auf den Servern der parteiunabhängigen Plattformen aber auch auf einer Reihe von Parteiwebsites. Ausführlich wurden das personalisierte Verhältniswahlrecht oder die Modalitäten der Briefwahl erklärt, daneben die Arbeitsweise des Bundestags oder der Gang der Gesetzgebung. Hier bedienen die Netzseiten die klassische Funktion von Wahlkämpfen als Orte eines demokratischen Lernprozesses. Den meisten Raum nahm auf den parteiunabhängigen Plattformen stets der dritte Informationsbereich ein, die Kommentierung der Positionen der Kandidaten und Parteien sowie des Verlaufes des Wahlkampfes. Er wurde von den deutschen Wahlkampf-Plattformen vor allem durch mehr oder minder ausführliche Presseschauen sowie umfangreiche Link-Sammlungen zu Parteien, Verbänden, Massenmedien und anderen Informationsagenturen abgedeckt. Nirgends allerdings waren eigens zusammengestellte Sammlungen sachlich neutraler Informationen zu finden, die den Hintergrund der im Wahlkampf dominierenden Themen mit Zahlenmaterial oder kritischen Analysen der Positionen und Lösungsansätzen erhellt hätten.

Die vermutlich wichtigste partei- und verlagsunabhängige Informationsplattform im bundesdeutschen Wahlkampf 1998 war *Wahlkampf98.de*[12], die bis zum Wahltag sukzessive zu einem quantitativ beeindruckenden Informationsangebot mit einer erschöpfenden Link-Sammlung und einer rege genutzten Diskussionsbühne anwuchs. Gleichzeitig aber wurde an diesem Informationslotsen auch deutlich, wie ein allzu umfangreiches, quasi mit enzyklopädischem Anspruch erstelltes, aber nicht gezielt auf die Bedürfnisse des Wählers hin konzipiertes Angebot, dessen Aufnahmekapazität eher überfordern konnte.

Erstellt von nur einer Handvoll Redakteuren, war sein hervorstechendes Angebot der aktuelle Pressespiegel, der sowohl über die Homepage als auch über einen Newsletter zu beziehen war und täglich eine Auswahl der Wahlkampf-Berichterstattung von etwa 20 überregionalen Presseverlagen und Rundfunkstationen anbot. Er ermöglichte den Nutzern einen schnellen und bequemen Überblick über die Kommentierung des Wahlkampfes in den Medien aller politischen Couleurs. Daneben gab es Diskussionsforen, Live-Chats mit prominenten Politikern und regelmäßig Online-Wahlen, die allerdings ebenfalls zu den beschriebenen verzerrten Resultaten führten. Zu den Landtagswahlkämpfen in Bayern und Mecklenburg-Vorpommern wurden spezifische Informationen ge-

---

12 Noch archiviert unter http://www.wahlkampf98.de.

liefert, zum Bundestagswahlkampf konnten die auffälligsten Wahlplakate der großen Parteien, aber auch die Chronologie der wichtigsten Ereignisse und Schlagzeilen des bisherigen Wahlkampfverlaufes abgerufen werden, ebenso die Positionen der Parteien zu den wichtigsten Themenkomplexen und Sachfragen in knapper Zusammenfassung. Eine ausführliche Rubrik bot „Informatives" und ein nützliches Glossar zu den rechtlichen Grundlagen der Wahl, wie Erklärungen zu den gängigen Wahlrechtsgrundsätzen, zu Erst- und Zweitstimme, Wahl- und Parteiengesetzen, der Bundeswahlordnung, Möglichkeiten der Briefwahl und zur Wahl im Ausland u. v. m. Hingegen dürften die detaillierten, nach Bundesländern aufgegliederten Wahlergebnisse der Bundestagswahlen seit 1949, einschließlich der in den jeweiligen Wahlkämpfen propagierten Slogans der Parteien, eher den kompilatorischen Ehrgeiz der Macher von *Wahlkampf98.de* befriedigt haben, als dem potentiellen Wähler unmittelbar von Nutzen gewesen sein. Gleiches gilt für manche Angebote der überaus umfangreichen Link-Sammlung. Sie umfaßte nicht nur alle zur Bundestagswahl zugelassenen und online präsenten Parteien, sowie eine große Anzahl von Abgeordneten oder Kandidaten mit eigenen Websites, sie ermöglichte auch die weitergehende Informationssuche bei einer Vielzahl anderer Plattformen, einschließlich der Server von zahlreichen politikwissenschaftlichen Universitätsinstituten in der Bundesrepublik – ob diese nun Relevantes für den Wahlkampf anboten oder nicht. Verlinkt waren ferner die archivierten Websites aus dem Präsidentschaftswahlkampf in den USA 1996 sowie einige politikwissenschaftliche Arbeiten zum Thema Wahlkampfkommunikation. Eindeutig fragwürdig hinsichtlich des Nutzens für den Orientierung suchenden Wähler wurde das Angebot schließlich, wenn unter der Rubrik „Koalitionstest" die politischen Schwerpunkte von sechs möglichen Koalitionskonstellationen zu antizipieren versucht und zu erwartende Ministerlisten aufgestellt wurden und damit die inhaltliche Analyse die Verbindlichkeit von Horoskopen erreichte.

Spätestens in der ausführlichen Abteilung „Fun" wurde klar, daß *Wahlkampf98.de* seine Aufgabe nicht darauf konzentriert sah, den Wähler online zu den für seine Wahlentscheidung relevanten Informationen zu lotsen. Die Wiedergabe der „BonnBons" aus dem Stern oder Cartoons der Spitzenkandidaten sollten für ernsthaft nach Wählerhilfe suchende Nutzer als Anziehungsmittel entbehrlich sein. Allenfalls der vielbeachtete und meist schmunzelnd gelobte „Phrasendrescher", der nach vom Nutzer vorgegebenen inhaltlichen und parteipolitischen Prioritäten aus den Parteiprogrammen der Bonner Parteien fiktive Politikerreden automatisiert zusammenstellte, mochte eine erheiternde *und* nützliche Mahnung für den Wähler gewesen sein, die unterschiedlichen – und sich doch nicht so sehr unterscheidenden – Wahlprogramme der Parteien für die Wahlentscheidung nicht übermäßig ernst zu nehmen.[13] Für eine kommerziell ausgerichtete Plattform wie *Wahlkampf98.de* aber, die sich hauptsächlich durch Bannerwerbung finanzierte und sich ihren „Premium-Partnern" als Forum der Selbstdarstellung darbot, schien eine solche Vergnügungsecke unentbehrlich, um eine maximale Zahl von Nutzern möglichst lange auf ihren Seiten zu halten.

Bewertet man das Informationsangebot von *Wahlkampf98.de* zusammenfassend, so sticht einerseits die Fülle der wahlkampfbezogenen Informationen und weiterführenden Links hervor, andererseits die hybriden Ziele der Website, die damit ihren experimentellen Charakter verriet. Ziel von *Wahlkampf98.de* war nicht zuletzt, zu zeigen, mit welcher Effizienz sich dank modernster Technik und persönlichem Einsatz im World Wide Web eine funktionierende „pluralistische Plattform" (Selbstdefinition) aufbauen läßt und wieviel Resonanz damit auch in der Politik erzeugt werden kann. Daneben aber verfolgte *Wahlkampf98.de* zumindest anfänglich deutlich kommerzielle Interessen – was zumindest prinzipiell die Frage nach der Unabhängigkeit und Überparteilichkeit der Informationen aufwirft. Die Informationsversorgung des Wählers mit einer Erweiterung der für ihn mit vertretbarem Aufwand greifbaren Informationsquellen zu verbessern, war durchaus ein Ziel der Initiatoren von *Wahlkampf98.de*, aber nicht das bestimmende.[14] Sie wollten viel von allem bieten und stellten eine Plattform zusammen, die in ihren Möglichkeiten zum Bezug und Austausch von Informationen im Bundestagswahlkampf 1998 ihresgleichen suchte, wenn auch deren Relevanz für die Wählerunterweisung nicht immer ersichtlich war. Insofern wäre auch *Wahlkampf98.de* noch zu optimieren, nimmt man die Ausgangsfragen der vorliegenden Abhandlung zum Maßstab. Voraussetzung wäre eine präzise Bestimmung nützlicher Online-Entscheidungshilfen und eine entsprechend klare Struktur der Netzseite. Praktische Hinweise hierzu ließen sich bei amerikanischen Informationslotsen finden.

---

13 In dieser Hinsicht verdient auch das spektakuläre Projekt des Politikwissenschaftlichen Lehrstuhls der Universität Passau „Wahl-Test98" (http://www.wahl-test98.com; 20.09.1998) Erwähnung. Dort konnten sich Interessierte zu bestimmten Sachfragen anhand programmatischer Äußerungen der Bonner Parteien – deren Namen erst bei der Endauswertung offenbart wurde – darüber orientieren, welcher Partei er programmatisch am nächsten stand. Das Projekt wird in ähnlicher Weise fortgeführt (http://www.evote.de). Es ist vergnüglich und lehrreich, sofern es die Vieldeutigkeit von Parteiprogrammen herausstellt, doch es wird fragwürdig, wenn es sich als Lotse zur „richtigen" Wahlentscheidung – gemessen an der Übereinstimmung der Präferenzen des jeweiligen Wählers mit bestimmten Parteiprogrammen – geriert.

14 So P.-A. Böttcher, Mit-Initiator von „Wahlkampf98.de", im Interview mit dem Verfasser im Februar 1999. Ursprünglich sollte die Domain Wahlkampf98.de als Plattform der Selbstdarstellung an Kunden, zuerst Parteien und Medienverlage, verkauft werden. Erst als dies erfolglos blieb, entwickelten die Initiatoren das Konzept und führten es in Eigeninitiative durch.

3 Informationslotsen in den USA

Parteiunabhängige Plattformen zur „Voter Education" haben aus verschiedenen Gründen in den USA im Vergleich zu Deutschland eine wesentlich weitere Verbreitung und weisen hinsichtlich ihrer Betreiber und ihrer Ansprüche eine größere Bandbreite auf. Ihre Tradition reicht teilweise Jahrzehnte zurück[15] und kann auch online schon auf eine fünfjährige Erfahrung zurückblicken[16]: Amerikanische politische Informationslotsen waren bemerkenswerterweise schon im Internet aktiv, als die Kandidaten das neue Medium gerade erst zu entdecken begannen. Sie agieren teils auf nationaler Ebene, teils in Beschränkung auf eine Region oder einen Staat, teils mit deutlicher Ausrichtung auf eine bestimmte Klientel oder mit thematischer Beschränkung, teils mit umfassendem Informationsanspruch, teils als Ein-Mann-Betriebe oder als Initiative weniger, gleichgesinnter Bürger, teils als großangelegte Angebote von Presseverlagen und Fernsehkanälen, Think Tanks, Universitäten oder sonstiger Bürgervereinigungen. Das Angebot ist kaum überschaubar.[17]

Die Gründe für die weite Verbreitung von Informationslotsen ist auf Besonderheiten des politischen Systems und Wahlsystems in den USA zurückzuführen, daneben auch auf eine Tradition politischer Kultur, die seit den Gründertagen der Republik bis heute[18] der freien informationellen Selbstbestimmung der Bürger einen hohen Stellenwert als Gegengewicht gegen einen Machtmißbrauch von Legislative oder Exekutive zumißt. Hinzu kommt die von Tocqueville paradigmatisch beschriebene lokale, „basisdemokratische" Politikverwurzelung in der Tradition der Town Halls, die eine gegenüber dem politischen System Deutschlands weit höhere Zahl an Wahlämtern sowie – je nach Bundesstaat – direktdemokratischen Elementen im politischen Prozeß mit sich bringt und damit auch einen höheren Informationsbedarf der Wähler. Da gleichzeitig die politischen Parteien über einen schwächeren Organisationsgrad und eine gerin-

---

15 So bspw. die bereits 1920 gegründete „League of Women Voters" (http://www.lwv.org), die sich inzwischen zu einer überparteilichen, geschlechtsneutralen Organisation zur Förderung politischer Partizipation und der dafür notwendigen Informationsbeschaffung entwickelt hat.
16 Sowohl das „Project Vote Smart" als auch die „California Voter Foundation" (http://www.webcom.com/cvf), zwei der wichtigsten und bekanntesten Wahlkampf-Informationslotsen, gingen bereits 1994 online.
17 Eine gute Übersicht zu den Netzseiten für die Wahl 1998 bieten die Überblicke bei Yahoo: http://www.yahoo.com/Government/U_S_Government/Politics/Elections/1998USElections und WebWhite & Blue: http://webwhiteblue.org/electionnews.html.
18 Deutlich wurde das in der erbitterten Diskussion um die Gesetze zum „Communications Decency Act" und ihrer zweimaligen gerichtlichen Zurückweisung. Gerade seit der Mitte der 80er Jahre entstanden viele unabhängige politische Informationsplattformen als Gegengewicht zur „Mediatisierung" der Politik seit der Präsidentschaft Ronald Reagans.

gere Integrationskraft verfügen als ihre deutschen Pendants, kommt angesichts der hohen Frequenz von Wahlen in den USA den Kandidaten mit ihren Wahlkampfteams eine besondere Bedeutung bei der Artikulation und Aggregation von Interessen zu. So charakterisiert US-Wahlkämpfe eine gegenüber deutschen Verhältnissen weit stärkere Kandidatenzentrierung, die wiederum in erster Linie Folge des Nominierungssystems durch Vorwahlen und des Mehrheitswahlrechtes ohne Absicherung der Kandidaten über Parteilisten ist. Ebensowenig ist das politische Verhalten der Amts- oder Mandatsträger – also etwa die Einbringung oder Unterstützung von Gesetzesinitiativen, Ausschußarbeit oder Abstimmungsverhalten – notwendigerweise als Funktion der Parteizugehörigkeit zu verstehen, so daß sich im Wahlkampf viel weitergehende Möglichkeiten zur individuellen Beurteilung der Kandidaten als Vorbedingung rationaler Wahlentscheidung eröffnen. Solche Besonderheiten erklären einerseits die große Verbreitung der Informationslotsen in den USA[19], markieren aber zugleich so gravierende Unterschiede zwischen den politischen Systemen in den USA und Deutschland, daß andererseits gefragt werden muß, ob und wie sich amerikanische Vorbilder überhaupt auf den deutschen Kontext übertragen lassen.

Die skizzierten Ausgangsbedingungen des amerikanischen Wahlsystems spiegeln sich auch in einer gewissen Grundausstattung wider, die nahezu allen Wahlkampfplattformen gemein ist. Stets werden (wie auch auf den Wahlkampf-Netzseiten der Kandidaten und Parteien) Informationen und Vordrucke zur Wählerregistrierung angeboten. Meist wird dem Nutzer der Zugang zu relevanten Informationen erleichtert, indem er entweder durch Eintippen seines ZIP-Codes oder durch Anklicken des Heimatstaates und ggf. Distriktes auf einer Karte der USA direkt zu den Informationen über die Kandidaten seines Wahlkreises bzw. zu den – je nach Wahlebene oder Referendum – aktuellen Sachfragen geleitet wird. Dazu gehören ebenso Linksammlungen zu den Homepages der wichtigsten Kandidaten, ein nützlicher Service, da sonst die Kandidaten-Websites für den Nutzer gelegentlich schwer zu finden sind (Goff/Dulio 1999: 2). Zu den Informationen, die auf den Wahlkampfplattformen quasi ein Muß sind, gehören Übersichten über die jeweiligen Quellen der finanziellen Zuwendungen an die Kandidaten, wie sie der *Federal Election Commission* offengelegt werden müssen, ein im amerikanischen Kontext ohne staatliche Wahlkampffinanzierung besonders wichtiger Faktor, dem sich auch einige Informationsplattformen exklusiv widmen.[20]

---

19 Ein anderer Grund wäre die im Vergleich zu den Deutschen ausgeprägtere Aufgeschlossenheit der Amerikaner gegenüber technischen Neuerungen; vgl. Hagen 1997: 101.
20 So z. B. das „Center for Responsive Politics" (http://www.crp.org).

Unter den zahlreichen Informationslotsen, die 1996 und 1998 die Präsidentschafts- und Kongreßwahlkämpfe begleiteten, wird nun das „Project *Vote Smart* – Center for National Independence in Politics" exemplarisch untersucht. Es wurde im Jahr 1988 als private Initiative von einem guten Dutzend Politikern, Journalisten und Privatleuten in Arizona gegründet, ist inzwischen eng mit der University of Oregon, Corvallis, und der Northeastern University, Boston, verbunden und bietet nach vierjähriger Testphase in mehreren Staaten seit 1992 das wohl bekannteste, umfassendste und mit dem größten Aufwand betriebene nationale Programm zur Wählerunterweisung seiner Art in den USA. Mit nur wenigen hauptamtlichen, dafür aber in Wahlkampfzeiten mit mehreren Hundert (1994: ca. 400) freiwilligen Mitarbeitern – vor allem Studenten in Praktika an den mit *Vote Smart* verbundenen Universitäten – stellt die Organisation eine Fülle an Informationen über alle Kandidaten auf nationaler und regionaler Ebene zusammen und, das ist seine besondere Leistung, erhebt sie teilweise selbst. Diese Informationen werden den Wählern auf einer umfangreichen, vorbildlich klar gegliederten Website zur Verfügung gestellt, daneben aber auch auf einem gebührenfreien 1-800-Telefonanschluß[21], mit dem alternativ oder ergänzend zur Website individuelle Fragen von Wählern abgedeckt werden können. Die wichtigsten Informationen werden – neben anderen Publikationen – tabellarisch zusammengefaßt und als „Voter Self Defense Manual" herausgegeben, das 1996 in über einer Million Exemplaren in englischer, spanischer, chinesischer und vietnamesischer Sprache erschien. Ergänzend hierzu wird, mit dem Blick auf Journalisten als Multiplikatoren, das „Reporters Source Book" zusammengestellt, aus dem Journalisten einführende Fakteninformationen zu den wichtigsten politischen Sachfragen im Wahlkampf beziehen können, sowie eine ausführliche Adressenliste von jeweils sachkundigen Interessengruppen, weiteren Informationsdiensten oder Experten aus Wissenschaft und Geschäftsleben. Ferner wurden in einem Pilotprojekt für die Kongreßwahlen 1998 in über 50 öffentlichen Bibliotheken im ganzen Land Dependencen von *Vote Smart* errichtet, die ihren Besuchern auch off-line die publizierten Wählerhilfen anbieten und damit den Bekanntheitsgrad von *Vote Smart* und die Effizienz seiner Wählerunterweisung steigern sollen. Demselben Ziel dienen fünf leicht transportable Wanderausstellungen im ganzen Land – genannt „Road to Democracy" – zu den Idealen der Gründer und deren Gefährdung durch heutige Kampagnenpraxis.

Die Homepage von *Vote Smart* verweist den Nutzer zunächst auf drei klar voneinander getrennte Bereiche: (1.) die gesammelten Informationen über die

---

21 In den letzten Tagen vor der Kongreßwahl im November 1998 hatte Vote Smart über 100 000 Anrufe täglich auf seiner Hotline. Die Zugriffe auf die Homepage erreichten ein Vielfaches.

Kandidaten sowie ggf. über die zur Abstimmung stehenden Referenden, (2.) die Funktionsweise und rechtlichen Grundlagen des politischen Systems der USA, sowie (3.) Erklärungen zu Inhalt und aktuellem Stand aller wichtigeren Gesetzesinitiativen im Kongreß. Hinzu kommen praktische Übersichten wie die Modalitäten der Wählerregistrierung, aber auch eine Liste der Wahllokale in allen Wahlkreisen. Hinsichtlich der Funktionsweise des politischen Systems bietet das „Klassenzimmer" von *Vote Smart* mit Blick auf die Mittler politischer Bildung Informationen und Lehrmittel an, wie z. B. herunterzuladende Einführungen und Übungsstunden für Lehrer an mittleren und höheren Schulen zum Thema repräsentative Demokratie und Wahlen. Anhand ausgewählter Beispiele aus der eigenen Datenbank von *Vote Smart* sollen Schüler exemplarisch Schein und Sein in der politischen Kommunikation von Kandidaten oder Einseitigkeiten in der politischen Medienberichterstattung aufzuspüren und zu durchschauen lernen und auf diese Weise selbst die Fähigkeit zur kritischen Beurteilung der tatsächlichen Performanz von Politikern und Parteien entwickeln.

Hinsichtlich der Beurteilung der Kandidaten werden einerseits die gängigen, allgemein zugänglichen Informationen zusammengestellt, also etwa die Herkunft der Finanzmittel oder die unterstützten Gesetzesinitiativen und das Abstimmungsverhalten im Kongreß; andererseits erhebt *Vote Smart* mit seinem umfangreichen Mitarbeiterstab aus der Medienberichterstattung, eigener Beobachtung oder sonstigen Quellen auch eigene Daten. Herzstück der Wählerinformation ist der „National Political Awareness Test", eine 1998 etwa 20 000 Kandidaten für die zur Wahl stehenden Ämter oder Mandate auf allen Ebenen vorgelegte und von über 13 000 von ihnen auch beantwortete standardisierte Umfrage über ihre Haltung zu den aktuell wichtigsten politischen Sachfragen.

Eingeschlossen sind Erhebungen zur jeweiligen persönlichen und politischen Biographie. Diese Daten werden, soweit möglich, von den Mitarbeitern verifiziert, also mit dem tatsächlichen Abstimmungsverhalten oder etwa Interviews kontrastiert, um eventuelle Divergenzen aufzuzeigen. An die Seite des „National Political Awareness Test" tritt als weitere einzigartige Datenbank zur Beurteilung der Kandidaten eine Sammlung von Bewertungen (ratings) der einzelnen Abgeordneten im Amt durch verschiedene Interessenorganisationen aus dem gesamten politischen Spektrum. *Vote Smart* sammelt diese unkommentiert und ermöglicht so dem Wähler, seine Wahl unter den Kandidaten aus der Perspektive jener – von *Vote Smart* ebenfalls ausführlich in ihrer Ausrichtung vorgestellten – Interessenverbände zu treffen, mit denen er sich identifiziert. Gleichzeitig wird ersichtlich, welcher Kandidat welche Interessen „bedient" – seien es Bürgerrechts- oder Umweltschutzbewegungen oder die Waffenlobby.

Noch in einer weiteren Hinsicht ist *Vote Smart* beispielgebend: in der Sicherstellung seiner Unparteilichkeit. Mit deren Glaubwürdigkeit – und der Verläßlichkeit der Informationen – steht und fällt die Wirksamkeit jeder Organisation zur Wählerunterweisung, die Kandidaten und Parteien auch selbst bewertet. Das aktuelle Angebot wird laufend von einem Gremium unabhängiger Personen und hochrangiger Politiker beider Parteien überwacht, so wie sich auch bereits unter den Gründungsmitgliedern von *Vote Smart* prominente Kongreßmitglieder und die Ex-Präsidenten Gerald Ford und Jimmy Carter fanden. Ferner wird für den Teil des Informationsangebotes die Quelle bzw. die Art der Erhebung sowie die Verifizierung offengelegt. Sodann wird die Liste der im „National Political Awareness Test" abgefragten Sachfragen sowie ihre Reihung erst nach vorausgehenden repräsentativen Meinungsumfragen in der Öffentlichkeit sowie einer quantitativen Themenkonjunkturanalyse der wichtigsten Reden im Kongreß und den Inselstaaten-Parlamenten festgelegt, um nicht durch willkürliche Prioritätenlistung der Themen der einen oder anderen Seite im Hinblick auf das agendasetting Vorteile zu verschaffen. Schließlich lehnt *Vote Smart* zur Sicherung seiner finanziellen Unabhängigkeit Zuwendungen von Regierungsstellen, Wirtschaftsunternehmen oder auch institutionellen Spendern ab, mit Ausnahme neutraler Stiftungen wie der „Ford Foundation" oder der „Carnegie Fundation". Die Haupteinnahmequelle sind die Mitgliedsbeiträge der etwa 50 000 Mitglieder bzw. Förderer.[22] Auf diese Weise hat sich die Organisation tatsächlich eine makellose Reputation für ihre Unparteilichkeit erworben, wie zahlreiche Medienberichte bestätigen und wie es sich in der Zusammenarbeit niederschlägt, die zahlreiche öffentliche Bibliotheken im ganzen Land mit *Vote Smart* zur Förderung der Wählerunterweisung eingegangen sind. In letzterer Hinsicht erscheint *Vote Smart* recht erfolgreich. Einige repräsentative Umfragen von 1998 ergaben, daß nahezu ein Zehntel der Wähler *Vote Smart* zumindest namentlich kannten, und die Teilnahme am „National Political Awareness Test" ist mittlerweile für die Kandidaten ein Thema ihrer Wahlkampfauseinandersetzung geworden. Ein Grund für diesen Erfolg war sicher auch die klare und auf die ganz unterschiedlichen Bedürfnisse der verschiedenen Wähler abgestimmte Struktur der Website, bei der es sich auszahlen dürfte, daß im wissenschaftlichen Beirat von *Vote Smart* prominente amerikanische Wahlforscher sitzen.

Was aber macht ein bedarfsgerechtes Angebot eines Informationslotsen aus? *Erstens* darf es das Zeitbudget und die Bereitschaft zur politischen Informierung

---

22 1995/96 hatte *Vote Smart* ein Gesamtbudget von 1,6 Mio. US Dollar, von dem es knapp 1 Mio. von 43 000 Spendern bezog. Wie die meisten Informationslotsen ist Vote Smart eine 501(c)(3)-Organisation, deren finanzielle Zuwendungen nicht der Steuerpflicht unterliegen.

des Wählers nicht überbeanspruchen. *Vote Smart* präsentiert seine Daten auf einer ersten, nach den genannten drei Bereichen klar unterteilten Hierarchieebene und regt erst dann durch eine umfangreiche Linksammlung die weitergehende Informationssuche des noch nicht zufriedengestellten Nutzers an. *Zweitens*: In der Wahlentscheidung gibt der Wähler in erster Linie ein retrospektives Urteil über die Leistungsbilanz der amtierenden Regierung bzw. Amtsträger ab, demgegenüber retrospektive Entscheidungen über konkurrierende Politikentwürfe der Kandidaten bzw. Parteien nachrangig sind und nur in einem eher allgemeinen Sinne von Politik Präferenzen zum Ausdruck kommen.[23] Vergleiche von Kandidatenstandpunkten zu Sachfragen oder zu Wahlprogrammen der Parteien haben also ihre Bedeutung, wichtiger aber sind die Möglichkeiten zur Beurteilung der Leistung von Politikern im Amt. *Vote Smart* bietet beides und ermöglicht letzteres in besonderer Weise durch die Beurteilung der Kandidaten sowohl von der eigenen, unabhängigen Warte, wie auch aus Sicht der wichtigsten organisierten Interessen. Die umfangreichen Informationen zum politischen System der USA sowie das – natürlich auch für Erwachsene offenstehende – „Klassenzimmer" können dabei helfen, die Urteilsfähigkeit des Wählers zu schärfen. *Drittens* ist die Wahlentscheidung immer eine stark persönlichkeitsgeprägte Entscheidung, nicht nur in den USA, aber dort in besonderem Maß. Deshalb sind ausführliche Informationen zum öffentlichen, aber auch zum privaten Leben der Kandidaten, wie sie *Vote Smart* präsentiert, notwendig und hilfreich für unentschlossene Wähler. *Viertens* aber wird die Wahlentscheidung von einem großen Teil der Wähler letztlich immer noch unter dem Einfluß von Meinungsführern getroffen, und auch in diesem Fall können die „ratings" der Kandidaten durch organisierte Interessen gute Orientierung geben.

Was für Anregungen lassen sich aus dem Beispiel des Informationslotsen *Vote Smart* aus dem Kontext der so stark kandidatenzentrierten Wahlkämpfe der USA für entsprechende Angebote im „Parteienstaat" Bundesrepublik gewinnen? Zuerst ist die Präsentation der Fakten zu nennen. Sie muß sich an dem tatsächlichen Bedarf der Wähler auf dem Weg zu seiner Wahlentscheidung orientieren und ihm die entsprechenden Informationen auf dem direktesten Weg zugänglich machen. Moderne Software, die die Bewegungen und die jeweilige Verweildauer der Nutzer auf den Websites erkennbar machen, liefern in dieser Hinsicht

---

23 Vgl. grundlegend V. O. Key jr. (1964): Politics, Parties, and Pressure Groups. New York, sowie D. Sternberger (1964): Die große Wahlreform. Zeugnisse einer Bemühung. Köln, Opladen.

wichtige Erkenntnisse.[24] Ein Zuviel an Informationen kann also kontraproduktiv sein. Im Hinblick auf die Wählerunterweisung zum politischen System und Wahlsystem erfüllen die deutschen unabhängigen Wahlkampfplattformen bereits heute diese Aufgabe in gleicher Weise wie ihre amerikanischen Pendants. Ohne weiteres übertragbar auf den deutschen Kontext wären auch die praktischen Tips zur Stimmabgabe sowie die direkte Hinführung des Wählers über seine Wohnadresse an die Kandidaten des Wahlkreises. Ihre politische Arbeit insgesamt und insbesondere ihre Aktivitäten im Wahlkreis und die Vertretung wahlkreisspezifischer Interessen retrospektiv zu beurteilen, könnte ebenfalls mit einer entsprechend eingerichteten Website wesentlich erleichtert oder dem Wähler gar erst mit vertretbarem Aufwand ermöglicht werden. Dabei sind auf dem Informationsserver[25] oder auch im Handbuch des Bundestags bereits detaillierte Inhalte erhältlich, die den einzelnen Abgeordneten und seine parlamentarische Arbeit veranschaulichen. Sie müßten nur online nutzerfreundlicher zugänglich gemacht werden. Auch was das individuelle Abstimmungsverhalten anbelangt, so wären zumindest Informationen hinsichtlich der Abstimmungen ohne Fraktionszwang sinnvoll.

Gleiches könnte für eine Auswertung der Massenmedien hinsichtlich der Reden oder Interviewäußerungen der jeweiligen Kandidaten bzw. Amtsträger gelten, sowie für eine – im Zusammenhang mit den Diäten der Abgeordneten ohnehin diskutierten – Offenlegung ihrer Nebeneinkünfte durch Nebentätigkeiten oder Mitgliedschaften in Aufsichtsräten. Was die bisherige Leistungsbilanz und vor allem die politischen Zukunftsentwürfe der Parteien anbelangt, so ist mit der Präsentation von dehnbaren und unpräzisen Programmen wenig gedient. Hilfreicher wäre sicher die Zusammenstellung objektiver Fakten und nicht wertender Erklärungen der Zusammenhänge zu den wichtigsten aktuellen Problemkomplexen und Themen des Wahlkampfes.[26] Trotz der im Vergleich mit ihren amerikanischen Kollegen zweifellos eingeschränkteren Handlungsspielräume deutscher Abgeordneter und den resultierenden geringeren Einsatzmöglichkeiten für Informationslotsen, würden diese mit entsprechendem Aufwand auch in

---

24 So schloß die CDU auf ihrer Netzseite mitten im Wahlkampf mangels Interesse bei den Nutzern ihr „Archiv"; vgl. Grafe 1998.
25 Gemeint ist die Bundestag DIP-Datenbank (http://dip.bundestag.de), die unter der Rubrik „Aktivitäten von Personen" die parlamentarische Arbeit der Abgeordneten – geordnet nach Namen und präzisiert durch Zeitraum oder Handeln wie „Entschließungsantrag", „Anfrage", „Persönliche Erklärung" usw. – in einem leider zeitraubenden Verfahren ermöglicht.
26 Bspw. wären in Fragen von Atomausstieg oder Energiesteuer verläßliche Daten etwa zum Anteil der Atomenergie an der Gesamt-Energieproduktion, den Energiepreisen aus atomaren und fossilen Energieträgern in der Bundesrepublik, aber auch in Europa im Vergleich, für eine sachliche Meinungsbildung unverzichtbar.

Deutschland ein lohnendes Feld für ihre Arbeit zur Steigerung der Transparenz von Politik finden.

4 Informationslotsen in der repräsentativen Demokratie

Nach dieser exemplarischen Vorstellung der Leistungsfähigkeit von Informationslotsen kann abschließend ihre Definition präzisiert werden. Sie sollten nicht nur durch Links und die Aufbereitung von andernorts vorhandenen Daten dem Nutzer im Meer der online verfügbaren Informationen die gesuchte Orientierungshilfe *zugänglich machen*. Dies würde zwar für den Nutzer die ihm angebotene Informationsmenge verringern, aber es würde ihm prinzipiell immer noch selbst zukommen, sich in den vielfältigen Angeboten zu orientieren. Gerade das wird aber für den einzelnen in der globalen Datenflut immer schwieriger. Die besondere Hilfestellung der Informationslotsen liegt daher vielmehr darin, dem Nutzer im Hinblick auf einen genau definierten Zweck – im hier behandelten Fall die Wählerunterweisung – bedarfsgerechte Informationen bereits *auszuwählen*, sie nötigenfalls anhand selbst erhobener Daten zu verifizieren und sie dann so übersichtlich und nutzerfreundlich wie möglich zu präsentieren. Auf diese Weise können sie ihren Sachverstand und ihre Fähigkeit zu einem höheren zeitlichen und finanziellen Einsatz, als ihn der einzelne betreiben kann, ganz zur Geltung bringen. Es liegt auf der Hand, daß dies bei den Betreibern der Informationslotsen Expertenwissen voraussetzt und nur mir einem hohen Maß an Unparteilichkeit und finanzieller Unabhängigkeit glaubwürdig durchgeführt werden kann. Dies ist offensichtlich nicht von den politischen Parteien zu erwarten, nicht von den staatlichen politischen Bildungszentralen und auch nicht vollständig von den kommerziell ausgerichteten Massenmedien.

So bleibt die Frage, welchen Beitrag derartige Informationslotsen zur Demokratie im Informationszeitalter leisten können. *Vote Smart* versteht sich als „Selbstverteidigungsorganisation der Wähler" gegen den manipulativen Gebrauch der Medien durch die Kandidaten und will mit bezeichnendem Rekurs auf die Gründungstugenden und Gründerväter der Republik, allen voran Thomas Jefferson, die Anbindung der Regierenden an den Willen der Regierten wieder stärken, ja die „popular control of government" erst wiederherstellen und dann sicherstellen. Seine Mitarbeiter seien darum „die wichtigsten Menschen in der amerikanischen Demokratie".[27] Hier werden „popularistische" (Bimber

---

27 So der Präsident von *Vote Smart*, Richard Kimball, im Grußwort von 1994 auf der Homepage: „The [...] staff of Vote Smart are the most important people in America. After decades of citizen frustration, voter decline and the dangerous decay of democracy [...] the labors of those

1998: 3 f.) Erwartungen geweckt, die mit den verbreiteten Visionen einer vitalisierten „elektronischen Demokratie", ermöglicht durch die demokratisierende Leistung des Internet, Hand in Hand gehen. Sie verlangen nach einer kritischen Überprüfung. Was die Transparenz der Politik betrifft, so kann sie durch politische Informationslotsen zweifellos erhöht werden, jedoch nur in den Grenzen, die das Emblem von *Vote Smart*, ein die Kuppel des Kapitols abhebender und freundlich in den Kongreß hinabblickender Riese, das Wahlvolk, unfreiwillig symbolisiert: Er wird in die Rotunda hinabschauen und die Statuen der Präsidenten und die Besucherschlangen sehen, nicht aber die Hinterzimmer und Gänge, in die hinein die Politik der vorwärtsdrängenden Öffentlichkeit stets ausweicht. Können Informationslotsen wie *Vote Smart* dazu beitragen, den Showcharakter moderner Wahlkämpfe zu durchbrechen und die Zahl jener Wähler zu erhöhen, die auf Basis von verläßlichen Sachinformationen ihre Entscheidung treffen? Werden sie deren Stimme bei den Politikern stärkeres Gehör verschaffen? Auch hier wechseln Licht und Schatten. Die Parteienbindungen der Wähler in den westlichen Demokratien lassen nach, und da zudem eine steigende Zahl von Wechselwählern ihre Entscheidung erst an oder kurz vor dem Wahltag trifft, sind die online angebotenen Informationen mit ihrer hohen Aktualität potentiell von großer Bedeutung. Die Informationslotsen können den Wählern wichtige ergänzende Informationen liefern, die von den Parteien oder auch den herkömmlichen Massenmedien nicht bereitgestellt werden. Doch nicht das Angebot an Informationen ist das Entscheidende, sondern die Nachfrage durch den partizipationswilligen Wähler; und hier ist die Zahl jener, die angaben, sich vor ihrer Wahlentscheidung online informiert zu haben, zwischen 1996 und 1998 prozentual kaum gestiegen und stagniert bei ca. 10 Prozent.[28] Nach wie vor trifft eine Mehrzahl der Bürger ihre Wahlentscheidung ohne tieferes Verständnis für die „issues", aber mit einer „gut rationality" (Popkin 1991), die allen Anstrengungen zur Hebung des Informationsniveaus beim Wähler – zumal in einer komplexer werdenden Welt – Grenzen setzt (Jarren 1998: 13).

Informationslotsen wie auch das Internet insgesamt können Partizipation erleichtern, den Willen dazu beim Wähler aber nur bedingt erzeugen. Selbstverständlich wird die Nachfrage auch durch das Angebot gesteuert, was die Infor-

---

410 [staff; D. C.] have demonstrated the ability to reverse this decline and even recapture control of the political process, putting control of information in the hands of our country's people."

28 Vgl. die für den „Congressional Internet Caucus" am 05.11.1996 unter 1030 Wählern nach der Stimmabgabe durchgeführte Umfrage (http://www.house.gov/white/internet caucus/press/105 /19970307agenda.html; 25.08.1997) sowie die Erhebung von „Wirthlin Worldwide" vom 04.11.1998 (http://www.wirthlin.com/election98/40.htm; 26.11.1998).

mationslotsen vor die Herausforderung stellt, ihre Netzseiten so klar, einfach und zweckorientiert wie möglich zu gestalten, um auch breitere Schichten mit ihrer Wählerunterweisung erreichen zu können. Letztlich aber sind die Informationslotsen nur ein Mittel gegen die manipulativen Mechanismen einer massenmedial vermarkteten Politik, dessen Bürger sich selbst bedienen können, wenn sie es wollen. So ist die Wirkungsweise der Informationslotsen auch im Psychologischen zu suchen. Sich als Bürger in einer „Wählerselbsthilfeorganisation" wie *Vote Smart* zusammenzuschließen, orientiert am Maßstab der eigenen Informationsbedürfnisse, als Wähler die Politik ein Stück transparenter zu machen und die Politiker zu ein wenig mehr Responsivität zwingen zu können, gibt den direkt Beteiligten und ihren Nutzern etwas von der Würde des Souveräns zurück. Sie kommt nirgends klarer zum Ausdruck als im Wahlprozeß und ist ihrerseits das beste Mittel zur Steigerung der Partizipationsbereitschaft. So eingesetzt, ist der Bürgerschaft mit dem Internet in der Tat ein ideales Instrument an die Hand gegeben, das auch im Wahlkampf den erhofften intensiveren Bürgerdialog und die Etablierung einer „interrogativen Demokratie" (Mertens zitiert nach Weber 1998) mit ihren nachhaltigen Wirkungen auf das Verhältnis zwischen Wählern und Gewählten fordern könnte.

Literatur

Bieber, Christoph (1997): Erst surfen, dann wählen? Die US-Präsidentschaftwahlen und das Internet. In: *Transit* 13, S. 94-103.
Bimber, Bruce (1998): *The Internet an Political Transformation: Populism, Community, and Accelerated Pluralismus.* (http://www.sscf.ucsb.edu/~survey1/transformation.html).
Booth, William (1998): More Politicans Use Web as Campaign Tool. In: *Washington Post*, 17.10.1998, S. A01.
Campaigns & Elections (1998): *How Campaigns are Using the Internet – Survey Results* (http://www.camelect.com/survey.html; 26.11.1998).
Clemens, Detelev (1998): Wahlkampf im Internet. In: Gellner, Winand/Fritz v. Korff (Hrsg.): *Demokratie und Internet.* Baden-Baden, S. 143-156.
Corrado, Anthony/Charles M. Firestone (1996): *Elections in Cyberspace. Towards a New Era in American Politics.* Aspen.
Foerster, Uly (1998): Wahlkampf. Neandertaler im Cyberspace. In: *Spiegel-Online* 40 (http://www.spiegel.de/netzwelt/themen/neandertaler.html; 29.09.1998).
Franck, Georg (1998): *Ökonomie der Aufmerksamkeit.* München.
Gellner, Winand/Fritz v. Korff (Hg.) (1998): *Demokratie und Internet.* Baden-Baden.
Goff, Don/David Dulio (1999): *Untangling the Web: Internet Use in the 1998 Election* (http://www.american.edu/academic.depts/spa/ccps/article.htm; 05.02.1999).
Grafe, Peter (1998): *Internet Engineers* (http://www.lzpb.nrw.de/wahlen/HTML/NETZ/NFSETAMACHER.htm; 01.11.1998).
Hagen, Lutz (Hg.) (1998): *Online-Medien als Quellen politischer Information. Empirische Untersuchungen zur Nutzung von Internet und Online-Diensten.* Opladen.

Hagen, Martin (1997): *Elektronische Demokratie: Computernetzwerke und politische Theorie in den USA*. Hamburg.
Hart, Roderick P. (1994): *Seducing America. How Television Charms the Modern Voter*. New York, Oxford.
Jarren, Otfried (1998): Internet – neue Chancen für die politische Kommunikation? In: *Aus Politik und Zeitgeschichte* B40, S. 13-21.
Juretzki, Tim (1999): *Back to Greece* (http://www.politik-digital.de/e-demokratie/38; 25.01.1999).
Kamarack, Elaine Ciulla (1998): *Campaigning on the Internet in the Of Year elections of 1998* (http://www.ksg.harvard.edu/visions/karmarck.htm; 26.11.1998).
Kleinsteuber, Hans J. (1996): Horse Race im Cyberspace? Alte und neue Medien im amerikanischen Wahlkampf. In: *Internationale Politik* 51, Nr. 11, S. 39-42.
Leggewie, Claus (1999): *Demokratie auf der Datenautobahn – oder: Wie weit geht die Zivilisierung des Cyberspace?* (http://www.politik-digital.de/e-demokratie/40; 25.01.1999).
Loeb, Eric (1998): *Summary Statistics of Internet Usage in Campaign '98* (http://www.capweb.net/classic/epl1998.morph; 18.12.1998).
Marschall, Stefan (1998): Netzöffentlichkeit – eine demokratische Alternative? In: Gellner, Winand/Fritz v. Korff (Hg.): *Demokratie und Internet*. Baden-Baden, S. 43-54.
Popkin, Samuel L. (1991): *The Reasoning Voter. Communivation and Persuation in Presidental Campaigns*. Chicago.
Rash, Wayne jr. (1997): *Politics on the Nets. Wiring the Political Process*. New York.
Rötzer, Florian (1996): Aufmerksamkeit. Der Rohstoff der Informationsgesellschaft. In: Heibach, Christiane/Stefan Bollmann (Hrsg.): *Kursbuch Internet*. Mannheim, S. 82-97.
Schulzki-Haddouti, Christiane (1998): Homepages von Politikern – Vernichtende Testergebnisse. In: *Telepolis*, 26.10.1998 (http://www.heise.de/tp/deutsch/inhalt/te/1609/1.html; 04.11.1998).
Stradtmann, Philipp (1999): *Deutschland auf dem Weg in die elektronische Demokratie? Das Internet als neues Medium der politischen Kommunikation und Partizipation*. Hannover (http://www.politik-digital.de/e-demokratie/37; 18.01.1999).
Weber, Nils (1998): *Ungeahnte Einigkeit. Die Rolle des Internet in der Parteipolitik* (http://www.heise.de/tp/deutsch/inhalt/glance/1463/1.html; 18.06.1998).

Robert Kaiser

Online-Informationsangebote der Politik

Parteien und Verbände im World Wide Web

Als Medium für die Öffentlichkeitsarbeit haben Parteien und Verbände das Internet mittlerweile erkannt. Sie investieren – durch die Beauftragung professioneller Multimediaagenturen und durch den Aufbau oder die Anpassung interner Arbeitsabläufe – zunehmend in das Internet, vor allem in das World Wide Web (WWW), um einerseits im Netz präsent zu sein und mit dem Medium Erfahrungen zu sammeln, andererseits um durch ein regelmäßig aktualisiertes Informationsangebot die Aufmerksamkeit jenes Teils der Bevölkerung zu wecken, der Zugang zu Online-Medien hat und sie zur Informationsgewinnung nutzt (vgl. Eimeren et al. 1998: 428). Das Potential des Internet als Medium der politischen Kommunikation ist allerdings trotz zunehmender Professionalisierung der Anbieter umstritten. Skeptische Bewertungen werden zumeist damit begründet, daß heute – trotz des Anstiegs der Nutzerzahlen in industrialisierten Staaten – nur eine Minderheit der Bevölkerung einen Zugang zu Online-Medien besitzt, demgegenüber aber die politische Kommunikation stets an einer allgemeinen Öffentlichkeit interessiert ist, also auf die Verbreitung ihrer Informationen über Massenmedien angewiesen bleibt (Jarren 1998: 16). Jedoch werden Parteien und Verbände bei der massenmedialen Vermittlung von Informationen in ihren Möglichkeiten dadurch beschränkt, als nur bestimmte Kommunikationsformen und -inhalte von Presse und Rundfunk aufgegriffen und transportiert werden (Marschall 1997: 306); eine Präsentation im WWW läßt hingegen eine strategische Kommunikationsplanung auf der Basis eigener Selektionskriterien zu. Da es große Mengen Daten orts- und zeitunabhängig sowie zu geringen Kosten zur Verfügung stellt, besitzt das Internet ohne Zweifel das Potential, politische Entscheidungsstrukturen transparenter zu gestalten: ein direkter Zugriff auf politische Informationen ist nicht mehr nur organisierten Gruppen oder interessierten Teilöffentlichkeiten möglich (vgl. Zittel 1997: 26). Auch erlaubt der interaktive Charakter von Online-Medien prinzipiell eine direkte Reaktion der Nutzer auf Informationen, wenngleich dem dadurch Grenzen gesetzt sind, als die Interaktion abhängig ist von den Funktionen, die der Anbieter bereitstellt. Wirkliche Interaktivität besteht durch die Konzeptionierung derartiger Funktionen durch den Kommunikator folglich nicht (Klaus/Röttger 1998: 226).

1 Parteien und Verbände im Internet – Auswahlproblematik

Von den 33 zur Bundestagswahl 1998 zugelassenen Parteien waren immerhin 27 mit einem Informationsangebot im WWW vertreten. Schwieriger läßt sich hingegen die Zahl der Interessenverbände in Deutschland bestimmen, die das WWW zur Online-Kommunikation nutzen. Zwar führt etwa das „Deutsche Verbände Forum", ein Online-Fachinformationsdienst der Deutschen Gesellschaft für Verbandsmanagement, mehr als 360 Verweise zu WWW-Angeboten deutscher Verbände auf (DGVM 1998), doch erscheint dieser Wert insgesamt zu gering, da die Zahl der beim Deutschen Bundestag registrierten Verbände, Organisationen und Interessengruppen, die durch die Auflistung in einer „Lobby-Liste" Zugang zu Anhörungen von Regierung und Parlament erhalten, schon vor einem Jahrzehnt bei über 1 200 lag (Alemann 1989: 61).

Indem dieser Beitrag die Informationsangebote von Parteien und Verbänden im WWW beschreibt, geht er davon aus, daß beide Organisationsformen eine wesentliche, wenn auch unterschiedliche Rolle im politischen Willensbildungsprozeß spielen. Während Parteien grundsätzlich danach streben, über den Erfolg bei Wahlen Verantwortung und Macht im Staate zu übernehmen und hierzu nur begrenzt Partikularinteressen gesellschaftlicher Minderheiten vertreten können, ist es gerade die Aufgabe von Verbänden, durch die Einflußnahme auf Parlament, Regierung und Verwaltung die materiellen oder immateriellen Forderungen ihrer Klientel an den Gesamtstaat und damit ggf. auch auf Kosten anderer gesellschaftlicher Gruppen ohne die Übernahme politischer Verantwortung durchzusetzen (vgl. Hesse/Ellwein 1997: 160 ff.). Daher ließe sich für die Online-Kommunikation von Parteien und Verbänden erwarten, daß sie sich hinsichtlich der Vielfalt der bereitgestellten Information unterscheiden; grundsätzlich kann dabei den WWW-Präsentationen der Parteien unterstellt werden, ein breiteres Themen- und Interessenspektrum zu berücksichtigen.

Ferner könnte angenommen werden, daß Online-Informationsangebote von Parteien in größerem Maße interaktive Funktionen bereitstellen, weil ihnen dadurch ein Stimmungsbild zu aktuellen politischen Fragen oder Initiativen gegeben würde – auch wenn solche Nutzerreaktionen kaum an die Bedeutung repräsentativer Meinungsumfragen heranreichen. Zudem finanzieren sich Parteien im Gegensatz zu Verbänden nicht nur durch Beiträge ihrer Mitglieder, sondern beziehen auch staatliche Mittel entweder durch die Steuerbegünstigung von Parteispenden oder durch direkte Mittelzuweisungen etwa im Rahmen der Wahlkampfkostenerstattung. Sie könnten sich insbesondere wegen der Teilfinanzierung aus öffentlichen Mitteln in stärkerem Maße als Verbände verpflichtet sehen, im WWW eine Diskussionsplattform anzubieten, die es auch Nicht-Parteimitgliedern – denen Partizipationsmöglichkeiten über innerparteiliche Demokratie versagt bleiben – gestattet, auf programmatische Beschlüsse oder konkrete Maßnahmen zu reagieren.

Dieser Beitrag versucht deshalb, dem Mangel an empirischer Kommunikationsforschung zur Online-Kommunikation (Hagen 1998: 8) zumindest durch die Abfrage einiger zentraler Kategorien zu Online-Informationsangeboten der Parteien und Verbände in der Bundesrepublik entgegenzuwirken. Insgesamt wurden zur Analyse der Kommunikation von Parteien und Verbänden im WWW zehn entsprechende Angebote berücksichtigt, jeweils fünf von Parteien und Verbänden. Bei der Auswahl der Parteien wurde eine Vollerhebung der im Bundestag vertretenen Parteien vorgenommen; dabei wurden nur jene Informationsangebote berücksichtigt, die von den Bundesorganisationen der Parteien bereitgestellt werden. Das sind im einzelnen: die *SPD* (http://www.spd.de), die *CDU* (http://www.cdu.de/home.htm), *Bündnis90/Die Grünen* (http://www.gruene.de/index2.htm), die *F.D.P.* (http://www.fdp.de/fdpbv/) und die *PDS* (http://www.pds-online.de). Nicht einbezogen wurden also Informationsangebote von Fraktionen in Bundestag oder Landtagen oder regionale und lokale Untergliederungen der Parteien. Ebenfalls unberücksichtigt blieben spezielle Online-Informationsangebote der Parteien zur Bundestagswahl 1998 oder Teile des regulären WWW-Angebots der Parteien, die gesondert zur Wahlkommunikation erstellt worden sind.[1] Eine Besonderheit existiert in der Organisation der verschiedenen WWW-Informationsangebote der Parteien bei CDU, Bündnis90 /Die Grünen und F.D.P., die der jeweiligen Homepage der Bundesorganisation eine sogenannte „Portalsite" voranstellen, die es dem Nutzer ermöglicht, über die eingegebene Start-URL („Uniform Resource Locator") eine Auswahl darüber zu treffen, welches spezifische Angebot der Partei, der Bundestagsfraktion, parteinaher Stiftungen etc. er einsehen möchte.

Aus der Vielzahl der Verbände und Interessengruppen, die sich im WWW präsentieren, wurden die fünf größten jener Verbände auf Bundesebene herangezogen, die der Vertretung der Interessen von Arbeitnehmern und Arbeitgebern dienen. Das sind auf Seiten der Arbeitgeber der *Bundesverband der deutschen Industrie* (BDI, http://www.bdi-online.de) und die *Bundesvereinigung der deutschen Arbeitgeberverbände* (BDA, http://www.bda-online.de bzw. http://www.arbeit-geber.de). Als Interessengruppen der Arbeitnehmerseite wurden der *Deutsche Gewerkschaftsbund* (DGB, http://www.dgb.de), die *Deutsche Ange-*

---

1 Vgl. hierzu den Beitrag von Detlev Clemens in diesem Band.

stellten Gewerkschaft (DAG, http://www.dag.de) und der *Deutsche Beamtenbund* (DBB, http://www.dbb.de) berücksichtigt. Im Gegensatz zur Auswahl der Parteien handelt es sich hierbei nicht um eine Vollerhebung im Sinne einer definierbaren Bezugsgröße, wie sie bei den Parteien durch die Repräsentation im Deutschen Bundestag formuliert werden konnte. Diese Verbände stellen vielmehr – hinsichtlich ihrer Mitgliederzahl und ihrer gesellschaftlichen Bedeutung – den wichtigsten Teil der organisierten Interessen in der Bundesrepublik in der Wirtschaft und der Beschäftigung dar; die Teilerhebung verzichtete bei den Arbeitgebern auf eine Berücksichtigung der Bauernverbände und der berufs- und erwerbsständischen Gruppen.

2 Das Forschungsdesign

Die Informationsangebote der zehn ausgewählten Parteien und Verbände im WWW wurden für diese Untersuchung nach den Kriterien *Informativität*, *Interaktivität*, *Multimedialität* und *Usability* analysiert. Ziel war es also zu überprüfen, welche Informationen Parteien und Verbände im WWW zur Verfügung stellen, in welcher Weise sie den Zugang zu den Informationen durch verschiedene Navigationsfunktionen erleichtern, welcher Präsentationsformate sie sich hierzu bedienen und wie sie eine Partizipation ihrer Nutzer zulassen.

In Bezug auf die *Informativität* ging es erstens darum, den Informationsgehalt der Angebote quantitativ zu bestimmen. Dabei wurden im Vorfeld definierte Inhaltselemente auf ihre Berücksichtigung in den Informationsangeboten der Parteien und Verbände hin überprüft. Darüber hinaus wurde die Aktualität der Informationen untersucht. Dazu wurden bei den ausgewählten zehn Informationsangeboten im WWW alle zwischen dem 16. und 30. November 1998 veröffentlichten Pressemitteilungen eingesehen, um zunächst festzustellen, wie viele Tage nach der Herausgabe einer Pressemitteilung sie über das WWW veröffentlicht wird. Zusätzlich wurden die Pressemitteilungen im Hinblick auf ihre Themenstruktur und den Adressaten untersucht, um zu eruieren, welchen inhaltlichen Schwerpunkt Parteien und Verbände im Untersuchungszeitraum – knapp sechs Wochen nach der Bundestagswahl 1998 – gelegt haben, in dem die neu gewählte Rot-Grüne-Koalition eine Reihe von Maßnahmen zur Umsetzung ihrer Regierungsvereinbarung in den Bereichen Arbeitsmarkt-, Sozial- und Finanzpolitik auf den Weg gebracht hat. Die Ergebnisse dieser Untersuchung lassen, soweit sie die Themenstruktur und die Adressaten aktueller Informationsinhalte der analysierten WWW-Angebote betreffen, zwar nur in geringerem Maße einen Schluß auf langfristige Kommunikationsstrategien zu; sie dokumentieren aber, wie die ausgewählten Parteien und Verbände auf eine veränderte politische Situation über die Öffentlichkeitsarbeit im WWW reagiert haben.

Die Überprüfung *interaktiver Funktionen* sollte des weiteren Aufschluß darüber geben, inwiefern die Informationsangebote der Parteien und Verbände eine Partizipation ihrer Nutzer zulassen. Die Bandbreite der hier festgelegten Funktionen reichte von Standard-Funktionen wie der Versendung von E-Mails bis hin zu technisch aufwendigeren Live-Diskussionen oder Chat-Räumen, deren Bereitstellung nicht nur eine Implementation entsprechender Software beim Anbieter wie auch beim Nutzer erfordert, sondern die auch ein Engagement der Organisatoren im Hinblick auf die Rekrutierung von Ansprechpartnern oder Experten voraussetzt, die sich bereit finden, zu relevanten Themen in einem für viele noch unbekannten medialen Umfeld Auskunft zu geben.

Hinsichtlich der *Multimedialität* der Informationsangebote der Parteien und Verbände wurde zunächst davon ausgegangen, daß sie mit einem begrenzten Vorrat an Präsentationsformaten auskommen werden und sich die Darstellung der Information an den Formaten orientieren wird, die aus der traditionellen Öffentlichkeitsarbeit insbesondere über Printmedien bekannt sind. Diese erwartete Beschränkung läßt sich für Angebote im WWW, die ihren Schwerpunkt auf die Information der Nutzer legen, auch dadurch rechtfertigen, daß bei dem derzeitigen Entwicklungsstand der Online-Medien neue, für dieses Medium entwickelte Präsentationsformate beim Nutzer häufig auf wenig Gegenliebe stoßen, da sie die Kosten durch längere Ladezeiten der WWW-Seiten erhöhen.

Bei der Ermittlung der *Usabilität* der Informationsangebote im WWW ging es schließlich darum zu überprüfen, ob dem Nutzer Mittel an die Hand gegeben werden, die ihm das Finden der gesuchten Informationen erleichtern. Über die Usabilität eines WWW-Informationsangebots entscheiden eine Reihe von Faktoren – von der Bereitstellung von Navigationshilfen über das Angebot verschiedener Sprachversionen bis hin zum Vorhandensein einer Suchmaschine (vgl. Bruns/Marcinkowski/Schierl 1997: 12 ff.).

Festzuhalten bleibt, daß Aussagen über Informationsangebote im WWW immer nur eine Momentaufnahme darstellen können, weil sich der Charakter eines WWW-Angebots entweder durch den kontinuierlichen Ausbau seiner Funktionen oder durch einen vollständigen „Re-Launch", also die Bereitstellung eines komplett überarbeiteten Angebots, rasch wandeln kann, selbst wenn die von Brewster Kahle errechnete durchschnittliche Lebensdauer eines Informationsangebots im WWW von 44 Tagen sicherlich nicht repräsentativ für deutsche Parteien und Verbände ist (vgl. DIE ZEIT, 12.03.1998).

3 Die Information: Inhaltselemente, Umfang und Aktualität

Die Erhebung einer Reihe zentraler Informationselemente zeigt, daß Parteien und Verbände ihre WWW-Angebote durchgängig als Medium der Selbstdarstellung und der aktuellen Information begreifen – wobei Aktualität in allen untersuchten Informationsangeboten zumindest durch die Bereitstellung von Pressemitteilungen existiert. Die Mehrheit der Parteien und Verbände informiert darüber hinaus über aktuelle Termine, Beschlüsse sowie Reden und Interviews ihrer Funktionäre. Bei nahezu allen WWW-Angeboten wurden zudem Magazine oder Periodika vorgefunden, die unterschiedlich präsentiert werden. Während etwa der DBB, der BDI und die BDA aus der Gruppe der Verbände Online-Versionen von Print-Publikationen bereitstellen, weist der DGB nur auf solche Print-Publikationen hin und ermöglicht deren Bestellung über E-Mail. Bei den Parteien bieten mit Ausnahme der SPD alle ein Online-Magazin als elektronisches Pendant zu ihren Print-Publikationen an, während nur die CDU ein tagesaktuelles Magazin speziell für das WWW produziert.

Demgegenüber wird Mitgliederwerbung vorwiegend auf den WWW-Seiten der Parteien betrieben – abgesehen von entsprechenden Inhalten in den Angeboten der DAG und des DBB. Die Bereitstellung eines Mitgliederservices kann sich einerseits an Mitglieder direkt wenden und erfolgt hier zumeist durch das Angebot von Werbeartikeln, während andererseits einige Parteien das Online-Medium auch zur Unterstützung der Ortsverbände nutzen und Material bereitstellen. Ein besonderer Bezug zum Online-Medium selbst wird in diesem Zusammenhang im WWW-Angebot der SPD dadurch erreicht, als durch einen Online-Baukasten standardisierte Inhalts- und Navigationselemente für die Erstellung von Internet-Auftritten der Ortsvereine abrufbar sind.

Abgesehen davon, daß nur das Informationsangebot von Bündnis90/Die Grünen alle zuvor definierten Inhaltselemente enthält, lassen sich insgesamt für die WWW-Präsentationen der Parteien und Verbände in Bezug auf diese erste Kategorie keine grundsätzlichen Unterschiede feststellen (vgl. Tab. 1).

Im Hinblick auf die Aktualität der Informationsangebote der ausgewählten Angebote im WWW fällt die Bewertung einheitlich aus: Bezogen auf die Zeitspanne, die zwischen Veröffentlichung einer Pressemitteilung und ihrer Präsentation im WWW vergeht, wurden alle am selben, spätestens aber am folgenden Tag auch im Internet zur Verfügung gestellt. Das deutet darauf hin, daß die untersuchten Organisationen das WWW nicht nur als ein zusätzliches Medium ihrer Öffentlichkeitsarbeit verstehen, das aber gegenüber anderen Medien zumindest im Hinblick auf die Aktualität sekundäre Bedeutung besitzen würde;

vielmehr scheinen alle berücksichtigten Parteien und Verbände, entweder durch die Anpassung interner Arbeitsabläufe oder durch die Verpflichtung externer Dienstleistungsunternehmen, Wert darauf zu legen, daß ihre Präsentation im WWW Teil einer fortlaufenden und tagesaktuellen Öffentlichkeitsarbeit ist und hierzu notwendige personelle oder technische Voraussetzungen erfüllt sind.

	SPD	CDU	F.D.P	Bündnis 90/ Die Grünen	PDS	BDI	BDA	DAG	DBB	DGB
Selbstdarstellung	X	X	X	X	X	X	X	X	X	X
Pressemitteilungen	X	X	X	X	X	X	X	X	X	X
Beschlüsse	X	X	X	X	X	X	X	-	X	X
Reden/ Interviews	X	X	X	X	X	X	X	-	-	-
Dokumente	X	X	X	X	X	X	X	-	X	X
Magazine/ Periodika	-	X	X	X	X	X	X	-	X	X
Mitgliederservice	X	X	-	X	-	-	-	X	X	-
Mitgliederwerbung	X	X	X	X	X	-	-	X	X	-
Termine	X	-	X	X	X	X	-	-	X	X
Impressum	X	X	-	X	X	-	-	X	X	X

Tabelle 1: Informationselemente in WWW-Angeboten

4   Interaktivität – Multimedialität – Usability

Die Implementation interaktiver Funktionen in eine WWW-Präsentation erlaubt dem Nutzer grundsätzlich, in einen Dialog mit dem Anbieter zu treten, auch wenn dieser Dialog nur zu den Bedingungen des Anbieters erfolgen kann, der ihn durch die bereitgestellten Funktionen bestimmt. Unter technischen Gesichtspunkten müssen für verschiedene interaktive Funktionen unterschiedliche Bedingungen erfüllt sein. Die einfachste Form der Interaktivität stellt zunächst die E-Mail dar, weil davon ausgegangen werden kann, daß die Mehrzahl der

Internet-tauglichen Rechner über eine solche Funktion verfügt, sei es über spezielle E-Mail-Programme oder über entsprechende Funktionen der zur Betrachtung von WWW-Seiten notwendigen Browserprogramme.

Aber auch andere interaktive Funktionen – wie etwa die Bereitstellung von Diskussionsforen, Gästebüchern, Bestellformularen oder Umfragen – basieren entweder auf einem dem Versand von E-Mail vergleichbaren Prinzip oder werden in einer Weise implementiert, die es dem Nutzer erlaubt, seine Informationen direkt in die angewählte HTML-Seite einzugeben. Lediglich bei Live-Diskussionen oder Live-Chats ist es vielfach erforderlich, daß Nutzer entweder spezielle Software installieren oder besondere technische Anforderungen an die Browser-Software gestellt werden. Alles in allem kann man folglich davon ausgehen, daß für die Bereitstellung interaktiver Funktionen weniger technische Parameter entscheidend sind als vielmehr die Bereitschaft der Organisationen, dem Nutzer diese Reaktions- und Dialogmöglichkeit einzuräumen und hierfür auch organisationsintern die notwendigen Voraussetzungen zu schaffen.

Nun ist erkennbar, daß die untersuchten WWW-Angebote der Parteien und Verbände durchgängig nur die E-Mail und die Möglichkeit von Online-Bestellungen als ein Standard-Dialogformat betrachten, die Parteien aber ihrerseits gegenüber den Verbänden insgesamt stärker auf die Bereitstellung interaktiver Funktionen setzen; hierbei stellt die Website des DBB eine Ausnahme dar, die als einzige überhaupt die Möglichkeit einer Umfrage vorsieht. Der DBB nutzt diese interaktive Funktion, um zu speziellen Fragen, die meist in engem Zusammenhang mit dem Beamtenstatus und der Beamtenversorgung stehen, eine Reaktion der Nutzer zu erhalten – auch wenn die Umfrageergebnisse nicht repräsentativ sein können. Gegenüber den Verbänden besitzen alle WWW-Präsentationen der Parteien zumeist zahlreiche Diskussionsforen, in denen sich die Nutzer untereinander, teilweise aber auch im Dialog mit Vertretern der Anbieter zu diversen Fragen austauschen können. Bei den Verbänden verfügen nur die WWW-Angebote der DAG und des DBB über derartige Diskussionsforen.

Live-Diskussionen waren zum Zeitpunkt der Analyse nur in den Angeboten der SPD, CDU und des DBB vorgesehen, während ein Live-Chat bislang in keinem Angebot implementiert worden ist. Die Zurückhaltung bei diesen interaktiven Funktionen, die einen zeitgleichen Dialog zwischen Anbietern und Nutzern ermöglicht, läßt sich einerseits damit erklären, daß hierfür auf Seiten der Anbieter personelle Ressourcen bereitgestellt werden müssen, andererseits sich nur schwer kontrollieren läßt, welche Inhalte durch die Reaktion des Nutzers (zeitweise) auf der WWW-Seite veröffentlicht werden. Bei Diskussionsforen ist diese Kontrolle einfacher durchzuführen: alle hier berücksichtigten Anbieter bestehen auf einer Moderation ihrer Foren.

Die Diskussionsforen unterscheiden sich teilweise erheblich. Grundsätzlich stellen die Parteien mehr Foren zu unterschiedlichen Themen zur Verfügung als die Verbände. Gleichfalls lassen sich bei den Parteien mehr Diskussionsbeiträge nachweisen. Während die Zahl der Themen in den Diskussionsforen der Parteien zwischen vier und 223 schwankt, liegt die Gesamtzahl der Beiträge im Untersuchungszeitraum meist deutlich über 3 000.

Bei den Verbänden bieten nur DAG und DBB Diskussionsforen mit deutlich geringeren Werten für Themen und für Beiträge an. Auf zwei Besonderheiten kann hingewiesen werden: (1.) verfügt nur das WWW-Angebot der PDS über ein Themenforum, in dem auf eine Moderation verzichtet wird, während (2.) die Mehrzahl der Diskussionsbeiträge in allen untersuchten WWW-Präsentationen in Foren ohne spezifische Themenvorgabe auskommen. Solche Foren werden dann entweder als „Schwarze Bretter" (DBB), „Und überhaupt..." (SPD) oder als „Verschiedenes" (Bündnis90/Die Grünen) bezeichnet (vgl. Tab. 2).

	SPD	CDU	F.D.P	Bündnis 90/ Die Grünen	PDS	BDI	BDA	DAG	DBB	DGB
E-Mail	X	X	X	X	X	X	X	X	X	X
Diskussionsforen	X	X	X	X	X	-	-	X	X	-
Live-Diskussionen	X	X	-	-	-	-	-	-	X	-
Online-Umfragen	-	-	-	-	-	-	-	-	X	-
Bestellsevice	X	X	-	X	X	X	-	X	X	X
Gästebuch	-	-	X	X	-	-	-	-	-	-
Chat	-	-	-	-	-	-	-	-	-	-

Tabelle 2: Interaktive Funktionen

Daß das Internet – zumindest in industrialisierten Staaten – von immer mehr Menschen genutzt wird, ist vornehmlich auf die Entwicklung seiner multimedialen Oberfläche, des WWW, zurückzuführen. Erst damit wurde das Internet in einem Maße benutzerfreundlich, als es auch Nutzern, die keine speziellen

Kenntnisse in der Netzwerk- oder Computertechnologie besitzen, erlaubt, zwischen den vernetzten Inhalten zu navigieren. Gleichfalls wurde das Internet durch die Entwicklung des WWW erheblich vielfältiger, da es nun möglich wurde, Texte, Bilder, Video- und Audioinformationen und verschiedene Formen der Animation auf einer einheitlichen Oberfläche zu kombinieren. Dieser steigenden Zahl möglicher Zeichenkombinationen steht aus technischer Perspektive aufgrund der derzeitigen Netzinfrastruktur der Nachteil gegenüber, daß eine multimediale Vielfalt in direktem Zusammenhang mit steigenden Ladezeiten einzelner WWW-Seiten und entsprechend steigenden Kosten für die Nutzer steht. Sofern WWW-Angebote von Parteien und Verbände folglich zunächst das Ziel verfolgen, ihre Nutzer zu informieren, läßt sich erwarten, daß sie auf die Präsentation ladeintensiver Formate verzichten werden.

Tatsächlich läßt sich eine solche Zurückhaltung ausmachen. Die Verbände, aber auch PDS, Bündnis90/Die Grünen und die F.D.P. verzichten gänzlich auf die Bereitstellung von Audio- und Videoinformationen, sei es in Form von abspeicherbaren Dateien oder als direkt übertragene Informationen (Streaming Audio und Video). Bei den Parteien haben nur die CDU und die SPD solche Informationen integriert – jedoch nicht im ständigen Angebot, sondern im Rahmen einer besonderen Information zu Parteitagen oder im Rahmen von Wahlkampfveranstaltungen. Auf die Erstellung virtueller Räume in ihren WWW-Angeboten verzichten Parteien und Verbände völlig, wohl nicht zuletzt deshalb, weil solche Formate die Installation von Spezialsoftware durch den Nutzer voraussetzen und weil sich nur schwer ein inhaltlicher Zusammenhang mit den Zielen politischer Kommunikation herstellen läßt. Hingegen nutzen mit Bündnis90/Die Grünen, der SPD und der PDS immerhin drei der Parteien die Möglichkeit, dem Nutzer auf dessen Anforderung hin aktuelle Informationen zugänglich zu machen, ohne daß er dafür jeweils das entsprechende WWW-Angebot aufrufen muß. Durch solche „Push-Dienste" kann sich der Nutzer aktuelle Presseinformationen der Anbieter per E-Mail zustellen lassen.

Unter *Usabilität* werden hier Funktionen eines WWW-Angebots verstanden, die es dem Nutzer erleichtern sollen, solche Informationen einer Website zu identifizieren, die ihn besonders interessieren. Das kann zunächst durch die Bereitstellung von Navigationshilfen geschehen – sei es durch die Einbeziehung von Hilfeseiten, die die wesentlichen Funktionen der Website erklären, oder durch eine Sitemap, die alle Inhalte übersichtlich darstellt. Derartige Navigationshilfen werden nur von wenigen der untersuchten WWW-Angebote bereitgestellt, wobei hier die Website des BDI hervorzuheben ist, die beide genannten Funktionen beinhaltet. Die Implementierung einer Suchmaschine ermöglicht es dem Nutzer zudem, ein WWW-Angebot unabhängig von der Präsentationsweise der Inhalte auf Dokumente zu überprüfen, die bestimmte Stichworte enthalten. Hier hat die Analyse ergeben, daß Suchmaschinen – im Gegensatz zu den Navigationshilfen – offenbar zunehmend als Standardelemente der Websites der Parteien und Verbände integriert werden; nur die WWW-Präsentation von Bündnis90/Die Grünen läßt diese Funktion vermissen.

Da das Internet ein weltumspannendes Datennetz ist, bestimmt über die Nutzungsmöglichkeit eines WWW-Angebots für die Mehrheit der Nutzer die Mehrsprachigkeit der Präsentation. Auch wenn unterstellt werden darf, daß die Zielgruppe der Online-Kommunikation der untersuchten Parteien und Verbände im deutschsprachigen Raum angesiedelt ist, so erscheint doch allein aufgrund der Europäisierung der Organisierung von Interessen – sei es durch die Rolle bundesdeutscher Parteien bei der Europawahl oder durch die Kooperation nationaler Interessenverbände auf europäischer Ebene – eine mehrsprachige Präsentation im WWW sinnvoll. Hierzu zeigt die Analyse, daß etwa die Hälfte der Angebote zumindest Teile der WWW-Präsentation in englischer Sprache anbieten, der DBB auch in französischer Sprache. Allerdings erfassen die fremdsprachigen Inhalte jeweils nur einen geringen Teil des Gesamtangebots und beschränken sich meist auf die Übersetzung der Selbstdarstellung der Organisationen. Demgegenüber legen die Parteien und Verbände Wert auf die Anbindung ihrer organisatorischen Untergliederungen auf Landes- oder kommunaler Ebene oder von Institutionen, die ihnen nahestehen. So ließen sich auf allen berücksichtigten WWW-Angeboten entsprechende Verweise finden, die entweder Teil der eigenen Präsentation unter der eigenen Internet-Adresse waren oder als externe Links auf separate URLs verweisen (vgl. Tab. 3).

	SPD	CDU	F.D.P	Bündnis 90/ Die Grünen	PDS	BDI	BDA	DAG	DBB	DGB
Navigations- hilfen	-	-	X	-	X	X	-	-	-	-
Such- maschine	X	X	X	-	X	X	X	X	X	X
Sprach- versionen	D/E	D	D	D/E	D	D	D/E	D	D/E/F	D/E
Anbindung v. Unterorgani- sationen	X	X	X	X	X	X	X	X	X	X

Tabelle 3: Usabilität von WWW-Informationsangeboten

5   Themenstruktur und Adressaten: Pressemitteilungen

Ergänzend wurde anhand der zwischen dem 16. und 30. November 1998 auf den WWW-Angeboten der Parteien und Verbände veröffentlichten Pressemitteilungen analysiert, welche Themen im Rahmen der Online-Kommunikation behandelt wurden und wer die Adressaten dieser Meldungen waren. Ziel war es, einen Überblick darüber zu gewinnen, wie die Organisationen auf die veränderte politische Lage nach dem Regierungswechsel im Herbst 1998 reagiert haben, der für die untersuchten Parteien (außer der PDS) eine Veränderung ihrer Rolle als Regierungs- oder Oppositionspartei gebracht hat und zugleich zu einer Änderung der Rahmenbedingungen der Interessenpolitik der Verbände führte.

Quantitativ ließ sich zunächst erkennen, daß die Zahl der von den untersuchten Parteien und Verbände veröffentlichten Pressemitteilungen im WWW stark variiert. Während die CDU, die F.D.P., Bündnis90/Die Grünen und die DAG hier auf zweistellige Werte kamen, liegt die Zahl der von den übrigen Organisationen angebotenen Meldungen deutlich darunter, mit sehr geringen Werten für die SPD, die PDS und der BDA, die offenbar nur einen Teil ihrer Pressemitteilungen über das WWW publizieren.

Soweit der inhaltliche Schwerpunkt der Online-Kommunikation durch eine thematische Zuordnung der Pressemitteilungen erkennbar ist, zeigt sich, daß die Oppositionsparteien CDU und F.D.P. wie auch sämtliche Verbände hauptsächlich zu den Bereichen Arbeit und Soziales, Wirtschaft und Finanzen Stellung genommen haben. Bei Bündnis90/Die Grünen und der CDU ist insgesamt ein breiteres Themenspektrum zu erkennen, wobei für erstgenannte ein hoher Wert für Umwelt/Verkehr ermittelt wurde. Das erklärt sich durch die im Untersuchungszeitraum bei Bündnis90/Die Grünen aufgekommene verkehrspolitische Diskussion über die Position der Partei zur Förderung des Transrapid. Bei der CDU wurde vor allem das Themengebiet Justiz/Recht stärker berücksichtigt; hierauf konzentrierte sie sich als einzige der untersuchten Organisationen.

Insgesamt läßt sich erkennen, daß die Zahl der berücksichtigten Themengebiete der im Untersuchungszeitraum im Rahmen der WWW-Präsentationen veröffentlichten Pressemitteilungen bei den Parteien nur geringfügig höher liegt als bei den Verbänden. Während die Parteien durchschnittlich sechs Themengebiete berücksichtigten, erreichen die Verbände hier einen Wert von vier. Eine Beschäftigung mit den Außenbeziehungen der Bundesrepublik oder Ereignissen im Ausland findet hingegen nur im Rahmen von Stellungnahmen der Parteien statt, während die europäische Politik, die gesondert erhoben wurde, von Parteien und Verbänden gleich selten berücksichtigt wurde (vgl. Tab. 4).

	SPD	CDU	F.D.P	Bündnis 90/ Die Grünen	PDS	BDI	BDA	DAG	DBB	DGB
Gesamt	5	21	15	13	5	8	4	14	9	7
Justiz/Recht	-	4	-	-	-	-	-	-	1	-
Außenbeziehungen	1	2	2	2	2	-	-	-	-	-
EU	1	1	-	-	-	-	-	-	1	1
Arbeit/ Soziales	-	5	5	1	-	-	3	4	5	3
Wirtschaft	-	3	1	-	-	1	1	5	-	1
Finanzen	-	1	4	1	-	3	-	1	2	2
Bildung/ Kultur	-	-	-	-	-	-	-	-	-	-
Bündnis/ Militär	-	-	-	-	-	-	-	-	-	-
Frauen/ Familie	-	-	-	2	1	-	-	-	-	-
Ostdeutschland	-	-	-	-	-	-	-	-	-	-
Umwelt/ Verkehr	-	2	-	5	-	1	-	1	-	-
Medien	-	-	2	2	-	-	-	1	-	-
Technik/ Wissensch.	-	-	-	-	-	1	-	-	-	-
Kirche/ Religion	-	-	-	-	-	-	-	-	-	-
Sport	-	-	-	-	-	-	-	-	-	-
Gesundheit	-	1	-	-	-	-	-	-	-	-
Intern	2	1	-	-	1	2	-	2	-	-
Anderes	1	1	1	-	1	-	-	-	-	-
Nicht erkennbar	-	-	-	-	-	-	-	-	-	-

Tabelle 4: Pressemitteilungen: Anzahl und Sachgebiete v. 16.11. bis 30.11.1998

Ein weiterer Analyseschritt bestand in der Identifizierung von Adressaten der Pressemitteilungen. Hierbei zeigte sich, daß die Mehrheit der Stellungnahmen von CDU und F.D.P. sowie aller Verbände (mit Ausnahme der DAG) sich mit dem Handeln der neuen Regierungskoalition auseinandergesetzt hat. Ein weiterer Schwerpunkt ergab sich in dieser Gruppe bei Pressemitteilungen, die allgemein das politische System oder die Verwaltung betrafen. Bei Bündnis90/Die Grünen wie auch bei der DAG richten sich etwa ein Drittel der Stellungnahmen an die Wirtschaft, während Parteien, Verbände und Gewerkschaften als Adressaten selbst kaum in Erscheinung treten. Das Ausland ist als Adressat nur bei den Parteien von Bedeutung. Europäische Institutionen spielen in diesem Zusammenhang erneut nur eine untergeordnete Rolle (vgl. Tab. 5).

	SPD	CDU	F.D.P	Bündnis 90/ Die Grünen	PDS	BDI	BDA	DAG	DBB	DGB
Gesamt	5	21	15	13	5	8	4	14	9	7
Regierungskoalition	1	12	10	3	-	4	3	4	6	5
Regierungspartei	-	1	2	-	-	-	-	-	-	-
Opposition	-	-	-	-	-	-	-	-	-	-
Bundestag	-	3	-	-	2	-	-	1	-	-
Bundesrat	-	-	-	-	-	-	-	-	-	-
Ausland	1	-	-	2	1	-	-	-	-	-
EU	-	1	-	-	-	-	-	-	-	1
Wirtschaft	-	-	-	4	-	1	-	4	-	-
Verbände	-	-	-	-	-	-	-	-	-	-
Gewerkschaften	-	1	-	-	-	-	-	-	-	-
Politik/ Verwaltung	-	2	3	-	-	-	1	-	3	1
Medien	1	-	-	-	-	-	-	-	-	-
Intern	2	-	-	1	2	3	-	3	-	-
Anderes	-	1	-	1	-	-	-	2	-	-
Nicht erkennbar	-	-	-	2	-	-	-	-	-	-

Tabelle 5: Pressemitteilungen: Anzahl und Adressaten v. 16.11. bis 30.11.1998

6 Fazit

Im Herbst 1998 lassen sich die WWW-Präsentationen der ausgewählten Parteien und Verbände als professionelle und tagesaktuelle Informationsangebote beschreiben, die sich in geringerem Maße im Hinblick auf ihre Inhalte, ihre Themenvielfalt und die Usability voneinander abheben, sich aber stärker durch ihre Multimedialität und Interaktivität unterscheiden.

Eine deutlich größere Themenvielfalt zeigten die WWW-Präsentationen der Parteien nur im Rahmen der angebotenen Diskussionsforen, während sich die Präsentationen der Parteien und Verbände bei den statischen Inhaltselementen stark ähnelten und alle untersuchten Websites insbesondere der Selbstdarstellung, der Dokumentation ihrer Tätigkeit und der aktuellen Information dienten. In Bezug auf die Multimedialität und Interaktivität offenbarten die Parteien das insgesamt breitere Spektrum angebotener Funktionen, wobei der Einsatz multimedialer Elemente bei den Parteien erst zögerlich beginnt, während bei den interaktiven Funktionen die WWW-Präsentation des DBB im Gegensatz zu den übrigen Verbänden die höchsten Werte erzielte.

Darüber hinaus lassen sich Elemente identifizieren, die als Standardfunktionen von WWW-Präsentationen zur politischen Kommunikation betrachtet werden können, während es ebenso Funktionen gibt, die in wenigen oder keiner der untersuchten Angebote anzutreffen waren. Als Standardfunktionen können insbesondere E-Mail, Verweise auf Unterorganisationen, Suchmaschinen, zunehmend auch Diskussionsforen und Bestellservices betrachtet werden. Nur in Einzelfällen findet man hingegen Audio- und Videoinformationen, Live-Diskussionen, Umfragen oder Push-Dienste. In keines der Angebote wurden Chat- oder virtuelle Räume implementiert.

Die WWW-Präsentationen der Parteien und Verbände dienen folglich vorwiegend der Information und dabei besonders der Vermittlung zentraler Positionen der jeweiligen Organisation. So ließ die Analyse von Themenstruktur und Adressaten der Pressemitteilungen von Parteien und Verbänden im WWW erkennen, daß dieses Medium ohne Zweifel zur strategischen Öffentlichkeitsarbeit geeignet ist. Insbesondere die Informationsangebote der CDU, der F.D.P sowie des DBB und des DGB zeichneten sich in diesem Zusammenhang dadurch aus, daß die Mehrzahl aktueller Inhalte Stellungnahmen zu wesentlichen Vorhaben der Regierungskoalition waren.

Literatur

Alemann, Ulrich von (1989): *Organisierte Interessen in der Bundesrepublik.* 2. durchgesehene Aufl., Opladen.

Bruns, Thomas/Frank Marcinkowski/Thomas Schierl (1997): Marktkommunikation deutscher Unternehmen im Internet. Eine quantitative Inhaltsanalyse ausgewählter Web-Sites. In: *pro online papiere,* Nr. 1, Duisburg: Gerhard-Mercator-Universität.

Deutsche Gesellschaft für Verbandsmanagement e.V. (1998): *Verbände im Internet. Über 360 Links zu deutschen Verbände-Websites* (http://www.verbaende.com/websites.htm; 22.11.1998).

Eimeren, Birgit van/Heinz Gerhard/Ekkehardt Oehmichen/Christian Schröter (1998): ARD/ZDF-Online-Studie 1998: Online-Medien gewinnen an Bedeutung. In: *Media Perspektiven,* Heft 8, S. 423-435.

Hagen, Lutz M. (1998): Nutzung von Online-Medien zur politischen Information. Einführung und Überblick. In: ders. (Hg.): *Online-Medien als Quellen politischer Information. Empirische Untersuchungen zur Nutzung von Internet und Online-Diensten.* Opladen, S. 7-19.

Hesse, Joachim Jens/Thomas Ellwein (1997): *Das Regierungssystem der Bundesrepublik Deutschland.* 8. völlig neubearbeitete und erweiterte Aufl., Bd. 1, Opladen.

Jarren, Otfried (1998): Internet – neue Chancen für die politische Kommunikation? In: *Aus Politik und Zeitgeschichte* B 40, S. 13-21.

Klaus, Elisabeth/Ulrike Röttger (1998): Medium, Organisation, Nutzung: Bedingungen erfolgreicher Öffentlichkeitsarbeit im Internet. In: Neverla, Irene (Hg.): *Das Netz-Medium. Kommunikationswissenschaftliche Aspekte eines Mediums in Entwicklung.* Opladen, S. 219-243.

Marschall, Stefan (1997): Politik „online" – Demokratische Öffentlichkeit dank Internet? In: *Publizistik,* Heft 3, S. 304-324.

Siegele, Ludwig (1998): Ein Archivar des Netzes. In: *Die Zeit,* Nr. 12, 12.03.1998.

Zittel, Thomas (1997): Über die Demokratie in der vernetzten Gesellschaft. Das Internet als Medium politischer Kommunikation. In: *Aus Politik und Zeitgeschichte* B 42, S. 23-29.

Fritz von Korff

Kommunale Demokratie und das Internet

Lokale und regionale Zeitungen, Unternehmen, Universitäten, Städte, lokale Provider etc. mit lokalem Bezug gehören zu häufig frequentierten Sites im WWW. Fast jede Suchmaschine hat eine Rubrik, die lokale URLs sammelt. Bei Web.de sind bspw. im November 1998 unter dem Buchstaben A 64 Einträge von deutschen Städten und Gemeinden zu finden, unter L 120, bei Yahoo.de sind es 132 bzw. 171, bei Dino-online.de 128 und 133. Selbst im IRC finden sich regelmäßig Channels mit lokalem Bezug und im Usenet ebenfalls lokal orientierte Bretter. Angesichts dieses Vormarsches des Internet als Kommunikationsmittel auch im lokalen Raum liegt die Frage nahe, ob damit vorhandenen Restriktionen kommunaler Kommunikation entgegengewirkt und kommunale Demokratie verbessert werden könnte. Betrachtet man bspw. die Erfolge der Community Networks in den USA oder europäische Projekte wie die digitale Stadt Amsterdam[1], so entbehrt das nicht einer Grundlage. Dieser Beitrag zeigt anhand von Beispielen der Organisation lokaler Kommunikation und Information im WWW, daß kommunale Kommunikation durch das Internet zumindest belebt werden könnte und hierüber die Qualität kommunaler Demokratie. Zunächst sind jedoch der demokratische „Wert" des kommunalen Raums anzudeuten und Einschränkungen im Kommunikationsprozeß zu nennen.

1 Die Kommune als demokratischer Raum

Mit Bewertungen als „Schule" (Wehling 1986: 8) oder „Trainingsfeld" (Gabriel 1990: 15) der Demokratie wurde und wird der Kommune eine wichtige Stellung in der politischen Sozialisation und Partizipation zugesprochen. Schließlich, so Gabriel (1983), sei die Kommune als wichtiger politischer Handlungs- und Entscheidungsraum ein politisches System mit allen erforderlichen Merkmalen, das als solches auch von den Bürgern anerkannt werde. Der Bürger verspürt hier Auswirkungen politischer Entscheidungen direkter und erfährt Politiker und Politik, wie es auf höhere Ebene heutzutage kaum mehr möglich ist. Daher

---

[1] De Digitale Stad: http://www.dds.nl.

glaubt bspw. Rolke (1985: 173 ff.), die Kommune ermögliche – einer „Experimentierbaustelle" gleich – die Entwicklung von Lösungen diverser politischer und gesellschaftlicher Probleme. Noch weiter geht Jänicke (1991: 1061), indem er in den Kommunen den Ort erkennt, in dem „die Entscheidungsschlachten der Zukunft in nahezu allen Politikbereichen toben" werden. Sogar als politische „Gegenmacht gegenüber bestehenden Kräfteverhältnissen in Gesellschaft und Staat" bewertet Zielinski (1985: 129) die Kommunalpolitik.

Der Aufbruchstimmung in der kommunalpolitischen Debatte wurden zu Beginn der 90er Jahre indes einige Dämpfer versetzt (vgl. Roth 1997). Insbesondere die stärkere Aufgabenverlagerung von oben nach unten bei einer gleichzeitig eher geschmälerten Finanzlage der Gemeinden verkleinert deren gestalterische Spielräume drastisch. Finanzielle Zuwendungen durch Bund und Länder legen die Kommunen in „goldene Zügel" und degradieren sie eher zu Verwaltungsvollstreckern, als daß hier der Bestand einer mit eigenen Hoheitsrechten ausgestatteten Körperschaft gewährleistet wird (vgl. Karrenberg/Münstermann 1993).

Dennoch nimmt der lokale Raum heute eine nicht unerhebliche Stellung im politischen System ein. Die Stadt oder das Dorf erlauben, das Bedürfnis des Menschen nach sozialer Ordnung und Orientierung, nach Identitätsfindung, gesellschaftlicher Integration und Geborgenheit in einem überschaubaren Rahmen zu befriedigen. So stellt Jonscher (1995: 19 ff.) fest, die Annahme, die Moderne würde den lokalen Sinnzusammenhang der Menschen auslöschen, habe sich nicht bestätigt; vielmehr sei eine „Renaissance" des örtlichen Heimatgefühles zu erkennen, die, so Simon (1987: 233), im Rahmen eines „neuen Lokalismus" auch eine politische Dimension beinhalte. Nachweisbar rangiert das Interesse der Bürger an kommunalen Ereignissen und lokaler Politik über dem nationaler oder internationaler Politik; auch ist das politische Kompetenzgefühl hier am ausgeprägtesten (Dorsch 1978; Simon 1987; Gabriel 1990; Jonscher 1995: 397 ff.). Während den Deutschen von Almond und Verba in den 60er Jahren mangelnde Partizipationskultur bescheinigt worden war (Almond/Verba 1963), fiel die Diagnose von Conradt (1980) Ende der 70er Jahre günstiger aus. Im Rahmen der von Kaase ausgemachten „Partizipatorischen Revolution" hatte zu diesem Befund vor allem die lokale Ebene mit ihren neuen sozialen Bewegungen beigetragen, etwa den Bürgerinitiativen (Kaase 1982; vgl. Simon 1987; Roth 1993). Zwischen 60 und 90 Prozent der Initiativen beinhalteten dabei nach Roth kommunale Themen. Er diagnostiziert einen „demokratischen Substanzgewinn" in der Kommunalpolitik, der seinen Ausdruck in einer belebten lokalen Öffentlichkeit, einem geschärften Konfliktbewußtsein und der Entwicklung kommunaler „Alternativen und neue[r] Visionen" findet (Roth 1993: 228 f.).

2 Restriktionen im kommunalen Kommunikationsprozeß

Bei der Kommune handelt es sich indes meist nicht um jenes „Partizipations- und Kommunikationsidyll", für das sie oft gehalten wird. So weisen lokale Öffentlichkeit konstituierende Akteure wie Vereine, Parteien, auch Bürgerinitiativen oder andere Interessenorganisationen durchaus partizipationshemmende Strukturen auf: Verkrustungen der inneren Machtgefüge, Undurchlässigkeit für und Desinteresse gegenüber neuen oder unangenehmen Themen und Interessen (von Alemann 1992: 112 ff.; Helmke/Naßmacher 1976; Jarren 1984: 85 ff., 135 ff.; Kurp 1995: 59 ff.; Simon 1987: 241). Die Verquickungen des Führungspersonals dieser Agenturen des intermediären Bereichs des lokalen politischen Systems mit kommunalen Entscheidungsträgern können weitere Partizipationsbarrieren bilden. Konsequenz ist ein regelmäßiger Kontakt und Meinungsaustausch der lokalen Elite, in dem wichtige Entscheidungen schon vor der Phase des öffentlichen Meinungsbildungsprozesses vorgeformt werden können – gewissermaßen in einem informellen „Vorentscheiderkreis" ohne Beteiligung der übrigen Bevölkerung (vgl. Arzberger 1980; Gabriel 1979; Kurp 1994).

Von grundlegender Bedeutung für das Funktionieren auch einer kommunalen Demokratie ist die mediale Infrastruktur. Zwar ist der direkten Kommunikation zwischen den Bürgern auf lokaler Ebene auch eine gewisse Bedeutung zuzugestehen, nur kann man sie hier vernachlässigen: Ihr politischer Umfang ist zu gering, und außerdem ist davon auszugehen, daß die dafür notwendige und thematisierende politische Erstinformation von örtlichen Medien geliefert worden ist. Die Akteure in der lokalen Öffentlichkeit sind genauso auf die lokalen Medien als Publizisten ihrer Vorstellungen und Interessen angewiesen wie die in Einzelinteressen zerfallende Bürgerschaft auf ein kontinuierlich übermitteltes Informationsangebot. Von der Qualität der medialen Infrastruktur hängen also auch die Qualität der Mitwirkungsmöglichkeiten, der Interessenorganisation und -artikulation der Bürger ab. Doch weisen lokale Medienstrukturen Defizite auf, die eine kommunikative Benachteiligung großer Bevölkerungsteile zur Folge haben können. Erwähnt sei der überspitzt formulierte Vorwurf, die lokale Presse unterscheide sich kaum von einem Verwaltungsbulletin, das in einem Verlautbarungsstil Pressemitteilungen der organisierten und konfliktstarken Akteure weitergäbe (Dorsch 1978: 195; Gabriel 1979: 173; Helmke/Naßmacher 1976: 194; Simon 1987: 245). Inhaltsanalysen verweisen auf oberflächliche und konfliktscheue Berichterstattung ohne Hintergründe und Zusammenhänge bei einer gleichzeitigen Personalisierung und geringen Bereitschaft, mit Kommentaren und Glossen lokalpolitische Kritik zu üben (Jarren 1993: 301; Rager 1982;

Schwiederowski 1988: 75f.;). Auch konzentrieren sich die Lokalzeitungen auf politikfähige Themen, deren Verlauf von Lesern oft nicht nachvollzogen werden kann: Man liest nur vom Endprodukt eines politischen Prozesses, den man nicht beeinflussen konnte. Die gesellschaftliche Verquickung lokaler Entscheidungsträger und Journalisten bzw. Verleger kann sich ebenfalls negativ auf die Themenauswahl und Berichterstattung der lokalen Presse auswirken. Die Eliten stellen die leitenden Persönlichkeiten in den örtlichen Organisationen und Institutionen und verfügen somit über Kenntnisse, die sie bei den Medien zu bevorzugten Informationslieferanten machen. So beeinflussen sie und die von ihnen vertretenen Gruppen die Auswahl und Etablierung politischer Themen. Da politische Entscheidungsträger Informationen und Anregungen gleichzeitig auch der Presse entnehmen und die dort aufgeworfenen Probleme als aktuell und wichtig empfinden bzw. ihr vorgefaßtes Bild dort bestätigt sehen, kann ein „Informationskreislauf" zwischen Elite und Presse entstehen, der „sozusagen oberhalb des tatsächlichen sozialen Geschehens rotiert" (Murck 1983: 273). Unorganisierte Interessen können diesen Kreislauf nur schwer durchbrechen.

Versuche, diese Zugangsprobleme über Gegenöffentlichkeiten durch alternative Zeitungen zu kompensieren, scheiterten meist nach kurzen Erfolgsphasen (vgl. Dorsch 1982; Jarren 1993; Weichler 1987). Auch der mit viel Hoffnung belegte lokale Hörfunk enttäuschte und entwickelte sich in einer der Presse ähnlichen Form. Zwar konnte er mancherorts mit dem Anspruch eines bürgernahen und kritischen Lokaljournalismus bestehende Strukturen erschrecken (Jarren 1991); doch schnell, so scheint es, konnten kommunale Eliten mit Hilfe des lokalen Hörfunks ihren Kommunikationsvorteil sogar ausbauen (Jarren 1993: 304). Als Rundfunk der „dritten Art" entstanden in den 70er Jahren in Deutschland die Offenen Kanäle (vgl. Kamp 1991). Diesen Sendern liegt sowohl ein politischer als auch ein medienpädagogischer Ansatz zugrunde. So sollen insbesondere benachteiligten gesellschaftlichen Gruppen Kommunikationschancen unabhängig von professionellen Gatekeepern gegeben, die Schwelle zur lokalen Öffentlichkeit also deutlich gesenkt, direkte lokale Kommunikation stimuliert und lokale Identität gestärkt werden (vgl. Expertengruppe Offener Kanal 1980; Gellner/Tiersch 1993; Oberreuter 1989). Die Erwartung, der Offene Kanal werde sich als Hebel gesellschaftlicher Veränderungen etablieren, erwies sich jedoch als zu hochgesteckt. Er ist eher als kultureller Faktor zu bezeichnen denn als lokalpolitisches Gegenmedium (Gellner/Tiersch 1993; Gellner/Köllmer/Römer 1996). Außerdem stellt sich heute heraus, daß der freie und gleichberechtigte Zugang aller Bürger zum Offenen Kanal durch die Dominanz von Nutzergruppen und „Verkrustungen" behindert wird.

3 Kommunale Information und Kommunikation im Internet

Mit der Popularisierung des Internet, insbesondere durch das WWW, scheinen neue Möglichkeiten zu entstehen, Kommunikationsstrukturen zu verbessern und die Demokratie um eine elektronische Komponente zu erweitern (Grossmann 1995; vgl. Hagen 1996). Eine breite Bewegung in den USA, die erfolgreich die Organisation lokaler und regionaler Kommunikation betreibt, bietet sich hier als Modell an (vgl. Wagner/Kubicek 1996). Mit ersten Experimenten öffentlicher Bulletin Board Systeme (BBS) Ende der 70er Jahre, einem auf Mailboxen basierenden offenen Computerverbund, wurde dort eine Dynamik in Gang gesetzt, die bis heute viele „Community Networks" im Internet hervorgebracht hat (Beamish 1995; Morino Institute 1994).[2] Neben „Pionieren" (Rheingold 1994) spielt dabei auch die 1989 gegründete National Public Telecomputing Network (NPTN) eine tragende Rolle – ein Interessen- und Dachverband, der sich dem Aufbau und der Unterstützung von Community Networks widmet.[3] Heute sind in den USA die meisten Community Networks ein ernsthafter Faktor der lokalen oder regionalen Öffentlichkeit. Auffällig sind hier die hohe Dichte an vertretenen Gruppen, die nahezu selbstverständliche Präsenz kommunaler Politiker im Netz und die engagierten Projekte, Netzkompetenz zu vermitteln.

Die skizzierten Defizite kommunaler Kommunikation und das amerikanische Vorbild verdeutlichen die Herausforderungen, denen eine internetbasierte Kommunikationsorganisation gerecht werden muß. Diese hier als Bürgernetze bezeichneten Community Networks bedürfen mehrerer Strukturmerkmale, wenn sie positiv wirken sollen. Funktionsvoraussetzung für ein Bürgernetz ist zunächst der Anspruch, möglichst alle kommunalen Akteure widerzuspiegeln. Wichtig ist die Begrenzung auf nur einen virtuellen Raum in einer Gemeinde, in dem Konflikte zwischen den Teilnehmern für alle sichtbar und nachvollziehbar sind. Existieren abgeschottete Foren, so besteht die Gefahr des Ausweichens auf „Informationsinseln", was die Chance auf konstruktive Diskurse mindern würde. Der erste entscheidende Unterschied zur „Realität" soll sich in einem Bürgernetz in der gleichberechtigten Lage der Akteure auf einer einzigen Ebene ausdrücken, innerhalb der sie sich darstellen können und müssen, soweit sie in dieser virtuellen Öffentlichkeit mitwirken wollen. Dabei ist die technische, fi-

---

[2] Zu umfangreichen Informationen und Querverweisen siehe: Free-Nets & Commuity Networks: http://www.lights.com/freenet/ oder Community Networks: an Online Guide to Resources: http://ralph.gmu.edu/~pbaker/ und Organization for Community Networks: http://ofcn.org/.
[3] National Public Telecomputing Network (NPTN): http://www.nptn.org/.

nanzielle und bildungsbezogene Schwelle zur Nutzung des neuen Kommunikationsmittels zu berücksichtigen. Ein Bürgernetz im Internet darf nicht bestehende Kommunikationsstrukturen sanktionieren und vorhandene Defizite vertiefen. Zweiter Unterschied ist die unvermittelte Anwesenheit der Bürger. Sie können sich mit ihrem Anliegen an Entscheidungsträger wenden, direkt und öffentlich. So können Themen auf die Agenda gesetzt werden, ohne den Umweg über Organisationen oder andere Medien nehmen zu müssen. Bürger mit ähnlicher Einstellung oder Betroffenheit werden direkt angesprochen, können evtl. aktiviert und organisiert werden. Die Veröffentlichung und Diskussion eines unter normalen Umständen eher nicht berücksichtigten Themas erhöht die Wahrscheinlichkeit seiner Wahrnehmung im politischen Entscheidungsprozeß. Für die lokalen Akteure, Parteien, Verbände, Vereine oder auch Unternehmen besteht im Bürgernetz in gleicher Weise die Möglichkeit, Bürger und Mitglieder anzusprechen. Auch die etablierten lokalen Medien können es als Träger eigener Serviceangebote, als Publikationsort, auch als Informationsquelle nutzen. Hier bietet sich die Gelegenheit, Themen aufzunehmen und aufzubereiten, die sie sonst nicht als öffentlichkeitswirksam eingeschätzt bzw. nicht wahrgenommen hätten. Der Kommunalpolitik dient das Bürgernetz als zusätzlicher Informationspool für eine effizientere Aufgabenbewältigung. Auch wenn die im Bürgernetz artikulierten Interessen nicht alle berücksichtigt werden können, kann das politische System durch eine sichtbare Zurkenntnisnahme bereits eine Legitimitätsstärkung erfahren. Den Bürgern wird ihre vermeintliche oder faktische Ohnmacht genommen, indem ihnen ein wenig aufwendiges Partizipationsinstrument zur Verfügung gestellt wird. Der Aufbau eines Bürgernetzes ist jedoch in keiner Weise als (naiver) Versuch einer Ablösung existierender Kommunikationsstrukturen mißzuverstehen. Vielmehr sollen sie verbessert werden – durch Senkung der Zugangsschwelle zu Kommunikationsprozessen und Vereinfachung der Teilnahme. In der kommunalen Kommunikation muß ein Bürgernetz daher eine Stellung einnehmen, die die vorhandenen Grundstrukturen nicht ersetzt, sondern um ein neues Element ergänzt und konzeptionell integriert.

Zusammenfassend kann man von einem kommunalem Bürgernetz sprechen, wenn ein Informations- und Kommunikationssystem (1) einen eindeutig lokalen Bezug aufweist, (2) keine thematische Begrenzung vorgibt; es muß (3) Ziel sein, durch die Einbeziehung möglichst vieler Bürger einen hohen Grad an Öffentlichkeit zu erreichen und alle denkbaren politischen, sozialen, wirtschaftlichen und kulturellen Gegebenheiten widerzuspiegeln; zudem (4) ist der gleichberechtigte Zugang der Bürger als Informationsanbieter oder -abrufer zu gewährleisten (vgl. Beamish 1995; Morino Institute 1984; Wagner/Kubicek 1996: 202).

4 Ansätze kommunaler Bürgernetze im Internet

Diese Anforderungen an ein Bürgernetz sind sehr hoch gesetzt. Legt man sie jedoch als Bewertungsgrundlage für bereits existierende lokale Netze zugrunde, so findet man in der Tat einige vielversprechende Ansätze. Aufgrund der Dynamik, der Gestaltungsmöglichkeiten und vor allem der großen Zahl lokaler Internetangebote ist es jedoch schwer, ein einheitliches Bild von der „realexistierenden" deutschen lokalen „Internetlage" zu zeichnen. Im folgenden wird dennoch versucht, Ansätze zur Entwicklung und Etablierung von Bürgernetzen im WWW darzustellen. Dabei werden neben grundsätzlichen Strukturmerkmalen auch die in den Netzen präsenten Akteure und Gruppen betrachtet.

4.1 Stadtinformationsnetze

Die Städte und Kommunen in Deutschland engagieren sich, nach anfänglichen Verzögerungen, inzwischen fast alle im Internet.[4] Zur Zeit finden sich auf der gemeinsamen Homepage der deutschen Städte, kommunalen Organisationen und Einrichtungen 419 Einträge von offiziellen Stadtseiten, jedoch gibt es wohl weit mehr Angebote (vgl. Brenken 1998).[5] Diese offiziellen Stadtseiten weisen sehr unterschiedliche Designs und Informationsangebote auf. Bei den meisten handelte es sich bis vor kurzem (den papierenen Hochglanz- und Werbebroschüren des Fremdenverkehrsamts gleich) um – wenn überhaupt – nüchterne Listen von Vereinen, Unternehmen, Hotels und Gasthäusern oder Schulen und Öffnungszeiten der Stadtverwaltung. Ähnlich strukturiert sind Kataloge von Gemeinden und Städten in einem einheitlichen Outfit, wie sie bspw. im HessenNet zu finden sind.[6] Vom Design aufwendiger, vom Inhalt jedoch ähnlich, ist die zweite Generation von Stadtnetzen, die inzwischen manchmal auch mit lokalen Linksammlungen angereichert werden.[7] Einige Städte machen sich auch durch innovative Ideen einen Namen. Als Beispiel dafür wird immer wieder Mannheim genannt, wo die Bürger sich dank des reichhaltiger werdenden On-

---

[4] Allerdings mußten mehrere Kommunen wie etwa Heidelberg ihre Städtenamen als URL von ihnen zuvorgekommenen kommerziellen Betreibern teilweise gerichtlich erstreiten.
[5] KommOn Homepage: www.kommon.de (November 1998); siehe auch Kommunal Online: http://www.kommunal-online.de.
[6] HessenNet BürgerInfo: www.hessennet.de.
[7] Beispiele: Duisburg: http://www.duisburg.de; Trier: http://www.trier.de; Ulm: http://www.ulm.de; Erfurt: http://www.erfurt.de.

line-Angebots Verwaltungsgänge sparen können.[8] Münster hat gemeinsam mit einem Unternehmen und einem Verein ein Bürgernetz eingerichtet, auf das im Folgenden noch ausführlich eingegangen wird. Mühlheim startete in Zusammenarbeit mit einer evangelischen Jugendgruppe das Projekt „Digitale Stadt Mühlheim", in dem neben den normalen Stadtinformationen auch ein „Bürgernetz" eingerichtet wurde.[9] Die angemeldeten Teilnehmer haben hier neben einem eigenen E-mail-Account und einer Homepage die Möglichkeit, zum Beispiel eigene „Schlagzeilen" zu machen oder einen Eintrag im Veranstaltungskalender zu hinterlassen.

Diese Beispiele verdeutlichen, daß die üblichen offiziellen Stadtinformationsnetze allein kaum im Sinne eines Bürgernetzes, wie es oben skizziert wurde, wirken können. Flankierend hingegen und in Kooperation mit anderen Internetakteuren, wie etwa Bürgernetzvereinen oder auch kommerziellen Anbietern, können sinnvolle kommunale Internetforen geschaffen werden.

4.2 Kommerzielle Anbieter

Ähnliches gilt für kommerzielle lokale Netzanbieter, die sich allerdings noch schwerer systematisieren lassen als die Stadtinformationsnetze. Bei kommerziellen Netzen handelt es sich oft um lokale Provider, die ihren Kunden neben Kompetenz in Design und Pflege auch Platz für deren Homepages auf ihren Servern anbieten.[10] Manche Unternehmen versuchen jedoch, gezielt lokale Informationsseiten aufzubauen und können damit gelegentlich sehr viel umfangreichere Informationen und auch Dienstleistungen anbieten als offizielle Stadtseiten.[11] Ähnlich strukturiert ist das „Wuppertal-Forum", in dem viele Informationen und Seiten aus der Region abfragbar sind und das selbst mehrere netzspezifische Dienstleistungen offeriert.[12] Eine weitere Variation sind kommerzielle Seiten, die lediglich lokale Links sammeln und präsentieren und sich ausschließlich durch „Bandenwerbung" finanzieren.[13] In Köln existiert des weiteren ein kommerziell orientiertes Netz, das sich als virtuelles Stadtmagazin versteht und eine vielfältige Palette lokaler Informationen und Links anbietet,

---

8   Mannheim International: http://www.mannheim.de.
9   Digitale Stadt Mühlheim: www.muehlheim.de.
10 Beispiel: ICTeam Internet Consulting GmbH (http://www.icteam.de).
11 Bspw. Trier Online: http://www.trier-online.de.
12 Wuppertal-Forum: http://www.wuppertal-forum.de.
13 Beispiel: Passau-Info Virtuelle Einkaufswelt: http://passau-info.com.

darunter auch eine Zusammenstellung von Vereinen, politischen Gruppen und Parteien oder auch Privatpersonen, deren Homepages teilweise auf dem Firmenserver untergebracht sind.[14]

Die in unserem Zusammenhang interessanten kommerziellen Netze im Internet mit lokalem Bezug sind meist vergleichbar mit kostenlosen Anzeigenblättchen, die sich durch Werbung finanzieren, gleichzeitig aber die Aufmerksamkeit der Öffentlichkeit bzw. potentieller Kunden durch Nachrichten und andere Angebote zu wecken trachten. Daß dabei die Interessen der Anzeigenauftraggeber im Vordergrund stehen, liegt auf der Hand. Trotzdem sind diese Netze genauso wie die Stadtnetze der Entwicklung einer lokalen „Internetöffentlichkeit" nicht abträglich. Flankierend und in Kooperation mit anderen Akteuren können sie auch beim Aufbau von Bürgernetzen selbst hilfreich sein.

4.3   Private Zugangsvereine – das Beispiel Individual Network

Die Schaffung eines preiswerten privaten Zugangs zum Internet war und ist primäres Ziel vieler nicht-kommerzieller lokaler und regionaler Vereine. Vertreter dieser Vereinigungen sind die Vereine im Individual Network e.V. (IN); sie werden im Folgenden beispielhaft skizziert.

Das Streben nach einem verbesserten Zugang zum Internet bei gleichzeitiger Verringerung der Teilnahmekosten ist das Gründungsmotiv des 1991 entstandenen Individual Network.[15] Mehrere regionale Gruppen privater, eher technisch interessierter Nutzer aus der „Mailboxszene" vereinigten sich im IN, um als organisierter Interessenverband gegenüber den großen Providern als Mieter umfangreicher Zugangskapazitäten auftreten zu können. Diese werden heute durch eigenständige lokale Betreibergemeinschaften (Domains) dem Endnutzer gegen eine relativ geringe Gebühr zur ausschließlich privaten Nutzung zur Verfügung gestellt. Satzungsgemäßes Ziel des IN ist die „Förderung der privat betriebenen Datenkommunikation". Das geschieht durch die kostengünstige Bereitstellung von Konnektivität für Privatpersonen gepaart mit der Einführung in die und Fortbildung im Umgang mit den Kommunikationsnetzen, darüber hinaus auch durch die Vertretung öffentlicher Interessen im Bereich der privaten Datenkommunikation in Zusammenarbeit mit staatlichen und nichtstaatlichen Organisationen. Die Verwirklichung dieser Ziele bleibt weitgehend den lokalen

---

14   Köln-Online Internetmagazin aus Köln: http://www.koeln-online.de.
15   Liste der Regionaldomains des Individual Network e.V: http://noc.individual.net/cgi-bin/domainliste.

Domains überlassen, die zwar organisatorisch dem Dachverband IN angegliedert sind, jedoch alle als eigenständige lokale Vereine auftreten.

Fast alle IN-Domains betreiben einen WWW-Server, auf dem die Vereinsmitglieder ihre privaten Homepages ablegen können. Neben diesen Seiten versuchen aber auch nicht-private lokale Akteure, wie etwa Vereine, hier die Internet-Öffentlichkeit zu erreichen. Von 15 beispielhaft untersuchten IN-Domains boten im März 1998 sieben nicht nur privaten Homepages eine Netzheimat. Insgesamt 45 lokale Gruppen und Akteure plazieren sich in den sieben Netzen, allerdings von insgesamt 889 privaten Seiten in den Schatten gestellt. Schulen, Hobby- und Sportvereine sowie Computergruppen stellen den größten Anteil, aber auch kulturelle Akteure wie Galerien oder Museen und Künstlergruppen kommen zur Geltung. Als politisch bzw. ideell sind allerdings nur zwei Vereine und eine Bürgerinitiative zu bezeichnen. Besonders herausragend ist bspw. das ThurNet, einem thüringischem IN-Verein, der sich als Träger kommunaler Information und Kommunikation im Internet engagiert.[16]

Die Vereine im Individual Network e.V. streben sicherlich nicht zielgerichtet den Aufbau eines Bürgernetzes an. Trotzdem kann ihnen wegen ihrer Zielsetzungen, die unter anderem ausdrücklich den Abbau von Zugangsbarrieren bezwecken, eine nicht unwichtige Stellung bei der Schaffung der Voraussetzungen für Bürgernetze zugestanden werden. Insbesondere die Bereitstellung einer technischen Infrastruktur und von Know-How sind dabei von zentraler Bedeutung. Es existieren bereits Kooperationen, die zielstrebig ein Bürgernetz zu etablieren versuchen, wie bspw. das Bürgernetz Ostwestfalen-Lippe (Bowle).[17] Zugangsvereine wie der IN gehen aus diesem Grund über den Status eines flankierenden Ansatzes hinaus.

4.4 Bürgernetze im Rahmen von Bayern Online

Der Aufbau kommunaler Bürgernetze im Internet ist eines der Ziele der Initiative „Bayern Online" des Freistaats, mit der das Land einen „Spitzenplatz" in der Entwicklung der Informationsgesellschaft einnehmen will (Bayerische Staatskanzlei 1996; vgl. auch Irrgang 1998).[18] Mit dem Teilprojekt „Bürgernetz" soll den Bürgern der bayerischen Kommunen die Nutzung des Internet schmackhaft gemacht und der Zugang zum Netz erleichtert, also Hemmschwellen abgebaut

---

16 ThurNet: http://www.thur.de.
17 Bürgernetz Ostwestfalen-Lippe: http://www.bowle.de.
18 Bayern Online: http://www.bayern.de/BayernOnline.

werden. Ziel ist auch, benachteiligte Bevölkerungsgruppen sozial besser einzubinden und der zunehmenden Differenzierung privater Interessen Rechnung zu tragen. Bis Ende 1998 durch den Freistaat subventioniert und getragen durch lokale Förder- und Trägervereine bieten die bayerischen Bürgernetze allen Bürgern einen finanziell günstigen Netzzugang und Platz für eine Homepage an.[19] Des weiteren wird den Bürgern durch zahlreiche Aktivitäten der Vereine das neue Medium nahegebracht, und diese werden entsprechend qualifiziert. Auffällig ist in den inzwischen auf mehr als 70 angewachsenen und im Aufbau befindlichen Bürgernetzen das Engagement vieler Kommunalpolitiker und lokaler Unternehmen, was dem Projekt in den Kommunen bereits einen relativ hohen Grad an Öffentlichkeit einbrachte.[20]

Betrachtet man die Inhalte der in ihrer Übersichtlichkeit und Nutzerfreundlichkeit unterschiedlich gestalteten Bürgernetzoberflächen im Internet, so ist ein starkes Ansteigen der im Netz Informationen anbietenden Gruppen und Personen zu verzeichnen. So wuchs die Anzahl der Homepages in elf beispielhaft untersuchten Netzen von insgesamt 412 im November 1996 auf 1 527 im März 1998 an (vgl. Korff 1998). Davon haben 133 bzw. 375 nicht den Charakter einer privaten Homepage, sondern enthalten Informationen lokaler Akteure. Im März 1998 richten sich in den elf Netzen 55 Sportvereine, 22 Heimat- und 25 Hobbyvereine an die Öffentlichkeit. In diese Kategorien fallen zahlreiche Geschichts-, Trachten- oder Schützenvereine, aber auch Modellbaugruppen, der Opelfanclub, Kleintierzuchtverein oder die CB-Funkfreunde. 61 Schulen präsentieren sich mit eigenen Seiten und mehr als 80 lokale Unternehmen suchen in den Bürgernetzen Öffentlichkeit. Kirchengemeinden und kulturelle Akteure beteiligen sich ebenso wie freiwillige Feuerwehren. Auch im jeweiligen Einzugsgebiet der Bürgernetze liegende Kleinstgemeinden bieten Informationen an, insgesamt sind im März 1998 38 Städte und Gemeinden in den elf Netzen präsent. Als politisch oder ideell orientiert können 39 Angebote identifiziert werden. Lediglich drei Bürgerinitiativen stehen dabei 14 etablierten Parteiorganisationen gegenüber. Zu den 22 ideell orientierten Vereinen gehören vor allem Umweltgruppen, aber auch lokale Ableger von Amnesty International, soziale Gruppen oder Vereine mit dem Ziel der Verbesserung der Demokratie.

---

19 Zur Zukunft der Finanzierung bzw. Netzanbindung der bayerischen Bürgernetze vgl. Bayern Online 7 (1998): 1-2.
20 Eine Übersicht über die aktiven Bürgernetzvereine ist im Bürgernetzdachverband zu finden: http://www.buerger.net.

Sollte die Entwicklung in gleicher Weise voranschreiten, so ist davon auszugehen, daß die bayerischen Bürgernetze durchaus die Chance haben, sich als Foren öffentlicher Meinungs- und Willensbildung zu etablieren. Dafür spricht auch der Befund von Irrgang (1998), wonach es bislang keine befriedigte Nachfrage nach lokalen Informationen durch die bayerischen Bürgernetze gibt. Einschränkend ist jedoch anzumerken, daß unter allen Informationsanbietern niemand zu identifizieren ist, der als gemeinhin benachteiligte Gruppe zu bezeichnen wäre oder der ohne das Bürgernetz keinerlei Chancen auf die Erreichung der Öffentlichkeit hätte. Auch sind die gesellschaftlich bzw. politisch engagierten Akteure deutlich in der Minderzahl. Dennoch: die bayerischen Bürgernetze sind ohne Zweifel Beispiele für fortgeschrittene Bürgernetze im Internet.

4.5 Unabhängige Bürgernetzvereine

Obgleich die Entwicklung in Deutschland eher langsam in Gang kommt, so entstehen unabhängig von staatlichen Förderprogrammen private Initiativen, die sich den Aufbau von Bürgernetzen zum Ziel gesetzt haben. Vier Beispiele für verschiedene Ansätze und Erfolge vorweisende Netze werden hier kurz benannt.

Das erwähnte Bürgernetz Ostwestfalen-Lippe (Bowle) versteht sich als eine Organisation, die in seinen Seiten Links aus der gesamten Region sammelt und nach Themenrubriken und Städten ordnet, um so ein Bild der aktiven und im Internet präsenten Akteure, Gruppen und Personen zu bieten. Im Frühjahr 1998 konnte man in den Verzeichnissen von Bowle neben 215 rein privaten Homepages 190 von Sport- und Hobbyvereinen, Schulen, Gemeinden, kulturellen Akteuren oder auch Berufsverbänden finden. Einen Internetzugang und Webspace bietet das Bürgernetz nicht an; allerdings stehen dafür Kooperationspartner, wie z. B. der regionale IN-Verein, zur Verfügung. Aktiv ist der Verein bei der Schulung im Umgang mit dem Netz. Da die Zunahme von Inhalten schleppend zu laufen scheint und kaum Veränderungen im Design wahrzunehmen sind, ist aber von einer Stagnation der Entwicklung des Bürgernetzes auszugehen.

Eine ähnlich regionale Ausrichtung hat das Bürgernetz Kreis Warendorf (WAF-net)[21], das allerdings im Gegensatz zu Bowle einen sehr lebendigen Eindruck macht. Der Bürgernetzverein versteht sich als eine übergeordnete Instanz zu lokalen „Ortsvereinen", die die inhaltlichen und technischen Anstrengungen dieser möglichst unabhängigen Ableger koordiniert, um so der

---

21 BürgerNetz Kreis Warendorf: http://www.waf-net.com.

Durchsetzung des Vorhabens eine größere Stoßkraft zu verleihen. Dabei handelt es sich in erster Linie um die Verbreitung des Internet in allen Bevölkerungsgruppen durch Schulungen und dem Angebot eines günstigen Zugangs zum Netz und Platz für eigene Homepages. Dieser Struktur entsprechend sind kaum eigenständige Informationsangebote in den Seiten des überlokalen Bürgernetzes zu finden; hier dominieren redaktionelle regionale Informationen. Die lokalen Akteure engagieren sich in den derzeit drei aktiven Ortsvereinen.

Der Förderverein Bürgernetz Ibbenbühren (b-net)[22] ist ein Beispiel für einen kleinen lokalen Bürgernetzverein, der sich um den Aufbau einer kommunalen Netzöffentlichkeit bemüht. Dazu wird örtlichen Vereinen kostenloser Webspace angeboten, den Bürgern ein kostengünstiger Internetzugang, Schulungen und die Erstellung einer eigenen Homepage ermöglicht oder ein Homepage-Wettbewerb veranstaltet. Mit mehreren Online-Projekten wie bspw. einer „Spurensuche" zur Erinnerung an ehemalige jüdische Mitbürger zeigt sich das Bürgernetz innovativen Ideen sehr aufgeschlossen.

Ähnlich strukturiert, jedoch älter und weiter fortgeschritten, ist Filstal-Online (FTO)[23], ein Verein, der sich in Kooperation mit kommerziellen Partnern und Sponsoren „Weiterbildung und Schulung der Bevölkerung, sowie die Völkerverständigung" auf die Fahnen geschrieben hat und dieses Ziel durch viele Einführungsveranstaltungen und Workshops verfolgt. Auch bietet der Verein einen preiswerten Zugang zum Netz an und kann bereits eine breite Palette Homepages lokaler und regionaler Gruppen und Personen auf seinen Seiten vorweisen.

Solche Vereine sind es, die die originäre Idee der Bürgernetze entwickeln und zu etablieren versuchen, allerdings ohne Partner kaum mit einer großen Durchschlagskraft bei der Durchsetzung ihrer Ziele und der Eroberung eines Platzes in der regionalen bzw. kommunalen Öffentlichkeit aufwarten können.

4.6 Das Publikom in Münster

Mit dem Publikom in Münster[24] (Start 1996) ist es gelungen, ein Bürgernetz aufzubauen, das bereits eine stabile Stellung in der kommunalen Öffentlichkeit einzunehmen beginnt und das alle formulierten Kriterien zu erfüllen scheint. Das ist durch eine enge Kooperation zwischen einem Bürgernetzverein, der Stadt und einem Unternehmen zu erklären. Eine Initiative „von unten" wurde

---

22 Bürgernetz Ibbenbühren e.V.: http:// http://www.bnet-ibb.de.
23 Informationen aus dem Filstal: http://www.fto.de.
24 Das Publikom - Stadtnetz für Münster: http://www.muenster.de.

"von oben" angenommen und gemeinsam in die Tat umgesetzt. Ausdrückliche Ziele dieses Projekts sind die Stärkung der lokalen Gemeinschaft, die Einbindung der Bürger in kommunale Abläufe und die Bereicherung der kommunalen Demokratie durch die Erleichterung von Interessenorganisation und -artikulation ohne Zwischeninstanzen sowie die Förderung der Medienkompetenz. Zu den Zielen gehören auch die Optimierung von Verwaltungsabläufen und nicht zuletzt die Stärkung der Wirtschaft. Das Angebot eines kostengünstigen und leistungsstarken Internetzugangs und das Aufstellen öffentlich zugänglicher „Info-Portale" sind ein fester Bestandteil des Vorhabens.

Die große Zahl der das Angebot des Publikom wahrnehmenden lokalen Akteure und Bürger zeugt vom Erfolg des Konzepts der Organisatoren. Im November 1996 besaßen 84 Gruppen eine eigene Homepage, im März 1998 waren es bereits 272. Die Zahl stieg bis November 1998 auf insgesamt 439 nicht private Homepages. Den größten Anteil unter diesen machen Unternehmen mit 197 Seiten aus, der restliche Anteil besteht vor allem aus Sport- und Hobbyvereinen, Beratungsgruppen, Bildungsinstitutionen, kulturellen und religiösen Akteuren, nicht kommerziellen Online-Medien, Wirtschafts- und Berufsverbänden. Als politisch oder ideell können im November 1998 31 Vereine bezeichnet werden. Dabei handelt es sich Umwelt- und Menschenrechtsgruppen, Vereine zur Förderung der Völkerverständigung oder auch für die Gleichstellung von Homosexuellen. Sieben Parteien und fünf Jugendorganisationen beziehen zu kommunalpolitischen Themen Stellung, drei Bürgerinitiativen stellen ihre Ziele und Interessen dar und fünf Selbsthilfegruppen bieten Informationen und Kontaktmöglichkeiten an. Im Gegensatz zu den bisher betrachteten Bürgernetzen sind im Publikom auch Gruppen präsent, die Anliegen vertreten, die eher als schwer vermittelbar oder organisierbar zu bewerten sind, wie bspw. eine Obdachlosen- oder Hörgeschädigtengruppe. Darüber hinaus besitzen dort weit über 700 Bürger eine eigene persönliche Homepage, zwei Jahre zuvor waren es nur knappe 100. Auch die Stadt Münster bietet umfangreiche Informationen an, ohne dabei im Design des Publikom die kleineren Akteure zu überschatten.

Wer sich anhand dieses Netzes informiert, weiß, was in Münster politisch, vor allem aber kulturell und gesellschaftlich läuft. Daß Bürger dieses Angebot annehmen, wird an der Nutzung der Möglichkeiten der Meinungsäußerung in Diskussionsforen, dem Interesse an eigenen Homepages und Internetzugängen deutlich. Das plurale und dynamische Erscheinungsbild des Publikom lassen die Prognose zu, daß sich hier ein Forum zu etablieren scheint, das dem Anspruch, die Münsteraner Realität virtuell widerzuspiegeln, bald gerecht werden könnte.

5 Fazit

Dem hohen Anspruch, kommunale Kommunikationsprozesse und darüber kommunale Demokratie zu optimieren und Restriktionen abzubauen, wird zweifelsohne keines der skizzierten Beispiele lokaler Kommunikation im Internet in voller Weise gerecht. Welche Auswirkungen verstärkte lokale Internetnutzung überhaupt und speziell die Bürgernetze auf Kommunikationsstrukturen haben werden, ist heute noch nicht einzuschätzen.

Der Umfang lokaler und regionaler Kommunikation und Information im Internet nimmt kontinuierlich zu. Die Zahl kommunaler WWW-Plattformen steigt ständig, was für eine Nachfrage nach lokalen Informationen spricht. Die Idee, diese Nachfrage nicht nur kommerziell auszunutzen, wird von Bürgern, Vereinen und auch Kommunen oder Ländern aufgenommen und in Projekten umgesetzt. Teilweise können sie den aufgestellten „Bürgernetzkriterien" entsprechen. Zum jetzigen Zeitpunkt ist der Grad der Beteiligung von Bürgern und lokalen Gruppen jedoch unzureichend und die Wahrnehmung solcher Bürgernetze als Teil der Öffentlichkeit kaum vorhanden – einmal abgesehen vom Publikom.

Andererseits nimmt die Zahl der in den Netzen präsenten Bürger und Akteure stetig zu. Das Bewußtsein, auch durch das Internet Rezipienten für eigene Interessen und Meinungen gewinnen zu können, befindet sich im Aufwind und läßt eine Zunahme des Bestrebens nach einer Netzpräsenz sicher erscheinen. Einschränkend ist jedoch festzuhalten, daß in den betrachteten Homepages fast ausschließlich Interessen vertreten werden, die ansonsten im Kommunikationsprozeß eher nicht benachteiligt sind und durchaus einen Zugang zur Öffentlichkeit auch ohne Bürgernetz finden können. Ressourcenreiche, also ohnehin starke Akteure dominieren. Auffällig ist der geringe Grad an politischen oder ideell motivierten Angeboten. Sport, Hobby und Unterhaltung sind tonangebend. Dieses gilt etwas abgemildert auch für das weiterentwickelte Publikom in Münster.

Die sich in den beleuchteten Netzen engagierenden Gruppen und Bürger weichen immer mehr vom bisher gemeinhin geltenden Internetnutzerprofil ab (siehe auch Irrgang 1998). Eine zentrale Ausnahme bilden Frauen, deren Anteil unter den Besitzern privater Homepages extrem niedrig ist. Trotzdem gelingt es offensichtlich manchen Bürgernetzvereinen, bei solchen Bürgern und Gruppen Interesse für das Netz zu wecken und sie zu einer Beteiligung zu ermutigen, die sich ansonsten gegenüber technischen Neuerungen eher zurückhaltend zeigen. Es deutet sich an, daß die den Vereinen zugrundeliegende Zielsetzung, die Nutzung des Internet in der Bevölkerung zu verbreiten und diese entsprechend zu qualifizieren, erfolgreich verwirklicht werden kann.

Diese Tendenzen vermitteln den Eindruck, als würden lebendige kommunale Foren im Internet entstehen, die einen ernstzunehmenden Platz in der lokalen Öffentlichkeit einnehmen und die Zugangsschwelle zu ihr senken können. Voraussetzung dafür sind eine weitere Popularisierung des Internet, eine Kostensenkung des Internetzugangs, die stärkere Einbeziehung des Internet in Ausbildung und Bildung, schließlich die konsequente Weiterverfolgung bestehender Bürgernetzkonzepte und eine enge Zusammenarbeit aller relevanten kommunalen Akteure.

Deutlicher erkennbar wird heute bereits, daß das Internet nicht – wie vielerorts befürchtet – eine Entörtlichung des Nutzers hin zu abstrakten virtuellen Welten zur Folge haben muß und urbanes Leben der Realität entzogen in virtuelle Sphären verlagert werden könnte (Steffen 1996). So scheiterte bspw. die virtuelle „Internationale Stadt Berlin", die versuchte, urbane Organisation im Netz zu konstruieren, zu simulieren und zu stimulieren.[25] Das Internet kann vielmehr vorhandene lokale Identitäten festigen, Gemeinschaftsgefühle wecken und stärken und somit die Integration fördern.

Die Qualität kommunaler Demokratie hängt ab von einer funktionierenden und gerechten kommunikativen Infrastruktur. Weist sie Defizite auf, so wirkt sich das unmittelbar auf demokratische Abläufe und Strukturen aus. Das Internet bietet ohne Zweifel die technischen Möglichkeiten, bestehenden Restriktionen entgegenzutreten und die kommunale Demokratie um eine elektronische Komponente zu bereichern, zumindest aber Wahrnehmungsverluste von Demokratie auszugleichen (Schulze 1996). Zum jetzigen Zeitpunkt bleibt es jedoch offen, ob diese Chancen auch entsprechend umgesetzt werden können. Es gibt aber Grund zum Optimismus.

Literatur

Alemann, Ulrich von (1992): Parteien und Gesellschaft in der Bundesrepublik. Rekrutierung, Konkurrenz und Responsivität. In: Mintzel, Alf/Heinrich Oberreuter (Hg.): *Parteien in der Bundesrepublik Deutschland*. Bonn, S. 89-130.
Almond, Gabriel/Sidney Verba (1963): *The Civic Culture. Political Attitudes and Democracy in five Nations*. Princeton, New York.
Arzberger, Klaus (1980): *Bürger und Eliten in der Kommunalpolitik*. Stuttgart.
Bayerische Staatskanzlei (1990): *Bayern Online. Datenhochgeschwindigkeitsnetz und neue Kommunikationstechnologien für Bayern. Das Konzept*. München.

---

25 Internationale Stadt Berlin: http://www.is.in-berlin.de/.

Beamish, Anne (1995): *Communities Online. Community-Based Computer Networks* (http://sap.mit.edu/arch/4.207/anneb/thesis/toc.html; 3.12.1998).
Brenken, Dirk (1998): Virtuelle Rathäuser. In: *c't* 9, S. 64-70.
Conradt, David P. (1980): Changing German Political Culture. In: Gabriel Almond/Sidney Verba (Hg.): *The Civic Culture Revisited*. Boston, Toronto, S. 212-272.
Dorsch, Petra E. (1978): Lokalkommunikation. Ergebnisse und Defizite der Forschung. In: *Publizistik* 23, S. 189-201.
Dorsch, Petra E. (1982): Die Alternativzeitungen – ihr Markt und ihre Macher. In: *Media Perspektiven*, Heft 10, S. 660-667.
Expertengruppe Offener Kanal (1980): *Der Offene Kanal. Kriterien für ein Bürgermedium*. Bonn.
Gabriel, Oskar W. (1979): Mängelanalyse des politischen Willensbildungsprozesses in der Gemeinde. Ein Beitrag zur „institutionellen Krise" der kommunalen Selbstverwaltung. In: Institut für Kommunalwissenschaften (Hg.): *Politische Beteiligung im repräsentativen System*. Bonn, S. 73-252.
Gabriel, Oscar W. (1983): Gesellschaftliche Modernisierung, politische Beteiligung und kommunale Demokratie. Strukturen, Bedingungen und Folgen bürgerschaftlicher Beteiligung an der kommunalen und nationalen Politik. In: ders. (Hg.): *Bürgerbeteiligung und kommunale Demokratie*. München, S. 57-104.
Gabriel, Oscar W. (1990): Demokratische Entwicklung und politische Kompetenz. Eine vergleichende Analyse des Kompetenzbewußtseins der bundesdeutschen und amerikanischen Bevölkerung. In: *Aus Politik und Zeitgeschichte* B 25, S. 15-26.
Gellner, Winand/Stephan Tiersch (1993): *Offene Kanäle in Rheinland-Pfalz. Ergebnisse empirischer Forschung*. Ludwigshafen.
Gellner, Winand/Christian Köllmer/Mario Römer (1996): *Offene Kanäle und gleichberechtigter Zugang*. Ludwigshafen.
Gellner Winand/Fritz von Korff (Hg.) (1998): *Demokratie und Internet*. Baden-Baden.
Grossman, Lawrence (1995): *The Electronic Republic. Reshaping Democracy in the Information Age*. New York.
Hagen, Martin (1996): A Road to Electronic Democracy? Politische Theorie, Politik und der Information Superhighway in den USA. In: Kleinsteuber, Hans J. (Hg.): *Der „Information Superhighway". Amerikanische Versionen und Erfahrungen*. Opladen, S. 63-85.
Helmke, Werner/Karl-Heinz Naßmacher (1976): Organisierte und nicht-organisierte Öffentlichkeit in der Kommunalpolitik. In: Frey, Rainer (Hg.): *Kommunale Demokratie. Beiträge für die Praxis der kommunalen Selbstverwaltung*. Bonn, S. 182-240.
Irrgang, Michael (1998): *Bürger im Netz. Die Rolle der bayerischen Bürgernetze bei der Diffusion und Durchsetzung des Internets* (pro online papiere Nr. 1/1998). Duisburg.
Jänicke, Martin (1991): Erwägungen zu einer langfristigen Strategie des ökologisch-ökonomischen Umbaus. In: *Blätter für deutsche und internationale Politik* 36, Heft 9, S. 1053-1064.
Jarren, Otfried (1984): *Kommunale Kommunikation. Eine theoretische und empirische Untersuchung kommunaler Kommunikationsstrukturen unter besonderer Berücksichtigung lokaler und sublokaler Medien*. München.
Jarren, Otfried (1991): Neue Politik durch Neue Medien? Zur Bedeutung lokaler elektronischer Medien für die Politische Kultur in der Kommune. Ergebnisse einer Feldstudie. In: Blanke, Bernhard (Hg.): *Stadt und Staat. Systematische, vergleichende und problemorientierte Analysen „dezentraler" Politik*. Opladen, S. 422-439.
Jarren, Otfried (1993): Lokale Medien und lokale Politik. In: Roth, Roland/Hellmut Wollmann (Hg.): *Kommunalpolitik. Politisches Handeln in Gemeinden*. Bonn, S. 296-308.
Jonscher, Norbert (1995): *Einführung in die lokale Publizistik. Theorie und Praxis der örtlichen Berichterstattung. Ein Lehrbuch*. Opladen.
Kaase, Max (1982): Partizipatorische Revolution – Ende der Parteien? In: Raschke, Joachim (Hg.): *Bürger und Parteien. Ansichten und Analysen einer schwierigen Beziehung*. Bonn, S. 173-189.

Kamp, Ulrich (1991): Privater Privatrundfunk: Offene Kanäle in Deutschland. In: Gellner, Winand (Hg.): *An der Schwelle zu einer neuen Rundfunkordnung. Grundlagen, Erfahrungen und Entwicklungsmöglichkeiten.* Berlin, S. 113-121.
Karrenberg, Hanns/Engelbert Münstermann (1993): Kommunale Finanzen. In: Roth, Roland/ Hellmut Wollmann (Hg.): *Kommunalpolitik. Politisches Handeln in Gemeinden.* Bonn, S. 194-210.
Korff, Fritz von (1998): Kommunale Bürgernetze im Internet. In: Gellner, Winand/Fritz von Korff (Hg.): *Demokratie und Internet.* Baden-Baden, S. 95-107.
Krauch, Helmut (1972): *Die Computer-Demokratie.* Düsseldorf.
Kurp, Matthias (1994): *Lokale Medien und lokale Eliten. Partizipatorische Potentiale des Lokaljournalismus bei Printmedien und Hörfunk in Nordrhein-Westfalen.* Opladen.
Morino Institute (1994): *Assessment and Evolution of Community Networking* (http://www.morino.org/publications/assessment.html; 9.12.1998).
Murck, Manfred (1983): Macht und Medien in Kommunen. In: *Rundfunk und Fernsehen* 31, Heft 3-4, S. 370-380.
Oberreuter, Heinrich (1989): Politische Theorie. Drei Leitfragen zum Offenen Kanal. In: Kamp, Ulrich (Hg.): *Der Offene Kanal. Erfolge und Strukturen.* Bonn.
Rager, Günther (1982): *Publizistische Vielfalt im Lokalen. Eine empirische Analyse.* Tübingen.
Rheingold, Howard (1994): *Virtuelle Gemeinschaften. Soziale Beziehungen im Zeitalter des Computers.* Bonn, Paris.
Rolke, Lothar (1985): Die Kommune als soziale „Experimentierbaustelle". In: Bullmann, Udo/Peter Glitschmann (Hg.): *Kommune als Gegenmacht. Alternative Politik in Städten und Gemeinden.* Hamburg, S. 162-177.
Roth, Roland (1993): Lokale Demokratie „von unten". Bürgerinitiativen, städtischer Protest, Bürgerbewegungen und neue soziale Bewegungen in der Kommunalpolitik. In: Roth, Roland/Hellmut Wollmann (Hg.): *Kommunalpolitik. Politisches Handeln in Gemeinden.* Bonn, S. 228-244.
Roth, Roland (1994): Demokratie, lokale. In: Voigt, Ruediger (Hg.): *Handwörterbuch zur Kommunalpolitik.* Opladen, S. 104-107.
Roth, Roland (1997): Die Kommune als Ort der Bürgerbeteiligung. In: Klein, Ansgar/Rainer Schmalz-Bruns (Hg.): *Politische Beteiligung und Bürgerengagement in Deutschland. Möglichkeiten und Grenzen.* Bonn, S. 404-447.
Schulze, Gerhard (1996): Die Wahrnehmungsblockade. Vom Verlust der Spürbarkeit der Demokratie. In: Weidenfeld, Werner (Hg.): *Demokratie am Wendepunkt. Die demokratische Frage als Projekt des 21.Jahrhunderts.* Berlin, S. 33-51.
Schwiederowski, Peter (1988): *Entscheidungsprozesse und Öffentlichkeit auf der kommunalen Ebene. Erweiterte Bürgerbeteiligung durch die Nutzung neuer lokaler Massenmedien.* Bochum.
Simon, Klaus (1987): Kommunale Demokratie – eine Politikvermittlungsidylle? In: Sarcinelli, Ulrich (Hg.): *Politikvermittlung. Beiträge zur politischen Kommunikationskultur.* Bonn, S. 232-247.
Steffen, Gabriele (1996): Virtuelle und vitale Stadt. Urbanität im digitalen Zeitalter. In: *Der Städtetag* 49, Heft 5, S. 324-331.
Wagner, Heiderose/Herbert Kubicek (1996): Community Networks und Information Highway. Von der Counterculture zum Mainstream. In: Kleinsteuber, Hans J. (Hg.): *Der „Information Superhighway". Amerikanische Versionen und Erfahrungen.* Opladen, S. 201-235.
Wehling, Hans-Georg (1986): *Kommunalpolitik in der BRD.* Berlin.
Weichler, Kurt (1987): *Die anderen Medien. Theorie und Praxis alternativer Kommunikation.* Berlin.
Zielinski, Heinz (1985): Kommunale Selbstverwaltung als Leitbild einer Anti-Krisenpolitik durch Gemeinden. In: Bullmann, Udo/Peter Glitschmann (Hg.): *Kommune als Gegenmacht. Alternative Politik in Städten und Gemeinden.* Hamburg, S. 122-129.

Lutz M. Hagen / Klaus Kamps

Netz-Nutzer und Netz-Nutzung

Zur Rezeption politischer Informationen in Online-Medien

Mit der Einführung der Digitaltechnik befindet sich die Medienbranche in einer Umbruchphase. Aus partizipationstheoretischer Perspektive stellt sich – u. a. – die Frage, wie sich diese Entwicklung auf die Rezeption respektive Nutzung politischer Informationen auswirkt. Online-Medien scheinen durchaus geeignet zu sein, auch eher politikferne Personengruppen mit politischen Informationen zu konfrontieren. Zumindest ließe sich das aus einer technischen Sicht erwarten: Das Internet bspw. stellt Informationen rasch, komprimiert, in der Regel ohne zugriffsabhängige Kosten – kurz: mit vergleichbar geringem Aufwand zur Verfügung. Zudem erlauben Online-Medien mehr als den one-to-many-Modus traditioneller Massenmedien: Sie bieten vielfältige telekommunikative Möglichkeiten und heben so die Grenzen zwischen Rezipienten und Produzenten medienvermittelter Information potentiell auf.

Gelingt es den Online-Medien nun tatsächlich, eine breite Bevölkerungsschicht „besser" (oder: überhaupt) über politische Themen, Positionen, Vorgänge zu informieren? Wie wirkt sich das auf das politische Aktivitätspotential der Rezipienten aus? Wir werden im folgenden anhand repräsentativer Studien[1] die Verwendung der Netze durch Bürgerinnen und Bürger näher betrachten. Wer nutzt Online-Medien, welche Nutzungs-Motive und -Interessen lassen sich eruieren? Wie gehen Nutzer mit den Netzen um? Inwieweit werden Online-Medien herangezogen, um sich über politische Vorgänge zu informieren? Werden diese potentiell doch so interaktiven Medien auch dazu genutzt, selbst Information zu verbreiten, um politisch zu wirken, sich politisch darzustellen oder sich gar politisch zu organisieren? Anzumerken bleibt, daß der Beitrag sich insgesamt nur als Schlaglicht definieren kann: Zur Rezeption und Nutzung von Online-Medien, gerade hinsichtlich ihrer „politischen" Dimensionen, bedarf es noch der intensiveren, auch kontinuierlicheren empirischen Forschung.

---

1   Sofern nicht anders angegeben, stammen Nutzungsdaten, die im Text erwähnt werden, aus der „Typologie der Wünsche 1998/99". Eine nähere Erläuterung aller herangezogenen Studien befindet sich im Anhang dieses Beitrags.

1 Wer nutzt die Netze?

Zunächst soll ein erster Überblick zu Reichweiten (vgl. Tab. 1), soziodemographischen Merkmalen der Netz-Nutzer (vgl. Tab. 2) sowie ihrer Psychographie (vgl. Tab. 3) gegeben werden.

	Gesamt	Privat	Beruflich	Privat und beruflich
Online-Nutzer (Millionen)	4,22	1,31	1,64	1,27
Reichweite (deutschsprachige Bevölkerung ab 14 Jahre)	6,7 %	2,1 %	2,6 %	2,0 %

Tabelle 1: Anzahl und Reichweite von Online-Nutzertypen

Quelle: Typologie der Wünsche 1998/99, Trend; Personen, die nach eigenen Angaben selten, regelmäßig oder häufig PC-Online-Dienste nutzen.

Ein erstes Kriterium muß bei Online-Medien die Frage nach dem Umfeld ihrer Nutzung sein. Bei Personen, die von sich selbst sagen, Online-Medien zumindest gelegentlich zu nutzen, dominiert der berufliche Gebrauch. Die rein privaten Nutzer bilden die kleinere Gruppe; dieser höhere Anteil beruflicher Nutzung ist übrigens im Vergleich zu herkömmlichen Massenmedien eine Besonderheit der Online-Medien. Nach der Studie „Typologie der Wünsche" (TdW) erhöht sich dabei insgesamt die Reichweite der Online-Medien weiter zügig; 1996 betrug sie noch 3,6 Prozent, nach der jüngsten Befragung liegt sie bereits bei 6,7 Prozent. Die Intensität der Nutzung bleibt aber nach wie vor recht gering:

(1) Weniger als ein Prozent der Gesamtbevölkerung wird an einem durchschnittlichen Tag von Online-Medien erreicht. Die Reichweitenwerte der klassischen Massenmedien – Fernsehen, Radio und Tageszeitung – liegen zusammen bei über 90 Prozent (Berg/Kiefer 1996: 40; Media Perspektiven 1999: 71 ff.).

(2) Deutsche Online-Nutzer verbringen privat durchschnittlich 40 Minuten pro Tag in den Netzen, für 1997 lag der entsprechende Wert noch bei 15 Minuten. Zum Vergleich: Für das Lesen von Zeitschriften werden knapp 20 Minuten aufgewendet (vgl. Hagen 1998). Allerdings nutzte auch 1998 ein Drittel der Onliner die Netze nur für weniger als zehn Minuten täglich, die Hälfte für weniger als 20 Minuten; etwa die Hälfte der gesamten Nutzungsdauer entfällt auf zehn Prozent der Nutzer: die Online-Nutzung variiert also innerhalb der Nutzerschaft stark. Dieses Muster ist eher untypisch für Massenmedien, eher typisch

für Konsumgüter (vgl. Stipp 1998); hinsichtlich der politischen Informationen ist nun davon auszugehen, daß sie ungleichmäßiger innerhalb der Rezipientenschaft diffundieren als bei Fernsehen, Radio oder der Tageszeitung.

	Private Onliner	Bevölkerung
Geschlecht		
Männer	71	48
Frauen	29	53
Alter		
14 – 29 Jahre	39	22
30 – 49 Jahre	47	34
50 Jahre und älter	14	44
Schulbildung		
Volksschule	13	51
Weiterf. Schule ohne Abi / Uni	33	32
Abitur / Studium	54	18
Berufstätigkeit		
In Ausbildung	22	10
Berufstätig	69	53
Nicht berufstätig	9	37
Beruf		
Gr. Selbstständige / frei Berufe	6	1
Kleine u. mittlere Selbstständige / LW	12	6
Leitende Angestellte und Beamte	12	4
Sonstige Angestellte und Beamte	38	44
Facharbeiter	5	17
Sonstige Arbeiter	4	16
Pers. Nettoeinkommen		
Bis unter DM 1 500	34	41
DM 1 500 bis DM 3 000	26	41
DM 3 000 und mehr	41	17
Haushaltsgröße		
1 Person	15	19
2 Personen	24	35
3 und mehr Personen	61	46

Tabelle 2: Soziodemographische Merkmale von Online-Nutzern im Vergleich zur Gesamtbevölkerung (Anteile in Prozent; Rundungsfehler)

Quelle: Typologie der Wünsche 1998/99; Basis: 2,44 Millionen private Online-Nutzer; 63,51 Millionen deutschsprachige Personen ab 14 Jahre in Privathaushalten

Die durch Tagesablaufuntersuchungen (etwa in der TdW) oder Metersysteme ermittelten Nutzungsdauern fallen im übrigen regelmäßig deutlich niedriger aus als die weit weniger verläßlichen Selbsteinstufungen durch befragte Onliner. Da der Bezug und die Verbreitung politischer Information überwiegend im privaten Rahmen und nicht bei der Arbeit erfolgen dürfte, beschränken wir uns im folgenden darauf, solche Personengruppen zu betrachten, die Online-Medien zumindest auch privat verwenden. Zunächst zu soziodemographischen Merkmalen dieser „privaten Onliner" im Vergleich zur Bevölkerung (vgl. Tab. 2).

Unter den Onlinern dominieren nach wie vor (1.) Männer, (2.) Personen mit hoher Bildung und (3.) hohem sozioökonomischen Status, (4.) jüngere Altersgruppen und daher wohl auch Personen, die (5.) sich noch in der Ausbildung befinden und (6.) in Mehr-Personen-Haushalten wohnen.

Das überdurchschnittlich hohe Einkommen der Onliner verwundert indes nicht; Online-Medien respektive ihr Gebrauch sind ein vergleichsweise teures Unterfangen: Deutsche Onliner geben pro Monat ca. 50,- DM für die Online-Nutzung aus (USA: 27 $). Durchschnittlich liegt das Budget des Bundesbürgers aber nur bei ca. DM 40,- bis 50,- für alle Medien (Media-Perspektiven 1999: 86). Erinnert sei in diesem Zusammenhang auch an den Umstand, daß in den USA im Gegensatz zur Bundesrepublik Ortsgespräche kostenlos sind – ein erheblicher Faktor bei der Online-Budgetierung.

Der Überhang Hochgebildeter erklärt sich sicherlich auch (1.) aus der Komplexität des Mediums und seiner Schriftdominanz, (2.) aus der Korrelation von Bildung und Einkommen sowie (3.) daraus, daß unter den Personen, die die Netze praktisch umsonst verwenden können, Hochschulangehörige und Studenten die größte Gruppe bilden – erneut ein Hinweis auf die Bedeutung des Kostenfaktors.

Der geringe Anteil Arbeiter hängt wohl auch damit zusammen, daß die berufliche Nutzung (vgl. Tab. 1) ein wichtiger Faktor ist und in vielen Fällen der Einstieg in (auch: das Gewöhnen an) die Netze – auch zu privaten Zwecken – über den Beruf erfolgen dürfte. Wie erwähnt, sind des weiteren nicht etwa Personen aus Single-Haushalten unter den Onlinern überproportional häufig vertreten, sondern Personen aus Haushalten mit Kindern. Aus diesen und anderen Gründen (vgl. Krotz 1998) ist mit einer Diffusion der Online-Medien in breitere Bevölkerungsschichten allenfalls im Verlauf von Generationen zu rechnen.

Wie sieht es nun aus mit den Persönlichkeitsmerkmalen der Nutzer? Lassen sich Besonderheiten erkennen, ähnlich deutlich denen, die über die soziodemographischen Merkmale skizziert werden können? Tabelle 3 gruppiert Online-Nutzer entsprechend ihrer Selbsteinschätzung. Der Index zeigt, ob die Selbsteinschätzungen unter der Online-Nutzerschaft über- oder unterrepräsentiert sind: Der Anteil zustimmender Anworten durch Online-Nutzer wurde geteilt durch den Anteil in der Gesamtbevölkerung und anschließend mit 100 multipliziert. Bei einem Index von 100 sind also Personen mit einer bestimmten Selbsteinschätzung unter den Onlinern genauso stark vertreten wie in der Gesamtbevölkerung.

	Anteil unter Onlinern	Index (Anteil im Vergleich zur Bevölkerung)
Ich bin anderen oft einen Schritt voraus	30 %	194
Mein beruflicher Erfolg ist mir sehr wichtig, dafür setze ich mich ein	63 %	178
Ich habe ehrgeizige Pläne und Ziele, will weiterkommen	60 %	177
Es kommt bei mir häufig vor, daß ich mich in wichtigen Fragen der Gesellschaft stark engagiere	22 %	166
Ich glaube, ich bin kreativer als andere	37 %	166
In manchen Lebensbereichen merke ich, daß sich andere nach mir richten	36 %	156
Etwas Neues zu schaffen macht mir Spaß	58 %	155
Ich übernehme gerne Verantwortung	61 %	142
Ich kann mich gut durchsetzen	65 %	133
Neue Menschen kennenzulernen fällt mir leicht	58 %	127
Viele Entscheidungen treffe ich mehr mit dem Gefühl als mit dem Verstand	27 %	87

Tabelle 3: Persönlichkeitsmerkmale privater Online-Nutzer (Nennungen „trifft zu" in Prozent)
Quelle: Typologie der Wünsche 1998/99

Danach heben sich die Persönlichkeitsprofile der Onliner hinsichtlich einiger Merkmale markant von der Gesamtbevölkerung ab: Online-Nutzer sind häufig besonders aufgeschlossene und politisch engagierte Personen mit hoher Innovationsbereitschaft, hoher Einschätzung ihrer eigenen Kreativität, auch ehrgeizige, einflußreiche Personen und Meinungsführer, die ihrer Umgebung als Vorbild dienen (oder zu dienen glauben). Eine Analyse von Scherer/Berens (1998), die Diffusions- und Nutzentheorie miteinander verbindet, identifiziert zwei Typen von Online-Nutzern: (1.) den Typus kommunikativer Innovatoren; er kommt häufiger vor als (2.) die introvertierten Technikfans. Letztere interessieren sich nur für ein Thema besonders intensiv: Moderne Technik (Computer, interaktive Medien etc.). Kommunikative Innovatoren interessieren sich dagegen stark für eine breite Palette an Themen und weisen ein ausgeprägtes Interesse für Politik und politische Information auf. Sie sind ehrgeizig und besitzen ein gesellschaftliches Verantwortungsbewußtsein. Sie lassen sich als politische Meinungsführer bezeichnen, und gerade sie verleihen den Online-Medien wohl eine besondere Relevanz hinsichtlich der Herstellung politischer Öffentlichkeit. Wie wir unten noch zeigen werden, ist das stark überdurchschnittliche politische Interesse dieser Nutzergruppe gleichwohl (überwiegend) kein dominierender Grund für sie, das Internet oder Online-Dienste zu verwenden. Damit kommen wir zu den Motiven der Online-Nutzung.

2 Motive der Online-Nutzung

Der Informationsnutzen von Online-Medien ist für ihre Verwender weitaus stärker ausgeprägt als der herkömmlicher Massenmedien für Verwender oder Nichtverwender von Online-Medien. Das Ausmaß, in dem sie als unterhaltend wahrgenommen werden, liegt dagegen unter dem Niveau der anderen Medien. Bei allen methodologischen Problemen, die die Gegenüberstellung von Ratings auf Grundlage unterschiedlich formulierter Fragen aus verschiedenen Studien birgt, dürfte angesichts der in Tabelle 4 deutlich werdenden Unterschiede doch kein Zweifel daran bestehen, daß die Informationsfunktion für die Nutzer der Online-Medien als deren wesentliche Gratifikationsleistung dominiert. Auch schätzten Online-Nutzer die Informationsleistungen der anderen drei Medien vergleichsweise gering ein. Auf den beiden anderen Gratifikationsdimensionen dagegen werden die Leistungen der anderen Medien von den Onlinern im Vergleich zu den übrigen Befragten fast durchweg als nützlicher eingestuft.

Die Unterhaltungsleistung von Internet und Online-Diensten wird von ihren Verwendern also vergleichsweise schwach wahrgenommen und nur bei der Tageszeitung als ähnlich niedrig eingeschätzt – überhaupt scheint das Gratifikationsprofil der Tageszeitung demjenigen der Online-Medien (bei dieser groben Betrachtung) noch am ähnlichsten zu sein. Die im Vergleich zu den anderen hier betrachteten Massenmedien hohe Disponibilität, die die Tageszeitung bietet, ist ein weiteres Ähnlichkeitsmerkmal. Selbstbestimmtes Vorgehen ist schließlich ein wichtiges Motiv für die Online-Nutzung, wie eine Auswertung von 100 Tiefeninterviews durch Grüne/Urlings zeigt (1996: 494 f.). Zusammengenommen kann man also davon ausgehen, daß Online-Nutzung – nach der Selbsteinschätzung der befragten Nutzer – durchaus im Sinne einer selbständigen Wissenserweiterung verstanden wird.

Typologie der Wünsche	Online-Medien	Fernsehen	Tageszeitung	Hörfunk	Studie Massenkommunikation
Information:					Information:
„Erweitert mein Wissen"	55	25 (39)*	24 (28)	23 (26)	„Bringt viele interessante Dinge, über die man anderswo kaum etwas erfahren kann"
Interaktion:					Interaktion:
„Liefert mir Gesprächsstoff"	39	57 (50)	50 (46)	41 (37)	„Bringt viele Dinge, über die man sich mit Freunden und Bekannten unterhalten kann"
Unterhaltung:					Unterhaltung:
„Vertreibt mir die Zeit"	23	69 (61)	25 (32)	70 (66)	„Sorgt für Entspannung und Ablenkung"
Basis (Online-Nutzer)	463	156	156	156	

*Prozentangaben, die sich auf Nicht-Nutzer von Online-Medien beziehen

Fragetext in der Studie Massenkommunikation: „Wenn Sie bitte nochmal an das Fernsehen/die Tageszeitung/das Radio denken: Auf diesen Kärtchen hier stehen verschiedene Sätze über das Fernsehen/die Tageszeitung/das Radio. Bitte sagen Sie mir zu jedem Satz, ob es Ihrer Meinung nach für das Fernsehen/die Tageszeitung/das Radio – zutrifft, nur teilweise zutrifft oder überhaupt nicht zutrifft."

Fragetext in der TdW: „Ich lese Ihnen nun einige Aussagen vor, die auf die Nutzung von Online-Netzen mehr oder weniger zutreffen können. Bitte sagen Sie mir zu jeder Aussage, inwieweit Sie ihr zustimmen. Wenn Sie einer Aussage voll und ganz zustimmen, vergeben Sie bitte den Wert 6, wenn Sie einer Aussage überhaupt nicht zustimmen, den Wert 1. Mit den dazwischen liegenden Werten können Sie Ihr Urteil jeweils abstufen." (Ausprägungen 6 und 5 zusammengefaßt)

Tabelle 4: Gratifikationen verschiedener Medien für Online-Nutzer und Nicht-Nutzer (Nennungen „trifft zu" in Prozent)

Quelle: Typologie der Wünsche 1997/98, Studie Massenkommunikation V, 1995

Ob dies auch die Verbreitung politischer Information begünstigt, ist nicht gesagt. Die Ergebnisse der Studie von Grüne/Urlings (1996: 493) legen eine enge Verknüpfung von Informationsmotiven bei den Online-Verwendern mit Interaktions- und Unterhaltungsmotiven nahe: Computer-Netze werden als „Informationsjahrmarkt" verstanden.

Soziale Interaktion und parasoziale Interaktionen zu ermöglichen, dürfte eine besondere Stärke der Online-Medien sein; sie ist auf zwei typische Merkmale zurückzuführen: (1) Interaktivitiätspotential und (2) Telekommunikationsmodi. So zeigt Weinreich (1998) mit einer Befragung von Nutzern der drei wichtigsten deutschen Mailboxnetze, daß für diese spezielle Verwendergruppe soziale Interaktion die wichtigste Funktion von Online-Medien ist, gefolgt von Information und Unterhaltung.

Unter Befragten, die für die gesamte private Online-Nutzerschaft repräsentativ sind, ermittelt der MC Online-Monitor, daß telekommunikative Anwendungen nach der Informationssuche am zweithäufigsten als Anlässe der Online-Nutzung genannt werden (vgl. Hagen/Mayer 1998: 106). Weitere, dieses Muster bestätigende Studien liegen vor (van Eimeren/Oehmichen/Schröter 1997: 552; Grüne/Urlings 1996). Hinsichtlich Interaktionsgratifikationen enthalten die oben in Tabelle 4 zusammen dargestellten Studien leider keine Ratings. Sie belegen lediglich, daß die Leistung der Online-Medien, für Gesprächsstoff zu sorgen, schwächer wahrgenommen wird als bei den anderen Medien.

Leider werden in der Studie zudem Gratifikationen von Zeitschriften nicht erfaßt. Nun kann man aber vermuten, daß Zeitschriften den Online-Medien diesbezüglich noch ähnlicher sind als Zeitungen. Dafür spricht die in Zeitschriften wie in den Netzen vorhandene Themenvielfalt – das bunte Spektrum – und das hier wie dort enge Zusammenspiel von Information und Unterhaltung. Eine Analyse von Hagen (1998) belegt darüber hinaus, daß unter allen Massenmedien nur die Dauer der Zeitschriftennutzung signifikant mit der Dauer der täglichen Online-Nutzung zusammenhängt. Dabei handelt es sich um einen Komplementaritätseffekt: Häufiger und ausführlicher als andere Medien bieten entsprechende Spezialzeitschriften (aber auch aktuelle Publikumszeitschriften) Rubriken an, die sich speziell mit Online-Medien befassen und Tips geben – etwa interessante Adressen nennen. Zudem zählen Online-Seiten von Zeitschriften zu den aktivsten und beliebtesten Anbietern im Netz (vgl. auch Hagen/Mayer 1998: 122).

3 Inhalte der Online-Nutzung

Wie die obige Betrachtung der Nutzungsmotive erwarten ließ, stehen interaktive Angebote – zum Zweck von Auskünften und interpersoneller Kommunikation – tatsächlich an der Spitze der Rangliste. Tabelle 5 zeigt die Beliebtheit verschiedener Angebote entsprechend den Angaben der Onliner („nutze ich" bzw. „habe ich schon genutzt"). Dabei rangieren Wirtschaftsinformationen und computerbezogene Inhalte noch vor politischen Nachrichten – immerhin nutzt oder nutzte bereits etwa jeder vierte Befragte das politische Informationsangebot. Ein weiterer Schwerpunkt ist, grob kategorisiert, eindeutig das Dienstleistungsangebot: Home-Banking, Reisebuchungen etc. Innerhalb der unterhaltenden Informationen dürften die geringen Werte für Erotik-Angebote, die das Fernsehen, Radio oder die Tageszeitung in dieser Form nicht bieten, ein Artefakt der Befragungssituation sein: Die entsprechenden Werte in Zugriffsstatistiken von Suchmaschinen im Internet belegen das (vgl. Hagen/Mayer 1998: 109 f.).

Online-Angebote	Nutzung
E-Mails versenden	56,9
Aktuelle Wirtschaftsinformationen	34,4
Home-Banking	36,2
Shareware, Software auf PC laden	35,3
Mit anderen unterhalten, chatten, Newsgroups	33,2
Fahrplan oder Flugauskunft	32,1
Produkt- bzw. Dienstleistungsangebote von Firmen / Werbeinformationen	30,2
Veranstaltungskalender für Theater, Kino usw.	29,7
Nachrichten aus der Politik	26,2
Reisebuchungen und Reservierungen, Last-Minute-Reisen	25,2
Lokales / Nachrichten aus der Region	23,1
Jobsuche, Stellen- oder Wohnungsmarkt, Kfz-Markt	22,0
Online spielen mit anderen Nutzern / dem Computer	20,5
Boulevard, Unterhaltungsangebote	19,6
Online-Shopping, Homeshopping	18,1
Erotik-Angebote	11,0
Fälle	**409**

Tabelle 5: Online-Angebote, die privat genutzt werden

Quelle: Typologie der Wünsche 1998/99, Trend

Detaillierte Daten zu Nutzungs*interessen* liegen uns indes nicht vor. Allerdings können die Themeninteressen der Onliner beim Zeitschriftenlesen (vgl. Tab. 6) als verläßliche Indikatoren für die in den Netzen gesuchten Inhalte gelten – ähnelt doch, wie schon erwähnt, die Zeitschrift unter den Massenmedien hinsichtlich Motiven, Modi der Nutzung sowie Inhalten am ehesten den Online-Medien. Auch hier wurde wieder zum Vergleich ein Indexwert gebildet.

	Anteil unter Onlinern	Index (Anteil im Vergleich zur Bevölkerung)
Hintergrundberichte zu Medien (Verlage, Fernsehen)	27 %	230
Wissenschaft und Technik	45 %	191
Sex und Erotik	27 %	159
Kultur (Kunst, Literatur, Theater)	25 %	156
Versicherungen, Geldanlagen	27 %	152
Politisches Geschehen (Ausland / Weltgeschehen)	49 %	150
Geschichte und Zeitgeschehen	34 %	147
Politisches Geschehen (BRD)	55 %	137
Umweltschutz	42 %	128
Wirtschaft, Preise, Löhne	47 %	126
Verbrechen, Gewalttaten und deren Aufklärung	27 %	77
Menschen und deren Schicksale	22 %	70
Natur, Tiere	26 %	67
Rätsel	13 %	62
Berichte über Königshäuser, Adel	7 %	55

Frage: „Zeitschriften bieten ja ein großes Themenangebot, das jeder nach seinem Geschmack nutzen kann. Wie ist das bei Ihnen? Wenn Sie einmal an Zeitschriften denken, wie stark interessieren Sie sich dann im allgemeinen für die einzelnen Themen auf dieser Liste? 1 bedeutet, daß Sie sich generell überhaupt nicht für dieses Thema interessieren, 6 bedeutet, daß Sie an diesem Thema generell sehr interessiert sind."

Der Indexwert wurde wie folgt gebildet: [Anteil zustimmender Anworten (Nennungen 5 und 6) durch Online-Nutzer geteilt durch Anteil in der Gesamtbevölkerung] x 100. Ein Index von 100 zeigt also einen Anteil an, der dem in der Gesamtbevölkerung entspricht.

Tabelle 6: Themeninteressen der Online-Nutzer bei der Zeitschriftennutzung im Vergleich zur Gesamtbevölkerung (Index in Prozent)

Quelle: Typologie der Wünsche 1998/99

Am stärksten unterscheiden sich Online-Nutzer durch Interesse an Medien generell, an Wissenschaft und Technik von der Gesamtbevölkerung. Das läßt sich in Anlehnung an Lazarsfeld, Berelson, Gaudet (1944) als „more and more"-Effekt interpretieren: gerade solche Personen, die neue Medien häufig benutzen, gebrauchen zugleich auch intensiv die alten Medien. Außerdem findet sich erneut ein Indiz dafür, daß die derzeitige Online-Nutzerschaft noch in hohem Maße von Innovatoren geprägt ist, die gegenüber technischen Innovationen sehr aufgeschlossen sind.

Der hier hohe Wert für „Sex und Erotik" (zur Erinnerung: gefragt wurde nach Themeninteressen der Onliner in *Zeitschriften*) mag ein zusätzlicher Hinweis darauf sein, daß *Online*-Erotikangebote unter besonderem sozialen Tabuverdacht stehen.

Das überdurchschnittlich hohe politische Interesse weiter Teile der Nutzerschaft deckt sich mit ihrem Persönlichkeitsbild. Nur wenige Themen in Zeitschriften finden bei Online-Nutzern ein deutlich unterdurchschnittliches Interesse. Bei diesen Themen handelt sich um typische Boulevard-Themen. Manche Unterschiede der Onliner zur Bevölkerung lassen sich wohl aus ihrer oben dargestellten Soziodemographie erklären, insbesondere dem hohen Anteil der Männer unter den Online-Nutzern. Das Datenmaterial läßt leider keine Drittvariablen-Kontrolle zu. Ein Studie von Scherer/Berens (1998) an älterem Datenmaterial zeigt jedoch, daß auch bei Kontrolle der Soziodemographie die Online-Nutzung mit den hier skizzierten spezifischen Themeninteressen bei Zeitschriften signifikant korreliert.

4 Online-Medien als Quellen politischer Information

Wie steht es nun konkret mit der Nutzung politischer Online-Angebote? Erwähnt wurde ja bereits mehrfach das hohe politische Interesse der Online-Gemeinde. Politische Inhalte spielen allerdings für die meisten Nutzer nur eine unter- bzw. nebengeordnete Rolle. Ein Viertel der Onliner greift häufig auf Nachrichten bzw. politische Information in den Netzen zu. Diese Personen sind typischerweise alleinstehend, verwenden generell alle Arten von Medien intensiv und verfügen über eine überdurchschnittlich hohe Bildung – selbst im Rahmen der ohnehin hochgebildeten Online-Nutzerschaft (Hagen 1998). Unter den Nutzern der Online-Ausgabe der Süddeutschen Zeitung haben 90 Prozent Hochschulreife (Spott/Rieß/Zeh 1998).

```
                    0%   20%  40%  60%  80%  100%

Nachrichten incl. Wetter,
Wirtschaft und Sport

Angebote aus dem Bereich
Bürgerservice und Politik

                    ■ Häufig  ▩ Selten  □ Nie
```

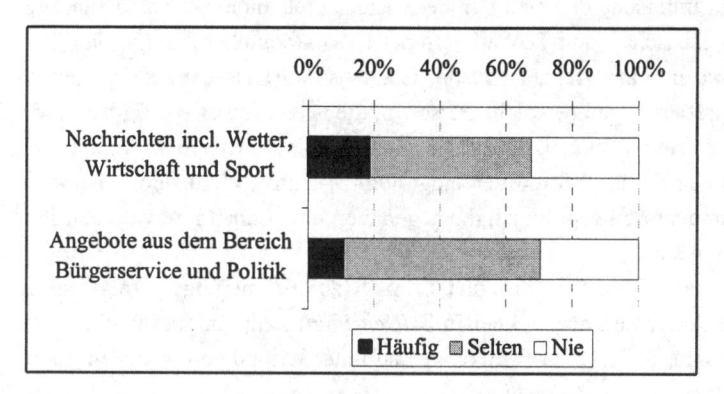

Basis: 654 Befragte, die Online-Medien zumindest teilweise privat nutzen.
Frage: „Nutzen Sie Angebote dieser Branche häufig, selten oder nie?" Vorgaben: „Nachrichten incl. Wetter, Angebote aus dem Bereich Wirtschaft und Sport Bürgerservice und Politik".

Abbildung 1: Nutzung politischer Angeboten durch Nutzer versch. Dienste
Quelle: MC Online-Monitor I/96

Fünf von sechs häufigen Nutzern politischer Angebote können die Frage: „Könnten Sie konkret sagen, welche Angebote Sie in dieser Kategorie häufig nutzen?" ungestützt mit der Nennung von mindestens einem Angebot beantworten. Von den insgesamt genannten 239 Angeboten beziehen sich nicht alle, aber die weitaus meisten (167) auch tatsächlich auf Online-Angebote, die man als politisch einstufen kann (vgl. Tab. 7). Allerdings kann nur in einem Viertel der Fälle ein Anbieter namentlich genannt werden. Die Erinnerung bestimmter politischer Angebote fällt also in den meisten Fällen schwer, was auf eine wenig intensive Nutzung schließen läßt.

58 der 60 namentlich genannten Anbieter politischer Informationen sind Pressemedien; lediglich zwei Nutzer nennen Angebote politischer Institutionen beim Namen. Am häufigsten wird das Angebot der dpa (27 mal) und des SPIEGEL (16 mal) genannt. Zudem werden Nachrichten aus unterschiedlichen Ressorts als häufig genutzte politische Angebote sehr oft ohne Verknüpfung mit einem bestimmten Medium erwähnt.

Die Vermutung, Internet und kommerzielle Online-Dienste könnten dazu beitragen, daß Bürger in größerem Umfang direkt auf Informationsangebote – etwa von Behörden oder Parteien – zugreifen, bestätigt sich den vorliegenden Studien nach bislang nicht.

Nachrichten allgemein	70	Nachrichten allgemein	48
		Wirtschaftsnachrichten	13
		Nachrichten aus dem Ausland	5
		Lokal-/ Regionalnachrichten	4
Zeitschriften / Zeitungen	46	Zeitschriften / Zeitungen allgemein	16
		Spiegel	16
		Focus	7
		Die Zeit	3
		Stern	2
		FAZ	1
		taz	1
Presseagenturen	29	Presseagenturen allgemein	1
		Dpa	27
		CNN	1
Angebote von Behörden	12	Behörden allgemein	3
		Städte / Regionen	4
		Stadtverwaltung	4
		Bundestag	1
Angebot von Parteien	10	Parteien allgemein	9
		Angebote der SPD	1
Zwischensumme	167		167
Unpolitisch / unkonkret	72	Wetternachrichten	30
		Deutscher Wetterdienst	8
		Sportnachrichten	16
		Datenbanken / Statistiken	3
		Sonstige einzelne Anbieter	3
		Politik allgemein	12
Gesamt	239		239

Basis: 145 Befragte, die Online-Medien zumindest teilweise privat nutzen, dabei häufig zu Zwecken politischer Information.

Frage: „Sie haben gesagt, daß Sie die Kategorie Nachrichten, Wetter, Wirtschafts- und Sportnachrichten (die Kategorie Bürgerservice und Politik) häufig nutzen. Könnten Sie konkret sagen, welche Angebote Sie in dieser Kategorie häufig nutzen?"

Tabelle 7: Anzahl ungestützter Nennungen von häufig genutzten Angeboten aus den Bereichen Nachrichten und Bürgerservice / Politik

Quelle: MC Online-Monitor I/96

Politische Informationen, die über Online-Netze bezogen werden, stammen überwiegend aus den traditionellen Quellen: den Massenmedien. Diese Ergebnisse werden durch den GfK-Online-Monitor 1998 bestätigt, wonach die Angebote deutscher Nachrichtenmagazine und der ARD im World Wide Web an der Spitze der Beliebtheitsskala stehen.

Wie wichtig traditionelle Massenmedien als Informationsquellen im Netz sind, belegen auch aktuelle Zugriffsstatistiken, die etwa die IVW monatlich online veröffentlicht (http://www.ivw.de/data/index.html). Allerdings sind die meisten Online-Ausgaben – auch von Tageszeitungen und Zeitschriften aus dem Segment Politik/Wirtschaft – stark auf die dominierenden Informationsbedürfnisse der Online-Nutzer zugeschnitten: der politische Teil tritt zugunsten von Soft-News und Computer-Themen zurück. Die zum Teil beeindruckend hohen Zahlen – teils Millionen PageViews und Visits[2] –, die manche Online-Zeitschriften und -Zeitungen monatlich verzeichnen, werden zudem insofern relativiert, als der schlichte Aufruf einer Seite bereits als Zugriff zählt – unabhängig davon, wie lange die Seite aufgerufen bleibt, unabhängig davon, ob der Nutzer tatsächlich Inhalte registriert. Allerdings erfolgt ein nennenswerter Teil der Zugriffe auf Online-Publikationen deutscher Printmedien wohl aus dem Ausland, wo deren Printausgaben schwer zu erhalten sind. Das betrifft bspw. ungefähr die Hälfte der Zugriffe auf die Online-Ausgabe der Süddeutschen Zeitung (Spott/Rieß/Zeh 1998). Derartige Nutzungen wurden durch den MC Online-Monitor nicht erfaßt; er ist nur für deutsche Nutzer repräsentativ.

5   Online-Medien als politische Foren

Viel Enthusiasmus wurde und wird den Online-Medien entgegengebracht hinsichtlich ihres Potentials, direkte Kontakte zwischen politischen Akteuren und Bürgern zu erleichtern, ja erst zu ermöglichen. Inwiefern führen Online-Medien nun tatsächlich – soweit die vorliegende Empirie hier aussagekräftig ist – dazu, daß sich Bürger aktiver am politischen Prozeß beteiligen, indem sie direkt mit Akteuren aus dem politisch-administrativen System in Kontakt treten oder sich untereinander politisch organisieren? Die bisherigen Ausführungen lassen ver-

---

2   PageViews bezeichnen die Anzahl der Sichtkontakte beliebiger Benutzer mit einer einzelnen HTML-Seite. Unter Visit versteht man einen zusammenhängenden Nutzungsvorgang, einen Besuch eines WWW-Angebots. Als Nutzungsvorgang zählt ein technisch erfolgreicher Seitenzugriff eines Internet-Browsers auf das aktuelle Angebot, wenn er von außerhalb des Angebots erfolgt.

muten, daß derlei nur in sehr geringem Ausmaß, sehr selten der Fall ist. Allerdings liegt uns hierzu kaum einschlägiges, konkretes Datenmaterial vor.

	Anteil unter Nutzern politischer Informationen	Index (Anteil im Vergleich zu allen privaten Nutzern)
Nachrichten aus der Politik	78 %	299
Lokales / Nachrichten aus der Region	69 %	298
Boulevard, Unterhaltungsangebote	39 %	196
Aktuelle Wirtschaftsinformationen	70 %	193
Veranstaltungskalender für Theater, Kino, usw.	53 %	177
Online-Shopping, Homeshopping	31 %	170
Erotik-Angebote	18 %	162
Online spielen mit anderen Nutzern / dem Computer	33 %	162
Fahrplan oder Flugauskunft	51 %	158
Reisebuchungen und Reservierungen, Last Minute-Reisen	39 %	156
Produkt- bzw. Dienstleistungsangebote von Firmen / Werbeinformationen	47 %	154
Jobsuche, Stellen- oder Wohnungsmarkt, Kfz-Markt	33 %	150
Shareware, Software auf PC laden	49 %	140
Mit anderen unterhalten, chatten, Newsgroups	46 %	139
E-Mails versenden	78 %	137
Home-Banking	47 %	129
Briefe und Nachrichten statt per Post per Computer	69 %	119
Andere Menschen in weltweiten Computer-Netzen treffen	31 %	116
Fälle	**137**	

Der Indexwert wurde wie folgt gebildet: (Anteil der Anworten „nutze ich" bzw. „habe ich schon genutzt" durch Online-Nutzer, die angeben, Nachrichten aus der Politik bzw. Nachrichten aus der Region online zu nutzen, geteilt durch Anteil unter allen privaten Online-Nutzern) x 100. Ein Index von 100 zeigt also einen Anteil an, der dem in der gesamten Online-Nutzerschaft entspricht.

Tabelle 8: Nutzungsschwerpunkte solcher Online-Nutzer, die auch auf politische Information zugreifen im Vergleich zu allen privaten Online-Nutzern (Index in Prozent)

Quelle: Typologie der Wünsche 1998/99, Trend

In Tabelle 8 haben wir hingegen Daten aus der TdW-Studie zusammengefaßt: Nutzungsschwerpunkte solcher Onliner, die auch auf politische Informationen zugreifen im Vergleich mit den übrigen privaten Online-Nutzern; wieder wurde zum Vergleich ein Index herangezogen; er ist analog zu den bereits dargestellten Indizes zu lesen.

Vor allem eins wird hier deutlich: Die Nutzer politischer Informationen sind in jeder Hinsicht Intensivnutzer von Online-Medien: in allen abgefragten Kategorien liegt diese Gruppe über dem Schnitt (=Index 100) aller privaten Online-Nutzer. Besonders hoch sind hier die Werte bei solchen Angeboten, die rein rezeptiv wahrgenommen werden können: Interaktive Online-Angebote werden nur geringfügig überdurchschnittlich genutzt. Demnach zeichnet sich die politische Online-Nutzung nicht sonderlich deutlich durch Interaktionsformen aus; sie ist weitgehend passiv-rezeptiv, ähnlich dem Rezeptionsmuster bei „klassischen" Medien.

Alles in allem bestätigen unsere Ergebnisse jene Stimmen (etwa Scherer 1998), die das Potential der Online-Medien, mehr Partizipation anzuregen, eher skeptisch einschätzen.

6 Fazit

Die zentrale Fragestellung dieses Beitrages war, ob sich in der Nutzung von Online-Medien ein Bedürfnis des Publikums nach Reduktion von Komplexität, nach Vorselektion und Aufbereitung politischer Information widerspiegelt. Den vorliegenden – in vielerlei Hinsicht sicher ergänzenswerten – Daten nach gelingt es der Netzkommunikation eindeutig nicht, in größerem, bemerkenswerterem Ausmaß, zur politischen Information oder zur politischen Organisation von Online-Nutzern beizutragen: Online-Medien können daher die herkömmlichen Massenmedien in ihrer politischen Informationsfunktion nicht ersetzen, gleichwohl ergänzen. Daß sie innerhalb des Mediensystems keinen Ersatz, sondern eine Ergänzung darstellen, darauf verweist vor allem ein Wert: Die traditionellen Massenmedien erreichen unter den Anbietern von politischer Information in den Netzen die mit Abstand höchsten Nutzerzahlen.

Natürlich werden Online-Medien *auch* zur politischen Information herangezogen; und möglicherweise können sie die politische Aktivität bestimmter Personen oder Personengruppen anregen und unterstützen. Doch ganz offensichtlich handelt es sich hierbei lediglich um eine drittrangige Funktion dieser Medien. Hinzu kommt: Personen, die Datennetze zur politischen Information verwenden, zeichnen sich durch – selbst im Rahmen der Online-Nutzerschaft – durchschnittlich extrem hohes Bildungsniveau aus. Man sollte daher die Gefahr ernst nehmen, daß Online-Medien dazu beitragen könnten, eine Wissenskluft zwischen Gut- und Schlecht-Informierten derartig zu verbreitern, daß sie zur zentralen gesellschaftlichen Cleavage des einundzwanzigsten Jahrhunderts wird.

Datenquellen

Typologie der Wünsche interaktiv 1998/99 (TdWi): Repräsentative Bevölkerungsumfrage, die in Verantwortung und unter der Leitung der Burda-Medienforschung durchgeführt wird. Die Grundgesamtheit der Untersuchung ist die deutschsprachige Bevölkerung ab 14 Jahren in bundesdeutschen Privathaushalten. Im Mittelpunkt steht das Media- und Konsumverhalten. Als erste breit angelegte Bevölkerungsbefragung bezieht sie die Online-Nutzung in einer Weise ein, die mit den standardisierten Erhebungen der Mediaforschung vergleichbar ist. Die mündlichen Interviews wurden in der Zeit von März bis Mai 1997 und vom April bis Juni 1998 mit 20 660 Personen in West- und Ostdeutschland durchgeführt (Auswahlverfahren: Adressen-Random).

MC Online-Monitor 1996: Eine kommerzielle Umfrage unter 521 Online-Nutzern aus zufällig ausgewählten Haushalten mit einem Computernetzanschluß, die von der MC Informationssysteme Beratungs-GmbH in Zusammenarbeit mit der Target Group GmbH, Nürnberg, im Frühjahr 1996 erhoben wurde.

Studie Massenkommunikation V (1995): Seit 1964 in vergleichbarer Form im Auftrag von ARD und ZDF (und seit 1995 des Bundesministeriums für Bildung, Wissenschaft, Forschung und Technologie) durchgeführte Befragung, zuletzt im Herbst 1995 bei 6 000 Befragten, die repäsentativ für die deutschsprachige Bevölkerung ab 14 Jahre sind. Bestandteil der Studie ist eine Tagesablauferhebung, in deren Verlauf die Nutzung der wichtigsten Massenmedien und andere Tätigkeiten für den gestrigen Tag im Viertelstundenrhythmus protokolliert werden.

GfK Online-Monitor 1998: Repräsentative Telefonumfrage der Gesellschaft für Konsumforschung in Nürnberg. Die Grundgesamtheit der Untersuchung ist die Bevölkerung von 14-59 Jahren in bundesdeutschen Privathaushalten. 10 034 Interviews im Zeitraum November 1997 bis Januar 1998.

Literatur

Berg, Klaus/Marie-Luise Kiefer (Hg.) (1996): *Massenkommunikation V. Eine Langzeitstudie zur Mediennutzung und Medienbewertung 1964-1995*. Baden-Baden.
Coffey, Steve/Horst Stipp (1997): The Interactions Between Computer and Television Usage. In: *Journal of Advertising Research* 37, Heft 2, S. 61-67
Eimeren, Birgit van/Ekkehardt Oehmichen/Christian Schröter (1997): ARD-Online-Studie 1997: Onlinenutzung in Deutschland. Nutzung und Bewertung der Onlineangebote von Radio- und Fernsehsendern. In: *Media Perspektiven*, Heft 10, S. 548-557.

Eimeren, Birgit van/Heinz Gerhard/Ekkehardt Oehmichen/Christian Schröter (1998): ARD/ZDF-Online-Studie 1997: Onlinemedien gewinnen an Bedeutung. Nutzung von Internet und Onlineangeboten elektronischer Medien in Deutschland. In: *Media Perspektiven*, Heft 8, S. 423-435.

Grüne, Heinz/Stephan Urlings (1996): Motive der Onlinenutzung. Ergebnisse der psychologischen Studie „Die Seele im Netz". In: *Media Perspektiven*, Heft 9, S. 493-498.

Hagen, Lutz M. (1998): Online-Nutzung und Nutzung von Massenmedien. Eine Analyse von Substitutions- und Komplementärbeziehungen. In: Rössler, Patrick (Hg.): *Online-Kommunikation. Beiträge zu Nutzung und Wirkung*. Opladen, Wiesbaden, S. 105-122.

Hagen, Lutz M./Markus Mayer (1998): Der direkte Draht zur Politik? Formen und Inhalte der Online-Nutzung im Hinblick auf die Entstehung politischer Öffentlichkeit. In: Hagen, Lutz M. (Hg.): *Online-Medien als Quellen politischer Information. Empirische Untersuchungen zur Nutzung von Internet und Online-Diensten*. Opladen, S. 94-129.

Gleich, Uli (1997): Digitale Kommunikation: Nutzung, Chancen und Wirkung von Onlinemedien, ARD-Forschungsdienst. In: *Media Perspektiven*, Heft 8, S. 456-462.

Krotz, Friedrich (1998): Computervermittelte Kommunikation im Medienalltag von Kindern und Jugendlichen in Europa. Vorläufige Ergebnisse eines empirischen Forschungsprojektes in zehn europäischen Ländern und Israel. In: Rössler, Patrick (Hg.): *Online-Kommunikation. Beiträge zu Nutzung und Wirkung*. Opladen, Wiesbaden, S. 85-102.

Lazarsfeld, Paul F./Bernhard Berelson/Hazel Gaudet (1944): *The people's choice. How the voter makes up his mind in a presidential campaing*. New York.

Media Perspektiven (1999): *Basisdaten. Daten zur Mediensituation in Deutschland 1998*.

Scherer, Helmut (1998): Partizipation für alle? Die Veränderung des Politikprozesses durch das Internet. In: Rössler, Patrick (Hg.): *Online-Kommunikation. Beiträge zu Nutzung und Wirkung*. Opladen, Wiesbaden 1998, S. 171-188.

Scherer, Helmut/Harald Berens (1998): Kommunikative Innovatoren oder introvertierte Technikfans? Die Nutzer von Online-Medien diffusions- und nutzentheoretisch betrachtet. In: Hagen, Lutz M. (Hg.): *Online-Medien als Quellen politischer Information. Empirische Untersuchungen zur Nutzung von Internet und Online-Diensten*. Opladen, S. 54-93.

Spiegel Verlag/Manager Magazin (Hg.) (1996): *Online – Offline*, Hamburg.

Stipp, Horst (1998): Wird der Computer die traditionellen Medien ersetzen? Wechselwirkungen zwischen Computer- und Fernsehnutzung am Beispiel USA. In: *Media Perspektiven*, Heft 2, S. 76-82.

Weinreich, Frank (1998): Nutzen- und Belohnungsstrukturen computergestützter Kommunikationsformen. Zur Anwendung des Uses and Gratifications Approach in einem neuen Forschungsfeld. In: *Publizistik* 43, Heft 2, S. 130-142.

PERSPEKTIVEN

Miriam Meckel

Cyberpolitics und Cyberpolity

Zur Virtualisierung politischer Kommunikation

„Kommt eine Online-Technik, mit der die Bürger mitregieren können?" fragte DIE ZEIT in einem Beitrag ihrer Reformwerkstatt zum Jahreswechsel unter dem Titel „Fragwürdig" (Die Zeit v. 30.12.1998: 52). Tatsächlich ist die dieser Frage implizite Vorstellung nicht nur fragwürdig. Sie markiert vielmehr die zentrale Problemstellung in der Auseinandersetzung zwischen Computertechnikern, Publizisten und Wissenschaftlern um die Zukunft des Netzes und seine Bedeutung für das demokratische System.

Längst existieren genug Beispiele,[1] welche die Möglichkeiten des Netzes anschaulich machen (sollen). Vom virtuellen Ortsverein der SPD (VOV) über die Angebote der Parteien im Netz, die Chatforen, in denen zum Teil auch politisch diskutiert wird, bis zu anspruchsvollen Angeboten, wie der Website „politikdigital" (www.politik-digital.de), die den Diskurs über die Zukunft der Politik im Netz und über das Netz zum Thema hat, reichen die Angebote für die Online-Nutzer, den eigenen politischen Informationsbedarf im Netz zu decken. In der Schweiz propagiert die Internet-Partei (www.internetpartei.ch) neue Formen der direkten Demokratie und stellt das aus drei zentralen Punkten bestehende Parteiprogramm („Gleiche Besteuerung für jeden Schweizer", „Wiedereinführung der Todesstrafe" und „Medikamentenpreise") per Mouseclick zur Abstimmung (vgl. Süddeutsche Zeitung v. 12.01.1999: 12).

In Deutschland hat ein gemeinsam von der ZEIT und dem Berliner TAGESSPIEGEL speziell für den Bundestagswahlkampf 1998 eingerichtetes Netzangebot, die Börsensimulation „Wahl$Street" (www.wahlstreet.de), für Furore gesorgt. In dieser virtuellen Börse werden (fiktive) Aktien der Parteien gehandelt, die sich zur Bundestagswahl stellten.[2] Der Reiz dieser politischen Börse im

---

1   Die angeführten Websites sind zum Teil aktuell, zum Teil wurden sie inzwischen (zum Beispiel nach der Bundestagswahl) verändert oder aufgelöst. Aus Gründen der Authentizität wird hier jeweils die Webadresse angegeben, die das jeweilige Angebot in seiner hier thematisierten Form hatte.
2   Diese Wahlbörse ist nicht die erste ihrer Art. Eine Forschergruppe der US-amerikanischen University of Iowa konnte auf diesem Wege 1988 das Ergebnis des Präsidentenwahlkampfes

Netz bestand im Vorfeld der Wahl darin, daß die ermittelten Kurse der einzelnen Parteien oft erstaunlich genau die politische Stimmung widerspiegelten. Manche reichten sogar näher an das Wahlergebnis heran als die Wahlprognosen der Meinungsforschungsinstitute.

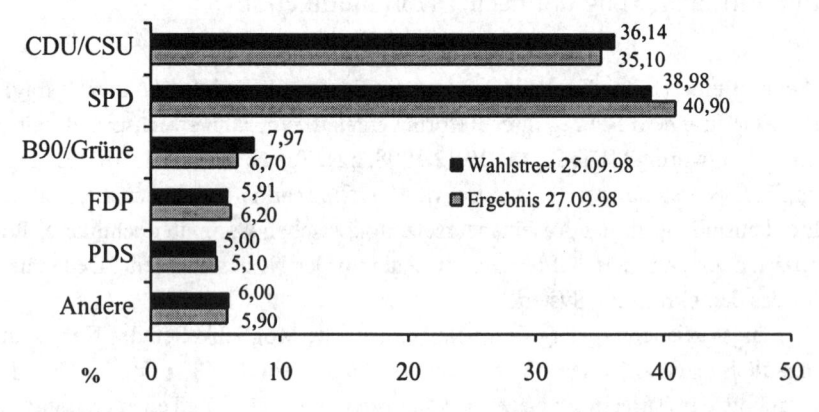

Partei	Wahlstreet 25.09.98	Ergebnis 27.09.98
CDU/CSU	36,14	35,10
SPD	38,98	40,90
B90/Grüne	7,97	6,70
FDP	5,91	6,20
PDS	5,00	5,10
Andere	6,00	5,90

Abbildung 1: Wahl$Street-Kurse und Wahl-Endergebnisse der Parteien

Wahl$Street kann also als ein Indikator dafür gelten, daß es zwischen dem politischen Prozeß online und offline durchaus Ähnlichkeiten geben kann, daß sich die politische Urteilsbildung im Netz und außerhalb des Netzes ähnlich organisiert. Diesem Aspekt einer möglichen Konvergenz zwischen Funktionen und Strukturen politischer Kommunikation offline und online soll im Folgenden nachgespürt werden.

1 Internet-Ambivalenzen: Agnostiker, Apokalyptiker und Analytiker

Bei den Auseinandersetzungen um die Folgen der Online-Kommunikation für den politischen Prozeß standen zunächst Visionen einer radikalen Veränderung des politischen Systems im Vordergrund. Das läßt sich zumindest insofern gut

---

zwischen George Bush und Michael Dukakis auf 0,1 Prozentpunkt genau vorhersagen – besser als jedes Umfrageinstitut. Seit diesem Versuch gehören Wahlbörsen regelmäßig zu den Begleiterscheinungen einer Wahl. Die dahinterstehende Idee vermag einige interessante Aspekte zu politischer Motivation und Relevanz zu offenbaren. Die Ökonomen vertrauen bei den Wahlbörsen – zu Recht – darauf, daß die Menschen ein besseres Gefühl dafür entwickeln, wie ihre Umwelt denkt, wenn es dabei um ihr eigenes Geld geht.

begründen, als das Internet als neues „Medium" gehandelt wird (vgl. dazu Kap. 2.3). Es könnte mit seinen – vermuteten – Charakteristika der Enthierarchisierung, Dezentralisierung und Popularisierung drastische Veränderungen im Kommunikationsprozeß bewirken, der bei den übrigen Medien durch über die Technik klar strukturierte Sender-Empänger-Verhältnisse gekennzeichnet ist – mit den entsprechenden Konsequenzen für das politische System. Nach dem in der Mediengesellschaft geltenden Motto „alle Politik ist medienvermittelt" (Wolf 1996) liegt die Vermutung nahe, das Netz beeinflusse oder verändere folglich die zentrale Konstituente des politischen Systems: „Politische Kommunikation ist eben nicht nur ein Teil von Politik, sondern sie ist Politik" (Jarren 1998: 16; vgl. auch Schulz 1997: 235). Inzwischen existieren so viele Mythen und Gegen-Mythen, Utopien und Anti-Utopien, daß kaum eine Entwicklungsmöglichkeit nicht gedacht worden ist (vgl. statt vieler Rheingold 1994; Münker/Roesler 1997). Die einzelnen Prognosen und Entwürfe lassen sich in drei grobe Dimensionen unterteilen:

Die *Agnostiker* entwerfen die Netz-Zukunft als Endstadium einer zwangsläufigen Entwicklung hin zu einer digitalen Welt. Ihnen geht es nicht primär um das rationale Abwägen von Vor- und Nachteilen der Vernetzung. Vielmehr sind wir ihrer Ansicht nach aus unserer heutigen Perspektive gar nicht in der Lage, diese abzuschätzen. Es geht darum anzuerkennen, daß alle Wege ins Netz führen und keiner aus ihm hinaus. „Genau wie eine Naturgewalt kann auch das Digitalzeitalter weder ignoriert noch gestoppt werden. Denn es besitzt vier mächtige Eigenschaften, die letztendlich zu seinem Triumph führen werden: Dezentralisierung, Globalisierung, Harmonisierung und Befähigung zum Handeln." (Negroponte 1995: 277) Diese dem Internet zugewiesenen Eigenschaften umfassen in ihrer Tragweite tatsächlich alle menschlichen Lebensbereiche in der modernen Gesellschaft.

In den Entwürfen spielen daher die sozialen Aspekte einer virtuellen Vergemeinschaftung über das Netz (vgl. Höflich 1995) – über die „electronic agora" (vgl. Grossman 1995; Rheingold 1994) – ebenso eine Rolle wie ökonomische und politische Liberalisierungs- und Egalisierungsprozesse, die das Internet nahezu als Medium der Transzendenz von einem Gesellschaftszustand in einen anderen „höheren" erscheinen lassen.

Analog zu Georg Friedrich Wilhelm Hegel, der den postrevolutionären liberal-modernen Staat als Freiheitsideal beschrieb, und Francis Fukuyama (1992), der diese Idee in seinem kontrovers diskutierten Buch als „Ende der Geschichte" interpretierte, vermuten auch die Netz-Agnostiker, die neue Technik trage das Potential zur „ultimativen Realisierung des Liberalismus in sich" (Neverla 1998: 20). Das Netz wird damit unter politischen Gesichtspunkten zum rational unabwägbaren Konstituens der liberalen Gesellschaft.

Ganz andere Zukunftsszenarien interpretieren die Netz-*Apokalyptiker* in die Online-Techniken hinein (vgl. dazu schon Eurich 1980). Wenngleich im Rahmen dieses Diskurses mit ähnlichen Begriffen gearbeitet wird, also ebenfalls die Globalisierung der Arbeit, die Entgrenzung von Kommunikation und die Veränderungen politischer Partizipation im Mittelpunkt der Auseinandersetzung stehen, so geschieht dies unter anderen Vorzeichen. Das Netz fungiert in diesem Zusammenhang eher als Katalysator negativer Konsequenzen, die bereits im Ensemble der Offline-Medien angelegt sind. Die Vernetzung gilt als die Fortschreibung einer „kommunikativen Logik", die gleichzeitig ein „Diskursmodell von politischer Macht" darstellt: „Diese wird zunehmend vorherrschender, Individuen und Gruppen werden immer dichter und dynamischer vergesellschaftet, die auch noch so gut gemeinte kommunikative Assoziation wird vereinnahmend und erstickend – die Luft zum freien Atmen wird dünner" (Becker 1998: 11).

In diesem Gedankengebäude bleibt wenig Raum für die Visionen enthierarchisierter politischer Kommunikation als Basis politischer Beteiligungsprozesse. Vielmehr bedarf es in der Argumentationsfolge neuer – vermutlich wiederum politischer – Steuerung, um Einhalt zu gebieten. Denn „die sozialen Kosten dieses Verdrängungsprozesses von individueller Autonomie dürften gewaltig sein" (Becker 1998: 12). Eben diese werden in der bisherigen Diskussion um die Entwicklung des Netzes und seiner Folgen häufig konstatiert, sind aber kaum empirisch nachweisbar. Vor allem das Bild der „Informationselite" (Roßnagel et al. 1990: 48) auf der einen und der „Datendeppen" (Meckel 1996: 64) auf der anderen Seite wird gern gebraucht, um die negativen Folgeerscheinungen der Vernetzung plakativ zu beschreiben (vgl. auch Zipfel 1998: 45; Buchstein 1996: 586 f.).

Die empirische Validierung fällt – je nach gesellschaftlichem Kontext – allerdings unterschiedlich aus. Zwar gibt es aus ökonomischer Perspektive natürlich Unterschiede in der Art und Weise, wie (Welt-)Bevölkerungsgruppen an der Netznutzung teilhaben (vgl. German 1996). Auch die Zugangsmöglichkeiten zum Netz sind – selbst in den westeuropäischen Informationsgesellschaften – längst nicht so ausgebaut und verbreitet, daß man von einem egalitären „Medium" der politischen Kommunikation und Partizipation sprechen könnte. Selbst wenn man zugesteht, das seien „Kriterien, die eine Ausgrenzung und

Diskriminierung verursachen können" (Roesler 1997: 186), dann macht dies allerdings auch nur dann einen sozialen Unterschied zu bisherigen Unterschieden, wenn Inhalte und Beteiligungsformen des Politikprozesses offline in den Online-Sektor verlagert werden. Das ist bislang aber nicht der Fall. Politische Informations- und Kommunikationsangebote im Netz stellen eine komplementäre, nicht aber eine substitutive Offerte dar, die genutzt oder – ohne Folgen der Desintegration – nicht genutzt werden kann. Die Vermutung, „Wissensklüfte drohen geweitet zu werden" (Marschall 1997: 316) bleibt – zumindest bis heute – eine These ohne wissenschaftlichen Beleg (vgl. Jäckel 1994: 20).[3]

Wie nach der Anfangsphase des Netz-Diskurses mit variantenreichen Extrapolationen zu erwarten war, ergänzen ihn inzwischen differenziertere Auseinandersetzungen um die Entwicklung des Netzes (vgl. Leggewie/Maar 1998). Die Gruppe der Netz-*Analytiker* positioniert sich zwischen den extremen Polen und interpretiert die Konsequenzen des Internet für die politische Kommunikation nach einzelnen funktionalen Kriterien, nach denen sich wohl keine generelle Trendwende im Politikprozeß durch das Netz begründen läßt: „Von einer Informationsvervielfältigung allein geht jedenfalls keine demokratisierende Wirkung aus" (Jarren 1998: 17).

Die quantitativen Aspekte der unbegrenzten Informationsbereitstellung im Internet geben also wenig Anhaltspunkte für einen Wandel der Informationsfunktion im Prozeß politischer Kommunikation. Die bereits existierenden Erfahrungen der weitreichenden Ineffektivität und Folgenlosigkeit von politischer Netz-Beteiligung (vgl. Kleinsteuber/Hagen 1998: 81 f.) lassen Interpretationen einer erweiterten Artikulationsfunktion in Hinblick auf Enthierarchisierungs- oder Egalisierungsprozesse kaum zu. Lediglich hinsichtlich der Organisationsfunktion bietet das Internet für die am politischen Prozeß beteiligten Akteure einige Lichtblicke (vgl. Scherer 1998: 183 ff.). Vor allem politische Gruppierungen, die sich aufgrund eigener Schwerpunktsetzungen oder Ausgrenzungsmechanismen des politischen Systems nicht in das politische Mainstreaming einreihen lassen, profitieren vom Netz, indem ihre Organisationslogistik und der dafür notwendige Finanzaufwand durch die Online-Kommunikation vereinfacht bzw. verringert werden können und der Weg zwischen Planung und Umsetzung

---

3 Gerade in Bezug zur These der wachsenden Wissenskluft sind derartige internetfokussierte Prognosen besonders problematisch, weil die empirische Forschung schon im Kontext der „tradierten" Medien keine eindeutigen Ergebnisse hervorgebracht hat, die z. B. auf einen klar interpretierbaren Zusammenhang zwischen Mediennutzung und politischer Integration verweisen; vgl. Bonfadelli 1994: 371 ff.

aktiver Beteiligung im politischen Prozeß kürzer wird. Eben weil es sich dabei um eine Verbesserung für Spezialformen politischer Kommunikation handelt, läßt sich auch dies nur als partielle Egalisierungstendenz und damit als Komplementärfunktion des Netzes interpretieren.

Im Ergebnis kann folglich schon die Zusammenschau unterschiedlicher Stränge im Diskurs um die Rolle des Internet in der politischen bzw. für die politische Kommunikation nicht darüber hinwegtäuschen, daß (1) sich viele Interpretationen im Bereich der Spekulation bewegen (was bei einem relativ neuen „Medium" durchaus zulässig ist), weil (2) es keine eindeutigen Prognosen und Einordnungen geben kann. Ein beherztes Sowohl-als-auch scheint somit das Argumentationsinstrumentarium zu sein, in dem sich der Diskurs um das Internet bisher erschöpft bzw. erschöpfen muß.

Die Differenzierungsmargen, die sich zwischen politischer Kommunikation offline und online auftun, müssen demnach genauer beobachtet werden. Warum sie als eher gering einzuschätzen sind, läßt sich anhand einiger Kriterien der Konvergenz beider Formen genauer beschreiben.

2 Generalisierbare Kriterien der Online-offline-Konvergenz politischer Kommunikation

2.1 Aufmerksamkeit und Bedeutung

Politische Informationsangebote müssen wahrgenommen werden, bevor sie Anschlußkommunikationen oder partizipative Anschlußhandlungen generieren können. Da Aufmerksamkeit nicht erst mit der Popularisierung des Internet zum knappen (und damit hart umkämpften) Gut der Informationsgesellschaft geworden ist (vgl. Franck 1998), läßt sich schwerlich prognostizieren, daß es Parteien und anderen politischen Akteuren gerade im „Informationsdschungel Internet" besser als über herkömmliche Medien gelingen sollte, bei den Bürgern Aufmerksamkeit speziell für das eigene Angebot zu binden.

Grundsätzlich ließe sich der Prozeß politischen Kommunizierens schon mit Blick auf das Fernsehen (und eigentlich auch die meisten anderen Medienangebote) von dem kombinatorischen Postulat *Information = Partizipationsoption* lösen und durch die neue Kombinatorik *Aufmerksamkeit = Politikversprechen* ersetzen. Der Bürger, der sich über ein Medium einem politischen Inhalt zuwendet, erhält vom Kommunikator die Zusage, sein zum Tausch angebotenes

Aufmerksamkeitspotential werde mit einem politischen Akt entlohnt.[4] „Das Volk zahlt in Aufmerksamkeit dafür, daß die Anbieter herausfinden, was ihm [politisch, M. M.] gefällt." (Franck 1998: 155)

Dem Internet kommt in diesem Wechsel dann sogar fast eine „konservative" Funktion zu – zum einen, weil es immer noch eher ein text- und kein bildbasiertes Mediums ist[5], symbolische Politik aber auf seiten der Medien gerade auf die visuelle Darstellung angewiesen ist, zum anderen, weil der Netznutzer in der Regel aktiv nach den politischen Angebote suchen muß (Pull-Technik), seine Nachfrage bzw. sein politisches Interesse also nur in Eigeninitiative und bei entsprechendem Bedarf befriedigen kann. Das Internet segmentiert die Nutzer folglich alsbald nach Surfern und Suchern: Letztere wollen politische Informationen akquirieren, die anderen entschwinden in der Regel nach dem ersten Kontakt mit einer Polit-Site in der Hyperstruktur des Netzes. Der Kampf um Aufmerksamkeit wird folglich im Internet für die Kommunikatoren eher härter.

Ähnlich problematisch scheint zumindest zum jetzigen Zeitpunkt die Zuweisung von Bedeutung im politischen Prozeß. Sie erfolgt offline durch symbolische und ritualisierte Handlungen, wie z. B. den Wahlakt (vgl. Jarren 1998: 15; Leggewie 1998: 45). Solche Handlungen markieren – gemessen an der Lebenssituation der Menschen – eine situative Besonderheit und konnotieren damit Bedeutung im Sinne politischer Bedeutsamkeit. Diese soziale Komponente, die bspw. beim politischen Entscheidungshandeln eine Rolle spielt, ist im Netz anders konfiguriert. Mit einem Mouseclick, also mit einem minimalen Aktivitätspotential, läßt sich eine Entscheidung treffen, die politische Tragweite haben kann, aber in ihren Konsequenzen noch stärker von ihrem Urheber abgekoppelt ist als die Offline-Entscheidung es ehedem schon war. Die Konstituierung politischer Bedeutung bei einzelnen Fragen im politischen Prozeß wird den Akteuren, vor allem den Parteien, über das Netz folglich noch schwerer fallen, weil die Möglichkeit einer Anbindung der jeweiligen Entscheidung an einen ritualisierten Akt oder Ereignisablauf mit dem Ziel der sichtbaren oder erlebbaren Konstruktion von Bedeutung entfällt.

---

4 Ein ähnliches Tauschverhältnis läßt sich z. B. auch an vielen politischen Medienangeboten nachweisen, die im Bereich der symbolischen Politik zu verorten sind, z. B. große Parteitage; vgl. Sarcinelli 1998: 729 f. Hier wird nicht Information angeboten und Partizipation über politische Entscheidungsfähigkeit ermöglicht, sondern es wird das Versprechen auf politische Information oder politisches Handeln gegen Aufmerksamkeit getauscht.
5 Dies könnte sich erst dann ändern, wenn neue Techniken der Datenübertragung die speicherintensiven Bilddateien schneller zugänglich machen.

2.2 Die Entertainisierung des Netzes

Zweifel bestehen auch daran, ob das Netz als „Medium" der politischen Information überhaupt besonders tauglich ist. Die Hoffnungen der Netzeuphoriker gründen sich in diesem Zusammenhang auf ein „back to the roots", das eine – vermeintliche – Konzentration auf die „reine" Informationsfunktion der Medien suggeriert. Tatsächlich deuten die Erfahrungen mit den Offline-Medien eher darauf hin, daß kein (neues) Medium sich dem Prozeß der Entertainisierung (vgl. Löffelholz 1993), also der zunehmenden Erschließung unterhaltender Inhalte sowie der Vermischung von Informations- und Unterhaltungsangeboten zu einem Infotainment-Hybrid, entziehen kann (vgl. Meckel 1998: 210 ff.; Merten 1994: 160).

Für das Fernsehen wird seit Jahren die Verschiebung in der Zuschauerzuwendung von politischen Informationsangeboten hin zu unterhaltenden Infotainment- und Boulevardprogrammen beklagt. Wenn man diese Verlagerung bei allen Medien nachvollziehen kann, so spricht wenig für die Annahme, das Internet könne sich dieser Konstante des medienevolutionären Prozesses entziehen. Auch erste empirische Ergebnisse zur Nutzung des Netzes bestätigen dies. „Die in den Netzen schwerpunktmäßig genutzten Inhalte haben mit Computern zu tun, vermutlich auch mit Erotik. Sie betreffen jedenfalls ganz überwiegend nicht Politik." (Hagen 1998: 14)

Sowohl hinsichtlich der individualisierten Nutzungsstruktur als auch hinsichtlich der Formen individueller Selbstdarstellung lassen sich Aspekte der Theatralität im bzw. am Netz entdecken, die es aus kritischer Sicht als „Ort permanenter Public Relations" oder als „Form kollektiver Prostitution" erscheinen lassen (Sandbothe 1998: 588). Der Kampf um Aufmerksamkeit muß mit beachtungsintensiven Inhalten geschlagen werden, und das sind in aller Regel nicht Parteiprogramme oder Sitzungsprotokolle, sondern unterhaltende Angebote.

Die politischen Akteure haben ihre Angebote zum Teil längst auf entsprechende Nutzerbedürfnisse abgestimmt. Der virtuelle Spaziergang durch den Sitz des Bundespräsidenten – Schloß Bellevue – (www.bundespraesident.de) soll die Netz-Surfer auf unterhaltende Weise an die politischen Akteure im Hintergrund ankoppeln, ebenso wie persönliche Websites einzelner Politiker (www. joschka.de) oder der Live-Chat mit dem Bundeskanzler (vgl. Die Woche v. 25.09.1998: 31). Wenngleich man der Tatsache, daß sich im Netz auf den offiziellen Sites des US-Präsidenten z. B. auch ein Audio-Clip mit dem authentischen Miauen der Präsidial-Katze „Socks" findet (www.whitehouse.gov/ WH/Family/html/Life.html), zweifellos eine gewisse innovative Dimension des Kontaktes zwischen Bürger und Präsident zugestehen kann, so sind all dies dennoch Formen der Entertainisierung des Netzes, die den Auftritten von prominenten Politikern in Nachmittags-Unterhaltungstalkshows in nichts nachstehen, sich also auch nicht wesentlich von diesen unterscheiden.

2.3 Responsivität und (Inter-)Aktivierung

Grundlegende Voraussetzung für einen tiefgreifenden Strukturwandel der (politischen) Öffentlichkeit durch das Internet, wie er oft erhofft oder vermutet wird (vgl. Bühl 1997: 198 f.), ist – wie bei allen Formen der Demokratie – die Beteiligung der Bürger. Um diese wird auch ganz ohne Bezug auf das Internet genug gestritten. Stichworte wie „Politikverdrossenheit" oder „Entpolitisierung" signalisieren, daß es um das politische Engagement der Bürger nicht immer zum besten bestellt ist. Gerade das Internet nährt nun in Rücksicht auf seine technischen Strukturen die Hoffnung, höhere Potentiale an Responsivität und Interaktivität für die Bürger in der politischen Kommunikation entfalten zu können.

Ähnlich wie beim Fernsehen in der Regel die Versuche gescheitert sind, Bürger von Zuschauern zu Mitgestaltern zu machen, um so Partizipationseffekte zu steigern (vgl. Leggewie 1998: 38), relativieren auch die ersten Erfahrungen und empirischen Ergebnisse zur aktiven Beteiligung im Internet die Erwartungen an das Netz. Zwar wird mit öffentlichen Angeboten, z. B. mit Stadtnetzen wie der Digitalen Stadt Amsterdam, experimentiert, die auch genutzt werden – mit einer Einschränkung: „Politik spielt [...] nur eine untergeordnete Rolle" (Lovink 1998: 294). Ähnliche Erfahrungen haben Online-Diskussionen des Bundestages oder die Möglichkeiten der E-Mail-Kommunikation mit Politikern gebracht (vgl. Kleinsteuber/Hagen 1998: 81 f.). Letzteres läßt sich damit begründen, daß auch E-Mails an Politiker – ebenso wie herkömmliche Snail-Mails – mit Standardbriefen beantwortet werden. Von einem höheren und qualitativ hochwertigeren Grad an Responsivität kann also keine Rede sein.

Eine ähnlich skeptische Bewertung verdient die mutmaßliche Interaktivität im Netz. Wenn unter Interaktivität ein „Prozeß der wechselseitigen Orientierung von Menschen in bestimmten Situationen" gefaßt wird (Jäckel 1995: 463), dann können weder standardisierte E-Mails, noch virtuelle Spaziergänge durch Politische Institutionen, noch Besuche auf politischen Websites unter diesen Begriff gefaßt werden. Das Internet bietet – mit einzelnen Ausnahmen im nichtpolitischen Bereich – keine Formen von *Interaktivität*, sondern verlangt lediglich einen höheren Grad an *Aktivität*, weil es sich um ein Pull- und nicht um ein Push-Medium handelt (vgl. Leggewie/Bieber 1998: III; Weischenberg 1998: 54 ff.). „Interaktivität soll doch wohl die Möglichkeit bedeuten, daß der Benutzer durch aktives Eingreifen wirklich etwas verändern kann, sonst wäre sie ein inhaltsleerer Begriff." (Reetze 1993: 167) Das Klicken durch die Hyperstruktur des Netzes (mit möglicher Rezeption politischer Inhalte) gehört jedenfalls nicht dazu. Bei der grundsätzlichen Zuschreibung von Interaktivität handelt es sich im Falle des Internet also um eine Banalisierung (vgl. Jarren 1998: 18), die wenig ertragreich ist.

Grundsätzlich stellt sich an dieser Stelle die Frage, ob politische Kommunikation, die im wesentlichen informationsorientiert ausgerichtet ist, im Netz den richtigen Platz findet. Der oben explizierte Prozeß einer Aufmerksamkeits-Dynamik, die auf einem Zusammenspiel von Politik und Medien basiert (vgl. Schulz 1997: 235 ff.), verlangt von den Menschen eigentlich mehr Eigeninitiative, die sie immer seltener bereit sind zu zeigen. Gerade in diesem Kontext spielt der Journalismus eine bedeutende Rolle. Er beobachtet stellvertretend für die Mitglieder einer Gesellschaft Ereignisse und Entwicklungen in dieser Gesellschaft, selektiert und bereitet präzise auf. Er schafft damit sozial verbindliche Sinnzusammenhänge und reduziert gesellschaftliche Komplexität. Dies kann das Internet selbst nicht leisten, weil es ein primär technisches Medium ist, ein Medium erster Ordnung (vgl. Kubicek/Schmid/Wagner 1997: 32 ff.). Medien zweiter Ordnung, zu denen die herkömmlichen Massenmedien gehören, erbringen journalistische Leistungen, die sozial anschlußfähig sind. Das ist eine wesentliche Voraussetzung für politische (Inter-)Aktivität.

2.4 Die Selbstorganisation und Kommerzialisierung des Netzes

Wenn das Netz daher in Rückgriff auf den „Baukasten zu einer Theorie der Medien" von Hans Magnus Enzensberger (1985) oder gar auf die „Radiotheorie" Bertolt Brechts als Medium klassifiziert wird, das „prinzipiell keinen Gegensatz von Sender und Empfänger" kennt (Bühl 1997: 289), so mag dies in technischer Perspektive zutreffen. Was die Inhalte anbetrifft, lassen sich durchaus ähnliche Informations-Hoheiten konzeptualisieren, wie sich auch die Prozesse politischer Kommunikation über herkömmliche Medien charakterisieren.

Auch in diesem Zusammenhang scheint die Prognose, das Netz sorge für die „Auflösung aller Herrschafts- und Ordnungssysteme" (Faulstich 1997: 14), deutlich überzogen.

Längst zeigen sich im Internet Prozesse der Selbstorganisation, Machtverteilung und Hierarchisierung, die auch für den Bereich der politischen Kommunikation Relevanz haben. Die Annahme z. B., über das Internet ließe sich politische Transparenz steigern, weil immer mehr Primärinformation (z. B. politische Dokumente) ohne großen technischen Aufwand oder umfangreichere Kosten ins Netz gestellt werden können und dem Bürger direkt zugänglich sind (vgl. Marschall 1997: 322), basiert offensichtlich auf der Überlegung, der Schritt ins Internet entbinde Personen, Organisationen oder Institutionen automatisch von den Strukturen und Machtverhältnissen in der „Realwelt". Warum sollten Parteien und politische Gruppierungen den Bürgern im Netz mehr Transparenz gewähren als außerhalb des Netzes? Die Kontrolle über die interessanten (und pikanten) Informationen bleibt also offline. Ins Netz gelangt nur das, was nach der Entscheidung der Funktionsträger dorthin gelangen soll – es sei denn, gezielte Indiskretionen werden offline initiiert und können sich im Netz fortpflanzen.[6] Die Validierung solcher Angebote bleibt dort noch mehr als offline dem kundigen oder unkundigen Bürger überlassen.

Strukturen des Netzes werden aber nicht nur die politischen Machtverhältnisse der „Realwelt" fortsetzen, sie werden sich auch dem Zugriff ökonomischer Interessen nicht verschließen können. Machtverteilung im Netz hat auch mit Geldverteilung zu tun (vgl. Sassen 1997: 231) – das haben die beiden Softwarehäuser Microsoft und Netscape hinlänglich dokumentiert. Von der Kommerzialisierung des Internet, sprich: der langfristigen Finanzierungsmöglichkeit seiner Inhalte – wird es abhängen, ob das Netz einmal zu Massenmedium werden wird, um damit dann allerdings auch seine letzten marginalen Differenzen zu den traditionellen Medien aufzugeben.

3   Politics oder Polity: Was bleibt vom Cyber-Zauber?

Drei generalisierbare Trends lassen sich in Rückblick auf die bisherigen Ausführungen ableiten, vor deren Hintergrund das Internet und seine Bedeutung und Folgen für die politische Kommunikation interpretierbar werden:

---

6   Die gilt z. B. für die Clinton-Lewinsky-Affäre; vgl. Die Zeit, 29.01.1998: 4.

— Die *Komplementarität* des Netz-Mediums zu anderen Medien bestätigt ein weiteres Mal die These, die Wolfgang Riepel schon mit Blick auf das Nachrichtenwesen des Altertums aufgestellt hat: Medien werden, „wenn sie nur einmal eingebürgert und für brauchbar befunden worden sind, auch von den vollkommensten und höchst entwickelten niemals wieder gänzlich und dauerhaft verdrängt und außer Kraft gesetzt [...], sondern sich neben diesen erhalten, nur daß sie genötigt werden, andere Aufgaben und Verwertungsgebiete auszusuchen" (Riepl 1913: 5). Das Internet löst die tradierten Medien also – auch in ihrer Funktion für die politische Kommunikation – nicht ab, es ermöglicht eine differenzierte Informationsakquise, je nach Bedarf und Bedürfnis des einzelnen Bürgers. Die Komplementarität des Netzes wird sich dabei vor allem für politische Akteure und Initiativen außerhalb des politischen Mainstreams auszahlen.

— Die *Konstanz* der Diskurskultur, die anläßlich der Etablierung neuer Medien oft erstaunlich ähnlichen Varianten und Verläufen folgt, hat sich auch in Hinblick auf das Internet bestätigt. Hier finden wir Extrementwürfe ebenso wie analytische Ordnungs- und Systematisierungsversuche, die sich mit zunehmender Etablierung und Popularisierung des Mediums einebnen und schließlich in eine eher sachliche Argumentation münden. Auch dies gehört zur politischen Kommunikation, denn im Rahmen dieser Auseinandersetzungen zielt ein wesentlicher Teil der Prognosen auf die Demokratisierungs- bzw. Demokratiegefährdungspotentiale von Medien im Zuge einer angenommenen Stärkung bzw. Schwächung ihrer Informations-, Artikulations- und Organisationsfunktionen.

— Die *Konvergenz* von Offline- und Online-Strukturen ist besonders bedeutsam für die Internet-Folgenabschätzung im Kontext politischer Kommunikation. Denn diese vermutete und anhand einiger Kriterien exemplifizierte Konvergenz entzaubert alle Hoffnungen auf weitreichende kommunikationsbasierte Demokratisierungspotentiale des Netzes, sie entlarvt aber gleichzeitig die Netz-Apokalyptiker als Kassandra-Rufer der Informationsgesellschaft (die es vermutlich dort ebenso wie in allen medienevolutionären Vorstufen geben muß und denen eine Initiations- und Katalysefunktion für den jeweiligen Medien-Diskurs zukommt). „Bei der Bewertung von möglichen Effekten und Potentialen computervermittelter Kommunikation muß man stets vom gegenwärtigen Zustand demokratischer Gemeinwesen ausgehen, in welche die neuen Multimedia-Anwendungen hineinwirken, statt deren aktuelle Defizite auf die neuen Medien zu projizieren und Idealbilder der gegebenen demokratischen Kommunikation mit Zerrbildern künftiger Medien zu konfrontieren. Das meiste, was als verheerende Folge des Internet der Politik prognostiziert worden ist [..] trifft man bereits unter den Bedingungen herkömmlicher politischer Kommunikation an." (Leggewie 1998: 18)

Das Netz liefert also primär einen neuen Raum, den „Cyberspace", zur Online-Extension realweltlicher, sprich offline-basierter Informations- und Kommunikationsverhältnisse. Chancen im Zugang, Formen und Motive der Nutzung, Segmentierung der Nutzer und auch – allgemeiner betrachtet – Prozesse des Struktur- und Funktionswandels – all diese Entwicklungen setzen sich im Netz fort, aber nicht als netzspezifische, sondern als gesellschaftsspezifische Merkmale des Informationszeitalters. Anders gesagt: „Auch netzvermittelte Kommunikationsverhältnisse haben mit den Problemen realweltlicher Ungleichheit zu tun" (Rilling 1998: 375).

Das Internet bleibt damit vorerst primär ein technisches, nicht aber ein soziales Medium. Es potenziert Vorteile und Probleme medienvermittelter politischer Kommunikation, indem zeitliche und räumliche Bedingungen der Kommunikation entgrenzt werden. Die Funktionen und Grundstrukturen politischer Kommunikation im Netz ähneln überwiegend denen der „Realwelt". In speziellen politischen Kommunikationsnischen kann das Netz seine Komplementärfunktion besonders entfalten. Insofern ist es ein Teil der politischen Kommunikation in der Informationsgesellschaft und avanciert für einen Teil der Gesellschaft vielleicht sogar zum zentralen (nicht exklusiven!) „Medium".

Für den Kontext der politischen Kommunikation heißt das, wir sind längst in das Zeitalter der *Cyberpolitics* eingetreten. Politics als Prozeß der Artikulation und Aggregation von Interessen durch politische Akteure (vgl. Leggewie 1998: 20) finden seit Jahren im Netz statt. In das Stadium der *Cyberpolity* als politische Verfassung einer auf Information und Wissen basierenden Gesellschaft, als grundlegende Variante der Demokratie, werden wir nicht eintreten. Eine vollständige Virtualisierung politischer Kommunikation macht nach den bisherigen Überlegungen zur Konvergenz von Online- und Offline-Prozessen keinen Sinn. Und selbst wenn der politische Kommunikationsprozeß ins Netz verlagert würde, wäre dies wahrscheinlich in sozialer Perspektive eine kaum zu identifizierende Transformation. Das Netz als technisches Medium stellte dann lediglich den Raum bereit für Funktionen und Strukturen, die nicht primär technikinduziert, sondern im gesellschaftlichen Entwicklungsprozeß entstanden sind.

"Wird eine Bewegung entstehen, die es ablehnt, Teil der Informationsgesellschaft zu sein?" Auch dies fragten Autoren der ZEIT in ihrem eingangs zitierten Beitrag „Fragwürdig" (vgl. Die Zeit v. 30.12.1998: 52). Es wird keine solche Bewegung geben, denn die Informationsgesellschaft, das sind wir, und wir können uns nicht selbst ablehnen. Ablehnen können wir lediglich eine technische Transformation unserer informationellen Versorgung und Selbstbestimmung – den Teil also, der im Netz geschieht. Dabei werden wir nichts verpassen, was wir nicht auch außerhalb des Netzes verpassen könnten: www.alles-bekannt.de.

Literatur

Becker, Jörg (1998): Massenkommunikation und individuelle Selbstbestimmung. Zur Entregelung staatlich-technischer Informationsprozesse. In: *Aus Politik und Zeitgeschichte* B 40, S. 3-12.

Bonfadelli, Heinz (1994): *Die Wissenskluft-Perspektive. Massenmedien und gesellschaftliche Information.* Konstanz.

Buchstein, Hubertus (1996): Bittere Bites: Cyberbürger und Demokratietheorie. In: *Deutsche Zeitschrift für Philosophie* 44, Nr. 4, S. 583-607.

Bühl, Achim (1997): *Die virtuelle Gesellschaft. Ökonomie, Politik und Kultur im Zeichen des Cyberspace.* Opladen, Wiesbaden.

Enzensberger, Hans Magnus (1985): Baukasten zu einer Theorie der Medien. In: Prokop, Dieter (Hg.): *Medienforschung.* Band 2: *Wünsche, Zielgruppen, Wirkungen.* Frankfurt/M., S. 471-485.

Eurich, Claus (1980): *Das verkabelte Leben. Wem schaden und wem nützen die Neuen Medien?* Reinbek bei Hamburg.

Faulstich, Werner (1997): „Jetzt geht die Welt zugrunde ...". „Kulturschocks" und Mediengeschichte: Vom antiken Theater bis zu Multimedia. In: Ludes, Peter/Werner, Andreas (Hg.): *Multimedia-Kommunikation. Theorien, Trends, Praxis.* Opladen, S. 13-35.

Franck, Georg (1998): *Ökonomie der Aufmerksamkeit. Ein Entwurf.* München.

Fukuyama, Francis (1992): *Das Ende der Geschichte. Wo stehen wir?* München.

German, Christiano (1996): Politische (Irr-)Wege in die globale Informationsgesellschaft. In: *Aus Politik und Zeitgeschichte* B 32, S. 16-25.

Grossman, Lawrence K. (1995): *The Electronic Republic: Reshaping Democracy in the Information Age.* New York.

Hagen, Lutz (1998): Nutzung von Online-Medien zur politischen Information. Einführung und Überblick. In: Hagen, Lutz (Hg.): *Online-Medien als Quellen politischer Information. Empirische Untersuchungen zur Nutzung von Internet und Online-Diensten.* Opladen, Wiesbaden, S. 7-19.

Höflich, Joachim R. (1995): Vom dispersen Publikum zu „elektronischen Gemeinschaften". Plädoyer für einen erweiterten kommunikationswissenschaftlichen Blickwinkel. In: *Rundfunk und Fernsehen* 43, Nr. 4, S. 518-537.

Jäckel, Michael (1994): Auf dem Weg zur Informationsgesellschaft? Informationsverhalten und die Folgen der Informationskonkurrenz. In: Winterhoff-Spurk, Peter/Michael Jäckel (Hg.): *Politik und Medien.* Berlin, S. 11-34.

Jäckel, Michael (1995): Interaktion. Soziologische Anmerkungen zu einem Begriff. In: *Rundfunk und Fernsehen* 43, Nr. 4, S. 463-476.

Jarren, Otfried (1998): Internet – neue Chancen für die politische Kommunikation? In: *Aus Politik und Zeitgeschichte* B 40, S. 13-21.

Kleinsteuber, Hans J./Martin Hagen (1998): Interaktivität – Verheißungen der Kommunikationstheorie und das Netz. In: Neverla, Irene (Hg.): *Das Netz-Medium. Kommunikationswissenschaftliche Aspekte eines Mediums in Entwicklung.* Opladen, Wiesbaden, S. 63-88.

Kubicek, Herbert/Ulrich Schmid/Heiderose Wagner (1997): *Bürgerinformation durch neue Medien?* Opladen.

Leggewie, Claus (1998): Demokratie auf der Datenautobahn oder: Wie weit geht die Zivilisierung des Cyberspace? In: Leggewie, Claus/Christa Maar (Hg.) (1998): *Internet & Politik. Von der Zuschauer- zur Beteiligungsdemokratie?* Köln, S. 15-51.

Leggewie, Claus/Christoph Bieber (1998): Das Internet als Wahlkampfarena. Eine Herausforderung für die Parteien. In: *Süddeutsche Zeitung,* 05./06.09.1998, S. III.

Leggewie, Claus/Christa Maar (Hg.) (1998): *Internet & Politik. Von der Zuschauer- zur Beteiligungsdemokratie?* Köln.

Löffelholz, Martin (1993): Beschleunigung, Fiktionalisierung, Entertainisierung. Krisen (in) der Informationsgesellschaft. In: Löffelholz, Martin (Hg.): *Krieg als Medienereignis. Grundlagen und Perspektiven der Krisenkommunikation.* Opladen, S. 49-64.

Lovink, Geert (1998): Die Digitale Stadt Amsterdam. In: Leggewie, Claus/Christa Maar (Hg.) (1998): *Internet & Politik. Von der Zuschauer- zur Beteiligungsdemokratie?* Köln, S. 293-299.

Marschall, Stefan (1997): Politik „online" – Demokratische Öffentlichkeit dank Internet? In: *Publizistik* 42, Nr. 3, S. 304-324.

Meckel, Miriam (1996): Schleusenwärter in Digitalien. In: *Zeit-Punkte,* Nr. 5, S. 64-67.

Meckel, Miriam (1998): Nachrichten aus Cyburbia. Virtualisierung und Hybridisierung des Fernsehens. In: Kamps, Klaus/Miriam Meckel (Hg.): *Fernsehnachrichten. Prozesse, Strukturen, Funktionen.* Opladen, Wiesbaden, S. 213-224.

Merten, Klaus (1994): Evolution der Kommunikation. In: Merten, Kaus/Siegfried J. Schmidt/Siegfried Weischenberg (Hg.): *Die Wirklichkeit der Medien. Eine Einführung in die Kommunikationswissenschaft.* Opladen, S. 141-162.

Münker, Stefan/Alexander Roesler (1997): *Mythos Internet.* Frankfurt/M.

Negroponte, Nicholas (1995): *Total digital. Die Welt zwischen 0 und 1 oder die Zukunft der Kommunikation.* München.

Neverla, Irene (1998): Das Medium denken. Zur sozialen Konstruktion des Netz-Mediums. In: Neverla, Irene (Hg.): *Das Netz-Medium. Kommunikationswissenschaftliche Aspekte eines Mediums in Entwicklung.* Opladen, Wiesbaden, S. 17-35.

Reetze, Jan (1993): *Medienwelten. Schein und Wirklichkeit in Bild und Ton.* Berlin u. a.

Rheingold, Howard (1994): *The Virtual Community.* New York.

Riepl, Wolfgang (1913): *Das Nachrichtenwesen des Altertums mit besonderer Rücksicht auf die Römer.* Leipzig u. a.

Rilling, Rainer (1998): Marktvermittelt oder selbstorganisiert? Zu den Strukturen von Ungleichheit im Netz. In: Leggewie, Claus/Christa Maar (Hg.) (1998): *Internet & Politik. Von der Zuschauer- zur Beteiligungsdemokratie?* Köln, S. 366-377.

Roesler, Alexander (1997): Bequeme Einmischung. Internet und Öffentlichkeit. In: Münker, Stefan/Alexander Roesler (Hg.): *Mythos Internet.* Frankfurt/M., S. 171-192.

Sandbothe, Mike (1998): Theatrale Aspekte des Internet. Prolegomena zu einer zeichentheoretischen Analyse theatraler Textualität. In: Willems, Herbert/Martin Jurga (Hg.): *Inszenierungsgesellschaft. Ein einführendes Handbuch*. Opladen, Wiesbaden, S. 583-595.

Sarcinelli, Ulrich (1998): Symbolische Politik. In: Jarren, Otfried/Ulrich Sarcinelli/Ulrich Saxer (Hg.): *Politische Kommunikation in der demokratischen Gesellschaft. Ein Handbuch mit Lexikonteil*. Opladen, Wiesbaden, S. 729-730.

Sassen, Saskia (1997): Cyber-Segmentierungen. Elektronischer Raum und Macht. In: Münker, Stefan/Alexander Roesler (Hg.): *Mythos Internet*. Frankfurt/M., S. 215-235.

Scherer, Helmut (1998): Partizipation für alle? Die Veränderung des Politikprozesses durch das Internet. In: Rössler, Patrick (Hg.): *Online-Kommunikation. Beiträge zur Nutzung und Wirkung*. Opladen, Wiesbaden, S. 171-188.

Schulz, Winfried (1997): *Politische Kommunikation. Theoretische Ansätze und Ergebnisse empirischer Forschung*. Opladen, Wiesbaden.

Weischenberg, Siegfried (1998): Pull, Push und Medien-Pfusch. Computerisierung – kommunikationswissenschaftlich revisited. In: Neverla, Irene (Hg.): *Das Netz-Medium. Kommunikationswissenschaftliche Aspekte eines Mediums in Entwicklung*. Opladen, Wiesbaden, S. 37-61.

Wolf, Fritz (1996): Alle Politik ist medienvermittelt. Über das prekäre Verhältnis von Politik und Fernsehen. In: *Aus Politik und Zeitgeschichte* B 32, S. 26-31.

Zipfel, Theodor (1998): Online-Medien und politische Kommunikation im demokratischen System. In: Hagen, Lutz (Hg.): *Online-Medien als Quellen politischer Information. Empirische Untersuchungen zur Nutzung von Internet und Online-Diensten*. Opladen, Wiesbaden, S. 20-53.

Klaus Kamps / Thomas Kron

Telekommunikation als Integrationsmodus politischer Partizipation

Eine handlungstheoretische Perspektive

Zur Charakterisierung moderner Industriestaaten wird gegenwärtig häufig der Terminus „Informationsgesellschaft" herangezogen; damit wird meist eine Gesellschaft beschrieben, in der nahezu alle Lebensverhältnisse angesichts der Expansionsdynamik und unter dem Innovationsdruck der Informations- und Kommunikationsmedien (IuK-Medien) vielerlei Veränderungen durchlaufen. Etwa definiert der *Rat für Forschung, Technologie und Innovation* (1995: 9 f.): „Der Ausdruck ‚Informationsgesellschaft' bezeichnet eine Wirtschafts- und Gesellschaftsform, in der die Gewinnung, Speicherung, Verarbeitung, Vermittlung, Verbreitung und Nutzung von Informationen und Wissen einschließlich wachsender technischer Möglichkeiten der interaktiven Kommunikation eine entscheidende Rolle spielen." Als Synonyme oder Metaphern des Wandels der Industrie- zu einer Informationsgesellschaft wären u. a. noch zu nennen: „Datenautobahn", „Online-Medien", „Multimedia", „Internet".

Dieser Transformation kann man sich freilich aus verschiedenen Richtungen nähern. Die Ökonomie vermag auf steigende Aufwendungen für Information und Kommunikation zu verweisen: Der Anteil der Transaktionskosten innerhalb des Volkseinkommens beträgt mittlerweile mehr als 50 Prozent und hat damit eine Dimension erreicht, die es erlaubt, von einer Informationsgesellschaft zu sprechen (vgl. Lob/Oel 1998: 13; Picot 1996). Die Politik notiert – zumal in eiliger Kombination mit „Globalisierung" – Chancen und Risiken für den Arbeitsmarkt: Kaum eine Diskussion, in der nicht die „globale Informationsgesellschaft" in einem Atemzug genannt wird mit vermeintlichen Möglichkeiten, Arbeitslosigkeit zu bekämpfen (oder zu erklären). Und die Politikwissenschaft, um nur eine sozialwissenschaftliche Disziplin zu nennen, greift die Definitionssequenz „Verbreitung und Nutzung von Informationen und Wissen" gerne aus partizipationstheoretischer Perspektive oder – konkreter – in Gedankengängen auf, als deren letztgültiger Deutungshorizont allzu oft die Überwindung einer (vermeintlichen?) Politikverdrossenheit erscheint: Gelingt es den IuK-Medien, Demokratie demokratischer zu gestalten, Politik und Bevölkerung enger aneinander zu binden, gar eine neue politische „Zufriedenheitskultur" herzustellen?

1 Technik und Sozialwissenschaften

Technik ist seit längerem über Technikfolgen hinaus ein Thema der Sozialwissenschaften. Während ursprünglich der Gegensatz von Natur und Gesellschaft die Wissenschaftstheorie dominierte und Technik als unsozialisierbar galt, definiert sich Sozialität in der Techniksoziologie über Artefakte: Technische Systeme werden als *auch* in außerkörperlichen Komponenten realisierte Handlungssysteme verstanden. Das wird etwa an dem Konzept der „Großtechnischen Systemen" (GTS) deutlich. GTS meint *Organisationen in Technik* (nicht umgekehrt), deren Technologien sich auch auf Handlungen beziehen (vgl. Joerges 1989). Dabei werden zwei Formen GTS unterschieden:

(1) *GTS erster Ordnung*, die wie gesellschaftliche Teilsysteme eine eigene Rationalität oder Formen der (Selbst-)Regulierung aufweisen und zudem im Sinne einer Infrastruktur zahlreiche Aktivitäten *ermöglichen* (vgl. Mayntz 1993a, 1993b). Energie-, Wasser-, Verkehrs- und Kommunikationssysteme etwa erlauben gesellschaftliche Differenzierungsprozesse und gelten als konstitutiv für funktionelle Teilsysteme. (2) *GTS zweiter Ordnung* werden aus GTS erster Ordnung rekombiniert und mit einer eigenen institutionellen Identität versehen. So sind an Organtransplantationssystemen oder der Luftfahrt Energie-, Transport-, Kommunikations- und Datenverarbeitungssysteme beteiligt.

Ohne derartige organisatorische Einheiten vollzieht sich keine technologische Innovation und (soziale) Implementation. Zwischen Technik und Umwelt muß sich eine „Paßform" herausbilden, damit sich GTS entwickeln. Diese Paßform kann entweder *passiv* entstehen, indem es in Teilsystemen zu nichtintendierten Entwicklungen kommt, die Anschlußmöglichkeiten anbieten (z. B. Atomkraftwerke als Reaktion auf eine übermäßige Nutzung nicht regenerierbarer Energiequellen). Oder aber die Technik paßt sich *aktiv* in ihre soziale Umwelt ein – wie dies etwa bei dem Einsatz von Gentechnik in der Lebensmittelindustrie der Fall ist. In solchen Fällen bildet die Organisation der Technik einen „Brückenkopf" im sozialen System, von dem ihre Verbreitung voranschreitet. Dabei setzt die neue Technik vormalige Ansprüche kontingent, was den mächtigsten Expansionsmechanismus darstellt: Soziale Systeme arrangieren sich aufgrund der durch die Technik geschaffenen Erwartungen und Verhaltensstrukturen auf neuartige Weise. Die auf Telekommunikation basierende Globalisierung wirtschaftlicher Zahlungen schafft z. B. neue Investitionschancen und -risiken, Fortschritte in der Humanmedizin und Gentechnik verhelfen zu außergewöhnlichen sportlichen Leistungen, Familien müssen neue Zeitarrangements im Umgang mit den Massenmedien treffen etc.

Technische Systeme umfassen also handlungsfähige Akteure *und* Artefakte und erlangen durch deren *organisatorische Kopplung* soziale Relevanz. Sie können als System quer zu allen funktional differenzierten Teilsystemen konzipiert werden. Ihre gesellschaftstheoretische Bedeutung liegt dabei nicht allein in ihrem Leistungspotential, sondern zudem in der Steigerung funktionaler Interdependenzen durch soziale Vernetzung: Die Wirtschaft ist abhängig von Energieversorgung, Transport und Telekommunikation, das Militär vom Telefon- und Eisenbahnsystem. Telegraph und Telefon begünstigten die Expansion der Zentralverwaltungen und ihre Hierarchisierung (Mayntz 1993a: 105). Umgekehrt hat der Staat den Auf- und Ausbau bestimmter Infrastruktursysteme gefördert, ja erst ermöglicht – durchaus im Sinne einer Koevolution.

Wir können das Telekommunikationssystem so gesehen als Funktionseinheit der Gesellschaft begreifen (vgl. Werle 1990: 19 ff.). Es besitzt wie andere gesellschaftliche Teilsysteme eine eigene Genese, wobei technische und soziale Entwicklungsdynamiken einander anregen. Einerseits werden viele Lebensstile oder gesellschaftliche Strukturen erst durch die Nutzung von Technologien möglich, andererseits regen Adaptions- und Nachfrageentwicklungen die Technikgenese an (vgl. Gaßner 1995: 15 f.). Informations- und Kommunikationstechnologien sind also „offene Technologien": Ihre Anwendungen und Wirkungen werden nicht stringent durch die Technik selbst impliziert, sondern entwickeln sich kontextuell (vgl. Mosdorf 1996).[1] Telekommunikation dient dabei in erster Linie dazu, Informationen zu übertragen und Kommunikation unabhängig von Raum und Zeit einzurichten. Es handelt sich dabei nicht um ein autopoietisches System im Sinne Luhmanns, das über ein strenges, an einem binären Code orientiertes Handlungsschema verfügt; vielmehr entwickelt es sich *symbiotisch* (vgl. Wagner 1996) als „intersektorales Phänomen" (Ropohl 1996: 245) in der Interpenetrationszone anderer Funktionssysteme, primär durch Wissenschaft und Technik, Ökonomie und Politik (vgl. Mayntz 1993a; Mayntz/Schneider 1988, 1995; Werle 1990: 24 f.). Zur Effizienzsteigerung des modernen Telekommunikationssystems, mit seinem Herzstück, den Online-Medien, tragen vor allem vier Komponenten bei:

(1) *Multimedia*: digitale Technologie, die es erlaubt, auf interaktiv steuer- und kombinierbare Daten-, Text-, Sprach-, Bild- und Videoinformationen unter einer gemeinsamen Nutzoberfläche zuzugreifen.

(2) *Dienste:* Sie reduzieren die kontingente Datenmenge auf spezifisch abrufbare Informationen. *Übertragungsdienste* stellen die Infrastruktur des Tele-

---

1 Schon das Komposita *Tele-Kommunikation* verweist auf den technisch-sozialen Zusammenhang; vgl. auch Frank 1995: 356; Mayntz 1988: 236 f.

kommunikationssystems bereit; für die Inhalte und die zeitliche Organisation von Kommunikationen sind *Vermittlungsdienste* zuständig, und *Selektionsdienste* erlauben abzufragen, wo welche Informationen zu finden sind und welcher Dienst was zur Verfügung stellt.
(3) *Netzverbund:* Verbindet Kommunikationsvorgänge und Daten. Eine solche Plattform stellt zur Zeit das Internet dar.
(4) *Kommunkationszentrale:* Sie eröffnet den Akteuren den Zugang zum Netzverbund (Personal Computer, Netz-Computer).

2 Systemische und soziale Integration

Nach dieser einleitenden Skizze kann nun die Frage nach partizipationsrelevanten Integrationsmomenten durch das Telekommunikationssystem näher erörtert werden. Wir gehen zunächst von allgemeinen Annahmen zur systemischen und sozialen Integration aus, erörtern Aspekte der solidarischen Mobilisierung der Politik (Kap. 3), Solidarität, Differenzen und Integration (Kap. 4) und überführen diese in den Komplex politischer Partizipation (Kap. 5). Die Grundthese lautet: Durch den institutionalisierten Leistungsaustausch zwischen dem Telekommunikations- und dem politischen System ergeben sich neue Chancen politischer Inklusion. Mit dem Ansteigen dieser Chancen auf Partizipation und Integration sinkt indes – in gewisser Hinsicht paradoxerweise – für Individuen, aber auch Personengruppen oder Organisationen, die Chance, effizient in die politische Entscheidungs- und Willensbildung einzugreifen.

Aus der Sicht der Luhmannschen Systemtheorie läßt sich die Frage nach der Integrationskraft des Telekommunikationssystems insofern rasch beantworten, als es dieses System dort nicht gibt. Die beschriebenen Systemkomponenten würde Luhmann unter „Massenmedien" subsummieren, worunter er „alle Einrichtungen der Gesellschaft [...] versteht, die sich zur Verbreitung von Kommunikation technischer Mittel der Vervielfältigung bedienen" (Luhmann 1996: 10). Die Arbeitsweisen der Technologien strukturieren bei Luhmann zwar die Kommunikationspotentiale, werden aber nicht als kommunikative Systemoperationen verstanden, da die bloße Mitteilung von Informationen noch *nicht* als Kommunikation aufgefaßt wird. Als identitätsstiftende Operation wird die Unterscheidung Information/Nicht-Information festgelegt. Nach diesem Code ziehen die Massenmedien eine sinnstiftende Grenze gegenüber ihrer Umwelt – also auch gegenüber den anderen Funktionssystemen. Die Funktion der Massenmedien für die Gesellschaft besteht darin, eine Realität bereitzustellen, eine „gesellschaftsweit akzeptierte, auch den Individuen bekannte Gegenwart" (Luhmann 1996:

176), die nicht in die jeweilige Kommunikation neu eingeführt und begründet werden muß – eine Funktion, die der des Gedächtnisses als permanent erneuertes Hintergrundwissen als Basis möglicher Anschlußkommunikation entspricht. Der systemspezifische Code ist zugleich Voraussetzung für die Ausdifferenzierung der Massenmedien, was bei Luhmann mit einer „autopoietischen" Selbstreproduktion und -organisation einhergeht: „Die Analyse des Systems der Massenmedien liegt deshalb auf derselben Ebene wie die Analyse des Wirtschaftssystems, des Rechtssystems, des politischen Systems usw. der Gesellschaft" (Luhmann 1996: 49).

Die Beziehungen der Massenmedien zu anderen Systemen werden entsprechend als „strukturelle Kopplung" verstanden: Ein autopoietisch geschlossenes System setzt bestimmte Eigenschaften seiner Umwelt voraus und verläßt sich auf sie. Für Luhmann sind Systeme trotz struktureller Kopplung überschneidungsfrei separiert, sie können sich gegenseitig stören, irritieren und Strukturveränderungen auslösen, aber eben nicht bestimmen (Luhmann 1992: 1432; vgl. 1993: 441 f.). Strukturelle Kopplung ist demnach nichts anderes als eine für die jeweiligen Systeme zufälligerweise günstige Konstellation ihrer Umwelt, die sie zwar benötigen, nicht aber voraussetzen. Sie ermöglichen stabile Formen wechselseitiger Resonanz, die Systeme lernen durch gegenseitige Justierung, adäquate Ereignisse zu produzieren und sie als Ressourcen zu verarbeiten. Entsprechend der massenmedialen Programme[2] Nachrichten, Werbung, Unterhaltung identifiziert Luhmann (1996: 117 ff.) strukturelle Kopplungen besonders zum Wirtschaftssystem, zur Politik und zum Sport, marginal zur Wissenschaft und zum Recht.

Die systemtheoretische Perspektive erschwert indessen durch die ausschließliche Konzentration auf zeitliche Komponenten (Wahrnehmung, Gedanken, Kommunikation) die Integration dauerhafter Phänomene (Objekte, Sachen, Artefakte). Man benötigt dazu eine Perspektive, die Technik und Gesellschaft in Form von Verbindungen integriert. Die *empirische* Behauptung einer strikten Trennung der Systemebenen erscheint eher realitätsfremd[3]: Technik ist eben

---

2   Programme werden systemtheoretisch als *Kriterien der Anwendung für den binären Code* verstanden, z. B. Preise als Programm für die Anwendung von Zahlungen. Gemeint sind also nicht etwa besondere Fernsehprogramme wie Nachrichtensendungen.

3   Eine mögliche Ursache könnte darin liegen, daß das Konzept der strukturellen Kopplung einer strengen Interpretation der Theorie autopoietischer Systeme widerspricht, wie Münch (1996: 40) anmerkt: „Tatsächlich ist die Einführung der ‚strukturellen Kopplung' in das Theoriegebäude nichts geringeres als der Zusammenbruch der Theorie des autopoietischen Systems selbst. Wie kann sich ein System durch seine eigenen Operationen und durch nichts als diese Operationen reproduzieren, wenn wir erfahren, daß seine Existenz gleichzeitig von Operationen abhängt, die außerhalb des Systems liegen?"

mehr als nur ein die Irritation steigerndes Thema der Bewußtseins- und Sozialsysteme.

Nun kann man gegen die strenge autopoietische Konzeption systemischer Integration die Durchdringung sozialer Handlungssphären durch das Telekommunikationssystem hervorheben. Kaum ein soziales System wird in Zukunft seine gesellschaftliche Funktion erfüllen können, ohne dieses System zu integrieren. Dabei *überträgt* das Telekommunikationssystem Leistungen auf andere gesellschaftliche Teilsysteme, indem es z. B. dem Wirtschaftssystem schnell, direkt und unmittelbar Informationen zuführt und somit raumzeitlich minimalisierte Kommunikationen ermöglicht. Demnach muß zur Erhaltung *systemischer* Integration ein Leistungsaustausch zwischen den Systemen stattfinden. Dieser Austausch wird in Abstimmung der Kommunikation der Systemrepräsentanten vollzogen, die in einem institutionalisierten Diskurs auf der „Hinterbühne" im Sinne Goffmans (fernab des Drucks eines öffentlichen Diskurses) zu einem Konsens gelangen können. Es werden also systemtheoretisch ausgeschlossene akteurstheoretische Überlegungen berücksichtigt (vgl. Schimank 1985, 1988).

Theoretische Anschlußoptionen solcher Arrangements stellt die voluntaristische Handlungstheorie Richard Münchs (1982; 1991) bereit. Münch sieht die Entwicklung der modernen okzidentalen Gesellschaft dadurch geprägt, als ihre Teilsysteme interpenetrieren: Differenzierte Sphären des Handelns durchdringen sich zunehmend. Die Dynamik dieser intersystemischen Verflechtungen wirkt sich auch auf die öffentliche Kommunikation aus:

(1) Kommunikation wird *vermehrt*; (2) Kommunikation wird *verdichtet*, sie ist immer enger *vernetzt*, (3) sie erfährt eine *Beschleunigung* im Sinne einer immer schnelleren Mitteilung von Informationen und schließlich (4) wird Kommunikation globalisiert: sie überschreitet institutionelle, gesellschaftliche und kulturelle Grenzen (vgl. Münch 1991: 88). Soziale Teilsysteme erlangen in dieser Situation nur über die *Herstellung von Öffentlichkeit* gesellschaftliche Relevanz: „Die Verflechtung der gesellschaftlichen Subsysteme im öffentlichen Diskurs und die Verflechtung des öffentlichen Diskurses mit den gesellschaftlichen Subsystemen [...] ist ein wesentlicher Bestandteil der Entwicklung der Kommunikationsgesellschaft" (Münch 1991: 135). Hier klingt schon die gesellschaftliche Kommunikation universalisierende Rolle der Medien an (vgl. Münch 1991: 114, 1993: 262).

Im Zuge der Expansion des Telekommunikationssystems wächst der Bedarf nach einem systemübergreifenden Konsens über die Funktionen dieses Systems (angestoßen z. B. durch die Verbreitung unsittlicher oder krimineller Inhalte). Diesem Konsensbedarf kann wiederum nur das Kommunikationssystem begegnen, das System reagiert und deckt (möglicherweise) selbstevozierte Bedürfnisse. Damit trägt es zu einer Steigerung systemischer Integration auf höherer Ebene bei. Andererseits erzeugt das Telekommunikationssystem aufgrund der Integrations*chancen* einen Druck zur systemischen Integration. Momentan äußert sich das besonders im Bemühen politischer, ökonomischer und wissenschaftlicher Akteure um Teilhabe am Telekommunikationssystem – kein Wunder, man will im Wortsinn den Anschluß nicht verpassen.

Im Sinne Simmels Analyse der Kreuzung sozialer Kreise (1992: 482 ff.) wird das Telekommunikationssystem durch den Netzverbund zu einem allumfassenden Kreis, der Chancen neuer Formen *sozialer* Integration erschließt. Die Verbindung zwischen den Akteuren ist rein tele-kommunikativ und somit größtenteils unabhängig von lebensweltlichen Bindungen, was wiederum die Chance des (weltweiten) Kontaktes mit Akteuren anderer Systeme erhöht. In der Diktion der Individualisierungsdebatte können wir von einem weiteren „Individualisierungsschub" sprechen, da die Telekommunikation das Handeln der *Individuen* stärker gewichtet. Naisbitt (1994) nennt das ein „Global Paradox". Jeder kann als individueller Kommunikator aktiv in eine globale Kommunikation eingreifen, weil der Informationszugang ganz im Sinne eines „universal service" jedem möglich ist, und – so Naisbitt – dennoch gewinnt das Involvement der Individuen an Relevanz.

In diesen Sog individualisierter Kommunikation gerät auch der öffentliche Diskurs. Im Telekommunikationssystem ist jede individuelle Kommunikation *unmittelbar* Teil eines „quasi-öffentlichen" Diskurses. Individualisierte Kommunikation bedeutet dann, daß Informationen sowohl individuell „konsumiert" als auch mitgeteilt werden, wodurch sich ein verändertes kommunikatives Bewußtsein durch die Erfahrung neuer Kommunikationshorizonte einstellen könnte. Beim Fernsehen z. B. besteht das individualisierende Moment in der Wahl verschiedener Sendungen, die durch die Sendeanstalten ausgestrahlt werden. Mit der Deregulierung und der Einführung der dualen Rundfunkordnung ergab sich ein Individualisierungsschub über die Erhöhung der Wahloptionen. Und doch verharren Zuschauer in einer weitgehend passiven Rezipientenrolle. Über Online-Kommunikation dagegen kann nun jeder Rezipient zugleich als Akteur eigene Informationen bereitstellen, d. h. die verfügbaren Informationen entsprechen theoretisch allen möglichen Informationen, wenn jeder über das informiert, was er mitzuteilen hat (bzw. glaubt, mitteilen zu müssen).

Online-Kommunikation wird dabei in Teilen ihrer Anwendungen über neue Interaktionsformen den *Verlust von Selektionsmechanismen* herbeiführen, die gegenwärtig noch dem Journalismus zufallen. Journalismus wird nun natürlich nicht obsolet, allerdings durch individualisierte Kommunikation ergänzt – was tendenziell zur De-Zentralisierung gesellschaftlicher Kommunikation führt. „Was wir über unsere Gesellschaft, ja über die Welt, in der wir leben, wissen, wissen wir durch die Massenmedien." (Luhmann 1996: 9) Diese Feststellung gilt dann nicht mehr, wenn die Massenmedien von individualisierter Kommunikation ergriffen und jedes ihrer Auswahlverfahren durch individuelle Kommunikation begleitet werden kann, etwa wenn Medienberichterstattung sogleich in „Chats" kommentiert wird oder sich diese Berichterstattung auf Kommunikationsvorgänge im Internet bezieht.

In der Konsequenz erhöht sich das Distinktionsbedürfnis: Jeder Mitteilende (mit Anspruch auf Aufmerksamkeit) versucht, seine Informationen inszenatorisch gegenüber anderen Informationen abzuheben. Mit der individualisierten Kommunikation geht darüber hinaus erneut ein standardisierendes Element einher, diesmal in Form des „Gesetzes der großen Zahl": Je mehr Akteure kommunizieren, desto geringer wird ihr individueller Beitrag an der Gesamtkommunikation. Wenn *alle* Akteure *individuell* kommunizieren, ist Individualkommunikation Standard. Eine bis zur inhaltlichen Entleerung getriebene Informationsdarstellung kann eine Folge sein. Das würde zugleich die eigentliche Wirkung individualisierter Kommunikation aufheben. Indes könnte aber auch die von jedem Akteur erwartbare Korrektur durch andere Akteure dazu motivieren, die eigenen Informationen besonders sorgfältig auszuwählen und zu gestalten, um Sanktionen zu vermeiden. Mit dieser permanenten Widerspruchsmöglichkeit geht also u. U. eine Eindämmung etwa missionarischer Mitteilungsbereitschaft einher.

3 Solidarische Mobilisierung der Politik

Die Chance zur Nutzung neuer Solidaritätspotentiale liegt darin, daß ein Netzverbund wie das Internet eine politische Steuerung der (Netz-)Gemeinschaft aufgrund seiner Dezentralität *nicht* ermöglicht: „Je weiter gespannt und umfassender, also je wirksamer die Solidarität politisch wird, desto schwieriger ist sie zu mobilisieren. Mit dem Verlust von Souveränität an supranationale Institutionen wird auch die Souveränität über kollektive Solidarität geschmälert. Pointiert gesagt: Solidaritätszuwachs nötigt zu Solidaritätsverzichten" (Münch 1998: 87). Auch hier geht es nicht um eine *Substitution* sozialräumlicher Integration durch virtuelle Integration (Jarren 1998a: 18), eher um eine *Ergänzung*. Solidarisches Handeln zu fördern liegt dann in der Hand der Akteure, indem sie auf anders gelagerte Kompetenzen, Interessenlagen, Wertvorstellungen usw. eingehen.

Das gilt auch für die solidarische Mobilisierung politischer Macht durch Reputation. In Demokratien wird politischen Akteuren Unterstützung, Kooperation und Solidarität verbindlich durch die Bürger gewährt. Mit der Freisetzung aus der traditionalen Lebenswelt (die zudem durch das Telekommunikationssystem forciert wird) wandelt sich das Verhältnis der Politik zur Bürgerschaft, die zunehmend Ansprüche politischer Partizipation über den Wahlakt hinaus erhebt. Das sich abzeichnende Telekommunikationssystem unterstützt somit eine Öffnung des politischen Marktes. Mit der Erweiterung des solidarischen Gruppenlebens bei gleichzeitiger Individualisierung durch Auflösung traditionaler gesellschaftlicher Strukturen ist darüber hinaus zu vermuten, daß solidarische Mobilisierung in der Politik in zweierlei Hinsicht gefördert wird.

Erstens ist eine stärkere Einwirkung von Bürgerinitiativen oder Nicht-Regierungsorganisationen in den politischen Prozeß möglich (vgl. Greve 1997). Da bislang fast nur gut organisierte Gruppen Relevanz im politischen Entscheidungsprozeß erlangen können, waren es meist allgemeine Werte wie Gleichberechtigung oder Schutz der Umwelt, die ausreichend viele Bürger für eine Initiative motivieren konnten – frei nach dem Motto: „Je globaler der Wert, desto breiter die Zustimmung". Hinzufügen kann man: Je breiter die Zustimmung, desto größer die Chance, weitere Personen zu finden, die bereit sind, sich zu engagieren. Hier ergeben sich nun Veränderungen durch das Telekommunikationssystem, denn im Internet kann leichter als bisher Aufmerksamkeit für beliebige Themen erzeugt werden, da durch den direkten Zugriff die traditionellen Thematisierungsleistungen der Massenmedien umgangen werden.

Zweitens besteht im Telekommunikationssystem, da es ein Weltsystem ist, *prinzipiell* Kontakt zu allen Menschen[4], wodurch die *potentielle* Zahl der zu Mobilisierenden die größtmögliche ist. Jede politische Intervention im Telekommunikationssystem kann über den öffentlichen Diskurs zum Ausgangspunkt neuer Diskurse oder gar verbindlicher Entscheidungen werden. Die Organisation einer Vielzahl von Menschen wird ebenfalls durch die Nutzung neuer Medien erleichtert.

Die Funktionssymbiose von öffentlicher Meinung und Mehrparteiendemokratie entwickelt einerseits so die dynamische Beweglichkeit des politischen Systems (vgl. Luhmann 1997); andererseits formiert sich alternativ zu den politischen Institutionen eine Kommunikationskultur, in der nicht zwischen *citoyen*

---

4 Selbstverständlich ist ein alle Menschen umfassendes Telekommunikationssystem ein konstruierter Idealtypus; de facto werden ganze Erdteile ausgeschlossen. Da es aber keine prinzipiellen theoretischen Einwände gegen eine globale Geltung des Telekommunikationssystems gibt, kann man das als graduellen Unterschied der Faktizität des Systems bezeichnen.

und *bourgeois*, zwischen Politik und Nicht-Politik unterschieden wird. Derartiges politisches Handeln – Partizipation ohne politische Zwischeninstanzen – nennt Ulrich Beck (1989: 300 ff., 1993, 1997) *Subpolitik*, die soziale Integration ergänzt und zum Zusammenhalt der Gesellschaft beiträgt. Auf der Basis von Freiwilligkeit und politischer Transparenz (Werth 1998) entsteht im Telekommunikationssystem über die „Selbstintegration der Individuen" (Beck 1997: 382) eine Form politischer Partizipation, die Demokratie zunehmend auf das Fundament freier Assoziationen stellt – und dennoch *in real life*, innerhalb der Zivilgesellschaft hohe Verbindlichkeit einfordert. Subpolitik bedeutet aber keine De-Institutionalisierung des politischen Systems. Es geht auch weder um die Reduktion politischen Handelns auf Telekommunikation (vgl. Jarren 1998a: 15), noch ist überhaupt zwingend eine Nullsummenkonstellation zwischen Politik und Telekommunikation zu erwarten. Im Gegenteil kann politische Teilhabe etwa durch die Beschleunigung von Verwaltungsvorgängen institutionell unterstützt werden – wodurch Politik und Telekommunikationssystem gegenseitig zur Optimierung ihrer gesellschaftlichen Funktionen beitragen.

Hierzu ein kurzes Beispiel: Öffentliche Verwaltungen bleiben häufig hinter der technologischen Entwicklung zurück; hoher bürokratischer Aufwand und permanent schlechte Finanzen sprechen gegen eine kostspielige Umstellung auf neue Technologien (Riehm/Wingert 1995: 75 f.). Hingegen rechtfertigt der Rationalisierungsdruck einen flächendeckenden Einsatz moderner Kommunikationstechnologien (vgl. Mambrey 1996). Werden die Kosten hierfür durch Gebührenerhöhungen oder Steuern auf die Bevölkerung übertragen, steigt u. U. die allgemeine Unzufriedenheit, was die ohnehin erhobene Forderung nach stärkerer Dienstleistungsorientierung und Bürgerfreundlichkeit verstärken dürfte. Zudem geraten öffentliche Verwaltungen unter einen Erwartungsdruck, je grösser die allgemeine Akzeptanz der Bürger für entsprechende Technologien ist – sei es durch die Zunahme privater oder beruflicher Nutzung oder durch die Gewöhnung an vergleichbare öffentliche Dienstleistungen. Die Beziehung von Bürger und Staat würde intensiviert und eine neue Qualität erfahren. Entsprechende Pilotprojekte sind vor einigen Jahren bundesweit angelaufen (vgl. Mambrey 1996). Es lassen sich bspw. folgende Einsatzmöglichkeiten vorstellen (vgl. Riehm/Wingert 1995: 68):

(1) *Broadcasting*: Den Bürgern könnte Zugang zu allen Informationen von öffentlichem Interesse verschafft werden. Allgemeine Verwaltungsinformationen wie etwa öffentliche Ausschreibungen oder Regierungsdokumente wären leicht zugänglich. Die Übertragung von Parlaments- und Ausschußsitzungen könnte kombiniert werden mit der Abfrage zusätzlicher In-

formationen. So würden die Bürger nicht nur unmittelbar, sondern auch umfassender informiert werden. Zudem könnten manche Transaktionen direkt durchgeführt werden, etwa die Ausfertigung von Nachweisen (z. B. Anwohnerausweise) oder Antragstellungen (z. B. auf Sozialleistungen).

(2) *Interpersonelle Kommunikation*: Prinzipiell wäre es möglich, jede in der öffentlichen Verwaltung tätige Person zu kontaktieren. Formulare könnten direkt mit elektronischer Hilfestellung ausgefüllt werden, Bürger könnten ihre Anfragen und Beschwerden unmittelbar (und recht bequem) mitteilen und sich zu Wort melden. Umfragen, Abstimmungen und Wahlen könnten von zu Hause aus durchgeführt bzw. beantwortet werden, Diskussionforen könnten spezifische Verwaltungsakte transparenter gestalten.

4 Solidarität, Differenzen, Integration

In der Gesamtschau ergeben sich ambivalente Konsequenzen für die solidarische Integration der Bürgergemeinschaft, für die zunächst ein Individualisierungsschub in dem Sinne festgestellt werden kann, als Individuen über das Telekommunikationssystem weiter aus ihrer Lebenswelt freigesetzt werden. Zumindest ist der elektronische Kommunikationsraum größtenteils *nicht* lebensweltlich gebunden. Seine Virtualität eröffnet eine soziale Unverbindlichkeit besonderer Art – gekennzeichnet durch lose Ein- und Austrittsregeln. Darin könnte man einen Integrationsschwund sehen, denn aufgrund „der mit den mehrstufigen, indirekten sozialen Relationen angesprochenen Interaktionsferne können derartige weitreichende Netzwerke nicht in demselben Maße wie Primärgruppen Identitäten auf der Basis von ‚Wir-Gefühlen' konstituieren, wenngleich sich auch bei einer wiederholten Aktualisierung solcher Beziehungsnetzwerke zu bestimmten Handlungszwecken ein gewisses Zugehörigkeitsgefühl der Netzwerkangehörigen einstellen mag" (Schenk 1983: 93). Die Frage stellt sich allerdings, ob das Schwinden emotionaler Identität *zwangsläufig* mit abnehmender solidarischer Integration einhergeht. Unsere These dagegen lautet, daß die Integrationskraft durch die Abnahme kollektiver „Wir-Gefühle" *nicht notwendigerweise* geringer wird, sondern lediglich auf einer anderen Basis als auf einem gemeinsamen, auf *faktisch-physischen* Kontakt angewiesenen Zugehörigkeitsgefühl gründet.

Solidarität in der modernen Gesellschaft braucht Differenzen. Als wechselseitige Verbundenheit von Menschen auf der Basis gemeinsamer Interessen- oder Ziellagen entsteht Solidarität innerhalb dieser Gleichheit trotz *und* wegen

Interessendifferenzen (vgl. Hondrich/Koch-Arzberger 1992: 13) – ein Zusammenhang, den Emile Durkheim 1890 in den Mittelpunkt seiner Untersuchung zur arbeitsteiligen Gesellschaft stellte und den er als *Wandel* (nicht: Auflösung!) der Solidarität von einer mechanischen zu einer organischen Solidarität charakterisierte (Durkheim 1988). Die Kommunikationsgesellschaft erzeugt besondere Qualitäten und Quantitäten gesellschaftlicher Differenzen, da sie mehr Optionen gemeinsamen Interesses wie auch mehr Interessendivergenzen offenlegt. Zudem entsteht über das Telekommunikationssystem eine latente Reziprozität, womit ein weiteres Merkmal von Solidarität benannt ist. Für Solidarität kann dann sogar konstatiert werden, daß sie mit dem skizzierten Wandel zu schwächer werdenden (gemeinschaftlichen) Beziehungen zunimmt: „Solidarität fängt also in starken sozialen Bindungsgemischen schwach an. Sie kann, paradoxerweise, stärker nur werden, indem die traditionalen zwanghaften Gemeinschaftsbindungen schwächer werden. Zunahme von Solidarität bedeutet in jedem Fall eine Verwandlung von sozialen Bindungen insgesamt: von zwanghaften zu frei gewählten, wobei es den Beteiligten auch freisteht, in sozialen Definitionsprozessen zu bestimmen, mit wem sie aufgrund gemeinsamer Interessen oder Wertelage oder aufgrund gemeinsamer Zielsetzung als gleich empfinden wollen" (Hondrich/Koch-Arzberger 1992: 21 f.). Merkmale neuer sozialer Freiheiten zeichnen sich schon jetzt ab: So kennt der elektronische Kommunikationsraum – im Prinzip – keine Kriterien wie Alter, Geschlecht oder Hautfarbe, d. h. Statusdifferenzen werden nivelliert. Es könnte zu einer vorurteilsfreieren Kommunikation kommen. Zumindest werden diskriminierte Menschen im Telekommunikationssystem dann keinen Stigmatisierungsprozessen ausgesetzt, wenn „virtuale soziale Identität" und „aktuale soziale Identität" zusammenrücken. Diese Identitätsbegriffe bilden bei Goffman (1967) gemeinsam das Konzept der „sozialen Identität". Soziale Identität entsteht durch Beschreibungen, da sie durch andere und nicht durch den Identitätsträger erzeugt wird. Deshalb differenziert Goffman soziale Identität in „virtuale soziale Identität", auf die die Charakterisierung „im Effekt" (Goffman 1967: 10) zutrifft, und in „aktuale soziale Identität", die aus solchen Kategorien und Attributen besteht, die dem Akteur tatsächlich nachgewiesen werden können. Im Telekommunikationssystem wird man zwischen der aktualen und der virtualen sozialen Identität weniger stigmatisierende Differenzen festellen können: Die aktuale soziale Identität bleibt meist verborgen.

So gesehen nehmen in der Kommunikationsgesellschaft die Solidaritäts*potentiale* zu und gewinnen an Konsistenz. Die Betonung liegt auf *Potentialen*, denn natürlich gilt es, sie zu realisieren: „In der Weltgesellschaft heute ist, über kulturelle Grenzen hinweg, die Solidarität der Vielen nur in wenigen Fällen herzustellen, oder sie bleibt in den Floskeln des Unverbindlichen stecken" (Hondrich/Koch-Arzberger 1992: 85).

5 Telekommunikation, Integration, politische Partizipation

Bisher wurden gesellschaftlich relevante Dimensionen der Telekommunikation aus einer recht technikgeleiteten Perspektive betrachtet. Zumindest waren diverse Kommunikationspotentiale der IuK-Medien Ausgangspunkt der Überlegungen. Das bedingt zwangsläufig den Konjunktiv: die Umsetzung bestimmter Kommunikationsmodi in soziales und politisches Handeln, die Übertragung von Technikpotentialen in kooperative Handlungsstrukturen bedürfen offensichtlich – u. a. – eigener Motivlagen, eigener Integrationswillen, die sich in einem dynamisch-reflexivem Prozeß stets neu konstituieren und der Darstellung daher prognostischen Charakter verleihen. Das betrifft besonders die Frage nach den Integrationsfaktoren der IuK-Medien im Rahmen politischer Partizipation.

Online-Medien ermöglichen neue Responsivitätsformen. Inwieweit das Dialogpotential dieses neuen Kommunikationsraumes genutzt wird, und von wem, bleibt abzuwarten. Zunächst kann man feststellen, daß bspw. Online-Medien durchaus im Rahmen bestehender diskursiver Partizipationsverfahren – etwa: öffentliche Anhörungen, Mediation, Bürgerforen (vgl. Renn/Oppermann 1998) – diese Verfahren vereinfachen, auch ergänzen könnten. „Electronic Town Meetings" oder „Internet Relay Chats" sind die in der Literatur wohl am häufigsten erwähnten schon an der Technik orientierten Beteiligungsverfahren. Aber auch Dialoge fallen nicht vom Himmel. Vor allem bleibt zu warnen vor Utopien, die allein in den technischen Potentialen der IuK-Medien die Überwindung möglicher Effizienz-, Reputations- und Transparenzprobleme der Politik erkennen. Schon die Erfahrungen mit anderen enthusiastisch bemühten Medien mahnen zur Skepsis.

Derlei Vorsicht ist angebracht, sagt uns umgekehrt aber noch nichts darüber, ob das sich abzeichnende Telekommunikationssystem aus handlungstheoretischer Perspektive als Integrationsmodus politischer Partizipation gelten kann. Hierzu zählen in einem engeren Sinne nur intentionale Handlungen (vgl. Gabriel/Brettschneider 1998: 285). Grundsätzlich sind dabei zwei Dimensionen zu beachten: Welchen Einfluß hat das Telekommunikationssystem auf: (1) Motive, Willen, Anliegen und das Bedürfnis von Individuen oder Organisationen, Forderungen im politischen System einzubringen oder am politischen Prozeß zu partizipieren (internal); (2) auf den Integrationswillen und die Akzeptanz telekommunikativer Partizipationsmodi seitens entscheidungsrelevanter Anschlußkommunikatoren (external)?

Das führt uns zur gemeinschaftlichen Dimension politischer Partizipation: Soziale, gesellschaftliche Anschlußkommunikation muß früher oder später erfolgen; über Online-Medien mögliche interaktive Kommunikation zwischen politischen Akteuren und Bürgern oder innerhalb der Bürgerschaft muß früher oder später ihre (Netz-)Isolation verlassen, ihre Virtualität aufgeben. Dazu bedarf es nicht nur einer besonderen Motivlage seitens der Eingebenden, sondern auch der intentionalen Wahrnehmung der Entscheidungsträger: Im Zweifelsfall reagieren Regierende auf generalisierten Druck.

Dieser Druck aber bedarf einer Beobachtungsperspektive seitens der politischen Akteure, die bislang durch das Verhältnis Politik-Journalismus geprägt wurde. Es bleibt abzuwarten – und u. E. ist dies eher unwahrscheinlich –, ob sich etwa Online-Medien, zumal deren nicht-professionelle Ebene, als nennenswerte Beobachtungsumwelten *der Politik* etablieren können. Momentan scheint Online-Kommunikation den politischen Akteuren eher als Spielwiese zur Selbstdarstellung von Modernität zu dienen. In die Binnenwelt der politischen Entscheidungsträger ist sie noch nicht vorgedrungen. Im übrigen gilt das offenbar unabhängig von jeweils „neuen" Medien für die Elitekommunikation: „Alle bislang durchgeführten netzwerkanalytischen Studien zeigen, dass der Zugang zu politischen Entscheidungsprozessen auf die Repräsentanten wichtiger öffentlicher und privater Organisationen beschränkt ist" (Hoffmann-Lange/König 1998: 453). Mit anderen Worten scheinen mit Blick auf die Akzeptanz seitens der Politik vor allem solche Faktoren des Telekommunikationssystems interessant zu sein, die die Organisation der Bürgerschaft oder Teile von ihr fördern. Aber selbst wenn sich dementsprechend Organisationen etablieren können, so ist eine entscheidungsrelevante Wahrnehmung durch die Politik noch lange nicht gewährleistet. Und politische Partizipation hat – mindestens als Ziel – auch etwas damit zu tun, im Konfliktfeld Politik Übereinstimmung zwischen zwei divergierenden Seiten zu erreichen (sonst wäre sie schlicht Selbstzweck). „Gemeinschaft" steht in engem Zusammenhang mit der *Bereitschaft* zur Integration, aus der Verhalten erfolgt. (Erinnert sei nur daran, daß gerade die soziale Unverbindlichkeit für manche ein besonderes Attraktivitätsmerkmal der Internetkommunikation darstellt.) Es mag richtig sein, daß das Internet zum „elektronischen Ort beziehungsweise Raum [wird], wo die multiple Persönlichkeit neue Weisen der Selbstdarstellung und Selbsterfahrung findet und generiert" (Weiß 1998: 31); allein: als Integrationsfaktor politischer Partizipation kann dies noch nicht gelten. Dazu bedarf es der gegenseitigen Wahrnehmung und Akzeptanz. Aufmerksamkeit wird zur wichtigsten Ressource der Informationsgesellschaft. Und diese Aufmerksamkeiten sind asymmetrisch verteilt: Obwohl die Politik der solidarischen Mobilisierung zur Legitimation bedarf, kann sie diese bei faktischem Nicht-Vollzug und fehlendem generalisierten Protest als gegeben *unterstellen*. Zu untersuchen wäre also, ob das Telekommunikationssystem mittelfristig die Irritationsfähigkeit der Politik verändert, ob also die politischen Akteure mehr als bisher nicht einer fiktiven Legitimation vertrauen können, sondern sich einer faktischen Legitimation versichern müssen.

In diesem Fall steigert sich die Abhängigkeit des politischen Systems von Informationen. Jetzt sind Informationen „Unterschiede, die Unterschiede machen. Was einen Unterschied macht, wird von uns zwar sehr individuell, aber zugleich in sozialen Kontexten [...] bestimmt" (Jarren 1998b: 37). Politische Kommunikation kann sich derart nur partiell nicht-öffentlich arrangieren: Sozialsysteme konstituieren sich eben auch über kommunikativ dargelegte, affektive wie kognitive Befindlichkeiten. Sie lassen sich nicht in vollkommener Anonymität realisieren, zumal dann, wenn Verbindlichkeiten eingefordert werden.

Sicher ist erkennbar, daß interaktive Medien langfristig auch die politische Partizipationskultur (in Teilen) verändern können, so wie die IuK-Medien im Begriff sind, die Kommunikationsstruktur der Gesellschaft insgesamt zu verändern (Maar 1998: 9); gegenwärtig aber scheinen sie wenig – keinen strukturellen, allenfalls partiellen – Einfluß auf effektive politische Partizipation zu nehmen. Der andererseits über Online-Medien mit geringem Ressourcenaufwand mögliche Versuch, öffentliche Aufmerksamkeit zu erlangen, steht darüber hinaus um so mehr in Konkurrenz mit anderen Akteuren, je größer eben dieses Potential einzuschätzen ist: „Wo Meinungsvielfalt ungeahnte Ausmaße annimmt und Meinungsäußerungen allem Anschein nach an keine Schranken mehr gebunden sind, verändert sich unweigerlich das Maß der Betroffenheit" (Simitis 1998: 185). Je eher das Telekommunikationssystem über bestimmte Komponenten als Integrationsmodus politischer Partizipation gelten könnte, desto eher würde sich die Chance einer effizienten Einflußnahme auf verbindliche Entscheidungsfindungen reduzieren.

In einer ersten Phase mögen Innovatoren noch Gehör finden. In der Folge jedoch wird es partizipationstheoretisch entscheidend sein, ob sich das Potential der Kommunikationstechniken mittelfristig auch der Bürgerschaft als solcher erschließt. Neue Formen politischer Beteiligung könnten zu dieser Umsetzung von Potentialen beitragen, wenn sie eine „Differenzkultur" institutionalisieren: Die politischen Institutionen können neue Vermittlungsqualitäten zwischen dem politischen Handeln, den individuellen Interessen und dem öffentlichen Diskurs entwickeln. Solidarität bildet sich dann aus der fortlaufenden öffentlichen Kommunikation heraus, indem sich autonome Akteure miteinander abstimmen und so politische Entscheidungen auf eine schöpferische Grundlage stellen. Integration über politische Partizipation wird zu einem aktiven Produktionsprozeß (vgl. Münch 1998: 140 ff.). Das kann indes nur gelingen, wenn sich – im Sinne eines Grenznutzens – die Differenzkultur eben *nicht* als Desintegrationserscheinung erweist, sondern und so lange der Kommunikationsmodus die Relevanz individueller Eingaben steigert.

Literatur

Admaschek, Bernd (1995): Neue Medien und bürgernahe Verwaltung. In: Bundesministerium für Wirtschaft (Hg.): *Die Informationsgesellschaft. Fakten, Analysen, Trends.* Bonn, S. 26-27.
Bangemann Martin et al. (1994): *Europa und die globale Informationsgesellschaft. Empfehlungen für den Europäischen Rat.* Brüssel.
Beck, Ulrich (1989): *Risikogesellschaft. Auf dem Weg in eine andere Moderne.* Frankfurt/M.
Beck, Ulrich (1993): *Die Erfindung des Politischen.* Frankfurt/M.
Beck Ulrich (1997): *Weltrisikogesellschaft, Weltöffentlichkeit und globale Subpolitik.* Wien.
Blick durch die Wirtschaft (19.03.1996): *Konkurrenz für den PC.* S. 10
Booz-Allan/Hamilton (Hg.) (1995): *Zukunft Multimedia: Grundlagen, Märkte und Perspektiven in Deutschland.* Frankfurt/M.
Bundesministerium für Wirtschaft (1996): *Info 2000. Deutschland Wege in die Informationsgesellschaft.* Bonn.
Der Rat für Forschung, Technologie und Innovation (1995): *Informationsgesellschaft. Chancen, Innovationen und Herausforderungen.* Hrsg. vom Bundesministerium für Bildung, Wissenschaft, Forschung und Technologie. Bonn.
Durkheim, Emile (1988 [1890]): *Über soziale Arbeitsteilung: Eine Studie über die Organisation höherer Gesellschaften.* Frankfurt/M.
Frank, Thomas (1995): *Telefonieren in Deutschland: organisatorische und technische Entwicklung eines großtechnischen Systems.* Frankfurt/M., New York.
Gabriel, Oscar W./Frank Brettschneider (1998): Politische Partizipation. In: Jarren, Otfried/Ulrich Sarcinelli/Ulrich Saxer (Hg.): *Politische Kommunikation in der demokratischen Gesellschaft. Ein Handbuch.* Opladen, Wiesbaden, S. 285-291.
Gaßner, Robert (1995): *Multimedia im Privathaushalt: Grundlagen, Chancen und Herausforderungen.* Berlin.
Goffman, Erving (1967): *Stigma.* Frankfurt/M. .
Greve, Dorothee (1997): Internet und soziale Bewegungen. In: Werle, Raymund/Christa Lang (Hg.): *Modell Internet? Entwicklungsperspektiven neuer Kommunikationsnetze.* Frankfurt/M., New York, S. 289-304.
Grundmann, Reiner (1994): Über Schienen, Straßen, Sand und Perlen. Große technische Systeme in der Theorie sozialer Systeme. In: Braun, Ingo/Bernward Joerges (Hg.): *Technik ohne Grenzen.* Frankfurt/M., S. 501-544.
Hoffman-Lange, Ursula/Thomas König (1998): Politische Eliten. In: Jarren, Otfried/Ulrich Sarcinelli/Ulrich Saxer (Hg.): *Politische Kommunikation in der demokratischen Gesellschaft. Ein Handbuch.* Opladen, Wiesbaden, S. 450-455.

Hondrich, Karl Otto/Koch-Arzberger, Claudia (1992): *Solidarität in der modernen Gesellschaft.* Frankfurt/M.
Jarren, Otfried (1998a): Internet – neue Chancen für die politische Kommunikation? In: *Aus Politik und Zeitgeschichte* B 40, S. 13-21.
Jarren, Otfried (1998b): Demokratie durch Internet? In: Eisel, Stephan/Mechthild Scholl (Hg.): *Internet und Politik.* Sankt Augustin, S. 27-51.
Joerges, Bernward (1989): Soziologie und Maschinerie – Vorschläge zu einer „realistischen" Techniksoziologie. In: Weingart, Peter (Hg.): *Technik als sozialer Prozeß.* Frankfurt/M., S. 44-89.
Kornwachs, Klaus (1994): Steuerung und Wachstum. Ein systemtheoretischer Blick auf große technische Systeme. In: Braun, Ingo/Bernward Joerges (Hg.): *Technik ohne Grenzen.* Frankfurt/M., S. 410-445.
Kron, Thomas (1997): Politische Steuerung & Systemtheorie. Ist die Politik zur (unverschuldeten) Anpassung gezwungen? In: *Zukünfte* 6, Nr. 19, S. 60-61.
Lob, Harald/Matthias Oel (1998): Europa und die Informationsgesellschaft: wirtschaftspolitische Herausforderungen und regionalpolitische Chancen. In: *Aus Politik und Zeitgeschichte* B 40, S. 30-38.
Luhmann, Niklas (1992): Operational Closure and Structural Coupling: the Differentation of the Legal System. In: *Cardozo law review* 13, S. 1419-1441.
Luhmann, Niklas (1993): *Das Recht der Gesellschaft.* Frankfurt/M.
Luhmann, Niklas (1995): *Soziologische Aufklärung 6. Die Soziologie und der Mensch.* Opladen.
Luhmann, Niklas (1996): *Die Realität der Massenmedien.* Opladen.
Luhmann, Niklas (1997): *Öffentliche Meinung und Demokratie.* Unveröffentlichtes Manuskript.
Maar, Christa (1998): Internet & Politik oder: Von der Notwendigkeit einer engagierten und ergebnisorientierten Debatte. In: Leggewie, Claus/Christa Maar (Hg.): *Internet & Politik. Von der Zuschauer- zur Beteiligungsdemokratie.* Köln, S. 9-14.
Mambrey, Peter (1996): Für den Beamten reisen die Daten. In: *Das Parlament,* Nr. 33/34, S. 17.
Mayntz, Renate (1988): Zur Entwicklung technischer Infrastruktursysteme. In: Mayntz, Renate (Hg.): *Differenzierung und Verselbständigung.* Frankfurt/M., Köln, S. 233-259.
Mayntz, Renate (1993a): Große technische Systeme und ihre gesellschaftstheoretische Bedeutung. In: *Kölner Zeitschrift für Soziologie und Sozialpsychologie* 1, S. 97-108.
Mayntz, Renate (1993b): Große Technische Systeme: Zur gesellschaftstheoretischen Einordnung eines Konzepts. In: Schäfers, Bernhard (Hg.): *Lebensverhältnisse und soziale Konflikte im neuen Europa: Verhandlungen des 26. Deutschen Soziologentags in Düsseldorf 1992.* Frankfurt/M., New York, S. 423-431.
Mayntz, Renate/Volker Schneider (1988): The Dynamics of System Development in a Comparative Perspective: Interactive Videotext in Germany, France and Britain. In: Mayntz, Renate/Volker Schneider/Thomas Hughes (Hg.): *The Development of Large Technical Systems.* Frankfurt/M., S. 263-298.
Mayntz, Renate/Volker Schneider (1995): Die Entwicklung technischer Infrastruktursysteme zwischen Steuerung und Selbstorganisation. In: Mayntz, Renate/Fritz W. Scharpf (Hg.): *Gesellschaftliche Selbstregelung und politische Steuerung.* New York, Frankfurt/M., S. 73-100.
Mosdorf, Siegmar (1996): Die Diskussion weder den Kulturpessimisten noch den Technikeuphoristen überlassen. In: *Das Parlament,* Nr. 33/34, S. 3.
Münch, Richard (1982): *Theorie des Handelns. Zur Rekonstruktion der Beiträge von Talcott Parsons, Emile Durkheim und Max Weber.* Frankfurt/M.
Münch, Richard (1991): *Dialektik der Kommunikationsgesellschaft.* Frankfurt/M.
Münch, Richard (1993): Journalismus in der Kommunikationsgesellschaft. In: *Publizistik* 3, S. 261-279.
Münch, Richard (1995a): *Dynamik der Kommunikationsgesellschaft.* Frankfurt/M.
Münch, Richard (1995b): Elemente einer Theorie der Integration moderner Gesellschaften. Eine Bestandsaufnahme. In: *Berliner Journal für Soziologie,* Heft 1, S. 5-24.
Münch, Richard (1996): *Risikopolitik.* Frankfurt/M.

Münch, Richard (1998): *Globale Dynamik, soziale Lebenswelten. Der schwierige Weg in die Weltgesellschaft.* Frankfurt/M.
Naisbitt, John (1994): *Global Paradox: Warum in einer Welt der Riesen die Kleinen überleben werden.* Düsseldorf u. a.
Renn, Ortwin/Bettina Oppermann (1998): Politische Kommunikation als Partizipation. In: Jarren, Otfried/Ulrich Sarcinelli/Ulrich Saxer (Hg.): *Politische Kommunikation in der demokratischen Gesellschaft. Ein Handbuch.* Opladen, Wiesbaden, S. 352-361.
Riehm, U./Wingert, B. (1995): *Multimedia, Mythen, Chancen und Herausforderungen. Abschlußbericht zur Vorstudie.* Hrsg. vom Deutschen Bundestag (Ausschuß für Bildung, Wissenschaft, Forschung, Technologie und Technikfolgeabschätzung). Drucksache 13/2475.
Ropohl, Günter (1996): *Ethik und Technikbewertung.* Frankfurt/M.
Schenk, Michael (1983): *Das Konzept des sozialen Netzwerkes.* In: Neidhardt, Friedhelm (Hg.): *Gruppensoziologie, Perspektiven und Materialien.* Opladen, S. 88-104.
Schenk, Michael (1984): *Soziale Netzwerke und Kommunikation.* Tübingen.
Schimank, Uwe (1985): Der mangelnde Akteurbezug systemtheoretischer Erklärungen gesellschaftlicher Differenzierung. In: *Zeitschrift für Soziologie* 14, S. 421-434.
Schimank, Uwe (1988): Gesellschaftliche Teilsysteme als Akteurfiktionen. In: *Kölner Zeitschrift für Soziologie und Sozialpsychologie* 40, S. 619-639.
Schimank, Uwe (1995): Teilsystemevolutionen und Akteurstrategien: Die zwei Seiten struktureller Dynamiken moderner Gesellschaften. In: *Soziale Systeme* 1, S. 73-100.
Simitis, Spiros (1998): Das Netzwerk der Netzwerke: Ein Markt jenseits aller Kontrollen? In: Leggewie, Claus/Christa Maar (Hg.): *Internet & Politik. Von der Zuschauer- zur Beteiligungsdemokratie.* Köln, S. 183-193.
Simmel, Georg (1992 [1908]): *Soziologie. Untersuchungen über die Formen der Vergesellschaftung.* Frankfurt/M.
Spinner, Helmut F. (1996): Die neue Hoffnung des 21. Jahrhunderts. In: *Das Parlament*, Nr. 33/34, S. 2.
Wagner, Gerhard (1996): Differenzierung als absoluter Begriff? Zur Revision einer soziologischen Kategorie. In: *Zeitschrift für Soziologie* 2, S. 89-105.
Weiß, Ulrich (1998): Das Politische am Internet. Eine politikphilosophische Reflexion. In: Gellner, Winand/Fritz von Korff (Hg.): *Demokratie und Internet.* Baden-Baden, S. 27-42.
Werle, Raymund (1990): *Telekommunikation in der Bundesrepublik: Expansion, Differenzierung, Transformation.* Frankfurt/M.
Wert, Christoph H. (1998): Die Herausforderung des Staates in der Informationsgesellschaft. In: *Aus Politik und Zeitgeschichte* B 40, S. 22-29.

Martin Löffelholz

Perspektiven politischer Öffentlichkeiten

Zur Modellierung einer system- und evolutionstheoretischen Analyse

1 Euphemistische Legitimation und unterkomplexe Deskription

„Die digitale Technologie kann wie eine Naturgewalt wirken, die die Menschen zu größerer Weltharmonie bewegt." Kein idealistischer Moralphilosoph, kein religiös argumentierender Technikfundamentalist, sondern Nicholas Negroponte (1995: 279), Direktor des Media Lab im renommierten Massachusetts Institute of Technology, verbindet diese zutiefst partizipatorische Hoffnung mit der entstehenden Globalen Informations-Infrastruktur (GII). In dieser optimistischen Bewertung der aufziehenden Informationsgesellschaft schimmert jedoch, wohl eher unbeabsichtigt, die Reflexivität moderner Informations- und Kommunikationstechnologien durch: Naturgewalten harmonisieren, wenn – und weil – sie besonders zerstörerisch wirken.

Euphemistische Pinselstriche färben die Gesichter der neuen politischen Öffentlichkeiten seit längerem. Ende der 70er Jahre skizzierte Michael Margolis die Vision einer vernetzten Demokratie, in der gigantische Datenbanken nahezu alle gewünschten Informationen bereitstellen und direkte Demokratie damit ermöglichen würden (vgl. Margolis 1979). Mitte der neunziger Jahre, mit der rasanten Expansion des World Wide Web, konkretisierte sich diese Vision einer „elektronischen Gemeinschaft" (Höflich 1995) – politikwissenschaftlich begründet (vgl. Grossman 1995; Marschall 1997), politisch legitimiert: „The GII will not only be a metaphor for a functioning of democracy, it will in fact promote the functioning of democracy by greatly enhancing the participation of citizens in decision-making. And it will greatly promote the ability of nations to cooperate with each other. I see a new Athenian Age of democracy forged in the fora the GII will create" (Gore 1994).

Die direkte Demokratie im Stadtstaat von Athen als Modell für elektronisch vermittelte, partizipative Demokratien in modernen Informationsgesellschaften? Diese Frage stellt sich vor dem Hintergrund eines langjährigen Diskurses über die Entwicklung von Informationsgesellschaften, der Anfang der 60er Jahre mit

Studien des Anthropologen Tadao Umesao und des Soziologen Daniel Bell begann, in den 80er Jahren facettenreich entfaltet (vgl. Löffelholz 1993; Löffelholz/Altmeppen 1991, 1994) und vielschichtig weitergeführt wurde (vgl. u. a. Tauss/Kollbeck/Mönikes 1996; Deutscher Bundestag 1998). Gegenwärtig demonstrieren Labels wie „Multimedia" (Wilke/Imhof 1996), „Mediamatik" (Latzer 1997), „Interaktives Fernsehen" (Ruhrmann/Nieland 1997), „Multi Media Mania" (Pfammatter 1998), „Online-Kommunikation" (Rössler 1998), „Netz-Medium" (Neverla 1998) oder „Publizistik im vernetzten Zeitalter" (Dernbach /Rühl/Theis-Berglmair 1998) das Bemühen, spezifische Dimensionen der Informatisierung der Gesellschaft mit den Beobachtungsmöglichkeiten der Wissenschaft zu erfassen. Wenn manche dieser Beobachtungen eher en vogue als elaboriert erscheinen, dann vor allem aus zwei Gründen: (1) der mangelnden Beachtung der spezifischen Bedingungen medienbezogener Zukunftsforschung; (2) einer unzureichenden theoretischen Reflexion, die dem Stand sozialwissenschaftlicher Theoriebildung keineswegs entspricht.

Zukünftige politische Öffentlichkeiten in ihren Strukturen und Leistungen zu beschreiben, ist – natürlich – kein triviales Unterfangen. Schon einfachen prognostischen Aussagen über die Perspektiven der Medienkommunikation sind enge Grenzen gesetzt. Der Telekommunikationsexperte Herbert Kubicek behauptet gar, daß „alle Prognosen zur Zukunft der elektronischen Medien wie der Telekommunikation […] sich bisher als falsch erwiesen" hätten. Eine Ursache dafür sei „ein immer wiederkehrender Fehler: Man verwechselt ein mögliches technisches Potential mit den tatsächlichen Nutzungs- und Verbreitungsmöglichkeiten der jeweiligen Technik" (Kubicek 1996: 21).

Das Kernproblem liegt jedoch tiefer. Prognosen bleiben – mehr oder minder gut begründete, mehr oder minder plausible, mehr oder minder konsistente – Vermutungen über etwas, das wir nicht kennen (können). Wie soll man auch die Zukunft beschreiben, „wenn in der Gegenwart das, was zu beschreiben ist, noch gar nicht sichtbar ist" (Luhmann 1992: 129). Sinnvoll sind Prognosen daher nur begrenzt – auf einen spezifischen Gegenstandsbereich, innerhalb eines engen Zeithorizontes. Erweist sich eine Prognose dennoch als „falsch", spricht das nicht gegen sie. Möglicherweise hat sie sich selbst zerstört, was eher ihre Relevanz als eine mangelnde Qualität belegt. Erweist sie sich als „richtig", spricht das – vielleicht – für ihre Qualität, vielleicht hat sie sich jedoch schlicht selbst erfüllt. Aussagen über die Zukunft sind insofern vor allem wertvoll, um die Gegenwart als veränderbar wahrnehmen – und verändern – zu können.

Manche Reden über digitale, multimediale, interaktive und sonstige „neue" Medien – und ihre tiefgreifenden Konsequenzen – scheinen freilich mehr zu einer legitimierenden Debatte über die gesellschaftliche Relevanz der Kommunikations- und Medienwissenschaft zu gehören als zu einer wissenschaftlichen Analyse der jeweiligen Gegenstandsbereiche. Wenig ertragreich präsentieren sich auch neuere Versuche, Informationsgesellschaften theoretisch differenzierter zu beschreiben (vgl. Faßler 1997) und mit einem (vorgeblich) politökonomischem Ansatz zu kritisieren (vgl. Michalski 1997). Erleichtert werden derartige Vordergründigkeiten durch eine theoretische Auseinandersetzung über die Entwicklung der öffentlichen Kommunikation, in der oft unterkomplex argumentiert wird, also die unterschiedlichen Ebenen sozialer Systeme, ihre jeweiligen strukturellen Differenzierungen, ihre strukturellen Kopplungen sowie ihre Prozeßhaftigkeit und ihre verschiedenen Dynamiken nur unzureichend berücksichtigt werden. Dieser Beitrag wird einige zentrale theoretische Ausgangspunkte für die Analyse der Perspektiven politischer Öffentlichkeiten skizzieren.

2 Politische Öffentlichkeiten als Systeme und Akteurskonstellationen

Öffentlichkeit ist, nach den Prämissen einer klassisch-idealistischen Betrachtung, auf die Allgemeinheit gerichtet; die Partizipation an Öffentlichkeit ist demnach für alle möglich – unabhängig von Stand, Status, Wissen, Religion, Rasse, Geschlecht und anderen Kriterien. Diese simplifizierende Sicht wird im politischen Diskurs nach wie vor bemüht, obgleich deutlich gezeigt werden konnte, daß die Strukturen und Leistungen politischer Öffentlichkeit differenzierter zu beschreiben sind und keineswegs eine gesellschaftliche Konstante darstellen (vgl. u. a. Gerhards/Neidhardt 1993; Habermas 1990).

Als erster Ausgangspunkt für eine systematische Analyse der Perspektiven politischer Kommunikation kann Öffentlichkeit systemtheoretisch differenziert und mit Hilfe eines Mehrebenen-Modells skizziert werden. Danach läßt sich Öffentlichkeit als Teilsystem der Gesellschaft verstehen, das im Zuge der funktionalen Differenzierung entstanden ist, um umweltrelevante Aspekte teilsystemischer Binnenoperationen beobachtbar zu machen. Öffentlichkeit ermöglicht damit keineswegs nur eine wechselseitige Beobachtung der Funktionssysteme, sondern steigert ihre jeweilige Fähigkeit zur Selbstbeobachtung. Gleichzeitig schafft Öffentlichkeit die Voraussetzung dafür, daß Organisations- und Interaktionssysteme sich ebenfalls (selbst) beobachten können. Diese Leistungen kann Öffentlichkeit freilich nur erbringen, weil sie aus Kommunikationen besteht, die in Interaktions-, Organisations- und gesellschaftlichen Funktionssystemen sinnhaft miteinander verknüpft sind: Das Funktionssystem Öffentlichkeit erhält und erhöht seine Leistungsfähigkeit, indem es die interne Differenzierung der Gesellschaft strukturell nachbildet, also interaktive, organisierte und funktional differenzierte Teilöffentlichkeiten ausgebildet hat und weiterhin inkludiert. Diese Teilöffentlichkeiten weisen dabei jeweils unterschiedliche soziale, sachliche und zeitliche Strukturen auf, die bei einer theoretisch komplexeren Beschreibung politischer Kommunikation zu berücksichtigen sind.

Die Identifikation interaktiver Öffentlichkeiten schließt an sozialpsychologische Ansätze an, wonach die Differenz von „Selbst" und „anderen" als Differenz von Privatheit und Öffentlichkeit verstanden werden kann (vgl. Hoffmann 1998: 55 ff.). Interaktive Öffentlichkeiten basieren sozial auf der Kommunikation Anwesender, weisen einen geringen Grad an Strukturiertheit auf und eine geringe Zahl potentieller Teilnehmer, die durch sehr spezifische Bedingungen (z. B. räumliche und zeitliche Übereinstimmungen) selektiert werden. Charakteristisch ist darüber hinaus die relativ große Unverbundenheit der verschiedenen Interaktionssysteme, die jeweils eine interaktive Öffentlichkeit herstellen. Sachlich sind interaktive Öffentlichkeiten durch nahezu unbegrenzte Möglichkeiten eines Informationsinputs, also durch eine geringe Selektivität kommunizierter Themen, aber auch durch geringe Informationsverdichtung gekennzeichnet. Interaktive Öffentlichkeiten weisen Episodencharakter auf; die in solchen Systemen entstehenden „öffentlichen Meinungen" sind wenig stabil.

Organisierte Öffentlichkeiten, mit denen sich etwa die Kommunikationen in einem Unternehmen oder einer politischen Partei begrifflich fassen lassen, weisen eine größere Strukturiertheit auf, weil Themen und Erwartungen an die Kommunikation durch Werte, Rollen und Programme klarer festgelegt werden. Interaktionssysteme der jeweiligen Organisation werden damit enger miteinander verbunden. Da organisierte Öffentlichkeiten sich seit längerem auch (massen-)medial konstituieren, wird eine größere Zahl von Teilnehmern möglich. In der Sachdimension zeigt sich eine höhere Selektivität der Themen und eine stärkere Informationsverdichtung: Themen können in Organisationen daher besser als öffentliche Meinung synthetisiert werden. Die Stabilität von öffentlichen Meinungen in organisierten Öffentlichkeiten ist entsprechend größer und – bspw. durch eine erhöhte Frequenz kommunikativer Kontakte – beeinflußbar.

Für funktional differenzierte Öffentlichkeiten schließlich, die erst mit der Herausbildung des modernen (Massen-)Mediensystems entstehen konnten, sind in sozialer Hinsicht ein ausgesprochen hoher Strukturierungsgrad (u. a. durch entsprechende Rollendifferenzierung und Handlungsprogramme) sowie eine sehr große Zahl potentieller Teilnehmer (disperses Publikum) charakteristisch. Denn Massenmedien ermöglichen Kommunikationen unter Einbezug einer im Prinzip beliebig großen Zahl Nicht-Anwesender. Weil funktional differenzierte

Öffentlichkeiten sich ausschließlich massenmedial konstituieren, ist – sachlich gesehen – die Selektivität von Themen bspw. von der Pluralität eines Mediensystems abhängig. Die Auswahl von Themen wird primär durch mediale Selektionsprogramme gesteuert, also durch die Orientierung an der Relevanz, Konfliktivität und Aktualität auszuwählender Informationen. Auf diese Weise können Informationen stark verdichtet und durch entsprechende Synthetisierung zu vergleichsweise stabilen öffentlichen Meinungen werden.

Das Funktionssystem Öffentlichkeit inkludiert interaktive, organisierte und funktional differenzierte Öffentlichkeiten. Dazu bedient es sich einer hochgradig ausdifferenzierten Struktur, die in bezug auf die politische Kommunikation in demokratischen Gesellschaften an anderer Stelle ausführlich beschrieben wurde (vgl. Jarren/Sarcinelli/Saxer 1998). Daher beschränke ich mich darauf, einen Aspekt einzuführen, der mir für die Modellierung eines systemtheoretischen Mehrebenen-Modells politischer Öffentlichkeiten besonders relevant erscheint: nämlich die Herausbildung spezieller Leistungssysteme von Öffentlichkeit, die zum Teil selbstreferentiell operieren und strukturell miteinander gekoppelt sind.

In diesem Kontext zu nennen sind vor allem der (politische) Journalismus und die (politische) Öffentlichkeitsarbeit. Beide konstituieren sich auf der Grundlage besonderer Leistungen, die sie für das Funktionssystem Öffentlichkeit erbringen. Während die politische Öffentlichkeitsarbeit das Funktionssystem Öffentlichkeit mit dem Funktionssystem Politik koppelt, indem es gleichzeitig als operative Ausprägung des politischen Systems strukturiert ist (vgl. Löffelholz 1997: 188), hat sich der Journalismus zu einem System entwickelt, das selbstreferentiell operiert, also Entscheidungen im Rahmen seiner eigenen Strukturen fällt (vgl. Altmeppen/Löffelholz 1998). Für das hochdifferenzierte politische System ist der Journalismus von besonderer Relevanz, weil Politik ohne journalistische Leistungen politische (etwa innerparteiliche) Öffentlichkeiten kaum herstellen könnte. Der Journalismus ermöglicht dem politischen System eine Beobachtung und Modifikation der eigenen Operationen.

Selbstreferentielle Systeme wie der Journalismus orientieren sich durchaus an ihren Umwelten: Deren Einflüsse irritieren aber nur. Ob Irritationen in den jeweiligen Systemoperationen berücksichtigt werden, ob bspw. ein politisches Ereignis vom Journalismus thematisiert wird, entscheidet letztlich der Journalismus – auf der Grundlage seiner Werte, Rollen und Programme. Selbstreferenz bedeutet gleichwohl nicht, daß der Journalismus in der Gesellschaft autark agiert. Journalismus und politisches System haben koevolutiv Strukturen entwickelt, die auf eine Anpassung an das jeweils andere System zielen. Diese strukturellen Kopplungen – etwa die Antizipation und Simulation journalistischer Operationen durch Öffentlichkeitsarbeit – führen dazu, daß Journalismus und politische Öffentlichkeitsarbeit sich wechselseitig aufeinander einstellen und beeinflussen können, ohne ihre Identität aufzugeben (vgl. Löffelholz 1997).

Im systemtheoretischen Denken spielen Individuen eine untergeordnete Rolle: Soziale Systeme bestehen nicht aus Personen, sondern aus Kommunikationen. Akteure – bspw. Journalisten und Politiker – gehören zur Umwelt von Journalismus und politischem System. Im Lichte der gegenwärtigen soziologischen Diskussion scheint der Versuch, eine empirisch tragfähige Theorie politischer Öffentlichkeiten zu entwickeln, erfolgversprechender, wenn neben der Systemebene auch die Ebene handelnder Akteure berücksichtigt wird, also Öffentlichkeit als spezifische Konstellationen strategischen Handelns gesellschaftlicher Akteure im Rahmen einer bestimmten Struktur aufgefaßt wird. System- und Akteurstheorie verstehe ich dabei als soziologische Beobachtungsperspektiven, die – ohne Detailarbeit – nicht eklektizistisch vermischt werden sollten.

Eine Verbindung von system- und akteurstheoretischen Ansätzen bieten die differenzierungstheoretischen Studien von Uwe Schimank (1996: 243 ff.), der den Micro-Macro-Link in Akteur-Struktur-Dynamiken sieht. Daran angelehnt können sechs Aspekte benannt werden, die die Beziehungsspiele von Akteuren und Akteurskonstellationen in politischen Öffentlichkeiten wesentlich prägen:

— Akteure verfolgen bestimmte Ziele und handeln strategisch.
— Akteure verfügen über Einflußpotentiale (wie Macht, Moral oder Gewalt).
— Akteure handeln im Rahmen systemischer Handlungslogiken und institutioneller Ordnungen, die wechselseitige Erwartungssicherheit schaffen.
— Akteure geraten – durch Wechselwirkungen zwischen ihren jeweiligen Zielen bzw. Einflußpotentialen – in bestimmte Akteurkonstellationen.
— Akteurkonstellationen verändern sich schneller als systemische Handlungslogiken und institutionelle Ordnungen.
— Die Folgen des Handelns von Akteuren in bestimmten Konstellationen entsprechen häufig nicht ihrem Anliegen (transintentionale Folgen).

3   Zur Renaissance evolutionstheoretischer Modelle

Politische Öffentlichkeiten sind, wie angedeutet, in ihren Leistungen und Strukturen offensichtlich dynamisch, also prozessual zu verstehen. Auch das Ziel, Perspektiven politischer Öffentlichkeiten zu identifizieren, impliziert a priori eine prozeßorientierte Betrachtung. Anders jedoch als bspw. in der Physik, Soziobiologie, Ökologie, Anthropologie oder Wirtschaftswissenschaft (vgl. Schmid 1998: 280 f.) finden sich in der Kommunikations- und Medienwissenschaft bislang kaum Versuche, theoretische Modelle mit einer konsequenten Prozeßorientierung zu entwickeln, um bspw. die Implikationen statischer Gleichgewichtsmodelle zu überwinden.

Prozeßorientierung wird in der Kommunikations- und Medienwissenschaft im besten Fall im Sinne der Theorien des sozialen Wandels (vgl. Blumler 1997) oder im Sinne einer nicht-teleologischen Form der Geschichtsschreibung interpretiert (vgl. Faßler/Halbach 1998) – notwendige, ergiebige, aber keineswegs hinreichende Vorgehensweisen. Daß eine darüber hinaus gehende evolutionstheoretische Modellierung des Wandels öffentlicher Kommunikation heuristischen Wert besitzt, wird gelegentlich angedeutet (vgl. Merten 1994; Ruhrmann/Nieland 1997: 22 ff.), aber bislang nicht theoretisch expliziert.

Die moderne soziologische Evolutionstheorie nimmt Anstöße auf, die von der Selektionstheorie Charles Darwins (1809-1882) und den Studien Herbert Spencers (1820-1903) ausgegangen sind. Spencer versuchte Mitte des letzten Jahrhunderts nachzuweisen, daß nicht nur biologische Arten sich evolutionär verändern, sondern auch menschliche Kulturen und Staatsformen – zu immer heterogeneren und komplexeren Formen (vgl. Spencer 1898). Spencers Grundidee der sozio-kulturellen Evolution wurde im 19. und beginnenden 20. Jahrhundert häufig uminterpretiert und ideologisch gewendet – bis hin zum „Sozialdarwinismus", also der Gleichsetzung einer erfolgreichen sozio-kulturellen Anpassung mit moralischer Überlegenheit. Andere Interpretationen reduzierten die Vorstellung einer sozio-kulturellen Evolution auf unilineare Stufenmodelle: Simplifizierend wurde Evolution mit Wachstum oder Fortschritt gleichgesetzt. Angesichts einer komplexer werdenden – respektive komplexer erscheinenden – Welt verloren evolutionstheoretische Ideen im soziologischen Diskurs über die Triebkräfte des sozialen Wandels zunächst ihren bestimmenden Einfluß.

Das änderte sich, als Talcott Parsons an Spencers Arbeiten anknüpfte und Evolution als Differenzierung sozialer Systeme begriff. Nach Parsons strukturfunktionalen Neoevolutionismus wandeln sich soziale Systeme durch „adaptive upgrading", „Inklusion", Wertverallgemeinerung und „Differenzierung" von Systemen, die damit ihre Komplexität steigern, eine höhere Fähigkeit zur Selbststeuerung entwickeln und so eine bessere Umweltanpassung erreichen (vgl. Parsons 1972: 40 ff.).

Anders als Parsons ging Niklas Luhmann in seiner evolutionstheoretischen Modellierung der Dynamik sozialer Systeme nicht mehr von der Idee einer – wie auch immer gearteten – Höherentwicklung aus. Für Luhmann gibt es keine Gewähr, daß die Umwelt sozialer Systeme stabil bleibt oder sich dauerhaft in eine bestimmte Richtung verändert. Das heißt aber: Was in der einen Situation als Vorteil gilt, kann sich in einer anderen Situation als Nachteil herausstellen. Die Frage nach einer Höherentwicklung kann deshalb, so Luhmann, nicht beantwortet werden. In den Mittelpunkt seiner evolutionstheoretischen Überlegungen stellt Luhmann daher, anknüpfend an Überlegungen von Donald T. Campbell (1965), Variation, Selektion und Stabilisierung als zentrale evolutionäre Mechanismen des Wandels von Systemen (vgl. Luhmann 1984: 191 ff.).

In Auseinandersetzung mit der Luhmannschen Systemtheorie unternimmt Walter L. Bühl den Versuch, die Theorie autopoietischer Systeme in Richtung auf eine „Theorie der komplexen dynamischen Systeme" (Bühl 1990: 189) zu erweitern – konkret: Selbstreproduktion, Selbstorganisation und Selbstbezüglichkeit sozialer Systeme lediglich als *ein* mögliches Charakteristikum dynamischer Systeme zu verstehen. Bühl argumentiert für eine nicht-lineare, auf mehrere Ebenen bezogene Adaptionsdynamik, nach der Modelle gerichteter Evolution als Möglichkeiten einer generellen Evolutionsdynamik einzuordnen sind (vgl. Bühl 1990: 149 ff.). Berücksichtigt werden dabei u. a. die aus System-Konstellationen entstehende Dynamik, die Möglichkeit zyklischer Entwicklungen, die Möglichkeit eines Systemzusammenbruchs sowie die Bedeutsamkeit von Fluktuationen (vgl. Bühl 1990: 31 ff., 124 ff.), auf die schon Ilya Prigogine in seiner Dissipationstheorie hingewiesen hatte (vgl. Prigogine 1979).

Auch wenn hier keine detaillierte Viabilitätsprüfung dieser Grundannahmen erfolgen kann, soll skizziert werden, in welche Richtung eine evolutionstheoretische Modellierung des Wandels politischer Öffentlichkeit gehen kann. Angesichts der strukturellen Differenzierung des Funktionssystems Öffentlichkeit ist es gerechtfertigt, neben der Evolution der öffentlichen Kommunikation primär die Perspektiven des (politischen) Journalismus zu betrachten, der als besonders relevantes Leistungssystem von Öffentlichkeit identifiziert wurde.

4   Mechanismen der Evolution öffentlicher Kommunikation

Variationen in der Entwicklung der öffentlichen Kommunikation basieren zumeist auf technisch-wissenschaftlichen Innovationen, die mit Hilfe bestimmter Strukturen im Funktionssystem Öffentlichkeit als mögliche Innovationen geprüft und selegiert werden. Innovationen betreffen dabei ein weites Spektrum unterschiedlicher Bereiche: Märkte, Betriebsmittel, Standorte, Organisationen, Produkte. Technologische Innovationen dominieren jedoch eindeutig (vgl. Altmeppen/Löffelholz et al. 1993: 62 ff., 79 ff.). Aus möglichen Innovationen werden, wenn der Selektionsprozeß erfolgreich verläuft, implementierte Innovationen. Beispiele für solche erfolgreichen Selektionen sind die Einführung der elektronischen Berichterstattung im Fernsehen oder die Digitalisierung der Hörfunkproduktion. Doch auch in der Medienevolution gibt es Irrtümer und Fehlläufer, Variationen der Geschichte, die quasi auf halber Strecke steckenbleiben und im Dunkel der Geschichte versickern.

In einer Studie zum Innovationsverhalten europäischer Zeitungsunternehmen konnten wir ermitteln, daß die Muster der Selektion von Innovationen recht unterschiedlich sind. Im wesentlichen konnten zwei Muster identifiziert werden: die aktive und die reaktive Selektion von Innovationen. Reaktiv heißt: Innovationsprozesse werden eher kurzfristig gemanaget, mit ungenauen Zielformulierungen und ohne eine institutionalisierte Planungsstruktur. Aktive Selektion bedeutet dagegen, Innovationsmanangement als permanenten Prozeß zu begreifen, also Innovationen mittel- bzw. langfristig zu planen, Rahmenkonzepte zu erarbeiten und die möglichen Folgen von Innovationen miteinzubeziehen. Ein aktives bzw. strategisches Innovationsmanagement betreiben allerdings bisher nur relativ wenige Medienunternehmen. Insgesamt erlauben die Ergebnisse unserer Studie daher die Schlußfolgerung, daß viele Medien auf den Innovationsprozeß strukturell und personell nur unzureichend vorbereitet sind. Hinzuzufügen ist aber, daß die Zahl der Medien, die Innovationsprozesse aktiv steuern, offensichtlich wächst (vgl. Altmeppen/Löffelholz et al. 1993: 71 ff., 151 f.).

Stabilisierung als evolutionärer Mechanismus öffentlicher Kommunikation könnte systemtheoretisch ihren Ausdruck zum Beispiel in einer erfolgreichen Reproduktion der strukturellen Kopplung von politischem Journalismus und politischer Öffentlichkeitsarbeit finden oder in der erfolgreichen Institutionalisierung flüchtiger politischer Interaktionen im World Wide Web. Akteurstheoretisch kann Stabilisierung als Akzeptanz von Innovationen durch die Nutzer, Anwender oder Rezipienten interpretiert werden. Wie wirksam dieser Mechanismus der Medienevolution ist, mußten viele Medienunternehmen in einem zum Teil recht schmerzhaften Prozeß zur Kenntnis nehmen. Häufig zitiertes Beispiel ist die Einführung von Bildschirmtext (Btx) in Westdeutschland: erst Euphorie, dann Ernüchterung, schließlich Resignation. Erst in Verbindung mit anderen Innovationen konnte sich Btx als T-Online auf dem Markt etablieren. Ob Aussagen über die „Mediennutzung der Zukunft" (Klingler et al. 1998) freilich Rückschlüsse auf die Perspektiven politischer Öffentlichkeiten gestatten, muß – angesichts der skizzierten Komplexität der Evolution komplexer dynamischer Systeme – bezweifelt werden.

Die Evolution öffentlicher Kommunikation erfolgt also als Zusammenspiel von technisch-wissenschaftlicher Variation (mögliche Innovationen), ökonomischer Selektion (implementierte Innovationen) und nutzerorientierter Stabilisierung (akzeptierte Innovationen). Dabei läßt der mangelnde Erfolg einschlägiger Prognosen zur jeweiligen Zukunft von Öffentlichkeit vermuten, daß die evolutionären Mechanismen der Variation und Selektion häufig überbewertet werden, während der Prozeß der Stabilisierung vernachlässigt wird.

Das Funktionssystem Öffentlichkeit verändert sich freilich keineswegs im Sinne einer Abfolge scheinbar rational begründbarer Selektionen und Stabilisierungen. Um die Ordnung der eigenen Operationen aufrechtzuerhalten, passen sich soziale Systeme in ihren jeweiligen Strukturen wechselseitig und ko-evolutionär aneinander an. Das bezieht sich auf die ko-evolutionäre Anpassung von sozialen Systeme gleichen Typs (wie etwa den Funktionssystemen Politik und Öffentlichkeit), aber auch auf die Möglichkeit der Ko-Evolution sozialer Systeme ungleichen Typs (wie etwa Medien als Organisationssystemen und Öffentlichkeit als Funktionssystem). In der Kommunikationswissenschaft wurden – und werden – diese Zusammenhänge häufig auf die Frage verkürzt, ob die sogenannten neuen Medien die alten Medien ergänzen oder verdrängen. Evolutionstheoretisch betrachtet geht es jedoch um die grundsätzliche Frage nach möglichen Basismustern der Ko-Evolution alter und neuer Medien. Vier Muster lassen sich nach meiner Auffassung identifizieren:

(1) Das erste Muster besteht in der *Substitution des Alten durch das Neue*. Die Ko-Evolution tradierter und innovativer Medien endet in diesem Fall tatsächlich mit der Verdrängung des tradierten Mediums. Dieses Muster findet sich im Evolutionsprozeß der Medien recht selten. Ihr Ende wurde zwar schon vielen Medien prognostiziert. Tatsächlich hat sich die Zahl verfügbarer Medien im Laufe der Evolution ständig erhöht (vgl. Merten 1994: 142).

(2) Der zweite evolutionäre Muster bezeichne ich als *Integration des Alten ins Neue*. Ende der 60er Jahre wies Herbert Marshall McLuhan darauf hin, daß der Inhalt eines Mediums immer ein anderes Medium sei, also bei der Schrift die Sprache, beim Buch das geschriebene Wort. Ähnliches erkannte freilich Wolfgang Riepl in seiner Analyse des „Nachrichtensystems des Altertums" schon 1913 (vgl. Riepl 1972). In Schichtenmodellen zur Medienevolution, die u. a. eine Hierarchisierung von Zeichenstrukturen implizieren, findet sich der Kerngedanke ebenfalls (vgl. Schulz 1986: 114).

(3) Es gibt aber auch das umgekehrte Muster der Ko-Evolution tradierter und innovativer Medien, nämlich die *Integration des Neuen ins Alte*. Hier werden in den tradierten Medien alte Strukturen partiell durch neue überlagert, bleiben aber (zumindest rudimentär) erhalten – bspw. bei der Integration von Datendiensten (Programme Associated Data) in den digitalen Hörfunk oder beim Einstieg der Tageszeitungen in den Online-Markt.

(4) Im Zuge der Medienevolution hat sich gezeigt, daß das Auftreten neuer Medien nicht immer unmittelbare Folgen für die vorhandenen Medien hat. Dieses evolutionäre Muster nenne ich die *Komplementarität von Altem und Neuem*. Das Nebeneinander, etwa von Buch und Tonband oder von Zeitung und computervermittelter öffentlicher Kommunikation, verweist auf komplementäre Leistungen für das Funktionssystem Öffentlichkeit.

Gerade das Beispiel der computervermittelten Kommunikation verweist darauf, daß die Ko-Evolutionen keineswegs immer nur einem Muster folgen. So integrieren Zeitungen, Zeitschriften und Rundfunksender bestimmte Möglichkeiten der computervermittelten Kommunikation. Auf der anderen Seite integrieren das World Wide Web und kommerzielle Online-Dienste Möglichkeiten der alten Medien. Schließlich entwickeln sich Computernetze und tradierte Medien nebeneinander weiter, verfügen also bspw. weiterhin über separate Märkte (vgl. Hafner/Lyon 1997; Winter 1998).

Insgesamt sind damit drei Dimensionen der Evolution von Medienkommunikation benannt: die relevanten Systemdynamiken (Funktions-, Organisations- und Interaktionssystem), die relevanten Evolutionsmechanismen sowie die evolutionären Muster. Diese drei Dimensionen dienen als Orientierung, um tradierte und innovative Formen des Journalismus zu unterscheiden. Dahinter steht die These, daß der Wandel des Leistungssystems Journalismus (vgl. Weischenberg/Altmeppen/Löffelholz 1994) die Strukturen und Leistungen politischer Öffentlichkeiten auf allen drei genannten Systemebenen gravierend verändert. Freilich darf diese analytische Verkürzung nicht vorschnell als Reduktionismus gewertet werden: Politischer Journalismus und politische Öffentlichkeitsarbeit sind strukturell gekoppelt und wandeln sich ko-evolutionär.

5 Tradierter und innovativer Journalismus

Der Begriff tradierter Journalismus bezieht sich auf die Herstellung von Medienangeboten im Rahmen akzeptierter Verfahren, also im Rahmen routinisierter Regeln, die in der Praxis erprobt und von den Anwendern bzw. Nutzern weitgehend akzeptiert werden. Im Unterschied dazu bezieht sich der Begriff innovativer Journalismus auf die Herstellung von Medienangeboten im Rahmen von Verfahren und Regeln, die sich in der Stabilisierungsphase befinden. Derzeit richtet sich dieser Terminus in besonderer Weise auf die Strukturen und Leistungen des Journalismus im World Wide Web (WWW), das die Perspektiven politischer Öffentlichkeiten zweifellos erheblich verändern kann.

Das WWW gehört zu den Informations- und Kommunikationstechnologien mit einer enorm hohen Diffusionsgeschwindigkeit und einer enormen Diffusionsbreite. Weltweit nutzen derzeit etwa 80 bis 100 Millionen Menschen das Internet. Diese Zahl verdoppelt sich in jedem Jahr, wie die Internationale Union für Telekommunikation in einer Trendstudie herausgefunden hat. Das WWW trägt zweifellos zur Reichtumsproduktion und zur Modernisierung der Gesellschaft bei. Dieser technisch-ökonomische Machtgewinn wird jedoch reflexiv überlagert. Die enorme Potentialität des Netzes führt zu Risiken und Problemen, die aufgrund von Nebenfolgen individuell durchaus rationaler Aktivitäten entstehen und daher schwer kontrollierbar sind. Die Informationsgesellschaft stößt – wegen der für sie typischen Überfülle von Handlungsmöglichkeiten – zunehmend an die Grenzen der Kontrolle ihrer eigenen Potentialität.

Um tradierten und innovativen Journalismus zu differenzieren, sind zunächst die verschiedenen evolutionären Mechanismen zu thematisieren: Variation und Selektion kennzeichnen den innovativen Journalismus. Stabilisierungen – etwa hinsichtlich der Routinisierung von Produktionsabläufen oder der Akzeptanz durch potentielle Nutzer – sind dagegen bisher kaum ausgeprägt (vgl. Abb. 1).

Dimension	Tradierter Journalismus	Innovativer Journalismus
Dominante Mechanismen	Selektion Stabilisierung	Variation Selektion
Dominante Systemdynamik	Organisationssysteme Funktionssysteme	Interaktionssysteme Organisationssysteme
Dominante Muster	Integration des Neuen Komplementarität	Integration des Alten Substitution

Abbildung 1: Evolution von tradiertem und innovativem Journalismus

Die größere Dynamik, der der innovative Journalismus unterworfen ist, zeigt sich ebenfalls bei den relevanten Systemdynamiken des Evolutionsprozesses. Innovativer Journalismus unterliegt in einem viel stärkeren Maß den Bedingungen und Folgen nicht-institutionalisierter Organisationssysteme. Akteurstheoretisch gesehen heißt das zum Beispiel, daß die innovative Produktion von Medienangeboten in größerem Maß den wechselnden Einflüssen unterschiedlicher Interessen ausgesetzt ist. Gleichzeitig aber können Rahmenbedingungen ebenso wie einzelne Verfahrensregeln flexibler gestaltet werden als bei der schwerfälligeren tradierten Produktion von Medienangeboten. Die Anpassungsfähigkeit des innovativen Journalismus ist demnach vergleichsweise hoch.

In den zugrunde liegenden Evolutionsmustern zeigen sich gleichfalls Unterschiede: Beide Journalismustypen streben gleichermaßen nach Dominanz, versuchen diese aber in verschiedener Weise zu erreichen – durch Integration vielversprechender Aspekte des jeweils anderen Produktionsbereichs, aber auch durch das Streben nach Substitution (innovativer Journalismus) bzw. nach Komplementarität (tradierter Journalismus). Wobei die auch noch denkbare Substitution des Alten durch das Neue unwahrscheinlich ist, weil das Neue dann eigentlich nicht vorhanden sein dürfte. Neben diesen unterschiedlichen Evolutionsbedingungen gibt es weitere Differenzen zwischen tradiertem und innovativem Journalismus – hinsichtlich organisatorischer und ökonomischer Rahmenbedingungen (Organisationsstruktur, Marktzutritt, Produktionsfokus, Produktionszyklus), hinsichtlich der Produktmerkmale (Produktstruktur, Produkttiefe, Produktaktualität) sowie hinsichtlich der Rezeptionsmerkmale (vgl. Abb. 2).

Dimension	Tradierter Journalismus	Innovativer Journalismus
Organisationsstruktur	Zentralisiert	Dezentralisiert
Marktzutritt	Sehr begrenzt	Begrenzt
Produktionsfokus	Nachfrageorientiert	Angebotsorientiert
Produktionszyklus	Alternierend	Permanent
Produktstruktur	Geschlossen	Offen
Produkttiefe	Gering und mittel	Sehr hoch
Produktaktualität	Mittel bis sehr hoch	Sehr hoch
Rezeptionsfokus	Angebotsorientiert	Nachfrageorientiert
Interaktivität	Gering	Hoch

Abbildung 2: Differenzen zwischen tradiertem und innovativem Journalismus

Ein wesentlicher Unterschied zwischen innovativer und tradierter Medienproduktion liegt in ihrer jeweiligen Organisationsstruktur. Aufgrund der konsequenten Digitalisierung und Vernetzung des innovativen Journalismus ist eine dezentrale Produktionsweise nicht nur möglich, sondern wahrscheinlich. Im Gegensatz zu Zehnder (1998: 186 f.), der annimmt, daß die zentrale Rolle des Journalisten im World Wide Web aufgehoben werde, halte ich es für weniger wahrscheinlich, daß durch das Web die Zutrittsmöglichkeiten zum Journalismus erheblich gesteigert werden. Zwar sind im virtuellen Kiosk sämtliche Mitbewerber nur Mouseclicks voneinander entfernt, dadurch wächst die Zahl journalistischer bzw. journalistisch auftretender Akteure. Eine größere Demokratisierung der Medienproduktion erscheint dennoch als wenig zwingend, denn mit einem kapitalstarken, hochprofessionalisierten Dienst können Einzelpersonen nicht konkurrieren. Insofern ist mittel- bzw. langfristig davon auszugehen, daß innovativer Journalismus weitgehend unter der Regie entsprechend organisierter Unternehmen erfolgt, weiter ökonomisiert wird und damit Probleme der Marktgesellschaft in der Informationsgesellschaft nicht nur weiterhin vorhanden sind, sondern an Brisanz noch zunehmen werden. Das Monopol der traditionellen Medien zur Informationsvermittlung wird brüchiger, obgleich die Kommunikation in der Informationsgesellschaft nicht demokratischer wird.

In bezug auf den Produktionsprozeß orientiert sich der tradierte Journalismus primär an dem, was Rezipienten (vermutlich) nachfragen. Die innovative Produktion ist zwar in dieser Hinsicht ebenfalls nicht völlig frei, kann aber aufgrund größerer Kapazitäten und schnellerer Zugriffsmöglichkeiten mehr Angebote machen, was zu einer Verlagerung des Produktionsfokus führen wird. Innovativer Journalismus bedeutet außerdem, daß es keine abgegrenzten Produktionsrhythmen mehr geben muß, weil eine permanente Produktion und Aktualisierung möglich ist.

Die Struktur der Produkte des innovativen Journalismus basiert im wesentlichen auf einer Flexibilisierung der Modalität der Angebotsstruktur, der Kommunikationsmodi, der Nutzung (offline/online), des Interaktivitätsgrades sowie der Hypermedialität, also einer offenen statt geschlossenen Struktur. Nicht der Autor und Produzent eines Medienangebotes bestimmt, welche Informationen wie intensiv angeboten werden. Im innovativen Journalismus bestimmen die User die gewünschte Produkttiefe. In Zukunft lauten die Fragen der Rezipienten nicht mehr: Was steht in der Zeitung? Oder: Was kommt im Fernsehen? Sondern: Was will ich wissen? Was will ich sehen? Innovativer Journalismus erhöht die Chance der Rezipienten, genau das Angebot zu erhalten, was sie erhalten wollen. Im individualisierten Journalismus des World Wide Web kommt es also zu einer dezidierteren Befriedigung der Wünsche und Bedürfnisse der Mediennutzer; andererseits wächst freilich auch die gesellschaftliche Desintegration und das Risiko von (politischen) Normenkonflikten. Innovativer Journalismus bietet nicht zuletzt ein höheres Interaktivitätspotential als die bisherige Produktion – mit Konsequenzen auch für die tradierte Rollendifferenzierung von Produzent und Rezipient.

Literatur

Altmeppen, Klaus-Dieter/Martin Löffelholz (1998): Zwischen Verlautbarungsorgan und vierter Gewalt. Strukturen, Abhängigkeiten und Perspektiven des politischen Journalismus. In: Sarcinelli, Ulrich (Hg.): *Politikvermittlung und Demokratie in der Mediengesellschaft. Beiträge zur politischen Kommunikationskultur.* Opladen, S. 97-123.

Altmeppen, Klaus-Dieter/Martin Löffelholz/Monika Pater/Armin Scholl/Siegfried Weischenberg (1994): Die Bedeutung von Innovationen und Investitionen in Zeitungsverlagen. In: Peter A. Bruck (Hg.): *Print unter Druck. Zeitungsverlage auf Innovationskurs. Verlagsmanagement im internationalen Vergleich.* München, S. 37-193.

Blumler, Jay G. (1997): Wandel des Mediensystems und sozialer Wandel: Auf dem Weg zu einem Forschungsprogramm. In: *Publizistik,* Heft 1, S. 16-36.

Bühl, Walter L. (1990): *Sozialer Wandel im Ungleichgewicht. Zyklen, Fluktuationen, Katastrophen.* Stuttgart.

Campbell, Donald T. (1965): Variation and Selective Retention in Socio-Cultural Evolution. In: H. R. Barringer/G. I. Blankstein/R. W. Mack (Hg.): *Social Change in Developing Areas: A Reinterpretation of Evolutionary Theory.* Cambridge, S. 19-48.

Dernbach, Beatrice/Manfred Rühl/Anna Maria Theis-Berglmair (1998) (Hg.): *Publizistik im vernetzten Zeitalter. Berufe, Formen, Strukturen.* Opladen.

Deutscher Bundestag (1998): *Schlußbericht der Enquete-Kommission „Zukunft der Medien in Wirtschaft und Gesellschaft. Deutschlands Weg in die Informationsgesellschaft".* Drucksache 13/11004. Bonn.

Faßler, Manfred (1997): Informations- und Mediengesellschaft. In: Georg Kneer/Armin Nassehi /Markus Schroer (Hg.): *Soziologische Gesellschaftsbegriffe. Konzepte moderner Zeitdiagnosen.* München, S. 332-360.

Faßler, Manfred/Wulf Halbach (1998) (Hg.): *Geschichte der Medien.* München

Gerhards, Jürgen/Friedhelm Neidhardt (1993): Strukturen und Funktionen moderner Öffentlichkeit. Fragestellungen und Ansätze. In: Wolfgang R. Langenbucher (Hg.): *Politische Kommunikation. Grundlagen, Strukturen, Prozesse.* 2. überarb. Aufl., Wien, S. 52-89.

Gore, Al (1994): *Rede vor der Versammlung der International Telecommunications Union am 21. März 1994 in Buenos Aires.*

Grossman, Lawrence K. (1995): *The Electronic Republic. Reshaping Democracy in the Information Age.* New York.

Habermas, Jürgen (1990): *Strukturwandel der Öffentlichkeit. Untersuchungen zu einer Kategorie der bürgerlichen Gesellschaft.* 3. Aufl., Frankfurt/M.

Hafner, Katie/Matthew Lyon (1997): *Arpa Kadabra. Die Geschichte des Internet.* Heidelberg.

Höflich, Joachim R. (1995): Vom dispersen Publikum zu „elektronischen Gemeinschaften". Plädoyer für einen erweiterten kommunikationswissenschaftlichen Blickwinkel. In: *Rundfunk und Fernsehen,* Heft 4, S. 518-537.

Hoffmann, Andrea (1998): *Öffentlichkeit als Therapie? Zur Motivation von Daytime-Talk-Gästen.* München.

Jarren, Otfried/Ulrich Sarcinelli/Ulrich Saxer (Hg.) (1998): *Politische Kommunikation in der demokratischen Gesellschaft. Ein Handbuch.* Opladen.

Klingler, Walter/Peter Zoche/Monika Harnischfeger/Castulus Kolo (1998): Mediennutzung der Zukunft. Ergebnisse einer Expertenbefragung zur Medienentwicklung bis zum Jahr 2005 /2015. In: *Media Perspektiven,* Heft 10, S. 490-497.

Krotz, Friedrich (1995): Elektronisch mediatisierte Kommunikation. In: *Rundfunk und Fernsehen,* Heft 4, S. 445-462.

Kubicek, Herbert (1996): Paßt zusammen, was zusammenwachsen soll? Zu den Perspektiven von Multimedia. In: Ökologie-Stiftung NRW/Heinrich-Böll-Stiftung (Hg.): *Stadt im Netz. Medien, Markt, Moral 2.* Essen, S. 21-31.

Latzer, Michael (1997): *Mediamatik. Die Konvergenz von Telekommunikation, Computer und Rundfunk.* Opladen.
Löffelholz, Martin (1993): Auf dem Weg in die Informationsgesellschaft. Konzepte – Tendenzen – Risiken. In: Hessisches Kultusministerium (Hg.): *Zukunftsdialog zu Lehren und Lernen: Angebote.* Wiesbaden, S. 95-106.
Löffelholz, Martin (1997): Dimensionen struktureller Kopplung von Öffentlichkeitsarbeit und Journalismus. Überlegungen zur Theorie selbstreferentieller Systeme und Ergebnisse einer repräsentativen Studie. In: Bentele, Günter/Michael Haller (Hg.): *Aktuelle Entstehung von Öffentlichkeit. Akteure – Strukturen – Veränderungen.* Konstanz, S. 187-208.
Löffelholz, Martin/Klaus-Dieter Altmeppen (1991): Kommunikation morgen. Perspektiven der „Informationsgesellschaft". In: Merten, Klaus/Siegfried J. Schmid/Siegfried Weischenberg (Hg.): *Funkkolleg Medien und Kommunikation. Konstruktionen von Wirklichkeit* (= Studienbrief 12). Weinheim, Basel, S. 51-94.
Löffelholz, Martin/Klaus-Dieter Altmeppen (1994): Kommunikation in der Informationsgesellschaft. In: Merten, Klaus/Siegfried J. Schmidt/Siegfried Weischenberg (Hg.): *Die Wirklichkeit der Medien. Eine Einführung in die Kommunikationswissenschaft.* Opladen, S. 570-591.
Ludes, Peter/Andreas Werner (Hg.) (1997): *Multimedia-Kommunikation. Theorien, Trends und Praxis.* Opladen.
Luhmann, Niklas (1984): *Soziale Systeme. Grundriß einer allgemeinen Theorie.* Opladen.
Luhmann, Niklas (1992): *Beobachtungen der Moderne.* Opladen.
Margolis, Michael (1979): *Viable Democracy.* New York.
Marschall, Stefan (1997): Politik „online" – Demokratische Öffentlichkeit dank Internet? In: *Publizistik,* Heft 3, S. 304-324.
Merten, Klaus (1994): Evolution der Kommunikation. In: Merten, Klaus/Siegfried J. Schmidt/Siegfried Weischenberg (Hg.): *Die Wirklichkeit der Medien. Eine Einführung in die Kommunikationswissenschaft.* Opladen, S. 141-162.
Michalski, Hans-Jürgen (1997): Die Geburtsstätte einer Zweiten Renaissance? Die „Informationsgesellschaft" aus politökonomischer Perspektive. In: *Rundfunk und Fernsehen,* Heft 2, S. 194-213.
Negroponte, Nicholas (1995): *Total digital. Die Welt zwischen 0 und 1 oder Die Zukunft der Kommunikation.* 3. Aufl., München.
Neverla, Irene (Hg.) (1998): *Das Netz-Medium. Kommunikationswissenschaftliche Aspekte eines Mediums in Entwicklung.* Opladen, Wiesbaden.
Parsons, Talcott (1972): *Das System moderner Gesellschaften.* München.
Pfammatter, René (Hg.) (1998): *Multi Media Mania. Reflexionen zu Aspekten neuer Medien.* Konstanz.
Prigogine, Ilya (1979): *Vom Sein zum Werden. Zeit und Komplexität in den Naturwissenschaften.* München.
Riepl, Wolfgang (1972 [1913]): *Das Nachrichtensystem des Altertums, mit besonderer Berücksichtigung auf die Römer.* 2. Aufl., Hildesheim, New York.
Rössler, Patrick (Hg.) (1998): *Online-Kommunikation. Beiträge zu Nutzung und Wirkung.* Opladen.
Ruhrmann, Georg/Jörg-Uwe Nieland (1997): *Interaktives Fernsehen. Entwicklung, Dimensionen, Fragen, Thesen.* Opladen.
Schimank, Uwe (1996): *Theorien gesellschaftlicher Differenzierung.* Opladen.
Schmid, Michael (1998): *Soziales Handeln und strukturelle Selektion. Beiträge zur Theorie sozialer Systeme.* Opladen.
Schulz, Winfried (1986): Bedeutungsvermittlung durch Massenkommunikation. In: Langenbucher, Wolfgang R. (Hg.): *Publizistik- und Kommunikationswissenschaft.* Wien, S. 108-124.
Spencer, Herbert (1898): *First Principles.* London, Edinburgh.
Tauss, Jörg/Johannes Kollbeck/Jan Mönikes (Hg.) (1996): *Deutschlands Weg in die Informationsgesellschaft. Herausforderungen und Perspektiven für Wirtschaft, Wissenschaft, Recht und Politik.* Baden-Baden.

Weischenberg, Siegfried/Klaus-Dieter Altmeppen/Martin Löffelholz (1994): *Die Zukunft des Journalismus. Technologische, ökonomische und redaktionelle Trends*. Opladen.
Wilke, Jürgen/Christiane Imhof (Hg.) (1996): *MultiMedia. Voraussetzungen, Anwendungen, Probleme*. Berlin.
Winter, Carsten (1998): Internet/Online-Medien. In: Faulstich, Werner (Hg.): *Grundwissen Medien*. 3. vollst. u. erw. Aufl., München, S. 274-295
Zehnder, Matthias W. (1998): Die Dekonstruktion der Journalisten. Wie das Internet Arbeit und Rolle der Journalisten verändert. In: Pfammatter, René (Hg.): *Multi Media Mania. Reflexionen zu Aspekten Neuer Medien*. Konstanz, S. 181-190.

Verzeichnis der Autorin und Autoren

ALEMANN, ULRICH VON, Dr.: Professor für Politikwissenschaft an der Heinrich-Heine-Universität Düsseldorf.

CLEMENS, DETLEV, Dr.: Wissenschaftlicher Assistent im Fach Politische Wissenschaften an der Erziehungswissenschaftlichen Fakultät der Friedrich-Alexander-Universität Erlangen-Nürnberg.

DONGES, PATRICK, Diplom-Politologe: Wissenschaftlicher Assistent am Seminar für Publizistikwissenschaft und Medienforschung der Universität Zürich.

HAGEN, LUTZ M., Dr.: Wissenschaftlicher Assistent am Lehrstuhl für Kommunikations- und Politikwissenschaft der Friedrich-Alexander-Universität Erlangen-Nürnberg.

HAGEN, MARTIN, Diplom-Politologe: Wissenschaftlicher Mitarbeiter in der Forschungsgruppe Telekommunikation an der Universität Bremen.

JARREN, OTFRIED, Dr.: Professor am Seminar für Publizistikwissenschaft und Medienforschung der Universität Zürich sowie Direktor des Hans-Bredow-Instituts an der Universität Hamburg.

KAISER, ROBERT, Dr.: Wissenschaftlicher Mitarbeiter im DFG-Sonderforschungsbereich 240 an der Universität-GH Siegen.

KAMPS, KLAUS, Dr.: Wissenschaftlicher Assistent am Lehrstuhl für Politikwissenschaft I der Heinrich-Heine-Universität Düsseldorf.

KLEINSTEUBER, HANS J., Dr.: Professor am Institut für Politische Wissenschaft an der Universität Hamburg.

KORFF, FRITZ VON, M.A.: Wissenschaftlicher Mitarbeiter am Lehrstuhl für Politikwissenschaft an der Universität Passau.

KRON, THOMAS, M.A.: Wissenschaftlicher Mitarbeiter am Lehrstuhl für Politikwissenschaft I der Heinrich-Heine-Universität Düsseldorf.

LÖFFELHOLZ, MARTIN, Dr.: Professor für Medienwissenschaft an der Technischen Hochschule Ilmenau.

MARESCH, RUDOLF: Wissenschaftlicher Autor und Kritiker, lebt und arbeitet in Lappersdorf bei Regensburg; Website: www.rudolf-maresch.de.

MARSCHALL, STEFAN, Dr.: Wissenschaftlicher Assistent am Lehrstuhl für Politikwissenschaft II der Heinrich-Heine-Universität Düsseldorf.

MECKEL, MIRIAM, Dr.: Gastprofessorin am Institut für Publizistik der Westfälischen Wilhelms-Universität Münster.

STRÜNCK, CHRISTOPH, Dr.: Wissenschaftlicher Assistent am Lehrstuhl für Politikwissenschaft II der Heinrich-Heine-Universität Düsseldorf.

Medien und Öffentlichkeit

Christoph Kuhlmann

DIE ÖFFENTLICHE BEGRÜNDUNG POLITISCHEN HANDELNS

ZUR ARGUMENTATIONSRATIONALITÄT IN DER POLITISCHEN MASSENKOMMUNIKATION

Westdeutscher Verlag

Christoph Kuhlmann
Die öffentliche Begründung politischen Handelns
Zur Argumentationsrationalität
in der politischen Massenkommunikation
1999. 367 S. Br. DM 72,00
ISBN 3-531-13254-7
Wie begründet Politik ihr Handeln vor der Öffentlichkeit, und wie gehen die Massenmedien mit diesen Begründungen um? Anhand von über 10.000 codierten Aussagen aus den Pressemitteilungen der Bonner Ministerien und Fraktionen sowie einer parallel erhobenen Stichprobe aus Fernsehen, Hörfunk und Tageszeitungen wird der Frage nachgegangen, welche Chancen politische Argumentationsbemühungen im massenmedialen Filter haben.

Patrick Donges, Heribert Schatz und Otfried Jarren (Hrsg.)
Globalisierung der Medien?
Medienpolitik in der Informationsgesellschaft
1999. 252 S. Br. DM 52,00
ISBN 3-531-13303-9
Die Beiträge des Bandes liefern eine Bestandsaufnahme der Informationsgesellschaft und diskutieren aus verschiedenen Perspektiven der Globalisierung unterschiedlicher Medien. Sie zeigen, auf welche neuen Gegebenheiten sich Medienpolitik einstellen muß, welche neuen Akteure und neuen Formen der Regulierung erwartbar sind.

Stefan Marschall
Öffentlichkeit und Volksvertretung
Theorie und Praxis der Public Relations
von Parlamenten
1999. 279 S. (Studien zur Kommunikationswissenschaft, Bd. 40) Br. DM 59,80
ISBN 3-531-13327-6
In diesem Band wird erstmalig die Öffentlichkeitsarbeit von Parlamenten einer weitreichenden theoretischen und empirischen Analyse zugeführt. Die theoretische Grundlegung der Parlaments-PR bezieht sich auf das Spannungsfeld zwischen den normativen Erwartungen an parlamentarische Repräsentation und den aktuellen Bedingungen politischer Kommunikation. Im empirischen Teil des Buches wird die Public Relations von insgesamt 27 Parlamenten einbezogen, wobei die Öffentlichkeitsarbeit des Bundestages als zentrales Fallbeispiel dient.

Änderungen vorbehalten. Stand: März 1999.

WESTDEUTSCHER VERLAG
Abraham-Lincoln-Str. 46 · D - 65189 Wiesbaden
Fax (06 11) 78 78 - 400 · www.westdeutschervlg.de

Medien und Kommunikation

Ulrich Sarcinelli (Hrsg.)
Politikvermittlung und Demokratie in der Mediengesellschaft
Beiträge zur politischen Kommunikationskultur
1998. 479 S. Br. DM 49,00
ISBN 3-531-13335-7
Der Band gibt einen repräsentativen Überblick über den Forschungsstand zur 'Politikvermittlung' in der Mediengesellschaft. Er zeigt die grundlegenden Veränderungen im Verhältnis von Medien und Politik auf, fragt nach den politischen Folgen des medialen Wandels mit Blick auf Printmedien, Fernsehen und Hörfunk sowie auf die neuen Informations- und Kommunikationstechnologien, untersucht die Konsequenzen für Regierung, Parlament, Parteien, Wähler und Bewegungsakteure und beschäftigt sich mit den Auswirkungen für die Bürger als Zuschauer, Betroffene und Akteure der 'Politikvermittlung'.

Alexander Görke
Risikojournalismus und Risikogesellschaft
Sondierung und Theorieentwurf
1999. 400 S. (Studien zur Kommunikationswissenschaft, Bd. 36) Br. DM 74,00
ISBN 3-531-13204-0
Mit diesem Band wird eine komplexe Darstellung der deutschsprachigen und angloamerikanischen Risikojournalismus-Forschung geleistet. Vor dem Hintergrund der allgemeinen risikosoziologischen Forschung wird eine kritische Bilanz der kommunikationswissenschaftlichen Zugänge zur Risikoproblematik gezogen.

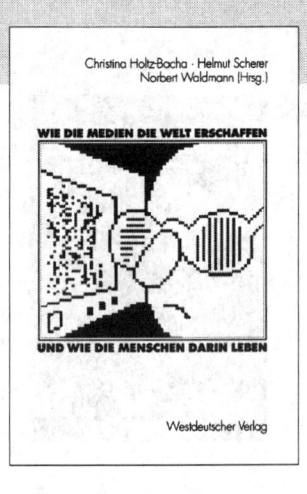

Christina Holtz-Bacha und Helmut Scherer
Wie die Medien die Welt erschaffen und wie die Menschen darin leben
Für Winfried Schulz
1998. 286 S. Br. DM 54,00
ISBN 3-531-13103-6
Der Sammelband umfaßt zwölf Beiträge von Autor(innen) aus Deutschland, dem europäischen Ausland und aus den USA. Sie beschäftigen sich mit verschiedenen Facetten politischer Kommunikation: der medialen Konstruktion von Wirklichkeit, dem Wandel der Mediensysteme sowie der Wirkung von Massenmedien.

Änderungen vorbehalten. Stand: März 1999.

WESTDEUTSCHER VERLAG
Abraham-Lincoln-Str. 46 · D - 65189 Wiesbaden
Fax (06 11) 78 78 - 400 · www.westdeutschervlg.de